嵌入式技术与应用丛书·飞思卡尔系列

汽车 CAN 总线系统原理、设计与应用

罗　峰　孙泽昌　著

电子工业出版社

Publishing House of Electronics Industry

北京·BEIJING

内 容 简 介

控制器局域网（CAN）是现代汽车网络通信与控制系统中的重要组成部分，本书全面、系统地介绍了汽车 CAN 总线的基本原理、应用层协议制定、系统软件和硬件设计，并且通过实例介绍了汽车 CAN 总线系统的设计方法。全书共 10 章，首先介绍了汽车网络通信系统的特点，全面阐述了当今汽车网络系统的结构、类型、应用及其发展趋势，然后着重对 CAN 总线通信系统的原理和特点、带 CAN 接口的飞思卡尔微控制器、MSCAN 的特点和编程、基于 XGATE 的 CAN 通信方法、CAN 总线的收发器、CAN 总线应用中的 Bootloader、CAN 的标定协议、CAN 总线系统设计流程等几个方面进行了详细的论述，最后给出了 CAN 总线系统设计、仿真和测试方法。

本书可作为大学相关专业高年级本科生、研究生的教材，同时也是从事汽车电子系统特别是车载网络系统研究与开发人员的参考资料。

图书在版编目（CIP）数据

汽车 CAN 总线系统原理、设计与应用 / 罗峰，孙泽昌著. —北京：电子工业出版社，2010.1

（嵌入式技术与应用丛书·飞思卡尔系列）

ISBN 978-7-121-09777-5

I. 汽… II.①罗…②孙… III.汽车—计算机控制系统—总线 IV.U463.62

中国版本图书馆 CIP 数据核字（2009）第 196752 号

策划编辑：田宏峰
责任编辑：高买花　　特约编辑：牛雪峰
印　　刷：北京天宇星印刷厂
装　　订：北京天宇星印刷厂
出版发行：电子工业出版社
　　　　　北京市海淀区万寿路 173 信箱　邮编　100036
开　本：787×1 092　1/16　印张：23　字数：590 千字
版　次：2010 年 1 月第 1 版
印　次：2025 年 5 月第 27 次印刷
定　价：59.00 元

凡所购买电子工业出版社图书有缺损问题，请向购买书店调换。若书店售缺，请与本社发行部联系，联系及邮购电话：（010）88254888，88258888。

质量投诉请发邮件至 zlts@phei.com.cn，盗版侵权举报请发邮件至 dbqq@phei.com.cn。

本书咨询联系方式：tianhf@phei.com.cn。

前　言

随着汽车电子技术的发展，汽车上的电子控制单元（ECU）也越来越多，采用能够满足多路复用的总线通信系统，可以将各个 ECU 连接成为一个网络，以共享的方式传送数据和信息，实现网络化的数字通信与控制功能。因此，基于简化汽车线束、增强控制功能、提高安全保证、降低燃油消耗、节约制造成本等多方面的考虑，采用数字化车载网络技术将会为汽车电子产业带来一个巨大的飞跃，而 CAN（Controller Area Network）总线是车载网络系统中重要的组成部分，目前，它已在汽车动力系统和车身系统的网络通信与控制中得到广泛的应用。

CAN 即控制器局域网，是由德国 BOSCH 公司提出并在国际上应用最广的现场总线之一。1993 年 11 月国际标准化组织正式颁布了道路交通运输工具-数据信息交换-高速通信控制器局域网（CAN）国际标准 ISO11898，它为 CAN 总线在汽车上的标准化、规范化应用铺平了道路。本书全面、系统地介绍了汽车 CAN 总线的基本原理、应用层协议制定、系统软件和硬件设计、基于 CAN 的标定协议等内容，并且通过实例介绍了汽车 CAN 总线系统的设计方法。

美国飞思卡尔半导体有限公司是全球最大的汽车半导体供应商，其产品在汽车网络技术应用领域具有领先地位。飞思卡尔半导体有限公司能够提供广泛的 CAN 系列产品，包括带 CAN 接口的 8 位/16 位/32 位微控制器，以及用于高速和低速 CAN 总线通信的收发器等。本书在应用飞思卡尔公司微控制器的基础上，对基于 MSCAN 的 CAN 通信编程方法、基于 XGATE 的 CAN 通信编程方法以及 CAN Bootloader 的设计和应用等进行了详细的介绍，这些内容将会为汽车 CAN 总线系统的设计带来极大的便利。

全书共 10 章，其中第 1 章介绍了汽车网络通信系统的特点，全面阐述了当今汽车网络系统的结构、类型、应用及其发展趋势；第 2 章介绍了 CAN 总线通信系统的基本原理以及时间触发 CAN 总线的特点；第 3 章介绍了专门用于卡车、大客车等的 CAN 总线通信协议 SAE J1939 的物理层、数据链路层、应用层内容，同时概述了故障诊断及网络管理的方法；第 4～5 章介绍了带 CAN 接口的飞思卡尔微控制器以及 MSCAN 的特点、结构和功能，详细介绍了基于 MSCAN 的 CAN 通信编程方法；第 6 章针对飞思卡尔新一代的 16 位微处理器系列 S12X(E)的协处理器 XGATE 的特点，介绍了基于 XGATE 的 CAN 通信编程方法；第 7 章介绍了用于 CAN 总线通信的收发器原理及应用；第 8 章介绍 CAN 总线应用中的 Bootloader，并基于飞思卡尔 16 位微控制器和 MSCAN 模块给出一个 S12 系列通用的 CAN Bootloader 制作和应用的实例；第 9 章对基于 CAN 总线的标定协议进行了详细的介绍并给出了应用实例；第 10 章介绍了汽车 CAN 总线系统设计的流程，并以车身控制系统为例介绍了汽车 CAN 总线系统设计、仿真和测试方法。

同济大学汽车学院是我国最早从事汽车网络技术研发的科研机构之一，经过十余年的努力，目前已具备了国际一流的汽车网络系统开发手段，在汽车 CAN、LIN、FlexRay 等网络技术研发方面取得了很大的成绩，研发工作包括汽车网络系统设计、仿真、测试和标定等内容。同时，我们与国际同行保持着密切的交流及合作，作者曾在德国 Wolfhard Lawrenz 教授（CAN 命名者）所主持的 C&S Group 进行了为期一年的访问研究，对于国际上的研发水平有着全面的了解。我们已与美国飞思卡尔半导体有限公司（Freescale Semiconductor）合作成立了"同济大学-飞思卡尔汽车电子联合实验室"、与美国明导公司（Mentor Graphics）合作成立了"同济大学-明导汽车电子系统设计联合实验室暨技术培训中心"、与德国益驰公司（IHR GmbH）成立了"同济大学汽车学院-德国益驰公司车载网络技术联合实验室"。这些交流与合作对于我们在汽车网络技术领域保持领先地位具有重要意义。本书是作者多年来从事汽车 CAN 总线系统研发工作的积累，希望能够对我国汽车网络系统设计人员提供支持和帮助。

本书除封面署名作者外，还有同济大学汽车学院研究生刘矗、莫莽、李仁俊、陈杰、庄桂宝、张琼琰、丁圣彦等协助书稿整理和程序调试工作，对于他们卓有成效的工作在此表示感谢。

飞思卡尔半导体有限公司的马莉女士、康晓敦先生长期以来一直支持同济大学-飞思卡尔汽车电子联合实验室的工作，本书的撰写也得到了他们及飞思卡尔半导体有限公司许多技术人员的大力支持。明导公司的姚振新先生、董因平博士也为本书提供了许多技术资料。电子工业出版社的编辑高买花女士、田宏峰先生为本书的出版做了大量细致的工作。在此一并表示诚挚的谢意。

由于时间关系，本书暂未对基于 CAN 的故障诊断协议以及一致性测试等关键技术进行介绍，如有可能将在再版时添加。书中若有疏漏和错误之处，恳请读者批评指正，并提出宝贵的意见和建议。

作　者
于上海同济大学

目　　录

第1章 绪 论

汽车目前已不仅是一种交通工具，而且还承担着越来越多的功能。现代科技已经将网际网络、无线连接、个人通信电子装置、娱乐设备等整合到汽车内部，为乘客提供了前所未有的便利，而这一切的实现都有赖于汽车电子网络技术。

汽车电子网络技术是现代汽车电子技术的重要组成部分，是现代汽车通信与控制的基础。随着电子技术、计算机技术等的发展，汽车电子化也在不断深入和发展，一些汽车的电子装置已经占了整车造价的三分之一，而目前一些高档轿车上的电子控制单元已达几十个，传感器有上百个，它们通过汽车电子网络来实现信息交换和功能控制。

1.1 汽车电子技术

1.1.1 现代汽车电子技术的发展阶段

现代汽车电子技术的发展大致经历了以下几个阶段。

电子管时代：20世纪50年代，人们开始在汽车上安装电子管收音机，这是电子技术在汽车上应用的雏形。1959年晶体管收音机问世后，很快在汽车上得到了应用。

晶体管时代：20世纪60年代，汽车上应用了硅整流交流发电机和晶体管调节器，到60年代中期，利用晶体管的放大和开关原理，开始在汽车上采用晶体管电压调节器和晶体管点火装置。但电子技术更多地应用在汽车上是20世纪70年代以后，主要是为了解决汽车的安全、节能和环保三大问题。进入70年代后期，电子工业有了长足的发展，特别是集成电路、大规模集成电路和超大规模集成电路技术的飞速发展，使得微控制器在汽车上得到广泛的应用，给汽车工业带来了划时代的变革。

集成电路时代：20世纪90年代，汽车电子进入了其发展的第三个阶段，这是对汽车工业的发展最有价值、最有贡献的阶段。集成电路技术所取得的巨大成就使汽车电子前进了一步，更加先进的微控制器使汽车具有智能，能进行控制决策。这样不仅在节能、排放和安全等方面提高了汽车的性能，同时也提高了汽车的舒适性。

网络化综合技术时代：目前汽车技术已发展到第四代，即包括电子技术、计算机技术、综合控制技术、智能传感器技术等先进汽车电子技术。以微控制器为核心的汽车电子控制单元已不再是通过传统的线束连接起来的，而是通过汽车电子网络系统连接起来的，实现了通信与控制的网络化管理。

一些汽车专家认为，就像汽车电子技术在20世纪70年代引入集成电路、80年代引入微控制器一样，近十几年来，数据总线技术的引入也将是汽车电子技术发展的一个里程碑。

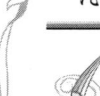

1.1.2 汽车电子系统的基本构成

现代汽车中电子设备比比皆是，涉及汽车的主要部件，基本上可以分为三类：动力电子系统、底盘电子系统、车身电子系统。而车用信息通信系统，即 Telematics 也将会成为汽车电子系统的重要组成部分。

动力电子系统主要包括发动机管理和传动装置，这是汽车的核心。汽车数量的激增引发了空气污染问题，对此世界各国政府对汽车尾气排放颁布了严格的规定，以解决主要大城市的空气污染问题。消除污染和使汽车尾气排放量达标的方法是采用电子系统。发动机控制系统越来越复杂，需要收集分布在汽车各处传感器发出的信息，按照嵌入式软件的指令进行实时计算，所以其计算的速度非常重要，这就是发动机控制系统需要快速高档微处理器的原因。

底盘电子的出现得益于电子半导体技术的发展，使司乘人员的安全性得到提高，如 ABS 在各种档次的汽车中应用相当普遍，而不仅仅限于高档汽车。现在，这些应用系统要进行更复杂的运算，并使用了 16 位，甚至 32 位微控制器。随着传感器输出信号可靠性的增强，有可能进一步改进 ABS 的性能，例如，与 CMOS 技术兼容的加速度传感器，使得取样、保持和滤波器集成在一块芯片上，滤波器的作用是提高发送至微控制器的信号的精度。由于采用了 Smart-MOS 技术，可将诊断功能与功率器件集成在一起。

车身电子系统可大量地采用电子技术，其目标是提高驾驶舒适程度并为驾驶员提供车况信息，系统包括仪表板管理、空调系统、座椅位置调节、可开式车顶、车门控制装置等，这些应用系统通常是以低速率进行数据传输的，但要求有大电流驱动模块来驱动电动机和执行机构。

Telematics 系统是为了满足在行车过程中的信息化、数字化需求应运而生的，它整合了卫星定位、无线通信、数字影音信息处理、显示器、内容服务等软硬件及技术。"Telematics" 一词是由 Telecommunication（电信学）与 Information（信息学）组成的复合词，其含意是指利用车用通信与信息服务，让汽车驾乘者可以在车内利用无线通信技术随时随地与外在环境资源进行双向的信息传输与传递服务。现阶段的服务模式主要可分为全球卫星定位系统（Global Positioning System，GPS）与信息存取（Access）两部分，其中 GPS 就是利用卫星通信，通过 Telematics 设备内建的 GPS 接收器显示使用者所在的位置，最后再与地理信息系统结合，以 3D 地形图或 2D 平面地图的方式，方便使用者判别周围的地理位置，进而让服务提供者（Telematics Service Providers，TSP）提供位置化服务，而信息存取则是由使用者通过移动通信网路，从 TSP 端选择个人化信息（包括新闻、气象、旅游、影音娱乐等）的单向或双向接收与传送。

1.1.3 汽车电子系统网络化

过去，汽车通常采用常规的点对点通信方式将电子控制单元及电子装置连接起来，随着电子设备的不断增加，势必造成导线数量的不断增多，从而使得在有限的汽车空间内布线越来越困难，限制了功能的扩展。汽车上的电子控制单元并不是仅仅与负载设备简单地连接，更多的是与外围设备及其他电子控制单元进行信息交流，并经过复杂的控

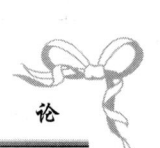

制决策运算，发出控制指令，这些是不能通过简单的连接所能完成的。另外，在不同子系统中的电控单元常常会同时需要一些相同的传感器信号，这样就要求同一传感器信号必须同时被送至不同的控制器，因此要求各模块与此传感器之间通过导线连接起来，从而会导致车内导线长度无限增加，电器节点数剧增，电器原理图烦琐复杂。而汽车线束重量每增加 50 kg，每百公里油耗会增加 0.2 L。单从线束本身来说，它也是汽车电子系统中成本较高、连接较复杂的部件。

现在，通过电控系统网络化控制能从根本上解决这些问题。采用总线技术，可以显著地降低电缆重量，能节省很多电线和接插件，减少电缆总长度。根据车内设备的配置水平，一部车上电线和插件重量能减少 9～17 kg，电缆长度能缩短 200～1 000 m。在汽车内部采用基于总线的网络结构，可以达到信息共享、减少布线、降低成本以及提高总体可靠性的目的。汽车控制系统在经历了由机械式向电控式的进步后，再一次向网络化控制迈进。

随着汽车电子控制单元以及汽车电子装置的不断增多，采用串行总线实现多路传输，组成汽车电子网络，是一种既可靠又经济的做法。同时现代汽车基于安全性和可靠性的要求，正越来越多地考虑使用电控系统代替原有的机械和液压系统，而这最终将使汽车上遍布网络。

网络的概念是在协议管理下，由若干终端、传输设备和通信控制处理器等组成的系统集合。汽车电子控制网络则指按照特定的车载网络协议，以共享资源为主要目的，将所有位置上分散且独立工作的车载控制模块相互连接在一起的集合。汽车电子网络化控制是指网络的控制功能在汽车这一特定对象上的应用，它体现在车内各控制模块间的自由通信与相互协调。

目前，世界上所有的汽车制造商无一例外地在汽车网络化控制上投入大量资源，同时，厂商及消费者也从汽车网络化控制技术的广泛应用中获得了实际利益，这直接体现在汽车性价比的不断提高上。汽车网络化技术是通信技术、计算机技术以及控制理论相结合的产物，它将成为现代汽车电子技术最重要的技术基础，也将使人们关于网络化汽车的梦想变为现实。

 ## 1.2 计算机网络

 ### 1.2.1 计算机网络概述

20 世纪 90 年代以来，以 Internet 为代表的计算机网络获得了飞速的发展。可以毫不夸张地说，计算机网络正逐步渗透到我们工作和生活的每一个领域，并给我们的生活带来了翻天覆地的变化。

简单地说，计算机网络就是把多种形式的计算机用通信线路连接起来，并使其能够互相进行信息交换的系统。随着社会的发展和科技的进步，人们对信息应用的要求越来越高，单台计算机和独立的计算机群已经不能满足这种需求，计算机之间需要交换信息，共享资源，这就要求把单台计算机、独立的计算机群和一些网络通信设备用传输媒体连接在一起，并附以网络运行所需要的各种软件，形成一个网络体系。实际上，计算机网络包括了计算机、各种硬件、各种软件、组成网络的体系结构、网络传输介质和网络通信技术。因此，计算机网络是计算机和通信技术结合的产物。

计算机数据通信网的关键技术是信息交换技术，它经历了电路交换、报文交换和分组交换的演变过程。电路交换原理与普通电话交换网的交换方式类似，信息交换时独占线路，线路利用率低，但在传输速度和传输质量上要比普通电话交换高得多。报文交换的原理是将整个信息包作为一个报文，并在到达某个站点后先存储起来，当有合适的线路时再转发出去，其优点是线路利用率高，缺点是数据传输延迟加长了，实时性较差。分组交换是报文交换的发展，其核心是将报文先进行分组再进行交换，发送方将信息或文本分组后在网上传送，接收方将收到的分组重新组装成原来的信息。同一条线路上能够传输来自多台计算机的不同分组，同一时刻许多分组在网上流动，因此传输线路的利用率非常高。这样，既保留了报文交换的优点，又具有差错少、信息流动大、交换率高、延时小及网络总体成本低等诸多优点，因此分组交换是较为理想的交换技术，它奠定了现代计算机网络存储-转发的基础。

在 20 世纪 80 年代，数据通信进入了局域网时代，这一时期的最大特点是微处理器的高速发展。个人计算机得到广泛应用，并有了相互间通信的要求，使局域网迅速发展起来。局域网解决了一定范围内对信息交换的要求，同时由于局域网信息交换规范和接口技术做到了标准化，局域网得到迅速的发展，并加速了局域网之间的互连，促进远程网的发展。

进入 20 世纪 90 年代，传统文字和数字已不能完全满足社会各方面的需要，声音、图形，甚至动态影像的传输都要求达到实时化，仅靠原有的网络通信技术已不能实现。为此单独建立新的通信网络不仅造成浪费而且也难以管理，于是产生了综合业务数字网（Integrated Services Digital Network，ISDN），它用一个网来适应所有业务发展的需要，将各种业务信号都数字化，然后通过一个网络进行交换处理。ISDN 不但经济，而且管理方便，它一出现就得到社会各界的极大重视，显示出强大的生命力并获得飞速地发展。

20 世纪 90 年代，计算机通信网络技术的另一突出成就是因特网（Internet）的迅速成长，因特网是全球范围内的广域计算机通信网络，它可以使在世界各地的人们通过网络获取所需要的各种信息资料，打破了国别和地域的界线。

1.2.2　计算机网络体系结构

要想让两台计算机进行通信，必须使它们采用相同的信息交换规则。在计算机网络中，我们把用于规定信息的格式以及如何发送和接收信息等为数据交换而建立的规则、标准和约定称为网络协议（Network Protocol）。具体地说，一个网络协议主要由以下三个要素组成：

- 语法：是指数据与控制信息的结构或格式，语法确定通信双方"如何讲"，定义传输的信息格式，相当于说明语言中语句的格式；
- 语义：指需要发出何种控制信息，完成何种动作以及做出何种应答，语义确定通

信双方之间"讲什么",对请求、执行的功能等进行解释,包括识别结果的处理,相当于对一个语句含义的说明;

● 同步:事件实现顺序、速度匹配等的详细说明。

我们将计算机网络的各层次及其协议的集合称为网络的体系结构,也就是说,计算机网络的体系结构是计算机及其部件所应完成的功能的精确定义。但是,这些功能究竟是用何种硬件和软件完成的,则是一个遵循这种体系结构的实现问题。总之,体系结构是抽象的,而实现则是具体的,是真正在运行的计算机硬件和软件。

为了减少网络协议设计的复杂性,网络设计者并不是设计一个单一、巨大的协议来为所有形式的通信规定完整的细节,而是采用把通信问题划分为许多个小问题,然后为每个小问题设计一个单独的协议的方法,这样得每个协议的设计、分析、编码和测试都比较容易。

分层模型(Layering Model)是一种用于开发网络协议的设计方法。本质上,分层模型描述了把通信问题分为几个小问题(称为层次)的方法,每个小问题对应于一层。

1. 协议分层

为了减少网络设计的复杂性,绝大多数网络采用分层设计方法。所谓分层设计方法,就是按照信息的流动过程将网络的整体功能分解为一个个的功能层,不同机器上的同等功能层之间采用相同的协议,同一机器上的相邻功能层之间通过接口进行信息传递。

为了减少计算机网络设计的复杂性,人们往往按功能将计算机网络划分为多个不同的功能层。网络中同等层之间的通信规则就是该层使用的协议,如有关第 N 层的通信规则的集合,就是第 N 层的协议。而同一计算机的不同功能层之间的通信规则称为接口(Interface),在第 N 层和第 $(N+1)$ 层之间的接口称为 $N/(N+1)$ 层接口。总的来说,协议是不同机器同等层之间的通信约定,而接口是同一机器相邻层之间的通信约定。不同的网络中,分层数量、各层的名称和功能以及协议都各不相同。然而,在所有的网络中,每一层的目的都是向它的上一层提供一定的服务。

协议层次化不同于程序设计中模块化。在程序设计中,各模块可以相互独立,任意拼装或者并行,而层次则一定有上下之分,它是依数据流的流动而产生的。组成不同计算机同等层的实体称为对等进程(Peer Process)。对等进程不一定是相同的程序,但其功能必须完全一致,且采用相同的协议。

分层设计方法将整个网络通信功能划分为垂直的层次集合后,在通信过程中下层将向上层隐蔽下层的实现细节。但层次的划分应首先确定层次的集合及每层应完成的任务。划分时应按逻辑组合功能,并具有足够的层次,以使每层小到易于处理。同时层次也不能太多,以免产生难以负担的处理开销。

计算机网络体系结构是网络中分层模型以及各层功能的精确定义。对网络体系结构的描述必须包括足够的信息,使实现者可以为每一功能层进行硬件设计或编写程序,并使之符合相关协议。但我们要注意的是,网络协议实现的细节不属于网络体系结构的内容,因为它们隐含在机器内部,对外部说来是不可见的。

现在我们来考查一个具体的例子:在图 1.1 所示的 5 层网络中如何向其最上层提供通信。在第 5 层运行的某应用进程产生了消息 M,并把它交给第 4 层进行发送。第 4 层在消息 M 前加上一个信息头（Header），信息头主要包括控制信息（如序号）以便目标机器上的第 4 层在低层不能保持消息顺序时，把乱序的消息按原序装配好。在有些层中，信息头还包括长度、时间和其他控制字段。

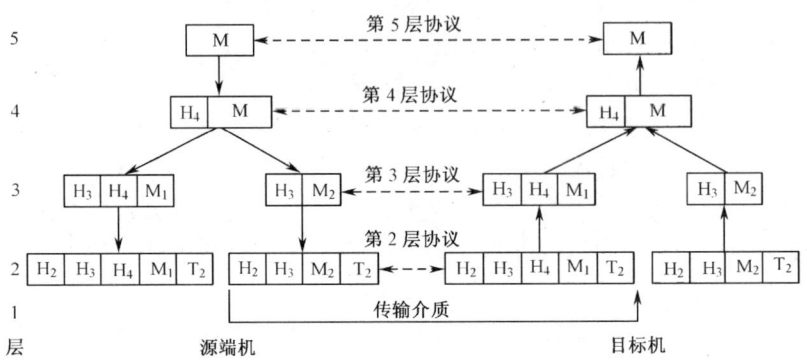

图 1.1　支持第 5 层虚拟通信的例子

在很多网络中，第 4 层对接收的消息长度没有限制，但在第 3 层通常存在一个限度。因此，第 3 层必须将接收的入境消息分成较小的单元，如报文分组（Packet），并在每个报文分组前加上一个报头。在本实例中，消息 M 被分成两部分：M_1 和 M_2。

第 3 层确定使用哪一条输出线路，并将报文传给第 2 层。第 2 层不仅给每段消息加上头部信息，而且还要加上尾部信息，构成新的数据单元，通常称为帧（Frame），然后将其传给第 1 层进行物理传输。在接收方，报文每向上递交一层，该层的报头就被剥掉，决不可能出现将带有 N 层以下报头的报文交给接收方第 N 层实体的情况。

要理解图 1.1，关键要理解虚拟通信与物理通信之间的关系以及协议与接口之间的区别。比如，第 4 层的对等进程，在概念上认为它们的通信是水平方向地应用第 4 层协议。每一方都好像有一个叫做"发送到另一方去"的过程和一个叫做"从另一方接收"的过程，尽管实际上这些过程是跨过 3/4 层接口与下层通信而不是直接同另一方通信。

抽象出对等进程这一概念，对网络设计是至关重要的。有了这种抽象技术，网络设计者就可以把设计完整的网络这种难以处理的大问题，划分成设计几个较小的且易于处理的问题，即分别设计各层。

2．服务类型

服务（Service）这个极普通的术语在计算机网络中无疑是一个极重要的概念。在网络体系结构中，服务就是网络中各层向其相邻上层提供的一组操作，是相邻两层之间的界面。

由于网络分层结构中的单向依赖关系，使得网络中相邻层之间的界面也是单向性的：即下层是服务提供者，上层是服务用户。在网络中，下层向上层提供的服务分为两大类：面向连接服务（Connection-oriented Service）和无连接服务（Connectionless Service）。

面向连接服务是电话系统服务模式的抽象。每一次完整的数据传输都必须经过建立连接、数据传输和终止连接三个过程。在数据传输过程中，各数据包地址不需要携带目的地址，而是使用连接号。连接本质上类似于一个管道，发送者在管道的一端放入数据，接收者在另一端取出数据，其特点是接收到的数据与发送方发出的数据在内容和顺序上是一致的。

无连接服务是邮政系统服务模式的抽象，其中每个报文带有完整的目的地址，每个报文在系统中独立传送。无连接服务不能保证报文到达的先后顺序，原因是不同的报文可能经不同的路径到达目的地，所以先发送的报文不一定先到。无连接服务一般也不对出错报文进行恢复和重传。换句话说，无连接服务不保证报文传输的可靠性。

在计算机网络中，可靠性一般通过确认和重传（Acknowledgement and Retransmission）机制实现。大多数面向连接服务都支持确认重传机制，但确认和重传将带来额外的延迟。有些对可靠性要求不高的面向连接服务（如数字电话网）不支持重传，因为电话用户宁可听到带有杂音的通话，也不喜欢等待确认所造成的延迟。大多数无连接服务不支持确认重传机制，所以无连接传输服务往往可靠性不高。

服务和协议常常被混淆，而实际上二者是迥然不同的概念。为此我们再强调一下两者的区别。服务是网络体系结构中各层向它的上层提供的一组原语（操作），尽管服务定义了该层能够代表它的用户完成的操作，但丝毫未涉及这些操作是如何实现的。服务描述两层之间的接口，下层是服务提供者，上层是服务用户，而协议是定义同层对等实体间交换帧、数据包的格式和意义的一组规则。网络各层实体利用协议来实现它们的服务。只要不改变提供给用户的服务和接口，实体可以随意地改变它们所使用的协议。这样，服务和协议就完全被分离开来。在 OSI 参考模型之前的很多网络并没有把服务从协议中分离出来，造成网络设计的困难，现在人们已经普遍承认这样的设计是一种重大失策。

3. ISO/OSI 参考模型

在网络发展的初期，许多研究机构、计算机厂商和公司都大力发展计算机网络。这种自行发展的网络，在体系结构上差异很大，以至于它们之间互不相容，难以相互连接以构成更大的网络系统。为此，许多标准化机构积极开展了网络体系结构标准化方面的工作，其中最为著名的就是国际标准化组织（ISO）提出的开放系统互连参考模型（OSI/RM）。OSI 参考模型是研究如何把开放式系统（即为了与其他系统通信而相互开放的系统）连接起来的标准。

OSI 参考模型将计算机网络分为 7 层，如图 1.2 所示，将连网计算机间传输信息的任务划分为 7 个更小、更易于处理的任务组。每一个任务或任务组则被分配到各个 OSI 层。每一层都是独立存在的，因此分配到各层的任务能够独立地执行。这样使得变更其中某层提供的方案时不影响其他层。需要注意的是，实际的网络体系结构并不一定具有全部七层的定义。

我们从底层开始，依次讨论模型的各层所要完成的功能。

（1）物理层（Physical Layer）

物理层的主要功能是完成相邻节点之间原始比特流的传输。物理层协议关心的典型问题是使用什么样的物理信号来表示数据"1"和"0"；一位持续的时间为多长；数据传输是否可同时在两个方向上进行；最初的连接如何建立和完成通信后连接如何终止；物理接口（插头和插座）有多少针以及各针的用处。物理层的设计主要涉及物理层接口的机械、电气、功能和过程特性，以及物理层接口连接的传输介质等问题。物理层的设

计还涉及通信工程领域内的一些问题。

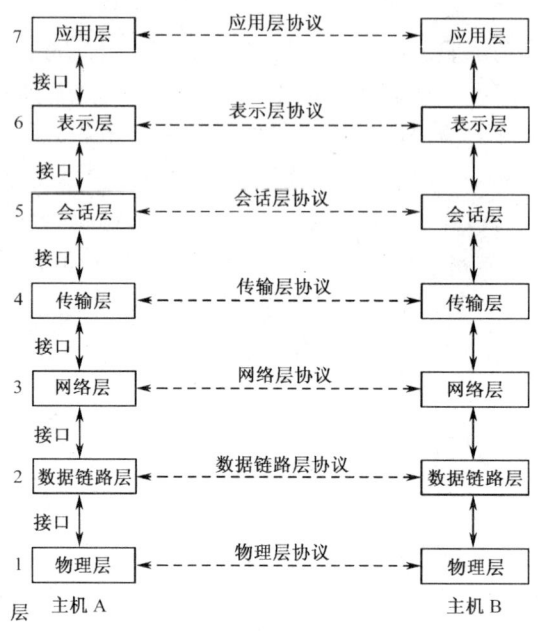

图 1.2　OSI 参考模型

（2）数据链路层（Data Link Layer）

数据链路层的主要功能是如何在不可靠的物理线路上进行数据的可靠传输，它完成的是网络中相邻节点之间可靠的数据通信。为了保证数据的可靠传输，发送方把用户数据封装成帧，并按顺序传送各帧。由于物理线路的不可靠，因此发送方发出的数据帧有可能在线路上发生出错或丢失（所谓丢失实际上是数据帧的帧头或帧尾出错），从而导致接收方不能正确接收到数据帧。一旦接收方发现接收到的数据有错，则发送方必须重传这一帧数据，直到这一帧没有错误地到达接收方为止。这样，数据链路层就把一条实际可能出错的链路转变成对网络层来说好像是不出错的一条链路。

（3）网络层（Network Layer）

网络层的主要功能是完成网络中主机间的报文传输，其关键问题之一是使用数据链路层的服务将每个报文从源端传输到目的端。网络层的任务就是选择合适的路由，使发送站的传输层所传下来的分组能够正确无误地按照地址找到目的站，并交付给目的站的传输层。这也就是我们所说的网络层的寻址功能。

（4）传输层（Transport Layer）

传输层的主要功能是完成网络中不同主机上的用户进程之间可靠的数据通信，它的任务是根据下面通信子网的特性，最佳地利用网络资源，并以可靠的和经济的方式为源站和目的站之间的进程建立起一条传输连接，以便透明地传送报文。或者说，传输层向上一层进行通信的两个进程之间提供一个可靠的端到端的服务，使它们看不到传输层以下的数据通信细节。在通信子网内的各个交换节点以及连接各通信子网的路由器上，都没有传输层。传输层只能存在于通信子网外面的主机之中。传输层以上的各层就不再关心信息传输的问题了。

（5）会话层（Session Layer）

会话层允许不同机器上的用户之间建立会话关系，进行类似传输层的普通数据的传送，在某些场合还提供了一些有用的增强型服务，允许用户利用一次会话在远端的分时系统上登录，或者在两台机器间传递文件。会话层提供的服务之一是管理对话控制。会话层允许信息同时双向传输，或任一时刻只能单向传输。

（6）表示层（Presentation Layer）

表示层完成某些特定的功能，对于这些功能，人们常常希望找到普遍的解决办法，而不必由每个用户自己来实现。值得一提的是，表示层以下各层只关心从源端机到目标机可靠地传送比特，而表示层关心的是所传送的信息的语法和语义。表示层服务的一个典型例子是用一种大家一致选定的标准方法对数据进行编码。另外，表示层还涉及数据压缩和解压、数据加密和解密等工作。

（7）应用层（Application Layer）

连网的目的在于支持运行于不同计算机的进程进行通信，而这些进程则是为用户完成不同任务而设计的。可能的应用是多方面的，不受网络结构的限制。应用层包含大量人们普遍需要的协议，对于需要通信的不同应用来说，应用层的协议都是必需的。

1.2.3　局域网

局域网（Local Area Network，LAN）是指范围在几百米到几千米内办公楼群或校园内的计算机相互连接所构成的计算机网络。计算机局域网被广泛应用于连接校园、工厂以及机关的个人计算机或工作站，以利于个人计算机或工作站之间共享资源（如打印机）和数据通信。局域网区别于其他网络主要体现在下面 3 个方面：网络所覆盖的物理范围、网络所使用的传输技术、网络的拓扑结构。

局域网的覆盖范围相对较小，其两端间的传输时间是有限的，并且可以预先知道传输的时间。局域网中经常使用共享信道，即所有的机器都接在同一条电缆上。传统局域网具有高数据传输率（10 Mb/s 或 100 Mb/s）、低延迟和低误码率的特点。新型局域网的数据传输率可达每秒千兆位甚至更高。

局域网有不同的拓扑结构，图 1.3 给出了 4 种不同网络拓扑结构的示意图。

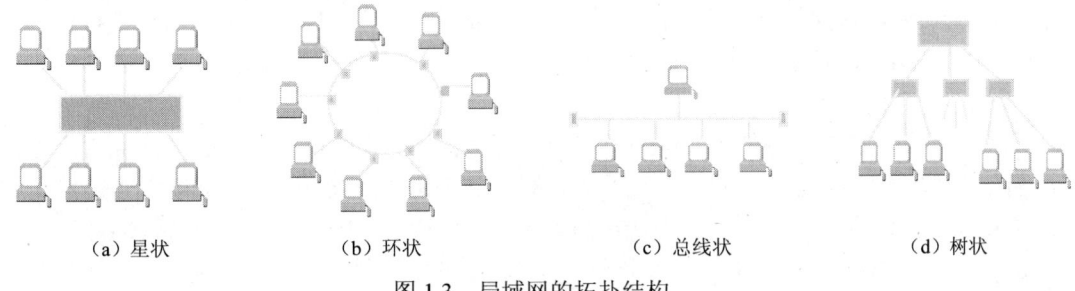

（a）星状　　　　　　（b）环状　　　　　　（c）总线状　　　　　　（d）树状

图 1.3　局域网的拓扑结构

图 1.3（a）为星状结构，它是集中控制的，近年来由于集线器（Hub）的出现，星状及多级结构的星状网获得了广泛的应用。图 1.3（b）为环状网，其中最典型的是令牌环网（Token Ring），它又被称为令牌环。如图 1.3（c）所示，在总线网络中，任何时刻只允许一台机器发送数据，而所有其他机器都处于接收状态。当有两台或多台机器想同时发送数据时必须进行仲裁，需要仲裁机制来解决冲突。总线网可以使用两种协议，一种是以太网使用的载波监听多路访问/冲突检测（Carrier Sense Multiple Access/Collision Detection，CSMA/CD）协议；另一种是令牌传递总线协议，它综合了令牌环和总线网的优点，即对物理上的总线网通过协议使它在逻辑上相当于一个令牌环。图 1.3（d）是树状网，它是总线网的变形，主要用于宽带局域网。

局域网可使用多种传输媒介，其中双绞线的价格最低，它原本只是用于低速基带局域网（传输速率在 1～2 Mb/s），现在传输速率在 10～100 Mb/s 的局域网也可使用双绞线。光纤也可用做局域网的传输媒介，它具有良好的抗电磁干扰特性和很宽的频带，主要用在环状网中，其数据传输速率可达 100 Mb/s，甚至更高。

1.3　车载网络通信及现场总线

1.3.1　车载网络信号的编码方式

数据编码是指通信系统中以何种物理信号的形式表达数据。目前在汽车网络中常用的编码方式有：不归零编码（NRZ）、曼彻斯特编码（Manchester）、可变脉宽调制（VPW）、脉宽调制（PWM）等。下面分别介绍这几种编码方式。

（1）不归零编码

不归零编码在一个比特时间内电平保持不变，这种编码方式容易实现，如图 1.4（a）所示。缺点是：存在直流分量，传输中不能使用变压器；不具备自同步机制，传输时必须使用外同步。奔驰、大众、戴姆勒克莱斯勒等公司采用不归零编码。

（2）曼彻斯特编码

在该编码方式中，将时间划分成等间隔的小段，每个小段代表一个比特。同时，每个小段时间又分成两半，前半个时间段表示所传输比特值的反码，后半段表示传输比特值本身。因此，在一个比特的时间段的中心点上总有一次电平转变，所以和脉宽调制编码一样，此类编码也不需要传输同步信号，波形如图 1.4（b）所示。法国雷诺、标致、雪铁龙公司的 VAN 协议采用曼彻斯特编码。

（3）可变脉宽调制编码

在该编码方式中，每位数据由两个连续跳变的时间和电平共同决定，并且两位连续比特的电平是不相同的。图 1.4（c）所示的例子是 J1850 定义的 VPW 波形，当传输速率为 10.4 kb/s 时，逻辑"1"定义为，在总线上低电平持续 128 μs 或高电平持续 64 μs；与此相反，逻辑"0"为总线上高电平持续 128 μs 或低电平持续 64 μs。通用公司的 DLCS 协议采用 VPWM 编码。

（4）脉宽调制编码

在该编码方式中，每位数据由 PWM 信号的占空比决定。PWM 信号的频率决定了位传输速率，而相应的脉冲宽度决定了传输数据的值。通常占空比为 1/3 时表示传输的值为逻辑 "1"，占空比为 2/3 时表示传输的值为逻辑 "0"。因此，传输数据的每一位内必定有一次电平转变，故该类编码携带有信号传输的同步信息，不需要另外传输同步信号。福特公司的 HBCC 协议和马自达公司的 PALMENT 协议均采用 PWM 编码，波形如图 1.4（d）所示。

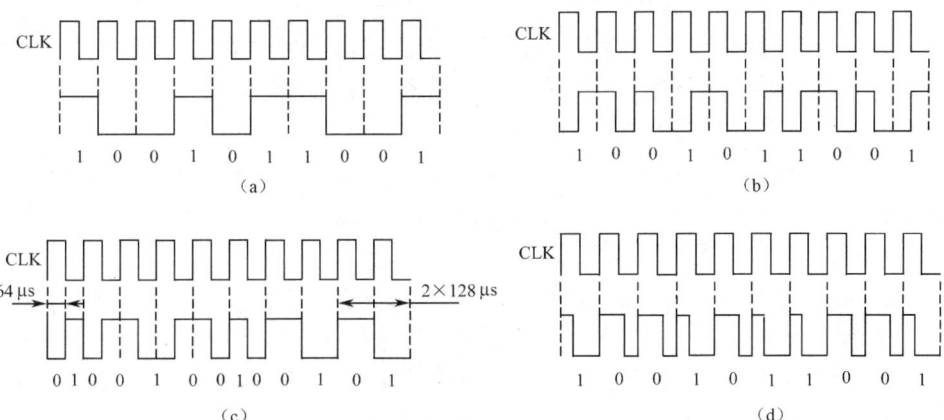

图 1.4 数据的编码方式波形图

 1.3.2 车载网络的介质访问控制方式

车载网络的介质访问控制方式主要有以下几种：CSMA/CD（载波监听多路访问/冲突检测）、CSMA/CR（载波监听多路访问/冲突解决）、主从访问控制方式、令牌访问控制方式以及 TDMA（时分多路访问）等。

（1）载波监听多路访问/冲突检测

载波监听多路访问/冲突检测（Carrier Sense Multiple Access/Collision Detection，CSMA/CD）方式对总线上的任何节点都没有预约发送时间，节点的数据发送是随机的，必须在网络上争用传输介质，故又称为争用技术。若同一时刻有多个节点向总线上发送信息，就会引起冲突。为了避免冲突，每个节点在发送信息前都要监听总线上是否有信息在传送，这就是载波监听。

载波监听 CSMA 的控制方案是"先听再讲"。一个节点要发送消息，首先要监听总线，检测总线上是否有其他节点正在发送消息，总线空闲则发送，如果总线忙，则等待一段时间后再重发。在监听总线状态后，可以选择不坚持、1-坚持或 P-坚持 CSMA 坚持退避算法进行重发。

由于传输线上不可避免地存在传输延迟，可能有多个节点同时检测到总线处于空闲状态并开始发送，从而导致冲突，所以在每个节点开始发送消息后，还要继续监听线路，判断是否有其他节点正在与本节点同时发送消息，一旦发现有便停止发送，这就是冲突检测。

CSMA/CD 协议已经广泛地运用于局域网中。在该介质访问方式中，每个节点在发送帧期间，同时有冲突检测功能，即所谓的"边讲边听"。一旦检测到冲突就立即停止发送，并向总线上发送阻塞信号，通知总线上各个节点已经发生冲突。

（2）载波监听多路访问/冲突解决

与 CSMA/CD 不同的是，采用载波监听多路访问/冲突解决（Carrier Sense Multiple Access/Collision Resolution，CSMA/CR）访问机制可以从根本上避免冲突。尽管采用该访问机制时，在帧发送的开始阶段可能存在多个节点同时发送消息的情况，但是该机制可以保证经仲裁场后只有优先权最高的那个节点向总线上发送消息。仲裁期间，每个发送节点将从总线上的检测到的值与自己发送的值相比较，如果不同，就立即停止发送并马上变成接收节点。实际上在汽车网络中，大多数总线是以该访问机制为基础的。

（3）主从访问控制方式

该介质访问的优点是：①实现较为简单；②主节点定时向从节点发送询问帧，所以每个节点获得总线访问权的时间基本上是确定的。缺点是：①浪费带宽；②主节点出故障将导致整个网络瘫痪。

在该访问机制中，主节点通过周期性地询问从节点来控制基于节点通信的总线访问权限。在轮询周期，主节点向从节点发送询问帧，相应的从节点必须以一个应答帧为响应，如图 1.5 所示。经过一个循环，主节点询问过所有从节点后，将重新开始新一轮的询问。

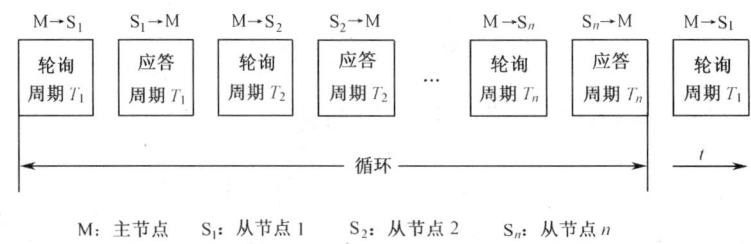

M：主节点　　S$_1$：从节点 1　　S$_2$：从节点 2　　S$_n$：从节点 n

图 1.5　主从介质访问方式的原理

（4）令牌访问控制方式

CSMA 的访问机制中存在冲突，其原因是由于各个节点发送消息是随机的。为了解决冲突问题，可以采用令牌访问方式。令牌访问原理可用于环状网络，构成令牌环状网（Token-ring），也可以用于总线网，构成令牌总线网（Token-passing Bus）。

在令牌环状网中，每个时刻只允许一个节点发送消息。令牌在网络环路中不断地传递，只有拥有此令牌的节点才允许向网络中发送消息，其他节点仅允许接收。拥有令牌的节点发送完消息后，将令牌传递给下一个节点，如果该节点没有消息要发送，便依次将令牌传给下一个节点。因此，表示消息发送权的令牌在环状信道上不断循环。环上每个节点都有机会获得介质访问权，而任何时刻只有一个节点利用环路传送消息，从而保证环路上不会发送冲突。

令牌传递总线方式与 CSMA/CD 方式一样，可采用总线网络拓扑结构，但不同的是，前者在物理总线上由网上的各个节点按照一定顺序形成一个逻辑环，每个节点在环中均有一个指定的逻辑位置，末节点的后继节点是首节点。该总线访问方式从物理上看是一

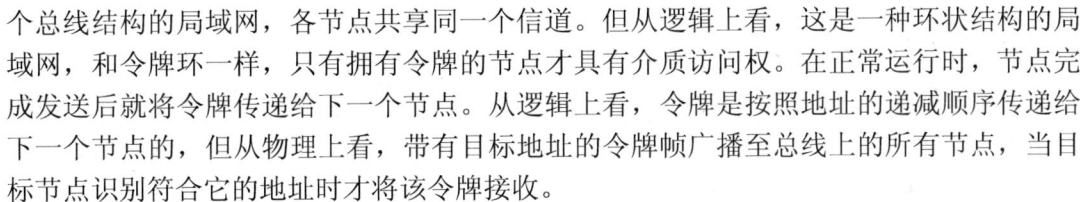

个总线结构的局域网，各节点共享同一个信道。但从逻辑上看，这是一种环状结构的局域网，和令牌环一样，只有拥有令牌的节点才具有介质访问权。在正常运行时，节点完成发送后就将令牌传递给下一个节点。从逻辑上看，令牌是按照地址的递减顺序传递给下一个节点的，但从物理上看，带有目标地址的令牌帧广播至总线上的所有节点，当目标节点识别符合它的地址时才将该令牌接收。

（5）TDMA

在该介质访问方式中，用于传输数据的周期被分成很多时间片，网络系统的各个消息按照事先规定的发送顺序，在发送周期的固定时间片内发送数据到总线上，因此各个节点访问介质的时间片是确定的。该介质访问方式的前提条件是每个节点的局部参考时间与统一的全局时间基准同步。

在汽车网络中，TDMA 访问控制方式主要用于 X-by-Wire 系统的网络协议，如 TTP、FlexRay 等。

 ## 1.3.3　现场总线

现场总线是当今自动化领域技术发展的热点之一，被誉为自动化领域的计算机局域网，它的出现标志着工业控制技术领域又一个新时代的开始，并将对该领域的发展产生重要的影响。在汽车中所使用的 LIN 总线、CAN 总线等均属于现场总线。

现场总线是 20 世纪 80 年代中期发展起来的。1986 年 2 月，Robert Bosch 公司在汽车工程协会（SAE）上介绍了一种新型的串行总线——控制器局域网（Control Area Network，CAN）。现在在欧洲，CAN 总线已广泛应用于汽车控制与通信系统，同时也在其他工业领域得到广泛的应用。

随着微控制器和计算机功能的不断增强和价格的急剧降低，计算机和计算机网络系统得到迅速的发展，而出于生产过程底层的测控自动化系统，采用一对一连线，用电压、电流的模拟信号进行测量控制，或采用自封闭式的集散系统，难以实现设备之间以及系统与外界之间的信息交换，使自动化系统成为信息孤岛。实现整个企业的信息集成，实施综合自动化，就必须设计出一种能在工业现场运行、性能可靠、造价低廉的通信系统，形成工厂底层网络，完成现场自动化设备之间的多点数字通信，实现底层现场设备之间以及外界的信息交换。现场总线就是在这种实际需求的驱动下产生的。

现场总线是应用在生产现场、在微机化测控设备之间实现双向串行多节点数字通信的系统，也称为开放式、数字化、多点通信的底层控制网络。现场总线技术将专用微控制器置入传统的测控装置，使其具有数字计算和数字通信能力，采用可进行简单连接的双绞线等媒介，把多个测控装置连接成为网络系统，并按照公开、规范的通信协议，在位于现场的多个微机化测控装置之间以及现场仪表与远程监控计算机之间，实现数据传输与信息交换，形成各种适应实际需要的自动控制系统。简而言之，就是把单个分散的测控装置变成网络节点，以现场总线为纽带，把它们连接成可以相互沟通信息、共同完成自控任务的网络系统与控制系统。现场总线给自动化领域带来的变化，犹如众多分散的计算机被网络连接在一起，使计算机的功能、作用发生的变化一样。现场总线使自控系统与设备具有了通信能力，把它们连接成网络系统，加入到信息网络的行列。因此，现场总线可以说是控制技术一个新时代的开始。

现场总线控制系统既是一个开放的通信系统，又是一种分布式控制系统。它作为智能装置的联系纽带，把挂接在总线上、作为网络节点的智能装置连接为网络系统，并进一步构成自动化系统，实现基本控制、补偿运算、参数修改、报警、显示、监控、优化及管控一体化的综合自动化功能。这是一项以智能传感器、控制、计算机、数字通信、网络为主要内容的综合技术。

由于现场总线适应了工业控制系统向分散化、网络化、智能化方向的发展，一经产生便成为全球工业自动化技术的热点，受到全世界的普遍关注。现场总线的出现，导致目前生产的自动化仪表、集散控制系统（DCS）、可编程控制器（PLC）在产品的体系结构、功能结构方面的较大变革。传统的模拟仪表将逐步让位于智能化数字仪表，并具备数字通信功能，出现了一批集检测、运算、控制功能于一体的控制器；出现了带控制模块并能发送故障信息的执行器，并由此极大地改变了现有设备的维护管理方法。

1.4 现代汽车电子网络系统

1.4.1 汽车网络系统结构

国际上众多知名汽车公司早在 20 世纪 80 年代就积极致力于汽车网络技术的研究及应用。迄今为止，已有多种网络标准。目前存在的多种汽车网络标准，其侧重的功能有所不同，为方便研究和设计应用，SAE（Society of Automotive Engineers）车辆网络委员会将汽车数据传输网划分为 A、B、C 三类。

A 类是面向传感器/执行器控制的低速网络，数据传输位速率通常小于 10 kb/s，主要用于后视镜调整，电动窗、灯光照明等控制；B 类是面向独立模块间数据共享的中速网络，位速率一般在 10～125 kb/s 之间，主要应用于车身电子舒适性模块、仪表显示等系统；C 类是面向高速、实时控制的多路传输网，位速率在 125 kb/s～1 Mb/s 之间，主要用于牵引控制、先进发动机控制、ABS（Anti-lock Braking System）等系统。

通常，汽车网络结构采用多条不同速率的总线分别连接不同类型的节点，并使用网关服务器来实现整车的信息共享和网络管理，如图 1.6 所示。

车身系统（包括组合仪表、信号及照明灯组、四门集控锁、车窗及后视镜等）的控制单元多为低速电动机和开关量器件，对实时性要求低而数量众多。使用低速的总线连接这些电控单元。将这部分电控单元与汽车的动力、传动等系统分开，有利于保证动力、传动系统通信的实时性。此外，采用低速总线还可增加传输距离、提高抗干扰能力并降低硬件成本。

动力、传动等系统（包括发动机控制系统、防抱死制动系统等）的受控对象直接关系汽车的行驶状态，对通信实时性有较高的要求。因此使用高速的总线连接这些系统。传感器组的各种状态信息以广播的形式在高速总线上发布，各节点可以在同一时刻根据自己的需要获取信息。这种方式最大限度地提高了通信的实时性。

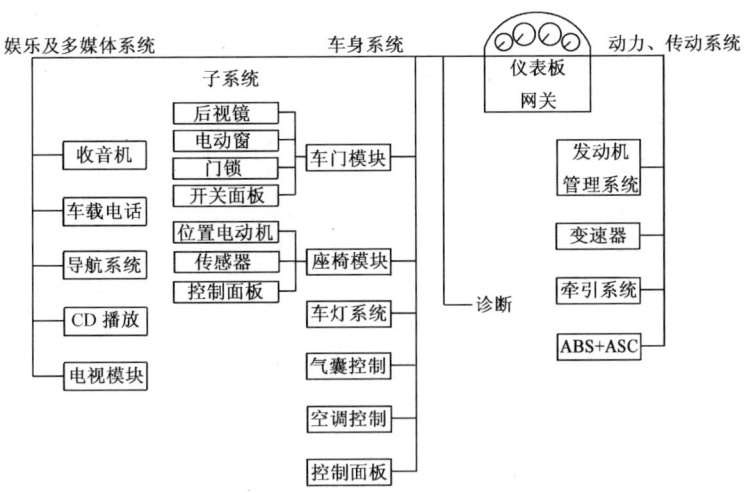

图 1.6 典型的汽车网络系统

故障诊断系统是将车用诊断系统在通信网络上加以实现的。

信息与车载媒体系统（包括数字音响系统、车载 PC、汽车导航系统及宽带无线接入网络等）对于通信速率的要求更高，一般在 2 Mb/s 以上。采用新型的多媒体总线连接车载媒体。这些新型的多媒体总线往往是基于光纤通信的，从而可以充分保证带宽。

网关是汽车内部通信的核心，通过它可以实现各条总线上信息的共享以及实现汽车内部的网络管理和故障诊断功能。

随着新技术的不断发展，在未来的汽车网络中，还将会有专门用于气囊的安全总线（Safety Bus）系统以及 X-by-Wire 系统。

 ## 1.4.2 汽车总线系统

在今天的汽车中，作为一种典型应用，车身和舒适性控制模块都连接到 CAN（Controller Area Network）总线上，并借助于 LIN（Local Interconnect Network）总线进行外围设备控制。在很多情况下，汽车高速控制系统（如动力系统控制），都是使用高速 CAN总线连接在一起的。远程信息处理和多媒体连接需要高速互连，视频传输又需要同步数据流格式，这些都可由 D2B（Domestic Digital Bus）或 MOST（Media Oriented Systems Transport）协议来实现。无线通信则通过 Bluetooth 技术加以实现。而在未来的几年里，TTP（Time Trigger Protocol）和 FlexRay 将使汽车发展成百分之百的电控系统，完全不需要后备机械系统的支持。

图 1.7 为汽车网络中各种典型的总线形式，并显示了不同系统速率下的应用范围及其相应成本。其中，J1850 除了 Ford、Chrysler 和 GM 公司还在使用以外，未能获得广泛的接受。而 LIN 总线不仅能够完成 J1850 大多数功能，更兼具低成本的优势，它将会取代J1850 成为低端通信的标准。而其他类型的总线在各自的系统应用范围内仍代表了当前市场的主流和未来发展的趋势。

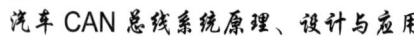
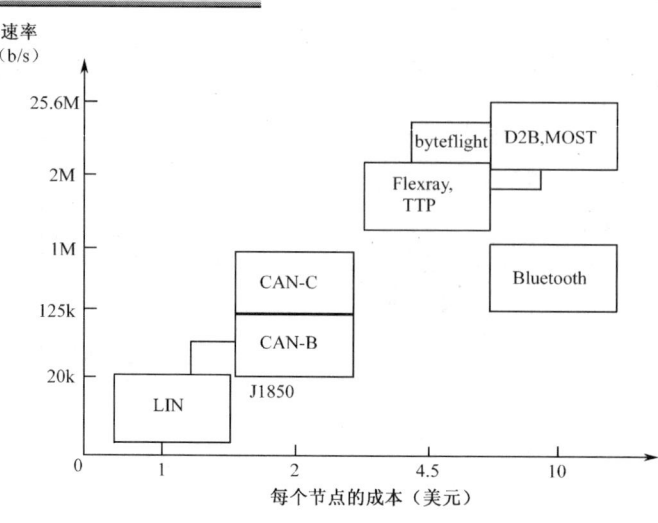

图 1.7　各类典型汽车总线的速率和成本

开放式架构的发展对于汽车业和消费类电子产品来说都有重要的意义，它极大地推动了产品对于生产商和消费者的适用性。随着产业标准的扩充，设备及其组成部分的成本有望大幅下降。同样地，OEM 厂商和修理用零配件市场上的安装成本也将大幅削减。

但是，至今仍没有一个通信网络可以完全满足未来汽车的所有成本和性能要求。因此，汽车制造商和 OEM（Original Equipment Manufacture）商仍将继续采用多种协议（包括 LIN、CAN 和 MOST 等），以实现未来汽车上的连网。奥迪 A6 网络系统如图 1.8 所示。

美国汽车工程师协会（SAE）车辆网络委员会根据标准 SAE J2057 将汽车数据传输网划分为 A、B、C 三类

1．A 类总线标准

A 类的网络通信大部分采用 UART（Universal Asynchronous Receiver/ Transmitter）标准，UART 使用起来既简单又经济，但随着技术的发展，在 2005 年以后已经从汽车通信系统中被淘汰。而 GM 公司所使用的 E&C（Entertainment and Comfort）、Chrysler 公司所使用的 CCD（Chrysler Collision Detection）和 Ford 公司使用的 ACP（Audio Control Protocol），现在已逐步停止使用。I^2C 总线在汽车中很少使用，仅见于 Renault 公司在 HVAC（Heating, Ventilation and Air Conditioning）中有使用。日本 Toyota 公司制定的一种通信协议 BEAN（Body Electronics Area Network）目前仍在其多种车型（如 Celsior、Aristo、Prius 和 Celica）中加以使用。表 1.1 对一些主要 A 类标准和协议及其特性进行了比较。

A 类目前首选的标准是 LIN（Local Interconnect Network），LIN 是用于汽车分布式电控系统的一种新型低成本串行通信系统，它是一种基于 UART 的数据格式、主从结构的单线 12 V 的总线通信系统，主要用于智能传感器（Smart Sensors）和执行器的串行通信，而这正是 CAN 总线的带宽和功能所不要求的部分。由于目前尚未建立低端多路通信的汽车标准，因此 LIN 正试图发展成为低成本的串行通信的行业标准。

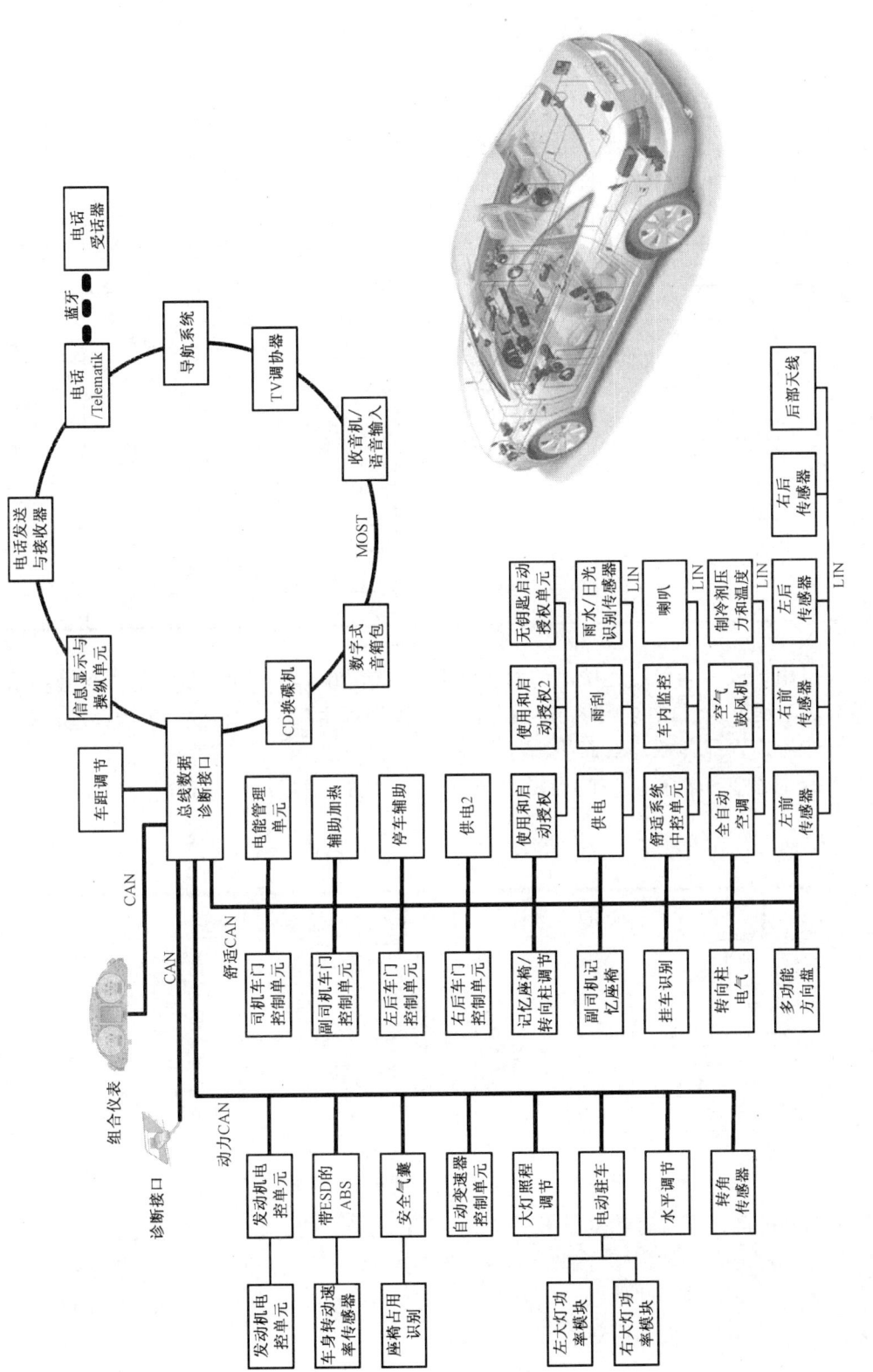

图 1.8　奥迪 A6 网络系统

表 1.1 A 类标准和协议及其特性

特性	总线及协议名称							
	UART	SINEBUS	E & C	SAE J1708	CCD	ACP	BEAN	LIN
所属机构	GM	DELCO	GM	TMC-ATA	Chrysler	Ford	Toyota	Motorola
用途	通用诊断	音频	通用	控制诊断	通用诊断	音频控制	车身控制诊断	智能传感器
介质	单根线	单根线	单根线	双绞线	单根线	双绞线	单根线	单根线
位编码	NRZ	SAM	PWM	NRZ	NRZ	NRZ	NRZ	NRZ
媒体访问	主/从	主/从	竞争	主/从	主/从	主/从	竞争	主/从
错误检测	8 位 CS	无	奇偶校验	8 位 CS	8 位 CS	8 位 CS	8 位 CRC	8 位 CS
帧头长度	16 位	2 位	11~12 位	16 位	8 位	12~24 位	25 位	2 位/字节
数据长度	0~85 字节	10~18 位	1~8 位		5 字节	6~12 字节	1~11 字节	8 字节
位速率	8 192 b/s	66.6~200 b/s	1 000 b/s	9 600 b/s	7 812.5 b/s	9 600 b/s	10 kb/s	20 kb/s
总线最大长度	—	10 m	20 m	—	—	40 m	—	40 m
最大节点数	10	—	10		6	20	20	16
成本	低	低	低	中	低	低	低	低

　　LIN 采用低成本的单线连接,传输速度最高可达 20 kb/s,对于低端的大多数应用对象来说,这个速度是可以接受的。它的媒体访问采用单主/多从的机制,不需要进行仲裁。在从节点中不需要晶体振荡器而能进行自同步,这极大地减少了硬件平台的成本。图 1.9 所示为 LIN 总线在车门模块中的应用,LIN 总线和 CAN 总线可以通过网关来完成信息交换。

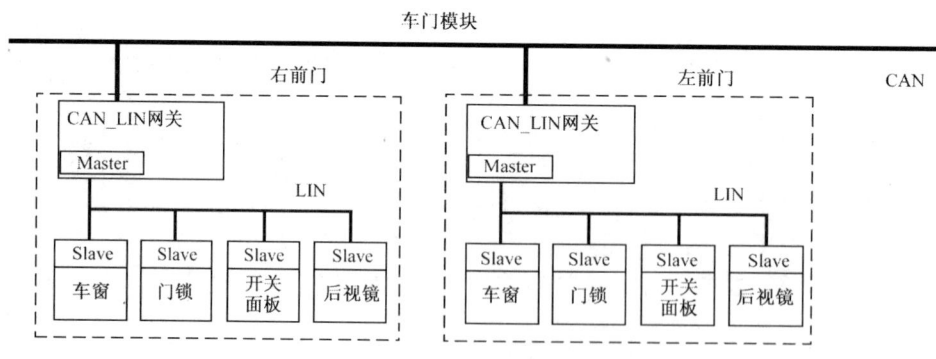

图 1.9 LIN 总线在车门模块中的应用

　　LIN 的标准简化了现有的基于多路解决方案的低端 SCI,同时将降低汽车电子装置的开发、生产和服务费用。LIN 的规范包含了传输协议、传输介质、开发工具接口以及应用软件。因此,从硬件、软件以及电磁兼容性方面来看,LIN 保证了网络节点的互换性。这极大地提高了开发速度,同时保证了网络的可靠性。

2．B 类总线标准

B 类标准在轿车上应用的是 ISO 11898，传输速率在 100 kb/s 左右，在卡车和大客车上应用的是 SAE 的标准 J1939，传输速率是 250 kb/s。GM、Ford 和 DC 等公司目前在许多车型上都已经开始使用了基于 ISO 11898 的标准 J2284，它的传输速率是 500 kb/s。对于欧洲的各大汽车公司而言，它们从 1992 年起，一直都采用的是 ISO 11898，所使用的传输速率范围为 47.6～500 kb/s。近年来，基于 ISO 11519-2 的容错 CAN 总线标准在欧洲的各种车型中也开始得到广泛的使用，ISO 11519-2 的容错低速二线 CAN 总线接口标准在轿车中正在得到普遍的应用，它的物理层比 ISO 11898 要慢一些，同时成本也高一些，但是它的故障检测能力却非常突出。与此同时，以往广泛适用于美国车型的 J1850 已经逐步被淘汰。表 1.2 对目前一些主要 B 类标准和协议及其特性进行了比较。

表 1.2　B 类标准和协议及其特性

特性	总线及协议名称				
	SWC（SINGLE-WIRE CAN）	CAN 2.0; ISO 11898 ISO 11519-2 ISO 11992; J2284	J1850 ISO 11519-4		
所属机构	SAE/ISO	BOSCH/SAE/ISO	GM	Ford	Chrysler
用途	诊断	控制 诊断	通用 诊断	通用 诊断	通用 诊断
介质	单根线	双绞线	单根线	双绞线	单根线
位编码	NRZ-5	NRZ-5	VPW*	PWM	VPW
媒体访问	竞争	竞争	竞争	竞争	竞争
错误检测	CRC	CRC	CRC	CRC	CRC
帧头长度	11 位	11 位或 29 位	32 位	32 位	8 位
数据长度	0～8 字节	0～8 字节	0～8 字节	0～8 字节	0～10 字节
位速率	33.33 kb/s 83.33 kb/s	10 kb/s～1 Mb/s	10.4 kb/s	41.6 kb/s	10.4 kb/s
总线最大长度	30 m	40 m（典型）	35 m	35 m	35 m
最大节点数	16	32	32	32	32
成本	低	中	低	低	低

注：*VPW——Variable Pulse Width Modulation

B 类中的国际标准是 CAN 总线。CAN 总线是德国 BOSCH 公司从 20 世纪 80 年代初为解决现代汽车中众多的控制与测试仪器之间的数据交换而开发的一种串行数据通信协议，它是一种多主总线，通信介质可以是双绞线、同轴电缆或光导纤维，通信速率可达 1 Mb/s。CAN 总线通信接口中集成了 CAN 协议的物理层和数据链路层功能，可完成对通信数据的成帧处理，包括位填充、数据块编码、循环冗余检验、优先级判别等项工作。CAN 协议的一个最大特点是废除了传统的站地址编码，而代之以对通信数据块进行编码，最多可标识 2 048（2.0A）个或 5 亿（2.0B）多个数据块。采用这种方法的优点可使网络内的节点个数在理论上不受限制。数据段长度最多为 8 字节，不会占用总线时间过长，从

而保证了通信的实时性。CAN 协议采用 CRC 检验并可提供相应的错误处理功能，保证了数据通信的可靠性。

3．C 类总线标准

由于 C 类标准主要用于与汽车安全相关，以及实时性要求比较高的地方，如动力系统，所以其传输速率比较高，通常在 125 kb/s～1 Mb/s 之间，必须支持实时的、周期性的参数传输。

在 C 类标准中，欧洲的汽车制造商基本上采用的都是高速通信的 CAN 总线标准 ISO 11898。而 J1939 则广泛适用于卡车、大客车、建筑设备、农业机械等工业领域的高速通信。在美国，GM 公司已开始在所有的车型上使用其专属的所谓 GMLAN 总线标准，它是一种基于 CAN 的传输速率在 500 kb/s 的通信标准。表 1.3 对目前一些主要 C 类标准和协议及其特性进行了比较。

表 1.3　C 类标准和协议及其特性

特性	总线及协议名称		
	CAN 2.0 ISO 11898	SAE J2284	SAE J1939
所属机构	BOSCH/ ISO	SAE	TMC-ATA
用途	控制 诊断	控制 诊断	控制 诊断
介质	双绞线	双绞线	双绞线
位编码	NRZ-5	NRZ-5	NRZ-5
媒体访问	竞争	竞争	竞争
错误检测	CRC	CRC	CRC
帧头长度	11 位或 29 位	11 位或 29 位	29 位
数据长度	0～8 字节	0～8 字节	8 字节
位速率	1 Mb/s	500 kb/s	250 kb/s
总线最大长度	40 m（典型）	30 m	40 m
最大节点数	32	16	30（STP）；10（UTP）
成本	中	中	中

当汽车（轿车）电子控制单元（Electronic Control Units，ECU）之间通信传输速率大于 125 kb/s、最高 1 Mb/s 时，ISO 11898 对使用控制器局域网络构建数字信息交换的相关特性进行了详细的规定。

J1939 供卡车及其拖车、大客车、建筑设备以及农业设备使用，是用来支持分布在车辆各个不同位置的电控单元之间实现实时控制功能的高速通信标准，其数据传输速率为 250 kb/s。J1939 使用了控制器局域网协议，任何 ECU 在总线空闲时都可以发送消息，它利用协议中定义的扩展帧 29 位标识符实现一个完整的网络定义。29 位标识符中的前 3 位用来在仲裁过程中决定消息的优先级，对每类消息而言，优先级是可编程的，这样原始设备制造商在需要时可以对网络进行调整。

4．诊断系统总线标准

使用排放诊断的目的主要是为了满足 OBD-II（On Board Diagnose）、OBD-III 或 E-OBD（European-On Board Diagnose）标准。目前，许多汽车生产厂商都采用 ISO 9141 和 ISO 14230（Keyword Protocol 2000）作为诊断系统的通信标准，它们满足 OBD-II。美国的 GM、Ford、DC 公司广泛使用 J1850 作为满足 OBD-II 诊断系统的通信标准，但欧洲汽车厂商拒绝采用这种标准。到 2004 年，美国三大汽车公司对乘用车采用基于 CAN 的 J2480 诊断系统通信标准，它满足 OBD-III 的通信要求。在欧洲，以往诊断系统中使用的是 ISO 9141，它是一种基于 UART 的通信标准，满足 OBD-II 的要求。从 2000 年开始，欧洲汽车厂商已经开始使用一种基于 CAN 总线的诊断系统通信标准 ISO 15765，它满足 E-OBD 的系统要求。表 1.4 对目前一些主要诊断系统总线标准和协议及其特性进行了比较。

表 1.4　诊断系统总线标准和协议及其特性

特性	总线及协议名称						
	J2480	ISO 15765	J1850 ISO 11519-4			ISO9141	KWP2000 （ISO 14230）
所属机构	SAE	ISO	GM	Ford	Chrysler	ISO	ISO
用途	诊断	诊断	通用 诊断	通用 诊断	通用 诊断	诊断	诊断
介质	双绞线	双绞线	单根线	双绞线	单根线	单根线	单根线
位编码	NRZ	NRZ	VPW	PWM	VPW	NRZ	NRZ
媒体访问	竞争	竞争	竞争	竞争	竞争	TESTER/ SLAVE	主/从
错误检测	CRC	CRC	CRC	CRC	CRC	奇偶校验	CS
帧头长度	—	11 位或 29 位	32 位	32 位	8 位		4 字节
数据长度	—	0～8 字节	0～8 字节	0～8 字节	0～10 字节	—	0～225 字节
位速率	—	250 kb/s	10.4 kb/s	41.6 kb/s	10.4 kb/s	<10.4 kb/s	5 b/s～10.4 kb/s
总线最大长度	—	40 m	35 m	35 m	35 m		
最大节点数	—	32	32	32	32	—	10
成本	低	中	低	低	低	低	低

ISO 15765 适用于将车用诊断系统在 CAN 总线上加以实现的场合。ISO 15765 的网络服务符合基于 CAN 的车载网络系统的要求，是遵照 ISO 14230-3 及 ISO 15031-5 中有关诊断服务的内容来制定的，因此 ISO 15765 对于 ISO 14230 应用层的服务和参数完全兼容，但并不限于只用在这些国际标准所规定的场合。

5．多媒体系统总线标准

汽车多媒体网络和协议分为三种类型，分别是低速、高速和无线，对应 SAE 的分类相应为：IDB-C（Intelligent Data Bus-CAN）、IDB-M（Multimedia）和 IDB-Wireless，其传输速率在 250 kb/s～100 Mb/s 之间。图 1.10 为汽车多媒体系统示意图，它包括了语音系统、车载电话、音响、电视、车载计算机和 GPS 等系统。

　　低速用于远程通信、诊断及通用信息传送，IDB-C 按 CAN 总线的格式以 250 kb/s 的位速率进行信息传送。由于其低成本的特性，IDB-C 有望成为汽车类产品的标准之一。美国通用汽车公司等美国制造商计划使用 POF（Plastic Optical Fiber）在车中安装以 IEEE 1394 为基础的 IDB-1394，预计丰田汽车等日本汽车制造商也将跟进采用 POF。由于消费者手中已经有许多 1394 标准下的设备，并与 IDB-1394 相兼容，因此 IDB-1394 将随着 IDB 产品进入车辆的同时而成为普遍的标准。

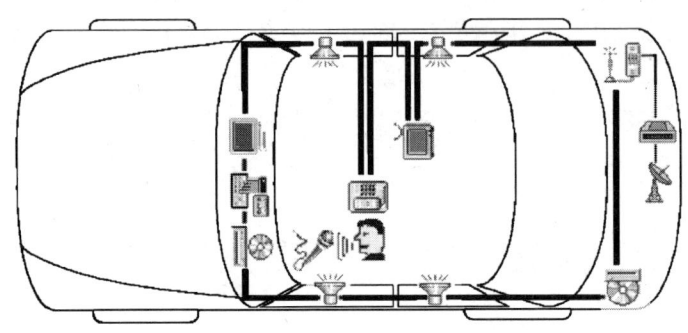

图 1.10　汽车多媒体系统

　　高速主要用于实时的音频和视频通信，如 MP3、DVD 和 CD 等的播放，所使用的传输介质是光纤，这一类里主要有 IDB-M、D2B、MOST 和 IEEE 1394。表 1.5 对目前一些主要的汽车多媒体系统总线标准和协议及其特性进行了比较。

表 1.5　多媒体系统总线标准和协议及其特性

特性	总线及协议名称						
	IDB-C	MOST	D2B Copper	D2B Optical	MML	USB	IEEE 1394
所属机构	SAE	Philips	Philips	Philips	DELCO	—	IEEE
用途	通信 娱乐	数据流 控制	数据流 控制	数据流 控制	数据流 控制	PC 设备	PC 设备
介质	双线	光纤	双绞线	光纤	光纤	屏蔽双绞线	屏蔽双绞线
位编码	NRZ	BiPhase	PWM	BiPhase	NRZ	NRZ	NRZ
媒体访问	TOKEN-SLOT	主/从	主/从	主/从	主/从	竞争	竞争
错误检测	CRC	CRC	奇偶校验	CRC	CRC	CRC	CRC
帧头长度	11 位	—	—	—	1 字节	—	—
数据长度	8 字节	—	—	—	0～200 字节	—	—
位速率	250 kb/s	25 Mb/s	29.8 kb/s	12 Mb/s	110 Mb/s	12 Mb/s	98～393 Mb/s
总线最大长度	—	—	150m	—	10m	—	72m
最大节点数	16	24	50	24	16	127	16
成本	低	高	高	高	高	中	中

D2B 是用于汽车多媒体和通信的分布式网络，通常使用光纤作为传输介质，可连接 CD 播放器、语音控制单元、电话和因特网。D2B 技术已使用于 Mercedes 公司 1999 年款的 S 类车型。

欧洲汽车制造商戴姆勒·克莱斯勒等公司计划与宝马公司一样使用 MOST。MOST 是车辆内 LAN（Local Area Network）的接口规格，用于连接车载导航器和无线设备等。数据传输速度为 24 Mb/s。其规格主要由德国 Oasis Silicon System 公司制订。除宝马外，戴姆勒·克莱斯勒公司等欧洲汽车制造商均计划采用 MOST。

IEEE 1394 最初是由 Apple 公司提出的，称为"火线（Firewire）"，随后于 1995 年作为一种串行总线标准在市场上出现。其 400 Mb/s 的带宽能力（不久会达到 800 Mb/s）对数字娱乐业尤其具有吸引力，同样具有吸引力的是其数据传输同步模式，这一模式作为数据传输定时保证的一种方法而由 IEEE 1394 规范定义。在诸如视频点播、DVD 播放机和多通道音频数据等应用中，数据流中有些位错误或损坏并无多大影响，而数据的实时传输才是最重要的。此外，IEEE 1394 的异步操作模式还具有收发功能控制命令，如 VCR 倒带或播放 DVD 光盘等。这类控制和状态命令需要由异步数据传输来确保可靠传输。

USB 外设利用通用的连接器可简单方便地连入计算机中，安装过程高度自动化，既不必打开机箱插入插卡，也不必考虑资源分配，更不用关掉计算机电源，即可实现热插拔。USB2.0 的主要技术特点为：接口的传输速度高达 480 Mb/s，和串口 11.52 kb/s 的速度相比，相当于串口速度的 4 000 多倍，完全能满足需要大量数据交换的外设的要求。

在无线通信方面，蓝牙（Bluetooth）技术有很大优势，它可以在汽车系统、生产工具之间以及服务工具之间建立无线通信。

新一代的汽车将包含更多的通过两个或者更多的网络连接起来的微控制器，其优点是汽车参数可以通过软件个别定制，另外汽车具有更大程度上的自诊断功能。为充分利用这些特点，有必要在汽车系统和生产工具以及服务工具（用以下载新软件、新参数或上载汽车状态、诊断信息等）之间建立双向通信。在汽车生产中，生产线上的最后一道工序是下载软件，蓝牙技术应用于这一场合非常合适。一个蓝牙基站和现场总线相连，当在线汽车和蓝牙基站获得连接时，上载它的串行信号，然后生产计算机通过现场总线向基站下载该汽车的软件，最后传送到汽车，如图 1.11 所示。同时，蓝牙还可以用于汽车服务的场合，当汽车进入服务站时，服务人员在其 PC 上获得必要的工作指示，用于控制和调节一些功能，如灯、车窗、发动机参数等。另外，也可为任何电子控制单元下载最新版本的软件。

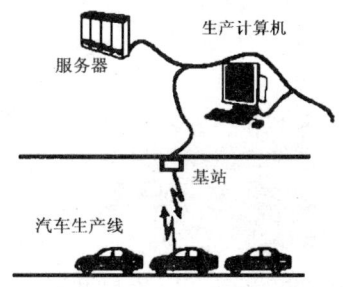

图 1.11　Bluetooth 在汽车生产线上的应用

目前已有一些公司研制出了基于 Bluetooth 技术的处理器，如美国得州仪器公司（TI）不久前宣布推出一款新型基于 ROM 的蓝牙基带处理器，可用于汽车远程通信及娱乐或 PC 外设等。

6．安全总线和标准

安全总线主要是用于安全气囊系统，以连接加速度计、安全传感器等装置，为被动安全提供保障。目前已有一些公司研制出了相关的总线和协议，包括 Delphi 公司的 SafetyBus 和 BMW 公司的 Byteflight。表 1.6 为目前正在开发中的安全系统总线的情况，对目前一些正在开发中的汽车安全系统总线标准和协议及其特性进行了比较。

表 1.6　汽车安全系统总线标准和协议及其特性

特性	总线及协议名称					
	SafetyBus	BOTE	PLANET	DSI	SI（Byteflight）	BSRS
所属机构	Delphi	Bosch-Temic	Philips	Motorola	BMW	Breed-Siemens
用途	气囊	气囊	气囊	气囊	气囊	气囊
介质	双线	双线	双线	双线	双线或三线	双线或三线
媒体访问	主/从	主/从	主/从	主/从	主/从	主/从
错误检测	CRC	—	—	—		
帧头长度	1 字节	—	—	—	1 字节	
数据长度	24～39 位	—	—	—	0～200 字节	
位速率	500 kb/s	31.25 kb/s 125 kb/s	20 kb/s 250 kb/s	5 kb/s	10 Mb/s	250 kb/s
最大节点数	64	12	64	16	—	—
成本	低	低	低	低	中	低

Byteflight 主要以 BMW 公司为中心制定。数据传输速度为 10 Mb/s，光纤可长达 43 m。Byteflight 不仅可用于安全气囊系统的网络通信，还可用于 X-by-Wire 系统的通信和控制。BMW 公司在其 2001 年推出的 BMW 7 系列车型中，采用了一套名为 ISIS（Intelligent Safety Integrated System）的安全气囊控制系统，它是由 14 个传感器构成的网络，利用 Byteflight 来连接和收集前座保护气囊、后座保护气囊等安全装置的信号。在紧急情况下，中央计算机能够更快更准确地确定不同位置的安全气囊的施放范围与时机，发挥最佳的保护效果。

7．X-by-Wire 总线标准

X-by-Wire 最初是用在飞机控制系统中，称为电传控制，现在已经在飞机控制中得到广泛应用。由于目前对汽车容错能力和通信系统的高可靠性的需求日益增长，X-by-Wire 开始应用于汽车电子控制领域。在未来的 5 至 10 年内，X-by-Wire 技术将使传统的汽车机械系统（如刹车和驾驶系统）变成通过高速容错通信总线与高性能 CPU 相连的电气系统。在一辆装备了综合驾驶辅助系统的汽车上，诸如 Steer-by-Wire、Brake-by-Wire 和电子节气门控制等特性将为驾驶员带来终极驾驶体验。为了提供这些系统之间的安全通信，就需要一个高速、容错和时间触发的通信协议。目前这一类总线标准主要有 TTCAN（Time-Triggered Controller Area Network）、TTP（Time-Triggered Protocol）、Byteflight 和

FlexRay。表 1.7 为目前正在开发中的 X-by-Wire 系统总线的情况，对目前一些正在开发中的 X-by-Wire 系统总线标准和协议及其特性进行了比较。

表 1.7　X-By-Wire 系统总线标准和协议及其特性

特性	总线及协议名称			
	TTCAN	TTP	Byte flight	FlexRay
所属机构	SAE	U-VIENNA	BMW	BMW & DC
用途	X-by-Wire	X-by-Wire	X-by-Wire	X-by-Wire
介质	2 线	单线或 2 线	2 线或 3 线	2 线
错误检测	CRC	CRC	CRC	CRC
数据长度	8 字节	16 字节	12 字节	12 字节
位速率	1 Mb/s	—	10 Mb/s	10 Mb/s
最大节点数	32	—	—	64
成本	中	中	中	中

TTCAN 是基于 ISO 11898-1 所描述的 CAN 的数据链路层来制定的，它可以使用在 ISO 11898-2（高速收发器）或 ISO 11898-3（容错低速收发器）中所描述的标准的 CAN 的物理层来进行通信。国际标准 ISO 11898-4 对基于 CAN 的时间触发通信进行了详细论述，它是对我们已经很熟悉的 CAN 总线标准的扩展。该规范介绍了时间触发通信和在系统范围内高精度的全局网络时间的相关内容。如同事件触发一样，TTCAN 提供了一套时间触发消息机制，它允许使用基于 CAN 的网络形成控制环路，同时能够提高基于 CAN 的汽车网络的实时通信性能。

TTP（时间触发协议）是由维也纳理工大学的 H.Kopetz 教授开发的。时间触发系统和事件触发系统的工作原理大不相同，对时间触发系统来说，控制信号起源于时间进程。而在事件触发系统中，控制信号起源于事件的发生（如一次中断）。这项开发工作后来作为一个被欧洲委员会资助的项目，进一步发展成为一种汽车自动驾驶应用系统。TTP 创立了大量汽车 X-by-Wire 控制系统，如驾驶控制和制动控制。图 1.12 所示为 Steer-by-Wire 系统原理及应用。我们可以看到，在该系统中，无论是电控单元，还是传感器和执行器都有冗余备份，这样极大地增加了系统的安全性和可靠性。

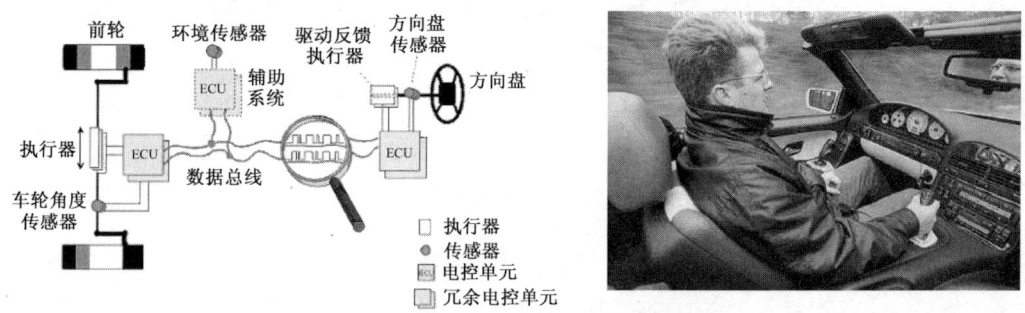

图 1.12　Steer-by-Wire 系统原理及应用

正如表 1.7 中所提到的，BMW 公司的 Byteflight 可用于 X-by-Wire 系统的网络通信，但其他汽车制造商目前并无意使用 Byteflight，而计划采用另一种规格——Flexray。这是

一种新的特别适合下一代汽车应用的网络通信系统，目前已经成立了 FlexRay 协会，以促使业界在这些电控系统上采用同一个标准。BMW、DaimlerChrysler、摩托罗拉和飞利浦半导体联合开发和建立了这个 FlexRay 标准，通用汽车公司也加入 FlexRay 联盟，成为其核心成员，以便开发用于汽车分布式控制系统中的高速总线系统的标准。该标准不仅提高了一致性、可靠性、竞争力和效率，而且还简化了开发和使用，并降低了成本。

随着电子技术和大规模集成电路的迅速发展，网络技术在汽车上得以广泛应用，从而使汽车的动力性、操作稳定性、安全性等都上升到了新的高度，给汽车技术的发展注入了新的活力。

第 2 章　CAN 总线基本原理

现代汽车的电子结构是通过几种通信系统将微控制器、传感器和执行器连接起来的艺术。欧洲的汽车制造商从 1992 年以来，基本上采用的都是 CAN 总线标准 ISO 11898，它可支持高达 1 Mb/s 的各种通信速率。而从 1994 年以来，J1939 则广泛应用于卡车、大客车、建筑设备、农业机械等工业领域的高速通信，其通信速率为 250 kb/s。在美国，GM 公司从 2002 年开始在所有的车型上使用其专属的所谓 GMLAN 总线标准，它是一种基于 CAN 的传输速率在 500 kb/s 的通信标准，由于其专属特性，我们对其性能尚不太了解，但根据有关资料介绍，GM 公司和 Ford 公司在制定自己的乘用车高速 CAN 总线通信协议时，也是基于 CAN2.0、ISO 11898 和 J2284 的相关内容来完成的。

上述各类基于 CAN 的高速总线标准都是采用事件驱动的协议，在消息对媒体的访问中采用非破坏性的仲裁机制，以规避总线冲突，从而保证系统的安全。正是这一安全性使其成为欧洲汽车制造商的标准，并被用于轿车、卡车和越野车（标准的扩展版与美国标准兼容，并对全球应用开放）。

CAN2.0 技术规范是在 1991 年制定并发布的，它包括 A 和 B 两部分。2.0A 给出了曾在 CAN 技术规范 1.2 版本中定义的 CAN 报文格式（标准格式），而 2.0B 则给出了标准的和扩展的两种格式。此后，在 1993 年 ISO 正式颁布了道路交通运载工具-数字信息交换-高速通信控制器局域网（CAN）国际标准（ISO 11898）。CAN 技术规范 2.0A 和 2.0B 以及 CAN 国际标准 ISO 11898 是设计汽车高速网络系统的基本依据和基本规范。

ISO 11898 对汽车电子控制单元之间通信传输速率最高 1 Mb/s 时，使用控制器局域网络构建数字信息交换的相关特性进行了详细规定。

SAE J2284 仅相当于将 ISO 11898 的位速率设定为 500 kb/s 进行通信应用时的特例。所以 J2284 对通信协议的规定沿袭 ISO 11898，只是在电气参数方面将 ISO 11898 中的相关内容作了适当的调整和细化，以便服务于位速率为 500 kb/s 的应用场合。

2.1　CAN 总线在汽车网络上的应用

由于 CAN 总线是当前汽车高速网络系统的主要应用标准，因此有必要研究一下目前 CAN 总线在汽车网络中的应用情况。

CAN 总线最初是专门为解决乘用车的串行通信而研制的。目前，欧洲的汽车制造商基本上都使用 CAN 总线来连接车身电子系统以及动力系统，美国的汽车制造商也已经决定在其动力系统中利用 CAN 总线进行系统通信，而远东的汽车制造商也开始采用基于 CAN 的车载网络。

Daimler-Benz 公司是第一家应用 CAN 总线的汽车制造商，它使用了基于 CAN 总线的网络来连接动力系统的电子控制单元，现在几乎所有 Daimler-Benz 公司的乘用车和卡车都采用 CAN 总线来构建其动力系统的网络。而其他欧洲汽车制造商，如 Audi、BMW、Renault、Volkswagen、Volvo 等公司也都将 CAN 总线应用于其汽车网络系统。

大多数的欧洲汽车制造商也都采用基于 CAN 的高速网络用于动力系统的通信，其传输速率在 125 kb/s～1 Mb/s 之间，网络通信中可采用适用于 ISO 11898-1、ISO 11898-2 的高速收发器。另外，汽车制造商还利用基于 CAN 的多路系统来构建车身网络，用于连接车身电子控制单元，其网络数据传输速率一般小于 125 kb/s，在网络通信中可采用适用于 ISO 11898-3 的低速容错收发器。而 ISO 11898-4 对于 TTCAN 的规定则可满足 X-by-Wire 系统中对于时间触发通信的要求。

在欧洲，所有乘用车目前正在开始全面使用基于 CAN 的故障诊断接口，而其所使用的相应故障诊断标准也已成为国际标准。该接口规范为国际标准 ISO 15765，它规定了相应的物理层、传输层、应用层以及如何使用 Keyword 2000 的服务。这样，在所有的乘用车上都至少有一个 CAN 的节点。

在乘用车上，CAN 总线除了能够应用于构建连接动力系统和车身电子系统的多路网络外，另一个应用就是连接车载电子娱乐装置，根据 SAE 的分类，车载多媒体网络总线的一种选择为 IDB-C（Intelligent Data Bus-CAN），其消息帧格式采用扩展帧格式。

汽车上各种基于 CAN 的网络通过网关连接在一起，在许多系统设计中，网关的功能是通过汽车仪表板来实现的。未来汽车的仪表板本身也将使用一个局部 CAN 网络，以便连接不同的显示和控制单元。

作为汽车动力系统和车身电子系统最主要的应用网络，CAN 已经被欧洲汽车制造商广泛接受，同时它也正在为美国和远东的各汽车制造商所接受，用来构建汽车网络。虽然以往美国汽车制造商广泛使用 J1850 来构建车身网络，但目前 DaimlerChrysler、Ford 和 General Motors（GM）等汽车制造商已经投入到 CAN 总线的开发之中，而 J1850 也正被 CAN 所逐步取代。在远东，Toyota 已经在其汽车上采用 CAN 总线连网，而其他的日本和韩国汽车制造商也正在积极跟进。

下一代的高端乘用车将会装备上百个基于控制单元的微控制器，它们中的大部分将会通过 CAN 接口连接在汽车网络上。根据 Strategy Analytics 市场研究公司公布的一份对微控制器和汽车网络的研究表明，大多数乘用车都选用基于 CAN 的网络，目前在美国市场上，CAN 已开始取代基于 J1850 的网络。2005 年，CAN 占据整个汽车网络协议的 63%。在欧洲，尽管有其他新的协议在对安全性要求严格以及多媒体领域找到立足点，但是仍有 88% 的网络是基于 CAN 的。CAN 总线以其较高的可靠性和较低的价格优势，仍将占有汽车网络的较大份额。

今天的汽车通信基本上是采用控制器局域网的事件触发通信形式，其仲裁机制采用的是根据标识符的优先级发送消息的方式，最高优先级的消息在发送时不受干扰。在可预见的下一代车辆系统中，一些执行关键任务的网络，如 X-by-Wire 系统，在通信服务期间需要有确定的行为，即使在总线最大负载时，与安全相关的消息的发送必须得到保证，而且当消息以高精度发送时，它必须确定可能的时间点。

解决这个问题的一种途径是采用基于 CAN 总线的时间触发协议 TTCAN，其通信是通过一种以时间为主导的参考消息周期性发送来完成的。同时，它在系统范围内引入了一个高精度的全局网络时间，基于这个时间，不同的消息在一个基本循环内都可以分配到各自的时间窗。同典型的预定系统相比，TTCAN 有一个很大的优点，那就是在一定的仲裁时间窗内它也有可能发送事件触发协议，产生正常仲裁的这些时间窗允许发送自发的消息。

　　图 2.1 所示为基于 CAN 的汽车网络系统，显示了各个子网的连接情况。基于不同的目的，各子网的要求也不尽相同，如高速 CAN 用于动力系统的通信与控制，低速 CAN 用于车上系统的通信与控制，多媒体部分需要较宽的带宽，而 X-by-Wire 则强调容错和安全。

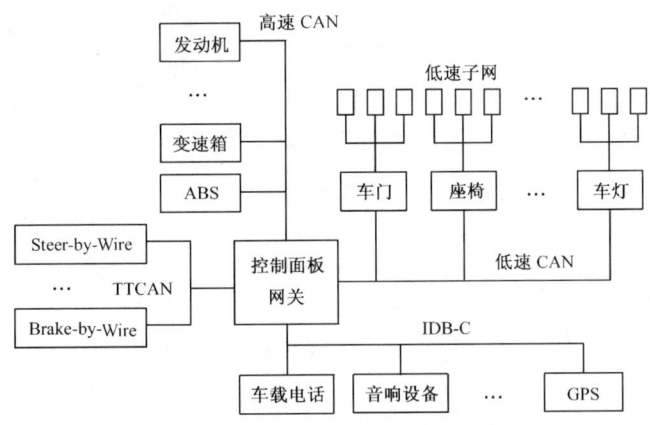

图 2.1　基于 CAN 的汽车网络

2.2　CAN 总线的基本特点

　　由于目前在汽车上使用的高速网络系统采用的都是基于 CAN 总线的标准，特别是广泛使用的 ISO 11898 国际标准。CAN 总线通常采用屏蔽或非屏蔽的双绞线，总线接口能在极其恶劣的环境下工作。根据 ISO 11898 的标准建议，即使双绞线中有一根断路，或有一根接地甚至两根线短接，总线都必须能继续工作。

　　CAN 总线是一种串行数据通信总线，其通信速率最高可达 1 Mb/s。CAN 系统内两个任意节点之间的最大传输距离与其位速率有关，如图 2.2 所示。

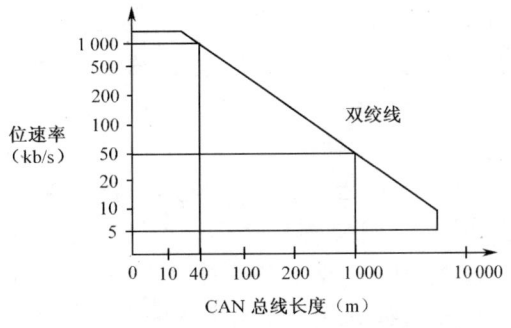

图 2.2　CAN 总线最大传输距离与其位速率的关系

从图 2.2 中不难看出，CAN 的传输速率达 1 Mb/s 时，最大传输距离为 40 m。对一般实时控制现场来说足够使用。

CAN 总线具有较强的错误检测能力，通过监视、循环冗余校验、位填充和报文格式检查，使得未检测出的出错概率小于 4.7e-11。

通过故障界定，CAN 节点还有自动识别永久性故障和短暂干扰的能力。在处于连续干扰时，CAN 节点将处于关闭状态。而且，CAN 中的节点可在不要求所有节点及其应用层改变任何软件或硬件的情况下被连于 CAN 网络中。

CAN 有如下基本特点：

① 总线访问采用基于优先权的多主方式。CAN 总线的最大特点是任一节点所发送的数据信息不包括发送节点或接收节点的物理地址。信息的内容通过一个标识符（ID）作标记，在整个网络中，该标识符是唯一的。网络上的其他节点收到信息后，每一节点都对这个标识符进行检测，以判断此信息是否与自己有关。若是相关信息，则它将得到处理；否则被忽略。这一方式称为多主方式。采用多主的优点是可使网络内的节点数在理论上不受限制（实际上受限于电气负载），也可以使不同的节点同时接收到相同的数据。数据字段最多为 8 字节，既能满足一般要求，又可保证通信的实时性。

标识符还决定了信息的优先权。ID 值越小，其优先权越高。CAN 总线确保发送具有最高优先权信息的节点获得总线使用权，而其他的节点自动停止发送。总线空闲后，这些节点将自动重新发送信息。

② 非破坏性的基于线路竞争的仲裁机制。CAN 采用带有冲突检测的载波侦听多路访问方法，它能通过无破坏性仲裁解决冲突。CAN 总线上的数据采用非归零编码（NRZ），数据位可以具有两种互补的逻辑值，即显性和隐性。显性电平用逻辑"0"表示，隐性电平用逻辑"1"表示。总线按照线与机制对总线上任一潜在的冲突进行仲裁，显性电平覆盖隐性电平。

CAN 总线上的信息是用固定格式的帧来进行传送的，这些帧长度有限且不尽相同。总线空闲时，接在其上的任何节点都可以开始发送新的帧。

总线空闲时，任何节点都可以开始发送帧。如果两个和两个以上的节点同时开始发送帧，由此引起的总线访问冲突是利用基于线路竞争的仲裁对标识符进行判别来解决的。仲裁机制可以保证既不会丢失信息，也不会浪费时间。优先权最高的帧的发送器将获得访问总线的权利。

③ 利用接收滤波对帧实现了多点传送。在 CAN 系统中，节点可以不用任何有关系统配置（如节点地址）的信息。接收器对信息的接受或拒收是建立在一种称为帧接收滤波的处理方法上的。该处理方法能判断出接收到的信息是否和接收器有关联，所以接收器没有必要辨别出谁是信息的发送器，反过来也是如此。

④ 支持远程数据请求。通过送出一个远程帧，需要数据的节点可以请求另外一个节点向自己发送相应的数据帧，该数据帧的标识符被指定为和相应远程帧的标识符相同。

⑤ 配置灵活。往 CAN 网络中增添节点时，如果要增添的节点不是任何数据帧的发送器或者该节点根本不需要接收额外追加发送的数据，则网络中所有节点均不用做任何软件或硬件方面的调整。

⑥ 数据在整个系统范围内具有一致性。使一个帧既可以同时被所有节点接收，也可以同时不被任何节点所接收，这在 CAN 网络中完全能够做到。因此，系统具有数据一致性的特征，而这一特征是利用多点传送原理和故障处理方法来获得的。

⑦ 有检错和出错通报功能。在 CAN 总线中有下列几种检测错误的措施：

- 位检测；
- 15 位循环冗余码校验；
- 填充宽度为 5 的位填充；
- 帧校验。

⑧ 仲裁失败、或传输期间被故障损坏了的帧能自动重发。任何正在发送数据的节点和任何正在正常（或错误激活状态下）接收数据的节点都能对出现了错误的帧作出标记，并进行出错通报。这些帧会立即被放弃，此后，遵循系统所采取的恢复计时机制，它们将被适时重发。从检测出错误开始、到可以着手发送下一个帧为止的这段时间称为恢复时间，此后如果再未出错的话，恢复时间一般占 17～23 个位时间（在总线遭受严重干扰的场合，最多占 29 个位时间）。

所有接收器都会校验所接收帧的一致性，然后对具有一致性的帧做出应答、对不具有一致性的帧做出标记。

仲裁失败或在发送过程中被错误干扰了的帧将会在下次总线空闲期间被自动重发。要被重发的帧处理起来与别的帧完全一样。这意味着，为了获得对总线进行访问的权利，它还是要参与仲裁过程。

⑨ 能区分节点的临时故障和永久性故障并能自动断开故障节点。CAN 节点能够区分出短期干扰和永久性故障，出故障的节点会被断开。断开意味着该节点脱离了与总线逻辑上的连接，因此它既无法发送、也无法收到任何帧。通常情况下，一个 CAN 节点必处于错误-激活、错误-认可或离线中的某一种状态。

处于错误-激活状态的节点可以正常参与总线通信活动，而且可以在检测到错误时送出活动错误标志。活动错误标志由连续的 6 个显性位构成，这违反了位填充规则及正常帧所具有的各种规定格式。

处于错误-认可状态的节点不能送出活动错误标志。它参与总线通信活动，但在检测到错误时送出的是认可错误标志。认可错误标志由连续的 6 个隐性位构成。发送完毕后，处于错误-认可状态的节点在起动下一次发送之前还要另外再等一定的时间。

节点因故障界定实体的要求而从总线上断开后就进入离线状态，处于离线状态的节点既无法发送、也无法接收任何帧，只有用户请求才能使该节点结束离线状态。

2.3　CAN 的分层结构及功能

CAN 遵循 ISO/OSI 标准模型，定义了 OSI 模型的数据链路层（包括逻辑链路控制子层（LLC）和媒体访问子层（MAC））和物理层。

遵循 OSI 参考模型，CAN 的体系结构体现了相应于 OSI 参考模型的如下两层：数据链路层，物理层。

依照 ISO 8802-2 和 ISO 8802-3（LAN 标准），数据链路层被进一步细分为：逻辑链路控制（LLC）和介质访问控制（MAC）；物理层被进一步细分为物理信令（PLS）、物理介质附件（PMA）和介质附属接口（MDI）。

MAC 子层的运行由一个叫做"故障界定实体（FCE）"的管理实体监控，故障界定是一种能区分短期干扰和永久性故障的自校验机制（故障界定）。

物理层可由一种检测并管理物理介质故障（比如总线短路或中断，总线故障管理）的实体来监控，如图 2.3 所示。

其中 MAC（媒体访问控制子层）是其核心层。MAC 子层可分为完全独立工作的两个部分，即发送部分和接收部分，其功能如图 2.4 所示。

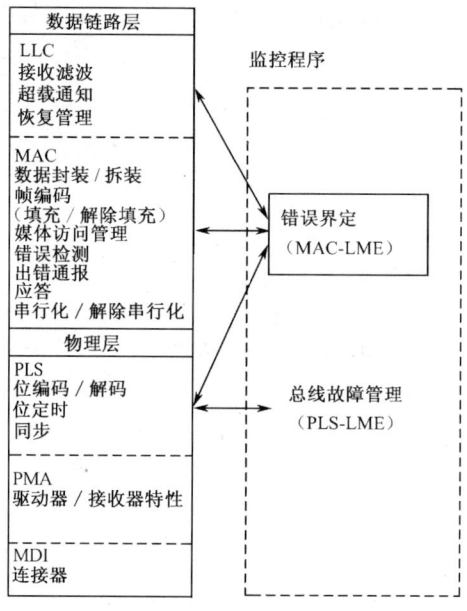

图 2.3　CAN 层级式的体系结构

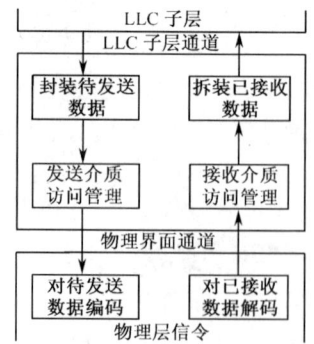

图 2.4　媒体访问控制子层（MAC）的功能

这两个部分的具体功能列于表 2.1。

表 2.1   媒体访问控制子层的功能

发送功能		接收功能	
发送数据封装	接收 LLC 帧并接口控制信息	接收数据卸装	由接收帧中去除 MAC 特定信息
	CRC 循环计算		输出 LLC 帧和接口控制信息至 LLC 子层
	通过向 LLC 附加 SOF、RTR、保留位、CRC、ACK 和 EOF 构造 MAC 帧		
发送媒体访问管理	确认总线空闲后，开始发送过程	接收媒体访问管理	由物理层接收串行位流
	MAC 串行化		解除串行结构并重新构筑帧结构
	插入填充位（位填充）		检测填充位（解除位填充）
	在丢失仲裁的情况下，退出仲裁并转入接收方式		错误检测（CRC、格式校验、填充规则校验）
	错误检测（监控，格式校验）		发送应答
	应答校验		构造错误帧并开始发送
	确认超载条件		确认超载条件
	构造超载帧并开始发送		重激活超载帧结构并开始发送
	构造出错帧并开始发送		
	输出串行位流至物理层准备发送		

物理层是实现 ECU 与总线相连的电路。ECU 的总数取决于总线的电力负载。CAN 能够使用多种物理介质，例如双绞线、光纤等，最常用的就是双绞线，信号使用差分电压传送，两条信号线被称为 CAN_H 和 CAN_L。静态时均为 2.5 V 左右，此时状态表示为逻辑 1，也可以叫做隐性。用 CAN_H 比 CAN_L 高表示逻辑 0，称为显性，此时通常电压值为 CAN_H=3.5 V 和 CAN_L＝1.5 V。

2.4   CAN 的消息帧

CAN 有两类消息帧，其本质的不同在于 ID 的长度。图 2.5 为 CAN2.0A 的消息帧格式，也就是 CAN 消息帧的标准格式，它有 11 位标识符。基于 CAN2.0A 的网络只能接收这种格式的消息。

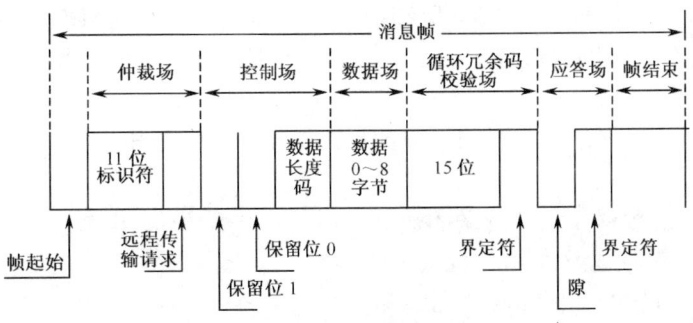

图 2.5   CAN 的标准消息帧结构

图 2.6 为 CAN2.0B 的消息帧格式，又叫做扩展消息帧格式。它有 29 位标识符，前 11 位与 CAN2.0A 消息帧的标识符完全一样，后 18 位专用于标记 CAN2.0B 的消息帧。

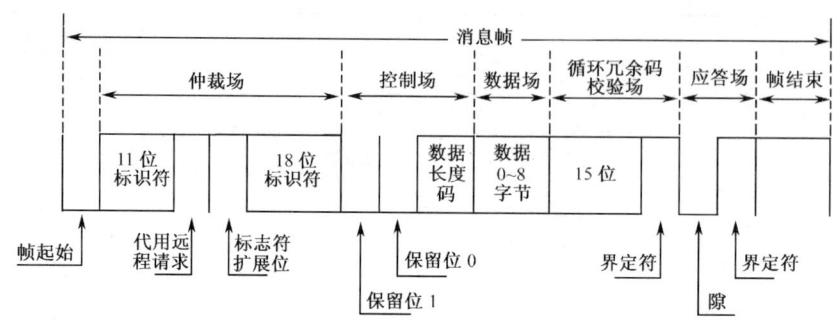

图 2.6　CAN 的扩展消息帧结构

CAN 的消息帧根据用途分为四种不同类型：数据帧用于传送数据、远程帧用于请求发送数据、错误帧用于标识探测到的错误、超载帧用于延迟下一个信息帧的发送。

1. 数据帧

数据帧由 7 个不同的位场组成，即帧起始、仲裁场、控制场、数据场、CRC 场、应答场和帧结束，其中数据场长度可为 0。下面对这些场的功能做简要分析。

	帧起始	仲裁场	控制场	数据场	CRC 场	应答场	帧结束	

① 帧起始（Start Of Frame，SOF）：标志数据帧和远程帧的开始，它仅由一个显性位构成，只有在总线处于空闲状态时，才允许开始发送。所有站必须同步于首先开始发送的那个站的帧起始前沿。

② 仲裁场：在标准格式中，仲裁场由 11 位标识符和 RTR 位组成；在扩展格式中，仲裁场由 29 位标识符和 SRR 位、标识位以及 RTR 位组成。

- RTR 位（远程传输请求位）：在数据帧中，RTR 位必须是显性电平，而在远程帧中，RTR 位必须是隐性电平。

- SRR 位（替代传输请求位）：在扩展格式中始终为隐性位。

- IDE 位（标识符扩展位）：IDE 位对于扩展格式属于仲裁场，对于标准格式属于控制场。IDE 在标准格式中为显性电平，而在扩展格式中为隐性电平。

③ 控制场：由 6 位组成。在标准格式中，一个信息帧中包括 DLC、发送显性电平的 IDE 位和保留位 r0。在扩展格式中，一个信息帧包括 DLC 和两个保留位 r1 和 r0，这两个位必须发送显性电平。

DLC（数据长度码）：数据场的字节数目由数据长度码给出。数据长度码为 4 位，在控制场中被发送。

④ 数据场：由数据帧中被发送的数据组成，可包括 0～8 字节。

⑤ CRC 场：包括 CRC 序列和 CRC 界定符。

⑥ 应答场：包括 2 位，即应答间隙和应答界定符。在应答场中发送站送出两个隐性位。一个正确接收到有效报文的接收器，在应答间隙期间，将此信息通过传送一个显性

位报告给发送器。所有接收到匹配 CRC 序列的站，通过在应答间隙内把显性位写入发送器的隐性位来报告。应答界定符是应答场的第二位，并且必须是隐性位。

⑦ 帧结束：每个数据帧和远程帧均由 7 个隐性位组成的标志序列界定。

2. 远程帧

接收数据的节点可以通过发送远程帧要求源节点发送数据，它由 6 个域组成：帧起始、仲裁场、控制场、CRC 场、应答场和帧结束。它没有数据场，其 RTR 位为隐性电平。

3. 出错帧

出错帧由错误标志和错误界定符两个域组成。接收节点发现总线上的报文有错误时，将自动发出活动错误标志，它是 6 个连续的显性位。其他节点检测到活动错误标志后发送错误认可标志，它由 6 个连续的隐性位组成。由于各个接收节点发现错误的时间可能不同，所以总线上实际的错误标志可能由 6～12 个显性位组成。错误界定符由 8 个隐性位组成。当错误标志发生后，每一个 CAN 节点监视总线，直至检测到一个显性电平的跳变。此时表示所有的节点已经完成了错误标志的发送，并开始发送 8 个隐性电平的界定符。

4. 超载帧

超载帧包括两个位场：超载标志和超载界定符。

存在两种导致发送超载标志的超载条件类型：一个是要求延迟下一个数据帧或远程帧的接收器的内部条件；另一个是在间歇场的第一和第二位上检测到显性位。超载标志由 6 个显性位组成，超载界定符由 8 个连续的隐性位组成。

2.5　非破坏性按位仲裁

CAN 总线上的数据采用非归零（NRZ）编码，数据位可以具有两种互补的逻辑值，即显性和隐性。显性电平用逻辑"0"表示，隐性电平用逻辑"1"表示。总线按照"线与"机制对其上任一潜在的冲突进行仲裁，显性电平覆盖隐性电平。发送隐性电平的竞争节点和发送显性电平的监听节点将失去总线访问权而变为接收节点。

在 CAN 总线上发送的每一条报文都具有唯一的一个 11 位或 29 位数字的 ID。CAN 总线状态取决于二进制数"0"而不是"1"，所以 ID 号越小，则该报文拥有越高的优先权，因此一个为全"0"标识符的报文具有总线上的最高级优先权。可用另外的方法来解释：在消息冲突的位置，第一个节点发送"0"而另外的节点发送"1"，那么发送"0"的节点将取得总线的控制权，并且能够成功地发送出它的信息。图 2.7 所示为三个节点竞争总线的情况。

当发现总线空闲后，如果存在两个以上的总线节点同时开始发送数据，可利用 CSMA/CD 以及"非破坏性的逐位仲裁"方法来避免消息冲突。每个节点发送它的消息标识符位，同时监测总线电平。

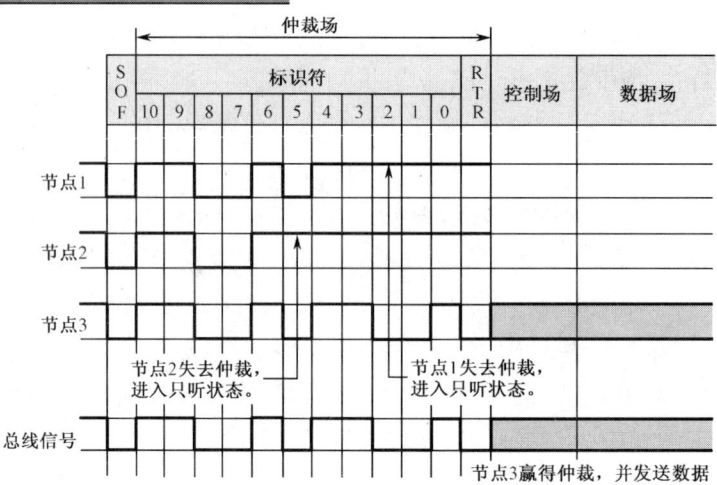

图 2.7　非破坏性逐位仲裁过程示意图

　　从图中可以看出，在标识符的第 5 位处，节点 1 和节点 3 为显性电平，而节点 2 为隐性电平；根据"线与"机制，此时总线为显性电平，节点 2 发送隐性电平却检测到显性电平，于是节点 2 丢失总线仲裁，立刻变为只听模式，并且开始发送隐性位；同理，在数据第 2 位处，节点 1 将丢失仲裁，变为只听模式。通过这种方式，优先权高的节点 3 最终赢得总线仲裁并且开始发送数据。

2.6　位填充

　　CAN 总线采用多种抗干扰措施以减少消息帧在传送过程中的出错，位填充技术是其中很重要的一种。在 CAN 的消息帧中，帧起始、仲裁场、控制场、数据场和 CRC 序列帧段均以位填充方法进行编码。数据帧或远程帧的其余位场（CRC 界定符、ACK 场和帧结束）为固定形式，不进行位填充。当发送器在发送位流中检测到 5 个极性相同的连续位时，它在实际发送时，自动插入一个补码位，如图 2.8 所示。

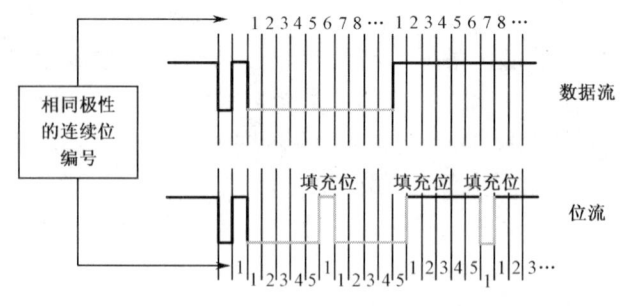

图 2.8　位填充过程示意图

　　值得一提的是，在图 2.8 中，共有 3 个填充位，其中第 3 个填充位之前的 5 个连续的相同的极性位中包含有第 2 个填充位。可见在实施填充技术时，填充位也被当成总线数据位处理。

2.7　CRC 校验

CRC 场包括 CRC 序列和 CRC 界定符。用于检验的 CRC 序列特别适用于位数小于 127 位帧的循环冗余码（BCH 码）校验驱动。为实现 CRC 计算，被除的多项式被定义为这样一个多项式，其系数由帧起始、仲裁场、控制场、数据场（如果存在）和 15 为最低系数为 0 组成的解除填充的位流给定。此多项式被下列生成多项式除（系数按模-2 计算）

$$X^{15}+X^{14}+X^{10}+X^8+X^7+X^4+X^3+1$$

该多项式相除的余数即为发送至总线的 CRC 序列。

接收器接收数据时，按照同样的规则对所接收到的数据进行 CRC 计算，然后把两个 CRC 序列进行比较，以判定数据是否出错。

2.8　远程帧

某些特定数据的接收节点可以通过发送一个远程帧来初始化各自源节点对数据的发送。

一个远程帧由 6 个不同的位场构成，如图 2.9 所示。

- 帧起始（SOF）；
- 仲裁场；
- 控制场（2 个保留位＋DLC 场）；
- CRC 场；
- 应答场；
- 帧结束（EOF）。

帧起始	仲裁场	控制场	CRC 场	应答场	帧结束	

图 2.9　MAC 远程帧

仲裁场由标识符场和 RTR（远程传输请求）位构成，其中前者从 LLC 子层传承而来。在 MAC 远程帧中，RTR 位的值为 1。

帧起始（SOF）、控制场、CRC 场、应答场和帧结束（EOF）均与 MAC 数据帧中相应的位场相同。

2.9　出错帧

（1）出错帧

出错帧由两个不同的区段构成，第一个区段由不同节点送出的出错标志叠加而成，紧随其后的第二个区段为出错界定符。

（2）出错标志

出错标志有两种形式：活动错误标志和认可错误标志；

- 活动错误标志由连续的 6 个显性位构成；
- 认可错误标志由连续的 6 个隐性位构成，认可错误标志的部分或所有位可以被其他节点送出的显性位所覆盖。

一个检测到出错状态的"错误激活"节点通过发出一个活动错误标志来对出错进行通报。这种出错标志的形式违反了位填充规则，也破坏了固定的位场形式。结果，所有其他节点也检测到了一个出错状态，就都各自送出一个出错标志，所以在总线上实际监察到的显性位序列是由多个节点各自发出的不同出错标志叠加而成的。该序列的总长度最少为 6 位，最多为 12 位。

发送器送出的认可错误标志起始于采用位填充方法进行编码的帧区段中时，这在接收器看来是一种错误，因为这将导致接收器检测到填充错误。在仲裁期间，要求无论如何都不能出现认可出错标志，同时，其他节点可继续发送；而且，当 CRC 序列的最后几位碰巧全为隐性时，要求出错标志不能起始于 CRC 序列最后几位。

接收器产生的认可错误标志并不处于任何总线活动之上，所以错误认可模式下的接收器在检测到一个出错状态后往往还要等待其后出现 6 个相同位，直到其出错标志发送完毕为止。

（3）故障界定符

故障界定符由 8 个隐性位构成。

发送完一个出错标志后，每个节点都送出几个隐性位并对总线进行监察，直到检测到一个隐性位为止。接着，这些节点还要再送出 7 个隐性位。

2.10 超载帧的规格

超载帧可分为两种类型，其格式完全相同：

- LLC 提请的超载帧，LLC 子层会请求此种超载帧来指示一种内部超载状态；
- 反应型超载帧，在某些出错状态下，MAC 子层会送出反应型超载帧。

（1）超载帧

超载帧由两个位场组成：超载标志和超载界定符。超载标志的总体形式与活动错误标志相似，超载界定符与故障界定符相同。

（2）超载标志

超载标志由 6 个显性位构成，其形式破坏了间歇场的固定格式，结果使其他所有节点也检测到了一个出错状态，就都各自送出一个超载标志。

（3）超载界定符

超载界定符由 8 个隐性位构成。超载标志发送完毕后，每个节点都对总线进行监察，直到检测到一个隐性位为止。此时，每个节点均已发送完各自的超载标志，接着所有节点还要同时开始发送 7 个隐性位，配齐长达 8 位的超载界定符。

2.11　帧间空间

数据帧及远程帧均以一种称为帧间空间的位场与先前各种类型的帧（数据帧、远程帧、出错帧或超载帧）相分隔。与此形成鲜明对比的是，超载帧和出错帧的前面不用帧间空间分隔，并且多个超载帧之间不用帧间空间进行分隔。

（1）帧间空间

由间歇和总线空闲，及暂停发送等位场构成，其中暂停发送只用于错误认可状态下的节点刚完成发送动作的场合，如图 2.10 和图 2.11 所示。

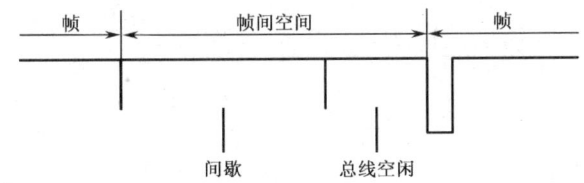

图 2.10　帧间空间：用于节点处于非错误认可状态或刚完成接收动作的场合

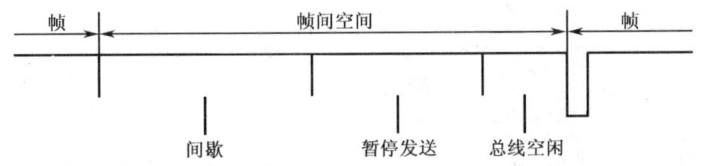

图 2.11　帧间空间：用于处于错误认可状态的节点刚完成发送动作的场合

（2）间歇

间歇由 3 个隐性位构成。在间歇期间，不允许任何节点发送数据帧或远程帧。唯一可以执行的操作是通报超载状态。

（3）总线空闲

总线空闲时间长短不限。总线一经确认处于空闲状态，则任何节点都可以访问总线来传送信息。因另一帧正在传送而延期发送的帧是从间歇之后的第一位开始送出的。通过对总线进行检测，出现在总线空闲期间的显性位将被认为是帧起始。

（4）暂停发送

处于错误认可状态的节点完成其发送动作后，在被允许发送下一帧以前，它要在间歇之后送出 8 个隐性位。如果间歇期间执行了（由另一个节点引起的）发送动作，此节点将会变成正被发送的帧的接收器。

2.12　CAN 物理层

物理层是实现 ECU 与总线相连的电路。ECU 的总数取决于总线的电力负载。本节所说的物理层专用于高速场合（高达 1 Mb/s）。

2.12.1 物理层的功能模型

物理层是参照 ISO 88.2-3 中 LAN 标准的规范来建模的，如图 2.12 所示，物理层分为三个部分。

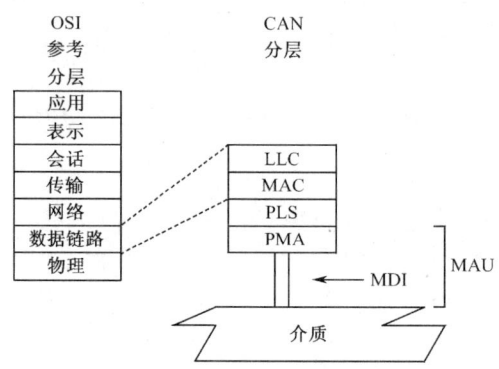

图 2.12　物理层体系结构的模型

（1）物理信令（PLS）

PLS 包括那些与位表达、正时及同步有关的功能。

介质访问单元（MAU）表示了物理层中用来连接节点与传输介质的功能部分。MAU由物理介质附件（PMA）和介质附属接口（MDI）构成。

（2）物理介质附件（PMA）子层

PMA 子层包括那些用于进行总线发送或接收的功能电路，并且提供了监测总线故障的工具。

（3）介质附属接口（MDI）

MDI 包括那些介于物理介质与 MAU 之间的机械式或电气化接口。

2.12.2 物理信令（PLS）子层规范

1. 位时间相关定义

CAN 总线的数据传输速率最高可达 1 Mb/s，通常用石英晶振体作为时钟发生器。但网络中的晶振的频率不是绝对稳定的，温度、电压以及器件的异常都会导致微小的差别，但只要将其稳定在振荡器容差范围之内，总线上的节点会通过再同步进行弥补。位时间的定义为一位的持续时间。像 ECU 同步化动作、网络传输延时补偿和采样点定位这样一些总线管理功能，它们均以位时间为构架执行，并且都是由 CAN 协议 IC（集成电路）中的可编程位定时逻辑加以实现的。

额定位速率显示了理想发送器在不经再同步化处理的情况下每秒送出的位数。

额定位时间定义为

$$额定位时间=1/额定位速率$$

额定位时间可被认为是能够划分成几个互不重叠的分立时段。这些区段组成位时间的情形如图 2.13 所示。

- 同步段（Sync_Seg）；
- 传播时间段（Prop_Seg）；
- 相缓冲段 1（Phase_Seg1）；
- 相缓冲段 2（Phase_Seg2）。

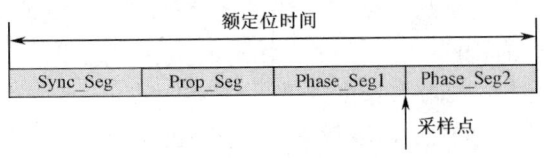

图 2.13　位时间分区

Sync_Seg：位时间的这一段用来使总线上的各个 ECU 同步。预计在该段内会出现一个跳变沿。

Prop_Seg：位时间的这一段用来对出现在网络内部的物理延迟时间进行补偿。该延迟时间由信号在总线上的传播时间和 ECU 内部的延迟时间组成。

Phase_Seg1、Phase_Seg2：位时间的这两段用来补偿跳变沿的相位误差。这两段可以被再同步处理延长或缩短。

采样点是读取总线电平并将它转化为对应位值的时刻，它位于 Phase_Seg1 的结尾。

信息处理时间是从采样点开始留出的一段用于计算后续位电平的时间。

2．时间的编排

时间份额是从振荡器周期派生出来的一种定长时间单元。它存在一个可编程的分度值，它们都是整数，最小范围为 1～32。从最小时间份额开始，时间份额的长度可以是

$$时间份额＝m×最小时间份额$$

其中，m 为分度值。额定位时间各时段长度定义如下：

- Sync_Seg 为一个时间份额长度；
- Prop_Seg 可根据情况设定为 1，2，…，8 或更多个时间份额长度；
- Phase_Seg1 可根据情况设定为 1，2，…，8 或更多个时间份额长度；
- Phase_Seg2 选 Phase_Seg1 和信息处理时间中较长的那段；
- 信息处理时间小于或等于 2 个时间份额长度。

一个位时间内时间份额的总数目起码要做到可以在 8～25 这一范围内进行选择。同时必须协调不同 ECU 中振荡器的频率，使其产生一个能在全系统内有效的时间份额。

3．同步

硬同步和再同步是两种形式的同步过程。它们遵循如下准则：

- 一个位时间内仅允许一种同步；
- 只要在先前采样点上监测到的数值与总线数值不同，沿过后立即有一个沿用于同步；总线空闲期间，只要出现从隐性到显性的跳变沿，就执行硬同步操作；
- 在其他情况下，所有从隐性到显性的跳变沿都将用于再同步处理，例如，对于具有正相位误差的跳变沿，只要从隐性到显性的跳变沿用于再同步处理，发送显性位的节点将不执行再同步处理。

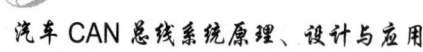

（1）再同步跳变宽度

再同步会导致 Phase_Seg1 延长或 Phase_Seg2 缩短。再同步跳变宽度规定了相缓冲段的延长量和缩短量的上限。应该使再同步跳变宽度可以从 1 到 min(4，Phase_Seg1)（4 与 Phase_Seg1 中的较小值）这一范围内选择。

时钟信息可由一位数值到另一位数值的跳转获得。由于位填充，总线上出现连续相同位的位数的最大值是确定的，这提供了在帧期间重新将总线单元同步于位流的可能性。可被用于再同步的跳变之间的最大长度为 29 个位时间。一个同步跳变沿的相位误差 e 由该沿与 Sync_Seg 的相对位置确定，度量单位为时间份额。定义相位误差的符号如下：

- $e=0$，跳变沿位于 Sync_Seg 之内时；
- $e>0$，跳变沿位于采样点之前时；
- $e<0$，跳变沿位于前一位采样点之后时。

（2）硬同步

经过一次硬同步处理后，内部位时间从同步段重新开始。因此，硬同步强迫由于硬同步引起的沿处于重新开始的位时间同步段之内。

（3）位再同步

当引发再同步的跳变沿的相位误差大小小于或等于再同步跳变宽度的预定值时，再同步会造成位时间的延长或缩短以致采样点被调整到正确的位置。当相位误差的大小大于再同步跳变宽度

- 且相位误差 e 为正时，则 Phase_Seg1 被延长相当于再同步跳变宽度那样长的一段时间；
- 且相位误差 e 为负时，则 Phase_Seg2 被缩短相当于再同步跳变宽度那样长的一段时间；

总线上绝大多数的同步都是由仲裁引起的，总线上的所有节点都要同步于最先开始发送的节点，但是由于总线延迟，节点的同步不可能达到理想的要求。

如果最先发送的节点没有赢得总线仲裁，那么所有的接收节点都要重新同步于获得总线仲裁的节点。

2.12.3 物理介质附件子层规范

1．功能说明

CAN 总线的物理连接如图 2.14 所示，总线两端均串有一个负载电阻，用 R_L 表示，这个电阻用来抑制反射作用。不要把 R_L 置于 ECU 内部，因为这样的话，断开一个内部置有 R_L 的 ECU 同总线的连接时，总线就会失去终端。

如果每个 ECU 内的那对三极管都截止，总线表现为隐性状态。在这种场合中，总线平均电压由各个 ECU 带高内阻的电压电源生成。图 2.14 给出的电阻网络可以作为接收操作的参考。

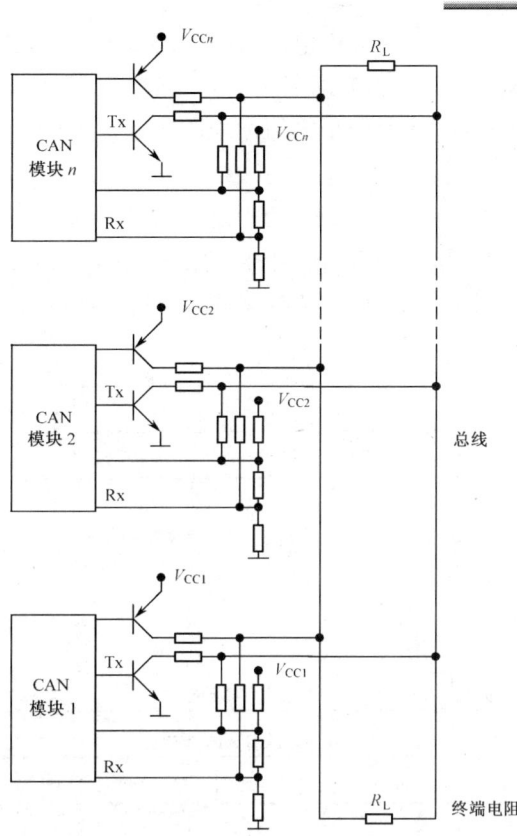

图 2.14　CAN 总线的物理连接

如果成对三极管中至少有一对被导通了，总线上会出现一个显性位。这导致有电流通过终端电阻，结果总线的两根线之间就产生了一个差动电压。

电阻网络能将总线上的差动电压转换成接收电路比较器输入处相应的隐性或显性电平，从而检测出显性和隐性状态。

2．总线电平

总线可取两种逻辑状态之一：隐性或显性（见图 2.15）。

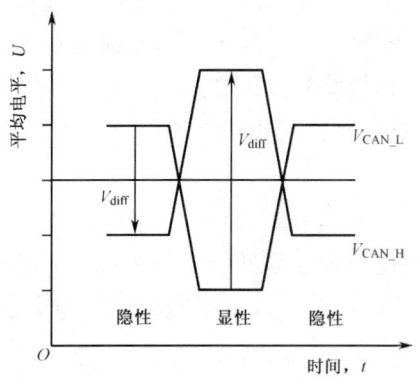

图 2.15　隐性或显性示意图

43

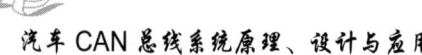

在隐性状态下，V_{CAN_L} 和 V_{CAN_H} 稳定在总线平均电平。V_{diff} 近乎为 0，在总线空闲或隐性位期间发送隐性状态。

显性状态表现为一个超出某个最小阈值的差动电压。显性状态会覆盖隐性状态，它在显性位期间发送。

3. 内部延迟时间

ECU 的内部延迟时间 t_{ECU} 的定义为：相对于各个 ECU 中协议芯片的位定时逻辑单元而言，发生在发送和接收路径上的所有异步延时的总和，如图 2.16 所示。

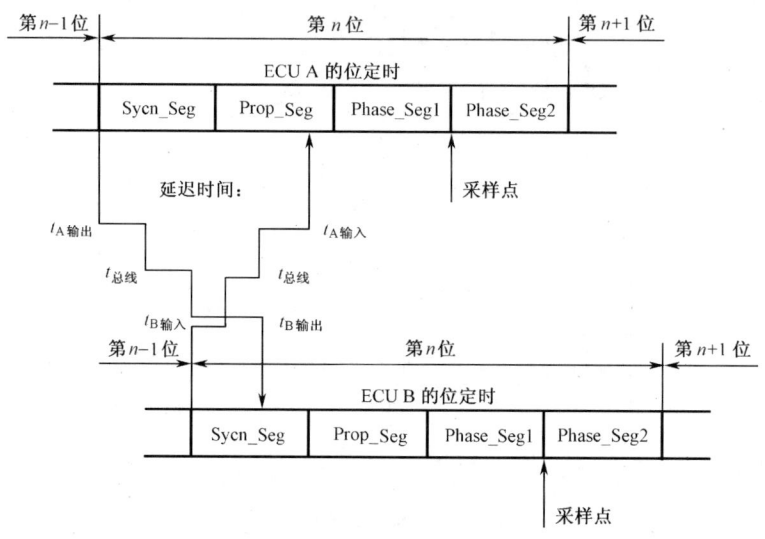

图 2.16　ECU 位定时逻辑 A 与 B 之间在仲裁、位定时及延迟时间阶段的时序关系

关于图 2.16，ECU 输出及输入延时之和与位定时逻辑有关键性的联系。ECU 有一个重要的特性参数，即

$$t_{ECU} = t_{output} + t_{input}$$

要使仲裁顺利进行，必须满足以下条件：

$$t_{ECUA} + t_{ECUB} + 2t_{busline} \leqslant t_{Sync\_Seg} + t_{Prop\_Seg}$$

也就是说，对 ECUA 的同步处理而言，发送第一位的位定时逻辑必须能够准确地掌握第 n 位在采样点处的总线电平。t_{ECU} 的容许值在很大程度上取决于总线及有效位定时（由仲裁条件给出）对位速率和线路长度的要求。

协议芯片的容许时钟误差及发生同步错误的可能性由 Phase_Seg1 和 Phase_Seg2 决定。

4. 连接器参数

用于将 ECU 连入总线的连接器必须符合表 2.2 所规定的要求。本规范的这一部分旨在标准化那些最重要的电气参数，并不涉及机械或材料方面的参数。

表 2.2 连接器参数

参数		符号	单位	数值		
				最小值	额定值	最大值
电压	$V_{BAT}=12\text{ V}$	U	V			16
	$V_{BAT}=24\text{ V}$	U	V			32
电流		I	mA	0	25	80
电流峰值 [1]		I_p	mA			500
阻抗		Z_c	Ω		120	
传输频率		f	MHz	25		
传输电阻 [2]		R_T	mΩ		70	
1）限时：$101f_B$。						
2）在接收一方的 ECU 处测得的总线差分电压取决于该处与发送一方的 ECU 之间的线路电阻，所以信号线的传输电阻受各 ECU 总线电平参数的制约。						

5．物理介质规范

选作 CAN 总线的电缆必须达到下面给出的规格，这些规格主要用于标准化电气特性，并不涉及电缆机械或材料方面的参数。用做 CAN 总线的电缆必须符合表 2.3 的规范。

表 2.3 （带屏蔽或不带屏蔽的）双绞线的物理介质参数

参数	符号	单位	数值			备注
			最小值	额定值	最大值	
阻抗	Z	Ω	108	120	132	从两信号线之间测得
线电阻率	r	mΩ/m		70		[1]
线路比延时		ns/m		5		[2]
1）在接收一方的 ECU 处测得的总线差分电压取决于该处与发送一方的 ECU 之间的线路电阻，所以信号线的总电阻受各 ECU 总线电平参数的制约。						
2）总线上两点间的最短延时可以为 0，最长延时则由位时间及发送与接收电路的延时决定。						

6．终端电阻

所用终端电阻必须仅限于表 2.4 中规定的范围。

表 2.4 终端电阻

符号	单位	数值			备注
		最小值	额定值	最大值	
R_c	Ω	118	120	130	最小功耗：220 mW

2.13 故障界定与总线管理

 ### 2.13.1 故障界定

故障界定的目标是实现数据传输系统即使在节点发生故障的情况下也能维持很高的可用性。因此故障界定策略必须证明在以下方面是可靠的：

- 区分短期故障和永久性故障；
- 找到并断开故障节点。

故障界定策略是每个节点都配备有一个发送错误接收器及一个接收错误接收器，前者记录发送帧期间发生的错误数目，后者则记录接收帧期间发生的错误数目。

如果帧被正确发送或接收，计数就减少。发生错误引起的计数增加量要比没发生错误引起的计数减少量多。计数增量与减量之比取决于总线上可承受的出错帧与正确帧之比。在任何时刻，错误计数的情况都反映在此以前干扰出现的相对频繁程度。

通过预定计数值，可以调整节点针对错误的行为。可以调整的范围是从禁发出错标志以取消送出帧的操作，直到断开经常发送出错帧的节点。

2.13.2 故障界定规则

① 对故障界定而言，一个节点根据错误计数结果的不同，可以处于下列三种状态之一：错误激活、错误认可或离线。错误计数依照以下规则进行更改（在特定帧的传输过程中，可以有多条规则在起作用）。

- 接收器检测到一个错误时，如果该错误不是发送活动错误标志或超载标志期间的位错误，接收错误计数器将加 1。
- 接收器在送出出错标志后检测到第一个显性位时，接收错误计数器将加 8。
- 发送器送出一个出错标志时，发送错误计数器将加 8。
   - ◇ 例外 1：如果处于错误认可状态的发送器，因为没有检测到一个显性应答而认为出现了一次应答错误，并且在发送其认可错误标志时没检测到显性位。
   - ◇ 例外 2：如果发送器发现仲裁期间发生填充错误而送出了一个出错标志，它应该为隐性且送出的也确实是隐性，但监察时却呈显性。
   - 在例外 1 和例外 2 这两种情况下，发送错误计数器保持不变。
- 如果发送器在发送活动错误标志或超载标志期间检测到一个位错误，发送错误计数器将加 8。
- 如果接收器在发送活动错误标志或超载标志期间检测到一个位错误，接收错误计数器将加 8。
- 任何节点在送出一个活动错误标志、认可错误标志或超载标志之后，至多允许连续出现 7 个显性位。在检测到一连串显性位中的第 14 个（出现一个活动错误标志或超载标志的情况下）或检测到认可错误标志随后的一连串显性位中的第 8 个之后，且再出现一连串 8 个显性位之后，每个发送器的发送错误计数器加 8，同时每个接收器的接收错误计数器也加 8。
- 成功送出一帧（收到应答，并且直到送完帧结束都没检测出错误）之后，发送错误计数器减 1，除非它原先就等于 0。
- 成功接收一帧（接收过程直到应答间隙都没出错，并且顺利送出应答位）之后，如果接收错误计数结果原来在 1～127 之间，计数器减 1；如果计数结果原来是 0，它依然为 0；如果计数结果原来大于 127，则将计数器设为 119～127 之间的某个值。

② 如果系统刚开始运行期间只有一个节点在线，并且该节点发送了帧，它将无法收

到应答信号，就检测到一个错误，于是重新发送帧。因此，它能转入错误认可模式，但不会成为离线模式。与总线的连接关闭或处于离线状态的节点必须执行一种启动例行程序，这是为了：

- 在传输开始之前实现与已进入正常工作状态的那些节点同步。当检测到"应答界定符＋帧结束＋间歇"，或者"错误或超载界定符＋间歇"等于 11 个隐性位时，就完成了同步处理。
- 在暂时没有其他节点处于正常工作状态的情况下，等候一段时间，同时保证自己不会转入离线模式。

③ 错误激活和错误认可。如果某个节点的发送错误计数器或接收错误计数器超过了127（接收错误计数器只有 7 位时，就会处于进位状态），监控器就请求 MAC 子层让该节点进入错误认可状态。

让节点变为错误认可模式的出错状态促使该节点发送一个活动错误标志。

当错误认可状态下的节点的发送错误计数器及接收错误计数器均小于或等于127时，该节点就回到错误激活状态（见图 2.17）。

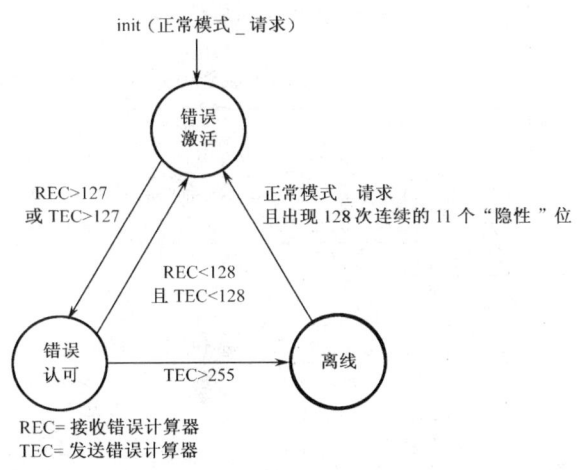

图 2.17　节点状态转换图

④ 离线管理。如果某个节点的发送错误计数器超过了 255（发送错误计数器只有 8 位时，就会处于进位状态），监控器就请求物理层让该节点进入离线状态。

离线状态不能对总线有任何影响，它不发送任何帧，也不会发送应答信号、出错帧或超载帧。是否让此种节点从总线接收帧完全由实用要求决定。

在检测出总线上出现了 128 次连续的 11 个隐性位后，允许将处于离线状态的节点的两种错误计数器置 0，使其变成错误激活状态（见图 2.17）。

2.13.3　总线故障管理

在总线正常运行期间，可能会发生一些总线故障，它们将会对总线运行造成影响。这些故障及其引起的网络动作在表 2.5 中有详细说明，可能出现的开路及短路故障如图 2.18 所示。

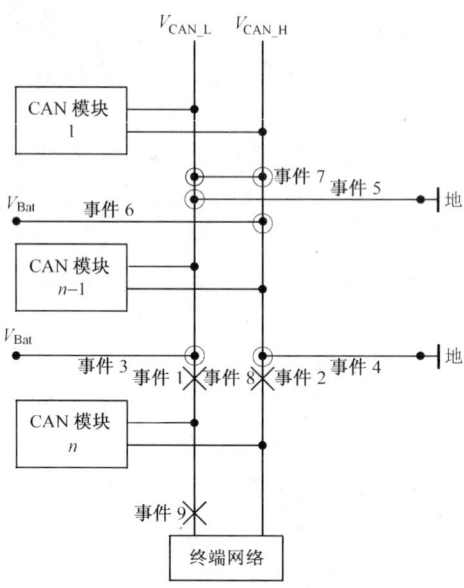

图 2.18 可能出现的总线故障

表 2.5 总线故障检测

对总线故障的描述		网络动作[1]	规范性质[2]
某个节点掉电		剩余节点在信噪比变小的情况下继续通信	推荐性
某个节点失去与地的连接		剩余节点在信噪比变小的情况下继续通信	推荐性
某处节点的屏蔽连接失效[3]		所有节点继续通信	推荐性
开路和短路故障[4]			
编号	① CAN_H 断开	所有节点在信噪比变小的情况下继续通信	推荐性
	② CAN_L 断开		
	③ CAN_H 同电池电压短接		
	④ CAN_L 同地短接		
	⑤ CAN_H 同地短接		
	⑥ CAN_L 同电池电压短接		
	⑦ CAN_L 线与 CAN_H 线短接	所有节点在信噪比变小的情况下继续通信	任选性
	⑧ CAN_L 线与 CAN_H 线在同一处断开	系统整体停止动作，由此形成的子系统（包括终端网络的那部分）中的节点继续通信	推荐性
	⑨ 失去一条与终端网络的连接	所有节点在信噪比变小的情况下继续通信	推荐性

1) 图 2.18 中的示例不包括所有容错方式

2) 对规范性质作如下说明：

强制性	如果发生相应故障，网络必须按照此表第 2 列中所规定的方式运作
推荐性	如果发生相应故障，网络动作本该按照此表第 2 列中所规定的方式进行，制造商可以选择不使用这里所指定的功能
任选性	如果发生相应故障，网络动作可以按照此表第 2 列中所规定的方式进行，制造商可以选择使用这里所指定的功能

3) 仅在使用了屏蔽电缆的场合才用考虑该故障。在这种场合下，某个节点处的屏蔽连接失效会在屏蔽层与两根信号线之间感应出共模电压。

4) 编号①至⑨指的是图 2.18 中的事件 1 至事件 9。

2.14　基于时间触发的 TTCAN

典型的 CAN 总线采用事件触发通信，若在同一时间几个消息同时要求发送则有可能使总线达到峰值负载，CAN 的非破坏性仲裁机制保证了所有消息能够根据其各自的标识符优先级进行连续发送。对于实时性很强的系统，必须对整个系统进行时序分析，以确保总线即使在峰值负载时也能完成所有的传输任务。根据 ISO 11898 规定，时间触发通信的先决条件是必须首先使 CAN 网络里的所有节点同步。在所有节点同步的基础上，时间触发通信也就比较容易在高层协议上建立起全局时间。

在 X-by-Wire 系统中，对于控制单元的所有任务，采用一种基于静态循环时序安排的方法，构造一个时间段序列，并且将每个任务置于至少一个时间段内，高优先级的任务可以占有一个以上的时间段。一个时间段内的所有活动（包括中断处理）都必须在下一个时间段开始前完成。这些方面的应用会在减轻司机日常烦琐的操作的同时又可大大增加整辆车的安全性，帮助司机在遇到紧急状况时做出最恰当的决定。

如果由基于 CAN 总线的控制单元所组成的分布式应用系统都采用这样一个实时操作系统，那么当节点同步后，任何消息都可以在一个特定的时间段进行发送，而无需和总线上的其他任何消息进行竞争，这样就可以避免丢失仲裁，同时延迟时间也可以预先估计。

ISO 11898 为 CAN 控制器提供了一个可选接口以支持时间触发通信。每个节点必须提供一个时间基准，它可以由内部时钟提供，也可以由外部时钟提供。所有接收和发送的消息都要请求得到一个时间基准，用来作为各自消息的参考点，这就是帧起始（SOF）位的采样点。

一个新的协议标准和一条新的总线要在汽车中加以应用，主要依赖于新的协议控制器和收发器集成电路的研制和开发，同时还需要相应的设计和分析工具，以及用于系统集成的专业知识。

时间触发通信是建立在现有 CAN 总线标准上的新规范。对于现有的带 CAN 的集成电路（Time-Triggered Controller Area Network，TTCAN）允许通过软件来实现时间触发的功能，而高精度的全局时间却需要硬件来实现。TTCAN 在数据链路层和物理层完全与现有的 CAN 控制器兼容，可以使用相同的总线和总线收发器，其最高位速率为 1 Mb/s，无论是对于 CAN 还是 TTCAN，这都是最高位速率，不能够再提高了。TTCAN 可以使用 CAN 的收发器，无需新的收发器。TTCAN 节点不需要专门的总线监测，总线上的节点冲突可通过 CAN 的非破坏性位仲裁机制和总线故障监测（如错误认可、总线断开）加以预防。

TTCAN 向下完全兼容 CAN：现有的 CAN 控制器可以接收 TTCAN 网络的所有消息，而 TTCAN 控制器也可以在现有的 CAN 网络中运行，TTCAN 控制器可被认为是现有 CAN 控制器的帧同步实体的增强版。TTCAN 的节点经过配置后可以像现有的 CAN 节点一样运行，而现有的 CAN 节点在 TTCAN 网络中以只听方式接收信息。但在 TTCAN 网络中，若 CAN 节点发送消息，则会扰乱通信时序。

TTCAN 网络上的所有消息都是能以 CAN 的格式进行发送的，而现有的大量的 CAN 总线分析工具都可以用于 TTCAN 总线，新的工具只需对消息发送时序进行一些临时配置。

 ### 2.14.1 基于 CAN 的时间触发通信

国际标准 ISO 11898-4 对"基于 CAN 的时间触发通信"进行了详细论述，它是我们已经很熟悉的 CAN 总线标准的扩展。该规范介绍了时间触发通信和在系统范围内高精度的全局网络时间的相关内容。

TTCAN 是基于 ISO 11898-1 所描述的 CAN 的数据链路层来制定的，它可以使用在 ISO 11898-2（高速收发器）或 ISO 11898-3（容错低速收发器）中所描述的标准的 CAN 的物理层来进行通信。如同事件触发一样，TTCAN 提供了一套时间触发消息机制，它允许使用基于 CAN 的网络形成控制环路，同时它能够提高基于 CAN 的汽车网络的实时通信性能。

TTCAN 是建立在原有 CAN 协议基础之上的一个高层协议，它对网络上的所有 CAN 节点进行通信时序同步，并且提供了一个全局系统时间。当所有节点同步以后，任何消息都只能在一个特定的时间段内发送，而不是在总线上与其他消息竞争发送。这样就避免了失去仲裁，而延迟时间也就可以预先确定。

ISO（International Standardization Organization）发布了基于 CAN 的时间触发通信协议，即 ISO 11898-4。在此规范中，有三种不同的时间窗：专用时间窗、空闲时间窗和仲裁时间窗。专用时间窗分配给周期性发送的专用消息，它们在访问基于 CAN 的网络时不存在竞争。为了支持时间触发通信，所有的节点都必须提供一个时间基准，它可以由内部时钟提供，也可以由外部时钟提供。所有接收和发送的消息都要请求得到一个时间基准，用于作为各自消息的参考点。

通信系统单纯的时间触发操作意味着系统内的任何活动都是由（全局同步）时间过程决定，所有的发送、接收和其他一切活动都依赖于预先定义的时间序列和当前的时钟状态，其过程如图 2.19 所示。当时钟到达 3 和 6 时，消息 A 开始发送，而当时钟指向 5 时，开始接收消息 B。如果整个的系统通信信息都汇集成这样一个时间表，那么则可以得到一个确定的、可预测的通信阵列。网络中的每个节点都可以以这种形式将所需的信息存放在其中。

CAN 总线最突出的特点是在网络控制中的媒体访问控制的位仲裁机制。位仲裁机制确保了具有高优先级的消息首先访问总线，即使其他的控制器所发送的消息试图访问媒体，也不会对先前的消息产生破坏，即非破坏性的仲裁机制。如果有消息正处于发送过程中，或者另外一个更高优先级的消息也同时在竞争访问总线，那么其他的节点对于总线的访问将会延迟，这意味着较低优先级的消息将会对媒体访问产生延迟，即使具有最高优先级的消息，其暂态行为也有可能会有一个很小的延迟。

基于 CAN 的时间触发通信的目的就是避免这些延迟，同时确保消息以确定性的通信模式在总线上传输。此外，在这种确定性的约束下，将可以更加有效地利用 CAN 总线的物理带宽。我们所熟悉的 ISO 11898 可以在两个层面上扩展成为基于 CAN 的时间触发协议，即 ISO 11898-4。首先，第一个扩展层面是保证 CAN 的时间触发操作基于一个由时间主导的参考消息，同时，通过冗余时间控制（也称为潜在时间控制）来建立起功能性的容错机制。第二个扩展层面是在 CAN 控制器通信期间建立起全局同步时间基准以及连续漂移修正。

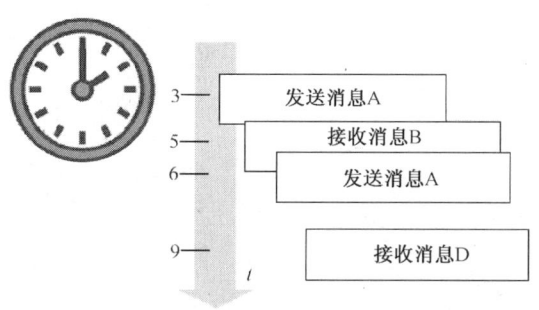

图 2.19　通信系统的时间触发操作

 ## 2.14.2　参考时间与参考消息

为了同步网络内的所有 CAN 节点的活动，需要一个通用的参考时间。网络内的每个节点都有其局部时间，这是一个随网络时间单元（Network Time Unit，NTU）而增加的时间计数器。系统宽度的 NTU 是由节点的局部时钟以及局部时间单元比率（Time Unit Ratio，TUR）所导出的。

在 TTCAN 网络中，循环传输时序安排是通过反复发送一个特定的 CAN 消息，即参考消息（Reference Message）来实现同步的。参考消息是由一个时间主导节点（Time Master）发送的，它可以重新启动每个节点的循环时间，该循环时间源自节点的局部时间。

TTCAN 是基于时间触发和周期性通信的传输方式，它采用一个由时间主导的参考消息来定时。参考消息可以通过其标识符被很容易地识别出来。在 TTCAN 的第一个层面，参考消息只带有一个字节的一些控制信息，其他的 CAN 的消息可以用来发送数据。在扩展的第二个层面，参考消息可带有附加的控制信息，如由当前 TTCAN 时间主导的全局时间信息。第二个层面的参考消息含有 4 字节以保证向下兼容，另外的 4 字节可用做数据通信。

图 2.20 所示为所有的 TTCAN 节点（包括时间主导节点）都以同样的方式对循环时间进行同步。任何消息的接收或发送都调用一个在对消息进行帧同步时得到的局部时间。帧同步事件发生在每个帧起始位的采样点上，同时它将局部时间载入同步标志（Sync_Mark）寄存器。

一旦发送或接收到一个有效的参考消息，同步标志（Sync_Mark）寄存器的值就会载入参考标志（Ref_Mark）寄存器中。参考标志（Ref_Mark）中的实际值与局部时间的差值为循环时间（Cycle Time = Local Time – Ref_Mark）。

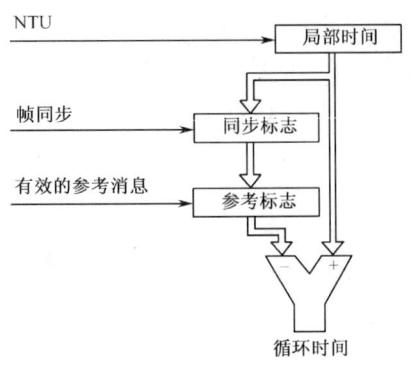

图 2.20　循环时间同步

2.14.3　基本循环

　　每个参考消息开始一个新的基本循环，循环时间是从每个基本循环开始时进行计时的。基本循环由几个不同宽度的非重叠的时间窗组成，时间窗的序列由时间窗开始时所定义的时间标志描述。

　　整个 TTCAN 网络的基本循环结构只定义一次，几个基本循环可以组合起来构建一个矩阵循环或系统矩阵，而这些矩阵循环中的基本循环序列是由参考消息来控制的。TTCAN系统中的所有可能的消息都分配到系统矩阵的特定单元（时间窗）中。系统设计者决定了一个时间窗的性质，通常有三类时间窗：专用时间窗（只有特定的消息可通过此窗发送）；仲裁时间窗（希望通过仲裁访问总线的消息）；空闲时间窗（为未来总线扩展所保留的时间窗）。未能成功发送的消息不能够自动重发送，这样可以保证专用时间窗里的消息在总线传输中不被延迟。

　　一个 TTCAN 节点不需要了解整个系统矩阵，它仅需要知道时间标志就足够了，时间标志是用来定义节点自身发送消息以及查看是否接收到已经准时到达节点的消息所需要的时间段。时间标志同循环时间相比较（见图2.21），当循环时间到达一个时间标志时，会触发一个特定的动作。

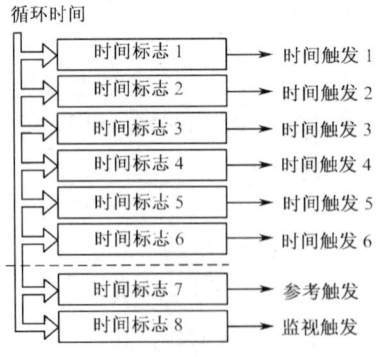

图 2.21　基于循环时间的时序安排

除了监视触发（Watch Triggers）以外，所有的时间触发都和 CAN 节点的消息有关，它们要么是用来启动消息发送，要么是用来接收已检测到的消息。参考触发（Ref_Trigger）与参考消息相关，当时间主导节点发送一个参考消息，就会启动一个新的基本循环，而循环时间被复位。当一个参考消息没有能够准时完成的时候，监视触发将发挥作用，用来启动一个错误处理程序。

 ### 2.14.4　基本循环及其时间窗

两个连续的参考消息之间的时间段成为基本循环（见图 2.22），一个基本循环由几个不同大小的时间窗组成，它提供了消息传输的必需的空间。

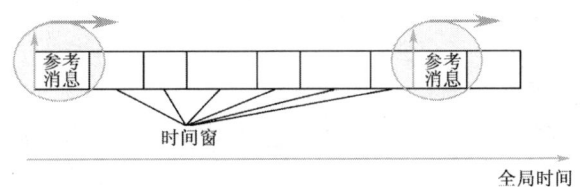

图 2.22　由参考消息所发起的 TTCAN 基本循环

基本循环的时间窗可被用于发送周期性的状态消息、自发状态和事件消息，所有被发送的消息都具有 CAN 的数据格式，并且都是标准的 CAN 消息帧。一个周期性消息的时间窗可称为专用时间窗（Exclusive Time Window）。在时间窗内，起始的时间窗决定了一个节点的预定消息的发送点。如果系统得到了适当的规划，同时也对系统的通信模式进行了离线设计分析，那么消息传输中将不会有任何冲突发生。即使发生访问冲突这样的错误情况，CAN 标准协议中的特性（如位仲裁、仅当总线空闲时才发送消息）仍然是有效的。这时若还想使用专用时间窗，系统工程师则不得不离线进行重新设计。为了给系统设计者提供更高的灵活性，在一个基本循环内，一个专用时间窗可以被再三重复使用。在专用时间窗内，CAN 总线中消息的自动重发送功能是被禁止使用的。

自发消息所使用的时间窗称为仲裁时间窗（Arbitrating Time Window），在仲裁时间窗内，位仲裁决定了 TTCAN 网络的哪个节点的哪些消息能够访问总线（见图 2.23）。在设计时，可以预先安排不止一个消息用于仲裁时间窗，那么在实际运行中，就可以决定是否使用仲裁窗发送消息，以及哪一个消息将采用一定的仲裁窗来进行发送。同样，在仲裁时间窗内 CAN 总线中消息的自动重发送功能也是被禁止使用的。

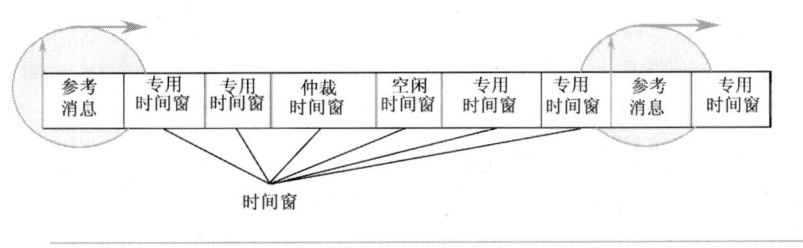

图 2.23　TTCAN 基本循环中的各类时间窗

在设计期间，考虑将来网络扩展的需要，也有可能保留一些空闲时间窗（Free Time Windows），如果新的节点需要更多的通信空间，或者现有节点需要扩展带宽，则可以将空闲时间窗转变为仲裁时间窗和专用时间窗加以利用。

在 TTCAN 网络中，一个网络控制器节点不需要知道网络的所有消息，这个控制器仅需获得时间触发消息的发送和接收的必要信息，以及自发消息发送的有关信息。

在如图 2.24 所示的例子中，网络节点 4 的控制器在专用时间窗 2 和 6 中发送消息 C，而在仲裁时间窗 3 中发送自发消息 F，同时，它还要接收专用时间窗 1 的消息 A。与其他严格的时间触发通信系统相比，TTCAN 网络中节点所需要的相关知识是很少的。

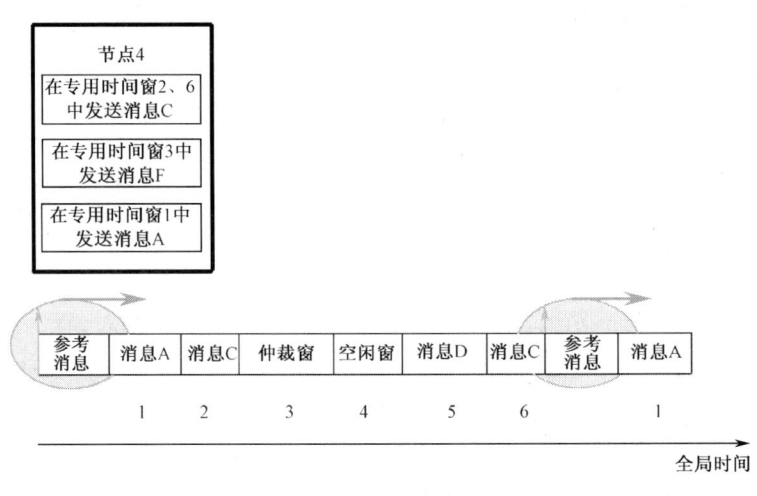

图 2.24　TTCAN 通信的局部信息

2.14.5　系统矩阵

在实际应用中，不同的时间段会有许多控制环路和任务，它们全都需要对信息进行逐个发送。

TTCAN 的基本循环不能提供足够的灵活性以满足这种需求，在这种情况下，TTCAN 规范允许使用更多的基本循环去构建通信矩阵或者系统工程师所要求的系统矩阵。几个基本循环连接起来构成了矩阵循环，大部分模式都是可能的，例如发送每一个基本循环，发送第二个基本循环，或者在整个系统矩阵中仅发送一次。图 2.25 所示为 TTCAN 系统矩阵的一个例子，在 TTCAN 的规范中也允许另外一个有用的例外。当有两个以上的仲裁时间窗串联在一起时，允许将其合并在一起，合并的有关内容如图 2.26 所示。

这种结构最大的约束是如果剩余的时间窗不合适的话，在合并后的仲裁窗里不允许存在自发消息的起始点，以便下一个周期的时间窗能够得到保证。这些工作需要设计者利用离线工具构建 TTCAN 系统工具时来完成。

只有满足上述约束，合并后的仲裁时间窗里才可以进行消息的自动重发送。

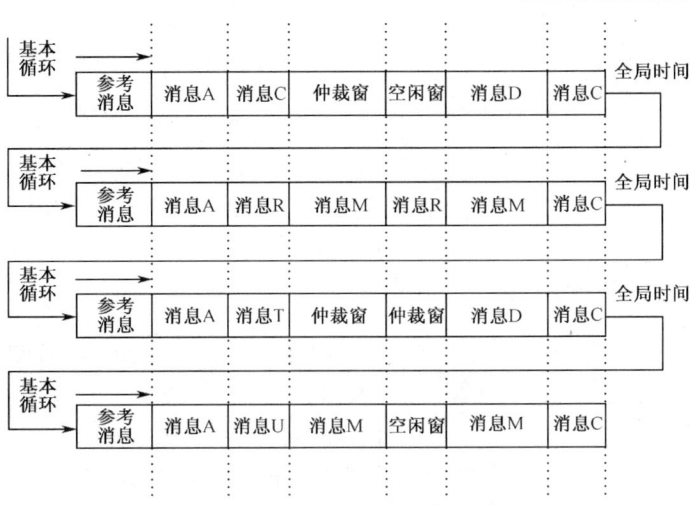

图 2.25 TTCAN 系统矩阵

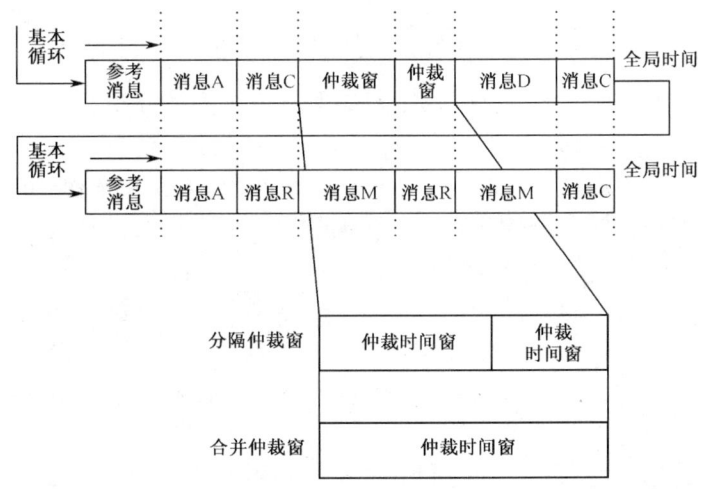

图 2.26 合并仲裁窗

 ### 2.14.6 利用时间标志进行消息的发送和接收

在 TTCAN 的一个基本循环里，协议的执行是通过时间过程来驱动的，这个时间称为循环时间，并且在每次接收到参考消息后都要重新启动。循环时间和系统矩阵之间必要的连接形成了所谓的时间标志，它指出了专用时间窗和仲裁时间窗的开始时间。用于发送周期性消息或者自发性消息的时间标志称为 Tx 触发（TxTriggers），用于接收周期性消息的被定义为 Rx 触发（RxTriggers）。

一个时间标志是由基本标志和重复计数信息组成的。基本标志决定了矩阵循环开始后第一个基本循环的数目，而在该矩阵循环中必须已进行了消息发送或接收（见图 2.27）。重复计数信息决定了两个连续的消息发送/接收之间的基本循环数。

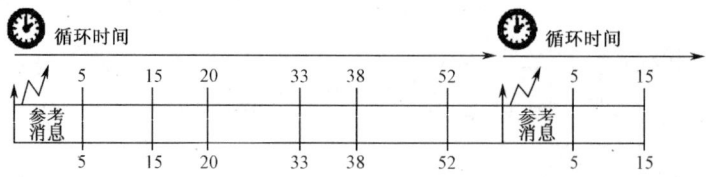

图 2.27　TTCAN 的循环时间和时间标志

 2.14.7　全局系统时间

TTCAN 的循环时间是保证时间触发协议的操作的基本时间，该时间信息的一个重要特性是时间间隔尺度。在 TTCAN 网络里的任何时间信息间隔尺度都称做网络时间单元。图 2.28 为网络时间单元产生的原理示意图。节点的振荡器电路提供了系统时钟用于分频，经过分频后产生了系统宽度的 NTU，同时节点的局部时间单元比率（Time Unit Ratio，TUR）正确地体现了系统时钟和 NTU 之间的关系。这样，NTU 可以用来构建局部时间以及全局时间。

基于 CAN 的时间触发通信是在两个层面上实现的，第一层被严格限制仅用来发送周期性消息，第二层支持全局系统时间（Global System Time）。时间主导节点建立起自己的局部时间作为全局时间，并且在参考消息中发送自己的参考标志（Ref_Marks），作为主参考标志（Master_Ref_Marks）。

发送参考消息的节点是 TTCAN 网络的时间主导节点。在 TTCAN 的第二个层面，所有的节点都要抓取在帧同步脉冲时它们的时间值，如参考消息的帧起始位采样值。时间主导节点将经过正确定义的全局时间值发送给帧同步脉冲，用来作为参考消息的一部分。此后，每个节点都建立起自己的局部偏移量作为全局主导时间瞬态值与其局部时间瞬态值之间的偏差量。这样，在下一次基本循环中，节点就可以计算出全局时间：全局时间＝局部时间＋局部偏移量。如果局部时间与全局时间速度相同，那么可以确信所有的节点都与全局时间一致。

时间从属节点通过将其局部参考标志同接受到的主参考标志相比较，计算出局部时间偏移量（见图 2.29），那么从节点的角度来看，全局时间就是局部时间加上局部漂移量。

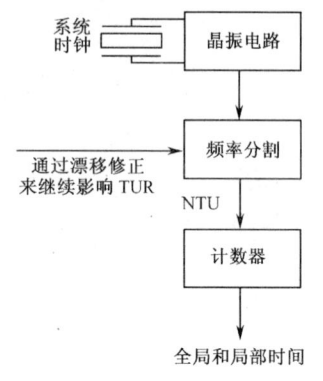

图 2.28　NTU 的产生和 TUR 的影响

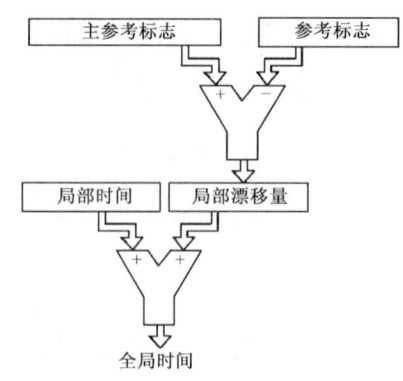

图 2.29　全局时间的产生

由于不同的节点上会有些微的时钟漂移差异，需要引入一种机制以确保局部时间和全局时间在实际过程中具有相同的速度，这种机制就是时间单元比率（TUR）的连续修正。在实际运行中，为了得到这个值用以修正由主时钟速度所决定的值，节点分别对两个连续的帧同步脉冲之间的长度以局部时间（在此间隔中的晶振周期数）和全局时间（两个主瞬时值之间的差异）进行了测量，两者的比率即为实际的 TUR（仅受测量精度的限制）。在第二个层面，两个节点的全局时间值不能超过一个网络时间单元 NTU，一个典型的 NTU 大约与一个 CAN 的位时间相当。

为了补偿 TTCAN 节点上些微的时钟差别，以便提供一个一致性的全局时间，节点要进行漂移补偿（见图 2.30）。它们将局部时间的基本循环长度与全局时间的基本循环长度相比较，两者之商即为时间单元比率。

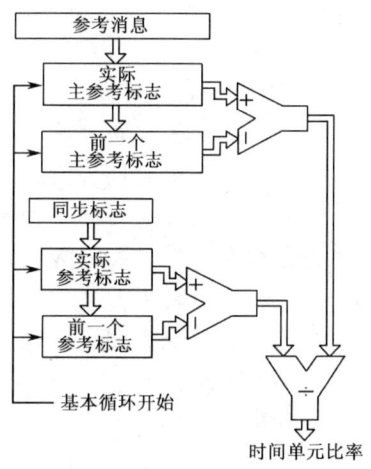

图 2.30　漂移补偿

2.14.8　TTCAN 的容错功能

由于时间主导节点（Time Master）在 TTCAN 网络的运行中起着至关重要的作用，故必须为此建立容错机制。具体的做法是预先定义一个以上的 TTCAN 控制器，将其作为潜在的时间主导节点，并且给它们分配相应的标识符，用以控制其启动行为。

当一个 TTCAN 控制器复位后，另一个潜在的时间主导节点将会检查总线上是否还有通信存在，以及是否还在发送参考消息。如果没有潜在时间主导节点以其标识符发送参考消息，那么在第二个层面，则会把它的局部时间作为网络立刻使用的全局时间。当潜在的时间主导节点接收到一个较高优先级的参考消息时，它会首先停止发送参考消息，然后再与较高优先级的时间主导节点所给出的基本循环同步。当潜在的时间主导节点接收到一个较低优先级的参考消息时，它首先与现有的基本循环同步，然后再试图成为时间主导节点，在下一个基本循环开始的时候发送自己的参考消息。由于较高优先级赢得仲裁，确保了协议机制不会出错，而高优先级的潜在时间主导节点在不干扰基本循环结构的情况下，逐步成为主动的时间主导节点。只要不发生错误，这些状态都是稳定的。

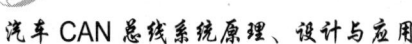

在通信期间，如果发生参考消息丢失的情况，所有的潜在时间主导节点都会立刻发现，这会产生一个很短的延迟，这个延迟会使得时间暂时中断。在时间暂时中断后，会有一个潜在的时间主导节点以它自己的全局时间（局部时间＋局部偏移量）开始发送参考消息，这样就重建了一个新的时间主导节点，并且可以发送参考消息。此外，潜在时间主导节点之间的竞争是由标准 CAN 总线的位仲裁机制来决定的。

2.14.9　TTCAN 的应用

在一些应用中，严格的时间触发时序安排需要一个较长的时间周期，那么这不是一个完美的解决方案。对一些时间而言，它们本身可能并不需要周期性的发送，但是却要求保证其延迟时间。例如，在发动机管理系统中，有些任务高度依赖于曲轴的当前位置，比如通过通信总线读取传感器的值，一旦到达一定的位置，就必须开始预先确定的动作。在这些应用中，有时候严格的周期性时序定义是有意义的，但是更为重要的是在应用中如何中断时序，同时又能经过同步后重新启动时序发送。在 TTCAN 规范中允许出现这种情况。如果在应用中当前的时间主导节点希望中断周期性时序，而系统设计者又已经激活了这个特性的话，那么在这个基本循环结束后，会留出一段期望的时间间隙。如果这样，其他节点将不会把基本循环结束后未出现参考消息当做一个错误来处理，同时那些备份的潜在时间主导节点也不会发送参考消息。如果应用中的时间主导节点希望重新开始发送周期性的时序，他会发送一个参考消息以同步相应的时间。

在未来的汽车里，一些与安全相关的系统需要进行确定性的消息发送，而这将会通过 TTCAN 的专用时间窗来进行仔细规划并加以实现。在 TTCAN 系统矩阵中，对于不同的基本循环序列，允许采用多种发送模式。TTCAN 所提供的全局时间容错以及基于时间主导原则的漂移修正服务，有效地支持了在分布式实时系统应用中对于系统宽度时间基准的要求。TTCAN 规范关注于现有 CAN 总线标准模块的扩展，对于 CAN 总线中一些现有的机制，如位仲裁等都加以了利用，同时允许在确定的框架范围内进行更加灵活的应用。TTCAN 允许定义仲裁时间窗以发送自发消息。通过协议保证了下一个周期性消息的确定性发送，同时建立起了误差监督机制。基于时间触发 TTCAN 为我们提供了一个很好的、用于实时通信的选择。

第3章 SAE J1939 协议

1994 年以前，在美国的商用车中，动力系统与电子控制单元之间的通信采用了 SAE J1587/J1708，由于这两种协议使用微处理器的串行通信，因而数据传输率较低（SAE J1708 的波特率只有 9 600 b/s），所以 1994 年诞生了 SAE J1939 标准。这是一类专门用于卡车、大客车、建筑机械、农业机械等的 CAN 总线通信协议。

SAE J1939 和它的前身相比，主要区别在于：SAE J1708/J1587 是一种广泛用于 B 类网络的协议，它主要提供简单的信息交换，其中包括电子控制装置的诊断数据。而 SAE J1939 是基于 CAN 总线的协议，波特率可达 250 kb/s，是一种传输速率较高的 C 类通信网络协议。SAE J1939 网络不仅能够实现 SAE J1708/J1587 网络的功能，还可支持分布在整个车辆中的电子控制系统间的实时性闭环控制及其通信。

SAE J1939 的物理层和数据链路层是以 CAN 2.0B 协议为基础的，因此它和 CAN 网络一样，任何节点在总线空闲时可向总线上传输报文，每个报文都包含标识符，采用 CSMA/CD 非破坏仲裁机制解决冲突。图 3.1 为 SAE J1939 的分层结构。

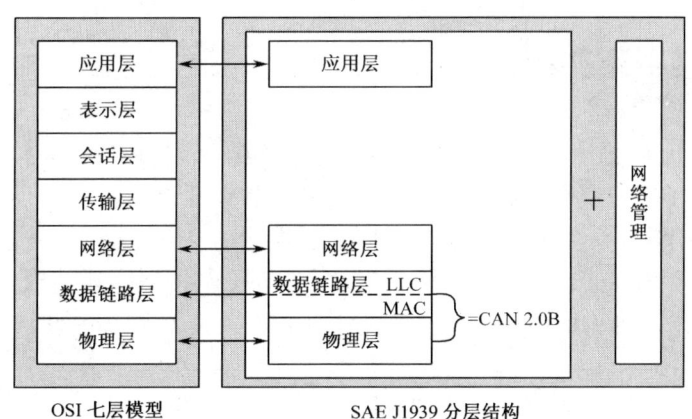

图 3.1 与 OSI 模型相对应的 SAE J1939 分层结构模型

我们知道，CAN 协议在 OSI 模型中只定义了物理层和数据链路层的 MAC 层，从图 3.1 可以看出，SAE J1939 以 CAN 2.0B 为基础，除此之外，它还定义了网络层和应用层的协议。但是，SAE J1939 为传输层、会话层和表示层预留了位置，以便将来进行扩展。

SAE J1939 标准根据分层结构模型分别定义了不同层面上的相应标准，目前其文件结构如表 3.1 所示，随着 SAE J1939 应用范围的扩展，在未来其标准的内容也会有进一步扩充。

表 3.1 SAE J1939 标准的文档构成

SAE J1939	SAE J1939	SAE J1939 概述
SAE J1939 协议	SAE J1939/0X	针对特定应用的说明文档,这里 X 指 J1939 特定的网络/应用版本
	SAE J1939/01	卡车、大客车控制和通信网络应用文档
	SAE J1939/11	物理层文档,250 kb/s,屏蔽双绞线
	SAE J1939/13	物理层文档,定义诊断接口
	SAE J1939/15	物理层文档,250 kb/s,非屏蔽双绞线
	SAE J1939/21	数据链路层文档,定义信息帧的数据结构、编码规则
	SAE J1939/31	网络层文档,定义网络层的连接协议
	SAE J1939/4x	未定义的传输层文档
	SAE J1939/5x	未定义的会话层文档
	SAE J1939/6x	未定义的表示层文档
	SAE J1939/71	应用层文档,定义常用物理参数的格式
	SAE J1939/73	应用层文档,用于故障诊断
	SAE J1939/74	应用层文档,可配置信息
	SAE J1939/75	应用层文档,发电机组和工业设备
	SAE J1939/81	网络管理协议

3.1 网络拓扑结构

SAE J1939-11 中描述的物理层都可以用做主网或子网物理层。桥接器是用来将子网与主网或子网与子网连接在一起的。一种可行的放置方式是在需要提供地址分配和将拖车子网与主网进行电气分离的每个拖车或台车上放置一个桥接器。虽然没有明确地说明,但台车使用与拖车相同的桥接器和子网结构是可行的,其网络拓扑结构如图 3.2 所示,图中的这些设备只是用来说明用途的,具体应用何种设备需依照不同的车型来决定。

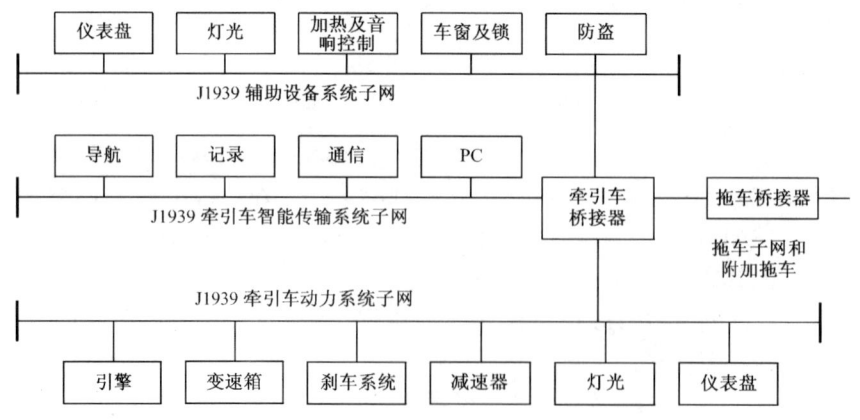

图 3.2 使用多重子网的车辆网络

子网的数量及每个连接设备的选择由车辆制造商决定。在被牵引车辆（拖车或台车）上使用 SAE J1939，将导致至少使用两个子网，一个用于牵引车而另一个用于被牵引车辆。

牵引车所支持设备的数量和类型可能对是否使用多重子网产生影响。在子网间的桥接器可以用来过滤它们之间的消息，这样除了被允许通过的桥接器的消息外，子网将被有效地隔离开。牵引车和拖车桥接器还拥有过滤来自任何一边消息的能力，该功能允许桥接器将不适用于桥接器另一边网络的信息过滤掉。例如，大多数的发动机和变速器消息就没有必要被传回给被牵引车辆。

图 3.3 所示的拓扑结构是针对智能交通系统 ITS 的在商用车辆中的应用，由于各主要系统与 ITS 应用之间有很多重叠的功能，而商用车辆制造商也愿意将某些辅助设备连接到车辆网络上，因为如果整个车辆能够被经常看做辅助设备的集合体，那么也反映了行业的横向整合能力。在商用车辆中如果为 ITS 提供单独的协议是没有益处的，基于这个原因，SAE J1939 在最初开发阶段就已经将 ITS 应用放入了考虑范围，因此可以预见的是所有 ITS 应用都有可能使用 SAE J1939。

在 SAE J1939 和 ITS 数据总线（IDB）之间需要有网关提供一个接口将其连接。制造商有权决定是否将这样的附加网络及相关的网关功能添加到车辆上，因为通常网关比桥接器复杂得多，也更昂贵。

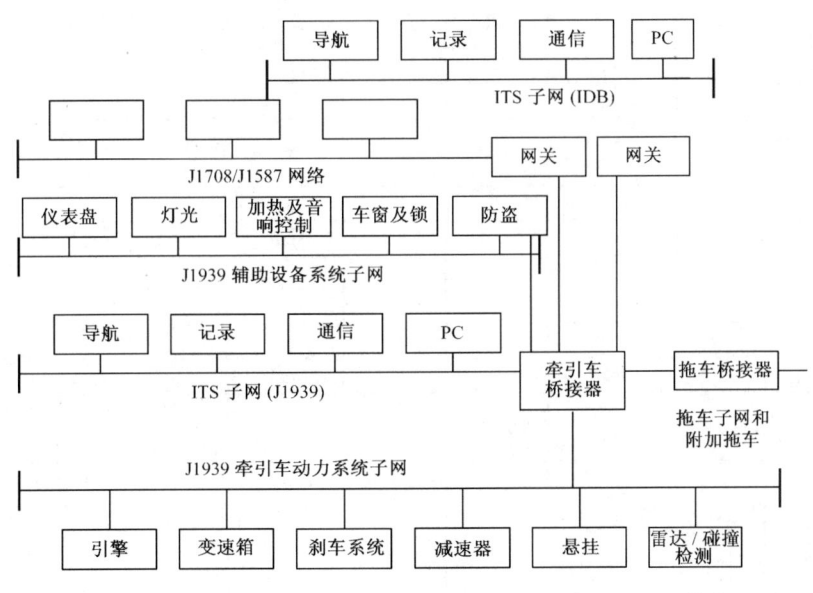

图 3.3　SAE J1939 支持的 ITS 功能

3.2　物理层简介

SAE J1939 的物理层描述了电气接口和物理介质，定义的内容包括：
- 物理介质；
- 传输速率为 250 kb/s；

- 同一网络上最大子系统数为 30 个；
- 最大传输线长度为 40 m；
- 物理层还定义了数据的物理特性及总线的电气连接特性。

总之，物理层可实现的功能是：位表示、位定时、同步、总线故障检测、物理媒介及其附属装置之间的机械和电气接口，这些都是由 CAN 硬件来实现的。

（1）通信介质及其特性

考虑到商用车实际的网络通信时距离较长，一般使用的物理介质为屏蔽双绞线。SAE J1939 中规定的 CAN 总线通信线由一条 CAN_H、一条 CAN_L、一条 CAN_SHLD 导线组成。CAN_H 应为黄色，而 CAN_L 为绿色。另外，CAN 通信线通常使用屏蔽双绞线，其特性参数如表 3.2 所示。

表 3.2　屏蔽双绞线的物理参数

参　数	符　号	最小值	额定值	最大值	单　位	条　件
阻抗	Z	108	120	132	Ω	测得在两根信号线之间以 1 MHz 速率传输的 3 m 示例长度，该线接地屏蔽，采用开放/短路方式
特定电阻	r_b	0	25	50	mΩ/m	在 20℃时测得 [1]
特定线延迟	r_p		5.0		ns/m	67%V_p [2]
特定电容	C_b	0	40	75	pF/m	两导线间
	C_s	0	70	110	pF/m	导线屏蔽
电缆尺寸						[3]
0.5 mm^2 的导线（20 AWG）	a_c	0.508			mm^2	[4]
绝缘线直径	d_{ci}	2.23		3.05	mm	
电缆直径	d_c	6.0		8.5	mm	
0.8 mm^2 的导线（20 AWG）	a_c	0.760			mm^2	[5]
绝缘线直径	d_{ci}	2.5		3.5	mm	
电缆直径	d_c	8.5		11.0	mm	
屏蔽效力			200	225	mΩ/m	上限为 1 MHz 的每 MIL-C-85485 测试方式的表面传递阻抗
温度范围	C	−40		+125	℃	加热老化：3 000 小时/ISO 6722，用电缆芯轴的 4～5 倍直径测试
电缆弯曲半径	r	4 倍电缆直径			mm	电缆没有性能或物理老化时的 90°弯曲半径

注释：

[1] 由接收 ECU 检测的总线电压差，该接收 ECU 依赖于它自己和传输 ECU 之间的线电阻，因此，信号线总电阻由每个 ECU 的总线标准参数限定。

[2] 总线上两点间的最小延迟时间可能为 0，最大值是由位时间和传输与接收电路的延迟时间决定的。

[3] 其他可用的导线尺寸。部件绝缘尺寸可能要大于 SAE J1128 中所指定的。设计工程师应确保电缆、接线器与接触点间的兼容性。

[4] 符合 SAE J1128 对 GXL 或 SXL 类型的性能要求（包括可用的排扰线）。

[5] 125℃或每个 OEM 所指定的。

（2）CAN 通信参考电路

SAE J1939 提供用于 CAN 通信的参考电路，如图 3.4 所示，图中 82C250 为 CAN 收发器，电容 C_7 是供电去偶电容，其值通常在 0.01～0.1 μF 之间。电阻 R_7 确定了在收发器传输信号时 CAN_L 和 CAN_H 的（上升和下降）斜率。CAN 收发器的引脚 5（V_{ref}）输出电压大约为 $V_{CC}/2$。一些 CAN 协议控制器需要 V_{ref} 信号来执行正确的操作。

L_1 可选用 TDKZJS-2，它连接在总线上有助于减少微控制器耦合到总线上的高频开关噪声。测试表示，该元件可以减少 10 kHz～200 MHz 测试范围内的辐射干扰，特别是 30 MHz 以下范围的辐射。

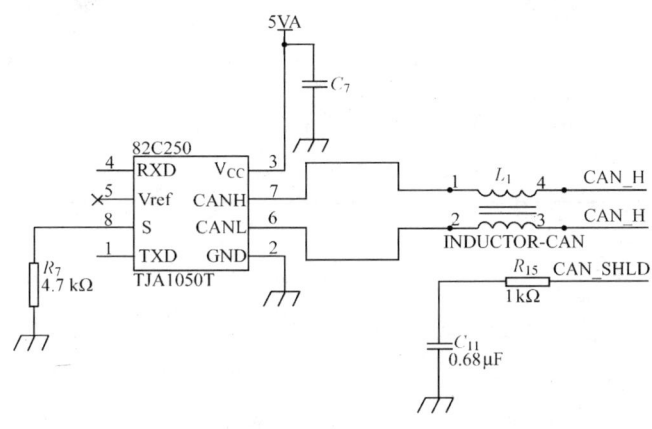

图 3.4　CAN 通信参考电路

（3）连接器

SAE J1939 规定了两类连接器用于连接 CAN 网络中的通信线缆，一类是三芯连接器，另一类是九芯连接器。三芯连接器如图 3.5 所示，它主要用于连接网络中的各个电控单元。

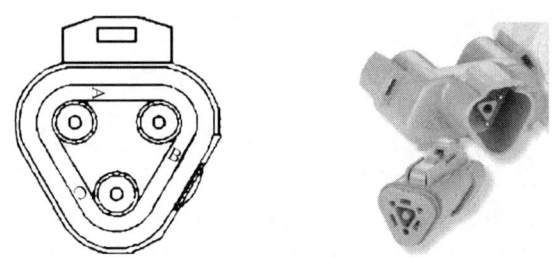

图 3.5　SAE J1939 用三芯连接器

三芯连接器引脚定义如表 3.3 所示。

表 3.3　三芯连接器引脚定义

引　脚	信　号　定　义
A	CAN_L
B	CAN_GND
C	CAN_H

　　九芯连接器如图 3.6 所示，主要用于诊断接口，通常需要安装在驾驶室内易于进行接入操作的位置。

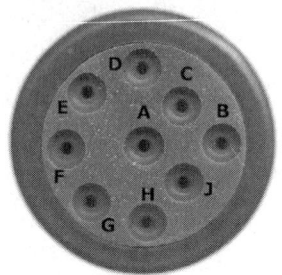

图 3.6　SAE J1939 用九芯连接器

九芯连接器引脚定义如表 3.4 所示。

表 3.4　九芯连接器引脚定义

引　脚	信　号　定　义
A	电池（一）
B	电池（+），不可关断，使用无限制 10 A 熔丝
C	CAN_H
D	CAN_L
E	CAN_SHLD，SAE J1939/11 中定义或无连接（在 ISO 11783-2 中）
F	SAE J1708（+）
G	SAE J1708（一）
H	OEM 使用或仪器总线 CAN_H
J	OEM 使用或仪器总线 CAN_L

3.3　数据链路层

　　SAE J1939 是以 CAN2.0B 为基础，通过 CAN 总线进行数据通信的。它的数据链路层定义了信息帧的数据结构、编码规则，包括通信优先权、传输方式、通信要求、总线仲裁、错误检测及处理，它负责将 CAN 扩展帧的 29 位标识符重新分组定义，使报文的标识符就能够描述报文的全部特征，包括目标地址、源地址等内容。

3.3.1　消息/帧格式

　　消息格式需适应 CAN 网络的要求变化。CAN 规范参见 1991 年 9 月的 "CAN 规范 2.0 版 B 部分"。需要指出的是，当 CAN 规范和 SAE J1939 有差异之处时，参照 SAE J1939。

　　CAN 文档规定，在消息路由选择中不使用节点地址。在某些 CAN 网络中正确的应用并不一定适用于 SAE J1939。SAE J1939 网络定义中规定，节点寻址是用来防止多节点使用同样的 CAN 网络标识符字段，许多 SAE J1939 中的附加要求在 CAN 网络中并没有规定。

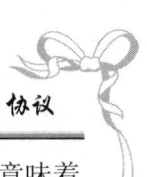

CAN 2.0B 包括两种消息格式的规范：标准帧和扩展帧。CAN 2.0B 的兼容性意味着通过使用不同的帧格式位码，保证二者能同时在同一网络中使用。就此而言，SAE J1939 也能够自适应这两种 CAN 数据帧格式。但是，SAE J1939 只使用扩展帧格式，全面定义了标准化的通信。所有标准帧格式消息都按照规则作为专用消息使用。

因此，SAE J1939 设备必须使用扩展帧格式。标准帧格式消息可以在网络中存在，但只能以规定的方式运行。标准帧设备不响应网络管理消息，不支持标准化通信。

（1）SAE J1939 消息帧格式（CAN 2.0B 扩展帧格式）

在 SAE J1939 中，CAN 数据帧如图 3.7 所示，但 CAN 标准帧和扩展帧格式消息对于仲裁场和控制场中位的编号和功能定义有所不同。

CAN 扩展帧的格式包含一个单一的协议数据单元（PDU），PDU 包含 7 个预定义的场。这些场由应用层提供的信息决定，包括优先级、保留位、数据页、PDU 格式、特定 PDU（目标地址、群扩展或专用）、源地址和数据场。PDU 将被分组封装在一个或多个 CAN 数据帧中，通过物理介质传输到其他网络设备。需要注意的是，某些参数群定义要求使用一个以上的 CAN 数据帧来发送消息。

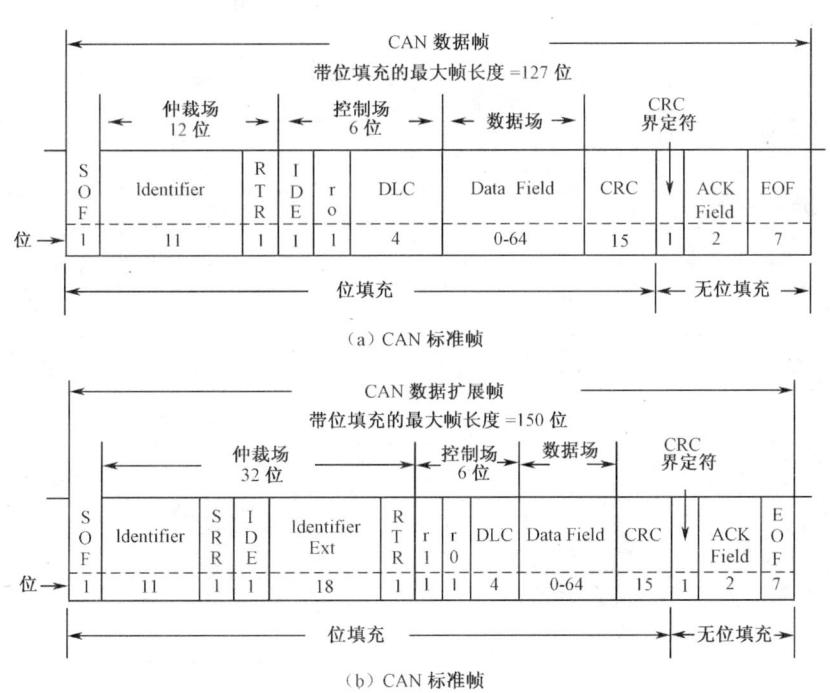

图 3.7 CAN 数据帧

SAE J1939 支持的开放系统互连（OSI）模型如图 3.8 所示。

SAE J1939 更进一步地定义了 CAN 数据帧格式中仲裁场的标识符位，见表 3.5。表 3.5 分别描述了 CAN 网络的 29 位标识符、SAE J1939 的 29 位标识符、CAN 网络的 11 位标识符和 SAE J1939 的 11 位标识符中的仲裁场和控制场。这里对 CAN 数据帧从位 1 到位 8 逐一定义。字节 1 的最高位（位 8）是紧接着 DLC 场发送的第一位，字节 8 的最低位（位 1）是最后发送的数据位，紧接着的是 CRC 场。

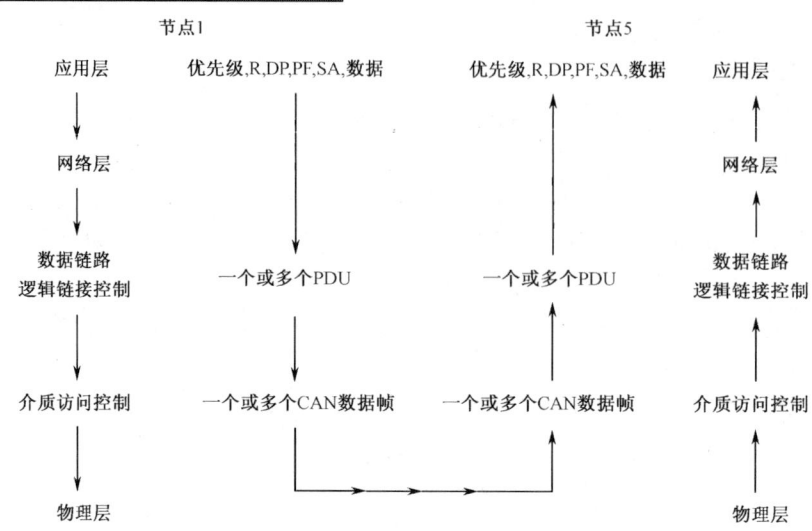

定义：R是保留位，DP是数据页，PF是PDU格式，PS是特定PDU，SA是源地址

图 3.8   OSI 在 SAE J1939 中的应用

表 3.5   SAE J1939 和 CAN 的仲裁场与控制场的对照

29 位标识符 CAN	29 位标识符 SAE J1939	帧位位置	11 位标识符 CAN	11 位标识符 SAE J1939[1]
SOF	SOF[2]	1	SOF	SOF[2]
ID28	P3	2	ID11	P3
ID27	P2	3	ID10	P2
ID26	P1	4	ID9	P1
ID25	R1	5	ID8	SA8
ID24	DP	6	ID7	SA7
ID23	PF8	7	ID6	SA6
ID22	PF7	8	ID5	SA5
ID21	PF6	9	ID4	SA4
ID20	PF5	10	ID3	SA3
ID19	PF4	11	ID2	SA2
ID18	PF3	12	ID1	SA1
SRR（r）	SRR[2]	13	RTR（x）	
IDE（r）	IDE[2]	14	IDE（d）	RTR[2] （d）
ID17	PF2	15	r 0	IDE[2]
ID16	PF1	16	DLC4	DLC4
ID15	PS8	17	DLC3	DLC3
ID14	PS7	18	DLC2	DLC2
ID13	PS6	19	DLC1	DLC1
ID12	PS5	20		
ID11	PS4	21		

29 位标识符 CAN	29 位标识符 SAE J1939	帧位位置	11 位标识符 CAN	11 位标识符 SAE J1939[①]
ID10	PS3	22		
ID9	PS2	23		
ID8	PS1	24		
ID7	SA8	25		
ID6	SA7	26		
ID5	SA6	27		
ID4	SA5	28		
ID3	SA4	29		
ID2	SA3	30		
ID1	SA2	31		
ID0	SA1	32		
RTR（x）	RTR[②]（d）	33		
r 1	r 1[②]	34		
r 0	r 0[②]	35		
DLC4	DLC4	36		
DLC3	DLC3	37		
DLC2	DLC2	38		
DLC1	DLC1	39		

注释：

[①] 专用 11 位标识符的要求格式。

[②] 在 CAN 中定义的位，在 SAE J1939 中定义不变。

备注：

SOF	帧起始位	P#	SAE J1939 优先级位#
ID##	标识位#	R#	SAE J1939 保留位#
SRR	代用远程请求	SA#	SAE J1939 目标地址#
RTR	远程传输请求位	DP	SAE J1939 数据页
IDE	标识符扩展位	PF#	SAE J1939 PDU 格式位#
r #	CAN 保留位	PS#	SAE J1939 特定 PDU 位#
DLC#	数据长度码位#	（r）	隐性位
（d）	显性位	（x）	消息状态位

（2）参数群编号（PGN）

在 CAN 数据帧的数据场中需要指明参数群时，PGN 是表示成 24 位的。PGN 是一个 24 位的值，包括保留位、数据页位、PDU 格式场（8 位）和群扩展场（8 位）等要素。

在各个位转化到 PGN 的过程中，若 PF 值小于 240（$F0_{16}$），PGN 的低字节置 0。

（3）CAN 2.0B 标准帧格式消息的 SAE J1939 支持

SAE J1939 网络中的控制器支持 CAN 标准帧（11 位标识符）消息格式。虽然与 SAE J1939 消息结构不兼容，但为了协调这两种格式的共存，在最低层做了定义。此最低层定义允许使用此格式的设备与其他设备不发生干扰。CAN 标准帧格式消息是专用的，11 位

标识符中最高三位用做优先级位，最低 8 位定义 PDU 的源地址。

备注：标准帧和扩展帧试图同时访问总线时可能产生错误的总线仲裁。源地址（SA）在标准帧消息中较扩展帧消息中有相对较高的优先级。11 位标识符的消息（标准帧）含有源地址，其优先级比含有保留、数据页位和 PF 的 29 位标识符消息（扩展帧）高。三位优先级位是用来实现正确的总线仲裁的。

SAE J1939 只用扩展帧格式全面定义了标准化通信。遵循 CAN 2.0A 规范的硬件不能用扩展帧通信，因此不能适用于此网络。

3.3.2 协议数据单元

应用层和（或）网络层规定了一系列以协议数据单元（PDU）形式存在的消息。协议数据单元定义了一个框架，用来组织那些对于每个要发送的 CAN 数据帧都具有重要意义的消息。SAE J1939 协议数据单元由七部分组成，分别是优先级、保留位、数据页、PDU格式、特殊 PDU（可作为目标地址、组扩展或专用）、源地址和数据场。PDU 将被分组封装在一个或多个 CAN 数据帧中，通过物理介质传送到其他网络设备。每个 CAN 数据帧只可能有一种 PDU。需要指出的是，某些参数群编号定义需要多个 CAN 数据帧才能发送相应的数据。

某些 CAN 数据帧的场不是在 PDU 中定义，因为它们完全由 CAN 规范决定，对 OSI 数据链路层以上的层是不可见的，它包括 SOF、SRR、IDE、RTR、控制场部分、CRC 场、ACK 场和 EOF 场。这些场由 CAN 协议定义，SAE J1939 不能修改。这七个 PDU 场如图 3.9 所示。PDU 中的每一段在后续的章节中定义。

J1939 PDU					
P	R / DP	PF	PS	SA	… 数据场
3	1 / 1	8	8	8	0~64

定义：P 是优先级；R 是保留位；DP 是数据页；PF 是 PDU 格式；PS 是特定 PDU；SA 是源地址

图 3.9　协议数据单元（PDU）

（1）优先级（P）

这三位仅在总线传输中用来优化消息延迟，接收机必须对其做全局屏蔽（即忽略）。消息优先级可从最高 $0(000_2)$ 设置到最低 $7(111_2)$。所有控制消息的默认优先级是 $3(110_2)$，其他所有信息、专用、请求和 ACK 消息的默认优先级是 $6(110_2)$。当定义新的参数群编号，或总线上通信量变化时，优先级可以升高或降低。当消息被添加到应用层时，将给出一个推荐的优先级。考虑到 OEM 应能对网络做相应的调整，优先级场应当是可重编程的。

（2）保留位（R）

SAE 保留此位以备今后开发使用，不能将此位与 CAN 保留位混淆。所有消息应在传输中将 SAE 保留位置 0。今后新的定义可能扩展 PDU 格式场、定义新的 PDU 格式、扩展优先级段或增长地址空间。

（3）数据页（DP）

数据页位选择参数群描述的辅助页。在分配页 1 的 PGN 之前，先分配完页 0 的可用 PGN，具体应用如图 3.10 所示。

P	DP	PF	PS	参数群定义	多组	PGN
0	0	DA	PDU1 格式：100 ms 或更短时间	禁止	000
0	1	DA			256
界限 x					
0	238	DA	PDU1 格式：100 ms 或更长时间	允许	60 928
0	239	DA	专用	允许	61 184
0	240	0	PDU2 格式：100 ms 或更短时间	禁用	61 440
0	240	1			61 441
界限 y					
0	254	254			65 278
0	254	255	PDU2 格式：100 ms 或更长时间	允许	65 279
0	255	un	PDU2 格式—专用	允许	65 280~65 535
1	0	DA	PDU1 格式：100 ms 或更短时间	禁止	65 536
1	1	DA			65 792
界限 x1					
1	238	DA	PDU1 格式：100 ms 或更长时间		126 464
1	239	DA	PDU1 格式：100 ms 或更长时间	允许	126 720
1	240	0	PDU2 格式：100 ms 或更短时间	禁止	126 976
1	240	1			126 977
界限 y1					
1	255	253			
1	255	254	PDU2 格式：100 ms 或更长时间	允许	131 070
1	255	255	PDU2 格式：100 ms 或更长时间	允许	131 071

图 3.10 数据页及参数群编号

（4）PDU 格式（PF）

PDU 格式是一个确定 PDU 格式的 8 位构成的场，也是一个确定数据场对应参数群编号的场。参数群编号除用来确定或标识命令、数据、某些请求、确认和否定之外，还可

确定或标识那些要求一个或多个 CAN 数据帧通信的信息。若消息长度大于 8 字节，必须将消息分组封装发送；若消息长度小于等于 8 字节，则使用单个 CAN 数据帧。参数群编号可以对应一个或多个参数，这里参数是指如发动机转速之类的数据。尽管参数群编号标识也能被用做一个参数，我们推荐对多参数进行组合以利用数据场的全部 8 字节。

两种专有参数群编号的定义已经建立起来，来确保 PDU1 和 PDU2 两种格式的使用。专有信息的意义因制造商而异，例如，即使两个不同的发动机使用同一个源地址，制造商 A 的专用通信很可能与制造商 B 的专用通信不同。

（5）特定 PDU（PS）

特定 PDU 是一个 8 位场，它的定义取决于 PDU 格式，根据 PDU 格式它可能是目标地址或者群扩展。若 PDU 格式（PF）段的值小于 240，特定 PDU 段是目标地址。若 PF 段的值在 240～255 之间，特定 PDU 包含群扩展（GE）值，见表 3.6。

表 3.6　特定 PDU

	PDU 格式（PF）段	特定 PDU（PS）段
PDU1 格式	0～239	目标地址
PDU2 格式	240～255	群扩展

① 目标地址（DA）。这个场中定义了消息发送的特定目标地址。需要指出的是，任何其他设备应忽略此消息。全局目标地址（255）要求所有设备作为消息响应者做出监听和响应。

② 群扩展（GE）。群扩展字段与 PDU 格式场的低 4 位（注意：当 PDU 格式场最高 4 位被置 1 时，说明 PS 场是群扩展）规定了每个数据页 4 096 个参数群。这 4 096 个参数群仅在使用 PDU2 格式时才适用。另外，对于仅使用 PDU1 格式，每个数据页中有 240 个参数群。综上所述，对于目前使用两种数据页来说有 8 672 种参数群可以定义。

可用参数群的总数目为

$$[240 +(16 \times 256)] \times 2 = 8\,672 \qquad (3.1)$$

式中，240 表示每个数据页中 PDU 格式场可用值的数目（即 PDU1 格式，PS 场是目标地址）；16 表示每个群扩展 PDU 格式值（即 PDU2 格式）；256 表示群扩展可能值的数目（即 PDU2 格式）；2 表示数据页状态数（两种 PDU 格式）。

（6）源地址（SA）

源地址场长 8 位，网络中一个特定源地址只能匹配一个设备，因此源地址场确保 CAN 标识符符合 CAN 协议中的唯一性要求。地址管理和分配详见 SAE J1939-81。处理过程在 SAE J1939-81 中定义，以防止源地址重复。

（7）数据场

当用不多于 8 字节的数据表示一个给定参数群时，可使用 CAN 数据帧全部的 8 字节。当一个特定参数群以长度从 9 至 1 785 字节的数据来表示时，数据通信是通过多个 CAN 数据帧实现的。

3.3.3　协议数据单元格式

PDU 格式如图 3.11 所示。两种 PDU 格式定义为：PDU1 格式（PS 为目标地址）和 PDU2 格式（PS 为群扩展）。PDU1 格式允许 CAN 数据定向到特定目标地址（设备）。PDU2 格式只用于无特定目标地址（设备）的 CAN 数据帧的传输。使用两种不同 PDU 格式是为了在通信中提供更多参数群编号的组合。对专用参数群定义已给出，以使两种 PDU 格式在都可以专用通信中使用。为了防止使用标识符时发生冲突，在专用通信中建立了一个标准化方法。

两种参数群的定义已经给出，以使 PDU1 和 PDU2 格式能够使用。专有信息的解释因制造商而异，例如即使发动机制造商 A 和 B 都使用同一个源地址，二者的专有信息也很可能不同。

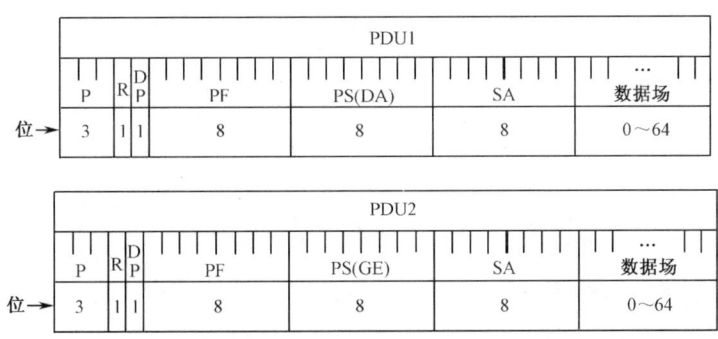

图 3.11　可用的 PDU 格式

图中，P 是优先级，R 是保留位，DP 是数据页，PF 是 PDU 格式，PS 是特定 PDU，SA 是源地址

（1）PDU1 格式

PDU1 格式允许使用的参数群被发送到特定目的地或全局目的地。特定 PDU（PS）场包含目标地址（DA）。PDU1 格式消息能被请求，或以主动提供的方式发送。

PDU1 格式的消息由 PDU 格式（PF）段决定。当 PDU 格式场的值在 0～239 之间，消息是 PDU1 格式。图 3.12 所示为 PDU1 格式时，当前可以使用的参数群编号数目。

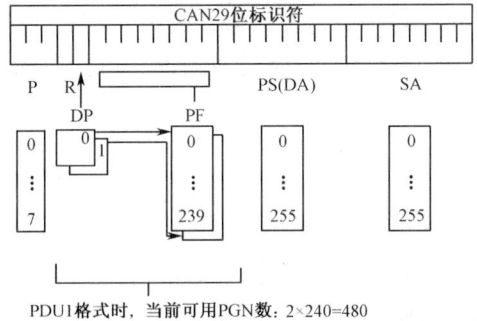

图 3.12　PDU1 格式时可用的 PGN 数目

（2）PDU2 格式

PDU2 格式只能用在作为全局消息的参数群通信中。PDU2 格式消息能被请求或以主动提供的形式发送。选择 PDU2 格式（同时分配 PGN）可以避免 PGN 被定向到特定目的地。特定 PDU 包含了群扩展（GE）。

PDU2 格式的消息是指 PDU 格式（PF）值在 240～255 之间的消息。使用 PDU2 格式时，当前可以使用的参数群编号数目如图 3.13 所示。

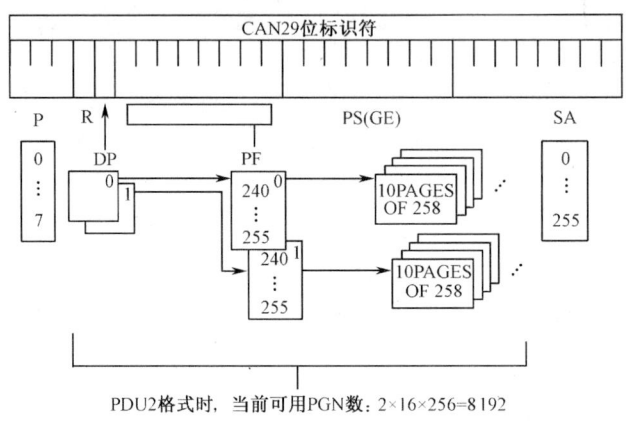

图 3.13　PDU2 格式时可用的 PGN 数目

3.3.4　消息类型

目前支持五种类型消息，分别为命令、请求、广播/响应、确认和群扩展。特定消息类型由其分配的参数群编号识别（参见 SAE J1939 附录 A 中 PGN 分配的例子）。RTR 位（在 CAN 协议远程帧中定义）不可用于隐性状态（逻辑 1），因此，远程传输请求（RTR=1）在 SAE J1939 中不适用。

对于出现在 CAN 数据帧中数据场的多字节参数，它们要首先存放在最低字节。针对特例在会做出特别的说明（如 ASCII 数据）。因此，如果要将一个 2 字节的参数存放在 CAN 数据帧中的字节 7 和字节 8 中，LSB 要被放在指字节 7，MSB 放在字节 8。

（1）命令

此类型消息包括那些从某个源地址命令特定目的地或全局目的地的参数群，目的地接收到命令类型的消息后应该采取特定的动作。PDU1 格式（PS 为目标地址）和 PDU2 格式（PS 为群扩展）都能用做命令。命令类型的消息可能包括传动控制、地址请求、扭矩/速度控制等。

（2）请求

此类型消息规定了从全局范围或从特定目的地请求信息的功能。对于某目的地址的请求称为目的地指定请求。下列请求 PGN 的定义中分配了一个参数群编号给请求 PGN 参数群，此信息与在 SAE J1939/71 中规定的参数群格式相同。

- 参数群名称：请求 PGN；
- 定义：从网络设备请求参数群；

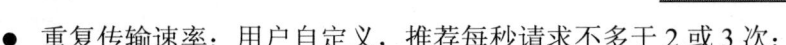

- 重复传输速率：用户自定义，推荐每秒请求不多于 2 或 3 次；
- 数据长度：3 字节；
- 数据页：0；
- PDU 格式：234；
- 特定 PDU 段：目标地址；
- 默认优先级：6；
- 参数群编号：59 904（00EA00$_{16}$）；
- 字节 1、2、3：被请求的参数群编号。

表 3.6 重申了对于 PDU1 和 PDU2 格式 PGN 的请求/响应能力，必须阐明消息传送者决定目的地是特定的还是全局的，这取决于请求是指向特定目的地还是指向全局目标地址。对于主动提供的消息，传送者能通过使用长度大于 8 字节的 PDU1 PGN 和 PDU2 PGN 消息选择将其发送至特定目标地址还是全局目标地址。对于 PDU2 PGN 长度小于或等于 8 字节，传送者只能在全局范围内发送数据。

表 3.6　PDU1 和 PDU2 传输，请求和响应要求

PDU 长度	数据长度	请求 PGN 59904	响应	使用传输协议
1	≤8 字节	特定 DA	特定 DA	NA
1	≤8 字节	全局 DA	全局 DA	NA
1	≤8 字节	无	全局 DA	NA
			特定 DA	NA
1	>8 字节	特定 DA	特定 DA	RTS/CTS
1	>8 字节	全局 DA	全局 DA	BAM
1	>8 字节	无	全局 DA	BAM
			特定 DA	RTS/CTS
2	≤8 字节	特定 DA	全局 DA	NA
2	≤8 字节	全局 DA	全局 DA	NA
2	≤8 字节	无	全局 DA	NA
			特定 DA	RTS/CTS
2	>8 字节	特定 DA	全局 DA	BAM
2	>8 字节	全局 DA	全局 DA	BAM
2	>8 字节	无	特定 DA	RTS/CTS

决定发送 PGN 到全局或特定地址的一般规则如下所述。

① 若发送请求到全局地址，则响应也到全局地址。注意 NACK 禁止作为全局请求的响应。

② 若发送请求到特定地址，则发送响应到特定地址

- 注意：若不支持请求的 PGN，需要做出 NACK 响应。
- 若数据长度大于等于 8 字节，必须用传输协议 RTS/CTS 对特定地址做出响应。
- 例外情况有
    ◇ 8 字节或小于 8 字节的 PDU2 格式 PGN 只能发送到全局目的地，因为在

PDU2 格式中没有目标地址段；

◇ 即使对目标地址的请求可能被发到特定地址，地址请求 PGN 还是被发送到全局目标地址；

◇ 确认 PGN 响应将使用全局目标地址，虽然使该响应产生的 PGN 是指向特定地址的。

③ 对于周期性广播或主动提供的消息 PDU1 格式 PGN 或 PDU2 格式 PGN 能被发送到全局或特定目标地址。例外情况是：不大于 8 字节的 PDU2 格式 PGN 只能发送到全局目的地，因为在 PDU2 格式中没有目标地址段。

④ 以上规则的特例确实存在，并都作出了说明。这些异常在定义 PGN 的应用文档中有提及，有以下两种类型的异常：

● 当做出响应的目标地址不指明对应请求的源地址时，一些例子已经在前面说明（如地址请求 PGN 和确认 PGN）。

● 当 PGN 不支持所有可用地址的格式时，也就是说，某些 PGN 可能不能设计为支持对于 PDU1 和 PDU2 格式的消息适用的地址。

表 3.7 列举了两个怎样使用请求 PGN 的例子。

表 3.7　SAE J1939 的 PDU1 格式特定段的应用

消息类型	PF	PS（DA）	SA	数据 1	数据 2	数据 3
全局请求	234	255 多响应	SA1 请求者	PGN LSB[1]	PGN	PGN MSB[1]
特定请求	234	SA2 响应者	SA1 请求者	PGN LSB[1]	PGN	PGN MSB[1]

注释：[1]数据域中参数群编号用于标明被请求消息。

响应总是从特定目的地（非求全局的）得到的，哪怕该响应是一个指出某 PGN 不被支持的 NACK。注意：某些 PGN 是多组的，因此多帧 CAN 数据帧可以作为一个单帧请求的响应。当某特定 PGN 值不被节点支持时，全局请求不能以 NACK 响应。

请求 PGN 能定向到特定目标地址来检查是否支持特定参数群（即被请求的目标地址能否传送特定 PG）。对请求的响应取决于该 PGN 是否被支持。若被支持，响应设备会发送被请求的信息；若确认 PGN 是正确的，则控制字节置 0 或 2；若该 PGN 不被支持，响应的设备会发送控制字节置 1 的确认 PGN 来作为否定消息。SAE J1939 的 PDU 格式的其他部分参数群要正确地填入（参见 5.4.4 节）。注意，在本节每个定义中，术语不支持意味着该参数群不会被发送。靠此办法不可能决定设备接收到 PG 时是否遵照此 PG 行事。

（3）广播/响应

此消息类型可能是某设备主动提供的消息广播，也可能是命令或请求的响应。

（4）确认

只有两种可能的确认形式。第一种是 CAN 协议规定的，它由确认消息已被至少一个节点接收的帧内确认组成。另外，如果没有出现 CAN 出错帧，消息将被进一步确认；不出现出错帧意味着所有其他的开启并连接在总线上的设备都正确地收到了此消息。

第二种形式的确认由应用层规定，是对于特定命令、请求的普通广播或 ACK 或 NACK 响应。

对于群功能参数群，群功能值参数允许某设备指明一个确认了的特定群功能。每个群功能参数群对应一个唯一的群功能值，群功能值只在 0～250 之间。

① 确认参数群的定义见如下所示，某些参数群所需的响应的类型将在应用层中定义。

- 参数群编号：确认；
- 定义：用来提供发送方和接收方之间的握手机制；
- 重复传输速率：收到需要此类型的确认的 PGN 时；
- 数据长度：8 字节；
- 数据页：0·
- PDU 格式：232；
- 特定 PDU：目标地址=全局（255）；
- 默认优先级：6；
- 参数群编号：59 392（00E800$_{16}$）。

注意：全局目标地址使对所有确认消息可以过滤同一个 CAN 标识符。

② 此消息类型使用的参数的数据范围：

- 控制字节：0～2，见以下定义；3～255，保留给 SAE 分配；
- 群功能值：0～250，可用时对每个 PGN 做特定的定义；大多数情况下位于适用群功能参数群数据场的第一个字节，251～255，遵循 SAE J1939-71 的约定；
- 字节：控制字节= 0，肯定确认（ACK）；控制字节= 1，否定确认（NACK）；控制字节=2，拒绝访问（PGN 支持但被拒绝）；2，群功能值（若适用）；3～5，保留给 SAE 分配，置各字节为"FF$_{16}$"；6～8，被请求消息的参数群编号。

（5）群功能

此类型消息用于一组特殊功能（如专用功能、网络管理功能、多组传输功能等）。每个群功能由其 PGN 识别，功能本身是在数据结构中（一般是在数据场的第一个字节）定义的（专用群功能和传输协议在后续章节中详细的解释）。专用群功能规定了一个在传输专用消息过程中消除不同制造商之间 CAN 标识符冲突的方法，同时也规定了当需要时接收和识别专用消息的方法，例如在 J1939-21 中定义的消息不够用，群功能可能要自行规定请求 ACK 和（或）NACK 的组成机制。

使用 PGN 59904 请求能够检查目的地址是否支持某特定参数群的消息类型或群功能，若支持，则响应设备发送确认 PGN，其中控制字节值为 0（肯定确认）或 2（拒绝访问）；若不支持，则响应设备发送确认 PGN，其中控制字节值为 1（否定确认）。SAE J1939 的 PDU 格式的其他部分参数群要正确地填入。

注意，在本节的每个定义中，术语不支持意味着该 PGN 不会被发送。靠此办法不可能决定设备接收到 PG 时是否遵照此 PG 行事。

① 专用功能 A 的 PGN 定义如下所示。

- 参数群名称：专用 A；
- 定义：专用 PG 使用目的地的特定 PDU 格式以允许制造商将其专用信息定向到特定目的节点，如何使用消息的数据场由各制造商决定，此专用信息由制造商决定使用，但应该遵循避免使专用信息超过整个网络信息的 2%的约束；

- 重复传输速率：用户自定义；
- 数据长度：0～1 785 字节（支持多组）；
- 数据页：0；
- PDU 格式：239；
- 特定 PDU：目标地址；
- 默认优先级：6；
- 参数群编号：61184（00EF00$_{16}$）；
- 字节：1～8，制造商专用（见 5.1.2 节）。

② SAE 未定义群功能的参数数据范围。

③ 专用功能 B 的 PGN 定义如下所示。

- 参数群名称：专用 B；
- 定义：专用 PG 使用 PDU2 格式消息以允许制造商按需定义 PS（GE）段内容，但使用时应该遵循避免使专用信息超过整个网络信息的 2%的约束，消息数据场和 PS（GE）的使用由制造商决定，消息数据长度由制造商定义，因此就传输而言，两制造商可能使用相同的 GE 值而数据长度码不同，信息响应者要区别此二者的不同；
- 重复传输速率：用户自定义；
- 数据长度：0～1 785 字节（支持多组）；
- 数据页：0；
- PDU 格式：255；
- 特定 PDU：群扩展（制造商分配）；
- 默认优先级：6；
- 参数群编号：65280～65535（00FF00$_{16}$～00FFFF$_{16}$）；
- 字节：1～8，制造商专用（见 5.1.2 节）。

④ 群功能的参数数据范围。制造商对该参数群使用的定义可能导致每个元件供应商和源地址数据长度码是唯一的。因为多源地址能使用同一个专用 B 参数群编号值（PGN=65280）但用于不同目的，所以使用该参数群时要小心。

3.3.5 源地址和参数群编号的分配过程

协议中对使用的数据单元规定了两种不同的格式，PDU1 和 PDU2。参数群使用 PDU1 或者 PDU2 格式来进行专门分配。一旦为参数群分配了其中一种格式，则另外一种格式就不可分配给该参数群。当需要发送一个参数群到某个指定的目标地址时，必须使用 PDU1 格式。分配参数群时应当包含以下的特性：优先级、更新速度、数据包对于其他网络设备的重要性以及与参数群关联的数据的长度。为了帮助完成这一分配过程，协议为新的源地址或参数群编号的分配请求设计了一种申请表。

图 3.10 提供了一个分配参数群编号的模板。其中，优先级一列为每个 PGN 的优先级别设定了默认值。若有需要，OEM 厂商可以为每个 PGN 值设计不同的优先级以完成网络调整。虽然任何一个 PGN 都可以被请求，但不赞成为那些已经周期性广播的消息提出

PGN 的分配请求。

只有当某消息是一个用来直接控制（命令）某个特定设备的参数，就要为该消息分配一个需要带目标地址的参数群编号；否则，应该选择不带目标地址的参数群编号，以使任何一个设备都能获取消息中的参数。

源地址可以通过依次排列编号来分配，与消息的优先级、更新速度或者重要性无关。

根据参数群编号和源地址请求形式所要求的准则，参数群编号被依次分配在图 3.10 中的各个区。需要注意的是，当重复率大于或等于 10 次/秒，不允许使用多组消息。

（1）地址分配准则

在 SAE J1939 中，未被分配的地址数目是有限的，因此必须有效地分配新的地址。在整个系统中，可分配的地址数目最大不能超过 256。因此，新的地址定义必须限于车辆中的重要功能，例如目前已定义地址的发动机、传动系统、刹车系统、燃料系统等重要功能。其他需要在标准中获得地址分配的功能，都应该有一个与目前已定义地址的功能相似的作用范围，并且对于大部分 SAE J1939 的使用者来说，它们应是有用的。

有些设备可能会使用已有用的动态地址分配方案。在这种情况下，动态地址可以由服务工具来设置，并且（或者）可以在网络上电时分配。特别需要预先考虑的是，当使用动态地址分配方案时，并非所有的网络设备都支持这种操作模式。

（2）参数群设定准则

与高速公路卡车和其他应用所需要的大量参数群相比，SAE J1939 中尚未分配的可用参数群的数目是相当有限的。组成 SAE J1939 的部件并不需要大量的参数群。在 SAE J1939 中有三种主要的通信方法，适当运用各种类型的通信方法，可以使已有的参数群编号得到有效的使用。这三种通信方法是

● PDU1 格式（PS=允许指定目的地通信的目标地址）；

● PDU2 格式通信（PS=群扩展）；

● 使用两个预定义的专用参数群编号的专用通信。

每种通信方法都有其适用场合。当同一消息必须发送到众多目的地中的某一个时，需要使用指定目的地参数群。例如，现在 SAE J1939 定义了一个转矩控制消息，要发送给一个发动机。在存在多个发动机的情况下，这个消息必须只发送给所期望的发动机，这时需要使用指定目的地参数群并对其进行设定。

PDU2 格式通信应用于以下场合：

● 从一个或多个源地址发送消息到一个目标地址；

● 从一个或多个源地址发送消息到多个目标地址。

PDU2 格式通信不能用于发送消息到众多目标地址中的一个。

在 SAE J1939 中，通过使用专用的参数群编号实现了第三种通信方法——专用通信。有一个参数群编号被分配用于非指定目的地专用通信，而另一个参数群编号被分配用于指定目的地专用通信。此时可以实现两种功能：①某个特定的源地址可以通过带有由用户定义 PS 场的 PDU2 格式（非指定目的地）发送专用消息；②在情况允许下，当有一个服务工具需要与某个控制器组中的某个特定目的地址进行通信时，可以使用 PDU1 格式发送消息。例如，有一个发动机使用多于一个的控制器，而且它所有的控制器都连接在

同一个网络上，现在它想要完成诊断任务。这时，专用协议需要能够应用于指定目的地的场合。

专用通信应用于以下两种情况：

- 在不需要进行标准通信的场合；
- 在进行专用信息通信很重要的场合。

在由同一制造商构造的节点之间，大部分通信并不需要标准通信。这些通信信息对于网络上其他设备来说一般是无用的，在这种情况下，可以使用专用参数群编号。

在准备参数群的时候，应当依次考虑使用专用通信方法和 PDU2 格式。如果是进行专用信息的通信，则应当用专用通信方法；如果信息有广泛影响，而且不需要指定消息发送到某个特定节点，那么应该考虑采用 PDU2 格式的分配。最后，如果信息有广泛影响，但要求指定发送到众多设备中的某一个，那么需要用指定的目标地址和 PDU1 格式来对参数群进行分配。

（3）数据场的定义

由基于 CAN 的系统中，最短的消息也需要全部使用数据场（全部 8 个字节）。除非是在传送时间要求非常急迫的消息的情况，一般地，相关的参数都应该组合起来占用 8 个字节的数据场。依照这一原则，可以保存参数群编号以备以后分配使用。除非有特别需要，一般不允许定义未充分使用数据场长度的参数群。

 ### 3.3.6 传输协议功能

传输协议功能是数据链路层的一部分，它可再细分为两个主要功能：①消息的拆装和重组；②连接管理。它们都将在以下的部分进行详细描述。

在以下的段落中，术语"发送者"（Originator）指那些发出请求发送消息的电控单元或设备，术语"响应者"（Responder）指那些发出应答发送消息的电动单元或设备。

（1）消息的拆装和重组

长度大于 8 字节的消息无法用一个单独的 CAN 数据帧来装载。因此，它们必须被拆分为若干个小的数据包，然后使用单独的数据帧对其逐一传送，而接收方必须能够接收这些单独的数据帧，然后解析各个数据包并重组成原始的信息。

（2）数据包

CAN 数据帧包含一个 8 字节的数据场。由于那些重组成长信息的单独数据包必须要能够被一个个识别出来，才可以正确重组，因此把数据场的首字节定义为数据包的序列编号。

每个数据包都会被分配到一个从 1～255 的序列编号。由此可知，最长的数据长度是1 785 字节（255 包×7 字节/包）。

（3）序列编号

序列编号在数据拆装时分配给每个数据包，然后通过网络传送给接收方。接收方接收后，利用这些编号把数据包重组回原始信息。

序列编号将从 1 开始依次分配给每个数据包，直到整个数据都被拆装和传送完毕。这些数据包将从编号为 1 的数据包开始按编号的递增顺序发送。

（4）数据拆装

过长的数据是指那些无法用一个单独的 CAN 数据帧全部装载的数据（例如数据场长于 8 字节的消息）。

考虑本协议的用途，过长的数据这里被认为是与一些 9 字节长或以上的字符串相关的参数群。第一个数据传送包包含序列编号 1 和字符串的头 7 个字节，其后的 7 个字节跟随序列编号 2 存放在另一个 SAE J1939/CAN 数据帧中，再随后的 7 个字节与编号 3 一起，就这样直到原始信息中所有的字节都被存放到 SAE J1939/CAN 数据帧中并被传送。

多组广播信息的数据包发送间隔时间为 50～200 ms。对于发送到某个指定目标地址的多组消息，发送者将维持数据包（在 CTS 允许多于一个数据包时）发送间隔的最长时间不多于 200 ms。响应者必须知道这些数据包都是具有相同的标识符。

每个数据传送包（除了传送队列中的最后一个数据包）都装载着原始数据中的 7 个字节，而最后一个数据包的数据场的 8 个字节包含数据包的序列编号和与参数群相关数据的至少一个字节，余下未使用的字节全部设置为 FF_{16}。

（5）数据重组

数据包被陆续地接收后，多组消息的数据包将会按照序列编号的顺序重新组合成一长串字节。这一长串字节将被传送给负责处理长数据的应用程序模块。

 ### 3.3.7　应注意的问题

（1）高速数据更新

当遇到数据的更新速度很高，要求在很短的时间做出反应时，如果可能的话，允许使用基于硬件的消息过滤。

（2）请求调度

如果正在准备请求发送的信息在请求之前已经被接收到了，那么这个请求调度应该被取消。换言之，如果在请求调度之前的 50 ms 信息已经被接收了，那么就不再发出请求。被推荐用于广播的参数群不应该被提出请求，但在超过推荐使用的广播时间的特殊情况时例外。

（3）设备响应时间和默认超时

所有的设备在被要求做出响应时，必须要在 0.20 s（T_r）内做出响应。所有等待响应的设备必须在放弃或重试前，至少等待 1.25 s（T_3），这个时间确保了所有由于总线访问或消息传送经过桥接器的等待时间不会导致不必要的超时。需要时，可以为特定的应用使用不同的时间值。例如，高速控制消息可以使用等待时间为 20 ms 的响应。可能需要通过重新安排缓冲消息来获得更快的响应。在缩短响应时间问题上，没有限制。

发至指定目标地址的多组消息中，数据包之间的时间间隔是 0～200 ms。这意味着当标志符相同时可能产生背对背消息。使用 CTS 机制可以确保数据包之间有指定的时间间隔。在多组广播消息中，数据包之间所需要的时间间隔是 50～200 ms。50 ms 的最短时间可以保证响应者有时间从 CAN 硬件中收取数据。这时，响应者应使用 250 ms 的超时（为 200 ms 的时间间隔提供了余量）。

- 在桥接器中的最大传输延迟时间是 50 ms，桥接器的总数=10（例如，1 牵引车+5 拖车+4 台车=10 桥接器），在一个方向上，总的网络延迟时间为 500 ms；
- 请求重试的次数为 2（共有 3 次请求），这包括使用 CTS 消息请求数据包的重发有 50 ms 的超时余量。

（4）必需的响应

全局地址的发送请求需要全部由被请求 PGN 的设备做出响应，包括请求者自己，但不允许对全局的请求作确认应答。

如果一个设备使用全局目标地址（DA=255）提出发送请求（例如地址请求），而它又有被请求的数据，那么它应该给自己发送一个响应。因为这时所有的设备都被期望做出响应，所以这样做是需要的。因为如果提出发送请求的设备自己没有做出响应，那么其他网络设备会认为所请求的信息是错误的。

3.4 应用层

SAE J1939 协议应用层详细规定了车辆控制与通信所用到的各种参数，包括 SPN（可疑参数编号）和 PGN（参数群编号）。在应用层技术要求中，对报文格式、ISO 拉丁字符集、参数范围、传输重复率、发动机参数的命名规则等方面都有具体的规定和描述。

SAE J1939 的消息格式使用参数群编号作为一组参数的标号。这些参数中的每一个都可以用 ASCII 码表达，或者由两个或两个以上的字位组成的功能状态。字母数字字符将首先作为最高位有效字节进行传送，除非另外有特殊指定，字母数字字符都遵照 ISO 拉丁语——1ASCII 字母组，其他由两个或两个以上数据字节组成的参数，应该首先作为最低位有效字节进行传送。

对每个参数都应该确定它的数据类型。数据的类型可以是状态或者是测量值。状态类型表示一个多状态参数的目前状态，或者传输节点在执行操作后所产生的结果。这个操作是根据本地和/或网络的测量值和/或状态信息进行计算的结果。需要注意的是，这个操作不需要有特定的确认信息。例如，状态数据表示有一个电磁线圈已经被激活了，但不需要对它进行测试来确认这个电磁线圈已经实现它的功能。状态类型的数据有发动机刹车被启动、PTO 速度控制在运行、巡航控制在运行、巡航控制处于设置操作状态（相对于设置开关接触关闭时的测量值）、故障代码、转矩/速度控制代理模式，理想速度/速度限制、发动机转矩模式、发动机的理想运转速度以及发动机运转速度的不对称性调整等。

测量值类型数据表示了传输节点对某个参数测量后得到的当前值，这样可以确定已定义参数的状态。属于测量值类型的数据有进气压、点火开/关、巡航设置开关打开、最大巡航速度、巡航设置速度、发动机速度以及当前速度的负载百分比等。

3.4.1 通信参数定义

表 3.8 定义了用于确定传输信号有效的数值范围，表 3.9 定义了用于表示离散参数状态的数值范围，表 3.10 用于表示控制模式命令状态的数值范围。在错误指示范围内的数值表示，由于在传感器、子系统或功能模块中出现某种类型的错误，因而没有可利用的

有效参数数据。

在不可用的范围内的数值表示，模块传输的消息包含的参数在该模块中不可用或不支持。在不可被请求范围内的数值提供了设备传输命令消息和识别那些不需要接收设备发出响应的参数的手段。

如果一个元件故障阻碍了某个参数有效数据的传输，表 3.8 和表 3.9 描述的错误显示数值应该用于代替该参数的数据。然而，如果测量或计算出来的数据所产生的数值是有效的，但它超过了已定义参数范围，那么错误显示的数值不应该使用，而应该用合适的最小或最大参数值进行传输。

表 3.8　传输信号范围

范围名称	1 字节	2 字节	4 字节	ASCII
有效信号	$0 \sim 250$ $00_{16} \sim FA_{16}$	$0 \sim 64\ 255$ $0000_{16} \sim FAFF_{16}$	$0 \sim 4\ 211\ 081\ 215$ $00000000_{16} \sim FAFFFFFF_{16}$	$1 \sim 254$ $01_{16} \sim FE_{16}$
特定参数指示	251 FB_{16}	$64\ 256 \sim 64\ 511$ $FB00_{16} \sim FBFF_{16}$	$4\ 211\ 081\ 216 \sim 4\ 227\ 858\ 431$ $FBxxxxxx_{16}$	无
保留给将来指示使用的范围	$252 \sim 253$ $FC_{16} \sim FD_{16}$	$64\ 512 \sim 65\ 023$ $FC00_{16} \sim FDFF_{16}$	$4\ 227\ 858\ 432 \sim 4\ 261\ 412\ 863$ $FC000000_{16} \sim FDFFFFFF_{16}$	无
错误指示	254 FE_{16}	$65\ 024 \sim 65\ 279$ $FExx_{16}$	$4\ 261\ 412\ 864 \sim 4\ 278\ 190\ 079$ $FExxxxxx_{16}$	0 00_{16}
不可用 或不可被请求	255 FF_{16}	$65\ 280 \sim 65\ 535$ $FFxx_{16}$	$4\ 278\ 190\ 080 \sim 4\ 294\ 967\ 294$ $FFxxxxxx_{16}$	255 FF_{16}

表 3.9　表示离散参数的传输数值（测量值）

范围名称	传输数值
禁止（关闭，非运行等）	00
启动（打开，正在运行等）	01
错误指示	10
不可用或不能安装	11

表 3.10　表示控制命令的传输数值（状态）

范围名称	传输数值
用于停止功能的命令（关闭等）	00
用于启动功能的命令（打开等）	01
保留	10
无关紧要/无动作（由功能决定）	11

当需要在 SAE J1939 中增加新参数时，表 3.11 定义了一组用于新参数范围分配的推荐 SLOT，例如比例（Scaling）、界限（Limit）、偏移量（Offset）和传送（Transfer）功能，这样可以在给定的参数类型（如温度、压力、速度等）中尽量保持数据的一致性。每个 SLOT 提供了适合给定类型中的大部分参数的数值范围和分辨率。若需要，可以用不同的比例因子或偏移量。所有的 SLOT 应该以另一个 SLOT 的 2 的乘方比例缩放。这样可以

减少内部比例转换时所需的数学计算和误解数值的机会。偏移量应该根据以下两点进行恰当的选择：

- 偏移量＝0；
- 偏移量＝50%（等于±数值范围）。

表 3.11 推荐 SLOT 定义

参 数	放大比例（分辨率）	限制（范围）	偏 移	参数长度
角度/方向	10^{-7} 度/位	$-210\sim211.108122$ 度	-210	32 位
	1/128 度/位	$-200\sim301.992$ 度	-200	16 位
	1/128 度/位	$0\sim502$ 度	0	16 位
	1 度/位	$-125\sim125$ 度	-125	8 位
	0.1 秒/位	$-3\,276.8\sim3\,276.8$ 秒	$-3\,276.8$	16 位
制 动	1 制动/位	$0\sim4\,227\,858\,431$ 制动	0	32 位
计 数	1 计数/位	$0\sim64\,255$ 计数数	0	16 位
路面起伏	1/128 1/千米/位	$-250\sim250.9921$/千米	-250	16 位
里 程	0.125 千米/位	$0\sim526\,385\,151.9$ 千米	0	32 位
	0.125 米/位	$-2\,500\sim5\,531.875$ 米	$-2\,500$	16 位
	0.1 毫米/位	$-3\,200\sim3\,200$ 毫米	$-3\,200$	16 位
	0.1 毫米/位	$0\sim6\,400$ 毫米	0	16 位
	1 米/位	$0\sim250$ 米	0	8 位
	1 米/位	$-125\sim125$ 米	-125	8 位
	5 米/位	$0\sim21\,055\,406$ 千米	0	32 位
	5 千米/位	$-160\,635\sim160\,635$ 千米	$-160\,635$	13 位
经济性（液体）	1/512 千米/升/位	$0\sim125.5$ 千米/升	0	16 位
经济性（气体）	1/512 千米/升/位	$0\sim125.5$ 千米/千克	0	16 位
电 流	1 安/位	$-125\sim125$ 安	-125	8 位
	1 安/位	$0\sim250$ 安	0	8 位
流量（液体）	0.05 升/小时/位	$0\sim3\,212.75$ 升/小时	0	16 位
流量（气体）	0.05 千克/小时/位	$0\sim3\,212.75$ 千克/小时	0	16 位
流量（测容量）	0.1 立方米/小时每位	$0\sim6\,425.5$ 立方米/小时	0	16 位
力	5 牛/位	$0\sim321\,275$ 牛	0	16 位
耗油量（液体）	0.5 升/位	$0\sim2\,102\,540\,607.5$ 升	0	32 位
耗油量（气体）	0.5 千克/位	$0\sim2\,102\,540\,607.5$ 千克	0	32 位
调速器增益	1/1280%/rpm 每位	$0\sim50.2\%$/rpm	0	8 位
齿轮传动比	0.01/位	$0\sim642.55$	0	16 位
齿轮值	1 齿轮值/位	$-125\sim125$	-125	8 位
ID（元件，软件）	1ID/位	$0\sim250$ ID	0	8 位
动黏滞率	1 mm^2/s/位	$0\sim250$ mm^2/s	0	8 位
货 物	0.5 千克/位	$0\sim32\,127.5$ 千克	0	16 位
	2 千克/位	$0\sim128\,510$ 千克	0	16 位
	10 千克/位	$0\sim642\,550$ 千克	0	16 位

参　　数	放大比例（分辨率）	限制（范围）	偏　　移	参数长度
比例系数 （位置/水平面）	0.0025%/位	0～160.6375%	0	16 位
	0.4%/位	0～100%	0	8 位
	1%/位	125～－125%	－125	8 位
	1%/位	0～250%	0	8 位
功　　率	0.5 千瓦/位	0～160.6375%	0	16 位
压　　力	4 千帕/位	0～1 000 千帕	0	8 位
	0.05 千帕/位	0～12.5 千帕	0	8 位
	5 千帕/位	0～1 250 千帕	0	8 位
	8 千帕/位	0～2 000 千帕	0	8 位
	0.1 千帕/位	0～6 425.5 千帕	0	16 位
	0.125 千帕/位	0～8 031.875 千帕	0	16 位
	16 千帕/位	0～4 000 千帕	0	8 位
	0.5 千帕/位	0～32 127.5 千帕	0	16 位
	1/256 兆帕/位	0～251 兆帕	0	16 位
	1/128 千帕/位	－250～251.99 千帕	－250	16 位
	2 千帕/位	0～500 千帕	0	8 位
	0.5 千帕/位	0～125 千帕	0	8 位
比　　率	0.1/位	0～25.0	0	8 位
	0.001/位	0～64.255	0	16 位
	1/位	0～250	0	8 位
记　　录	1 记录/位	1～250 记录	0	8 位
旋　　转	1000 转/位	0～4 211 081 215 000 转	0	32 位
源 地 址	1 源地址/位	0～253	0	8 位
比　　重	0.001/位	0～2	0	8 位
电 阻 率	0.1 兆欧米/位	0～25 兆欧米	0	8 位
步　　骤	1 步/位	0～250 步	0	8 位
温　　度	1℃/位	－40～210℃	－40	8 位
	0.03125℃/位	－273～1 735℃	－273	16 位
时　　间	0.01 毫秒/位	0～642.55 毫秒	0	16
	0.1 秒/位	0～25 秒	0	8
	0.25 秒/位	0～62.5 秒	0	8
	1 秒/位	0～64 255 秒	0	16
	1 秒/位	0～4 294 967 296 秒	0	32
	1 分钟/位	0～250 分钟	0	8
	1 分钟/位	－125～125 分钟	－125	8
	1 小时/位	0～250 小时	0	8
	1 小时/位	－125～125 小时	－125	8
	1 小时/位	－32 127～32 128 小时	－32 127	16
	0.05 小时/位	0～210 554 060.75 小时	0	32
	0.25 日/位	0～62.5 日	0	8
	1 星期/位	－125～125 星期	－125	8
	1 月/位	0～250 月	0	8
	1 年/位	1985～2235 年	＋1985	8

续表

参　数	放大比例（分辨率）	限制（范围）	偏　移	参数长度
转　矩	1 牛米/位	−32 000～32 255 牛米	−32 000	16 位
	1 牛米/位	0～64 255 牛米	0	16 位
	2 牛米/位	0～128 510 牛米	0	16 位
直线速度（速率）	1/256 千米/小时/位	0～250.996 千米/小时（高位字节 1 千米/小时/位）	0	16 位
	1/128 千米/小时/位	−250～251.992 千米/小时	−250	16 位
	1/16 千米/小时/位	−7.8125～7.8125 千米/小时	−7.8125	8 位
	1 千米/小时/位	0～250 千米/小时	0	8 位
旋转速度	0.125 rpm/位	0～8 031.875 rpm（高位字节 32 rpm/位）	0	16 位
	4 rpm/位	0～257 020 rpm	0	16 位
	0.5 rpm/位	0～32 127.5 rpm	0	8 位
	10 rpm/位	0～2 500 rpm	0	8 位
容　积	0.5 升/位	0～2 105 540 607.5 升	0	32 位

　　在 SAE J1939 中，通常由几个参数组成一个参数群。一个参数群的定义应包括以下的属性：刷新周期、数据长度、数据页 PG、PDU 格式 PF、PDU 的扩展场、默认优先级、参数组数 PGN、参数列表。如果一个参数组的数据长度大于 8 字节,就必须按照 SAE J1939 分帧传输协议进行通信。

　　如果现有的参数群定义不允许包含新的参数，那么需要定义一个新的参数群。这里需要注意的是，在通常情况下，参数根据以下准则来组成参数群：

- 按照实现功能（如汽油、冷却剂、燃料等），而不按照类型（如温度、压力、速度等）；
- 具有相近的更新速度（为了减少不必要的系统开销）；
- 按照通用的子系统（用于测量和发送数据的设备）。

 ### 3.4.2　发动机通信与控制参数

　　发动机作为汽车动力系统主要的零部件,SAE J1939 对其电子控制单元需要传输的控制参数进行了详细的定义。

　　发动机的有些参数是根据曲柄角的变化进行计算和/或更新的，但它们不是在某个特定的时间间隔后进行的。在这种情况下，参考特定的更新速度就不准确了，因为这个时间是按照发动机的转速变化的。为了避免网络负担过重，应尽量缩短采样、运算和传输数据的反应时间。有许多方法可以在网络中进行数据采样、转换和发送。常见的两种方法是：①基于时间的采样、运算和传输；②基于时间和基于曲柄角混合使用的采样、运算和传输，这时，为了在可接受的范围内保持数据更新速度，曲柄角的角度值会根据当前的运转速度，在前后更新的时间间隔中改变。

　　下面列出的是 SAE J1939-71 中定义的与发动机电子控制单元相关的主要报文帧内容，以便大家了解车载网络应用层协议中通信协议及其报文帧的构成，具体参数特性可参考 SAE J1939。

（1）PGN 0 Torque/Speed Control 1——TSC1 转矩/速度控制 1

- 发送节点：HCU；
- 接收节点：ECM；
- 发送周期：取决于控制目的；
- 数据长度：8；
- 数据页：0；
- PDU 格式：0；
- 特定 PDU：DA；
- 默认优先值（P）：3；
- 参数群编号（PGN）：0。

起始位	长　度	数　据　名	SPN
1.1	2 bit	发动机控制模式	695
1.3	2 bit	发动机所请求速度控制状况	696
1.5	2 bit	控制模式的优先级	897
2～3	2 byte	所请求的（输出）转速/速度极限	898
4	1 byte	所请求的转矩/转矩限制	518
5.1	3 bit	TSC1 发送速率	3 349
5.4	5 bit	TSC1 控制目的	3 350

（2）PGN 61443 Electronic Engine Controller 2——EEC2 发动机电子控制器 2

- 发送周期：50 ms；
- 数据长度：8；
- 数据页：0；
- PDU 格式：240；
- 特定 PDU：3；
- 默认优先值（P）：3；
- 标识符 ID：217056000；
- 参数群编号（PGN）：61 443（0xF003）。

起始位	长　度	数　据　名	SPN
1.1	2 bit	加速踏板 1 低怠速开关	558
1.3	2 bit	加速踏板换低挡开关	559
1.5	2 bit	道路速度限制状态	1 437
1.7	2 bit	加速踏板 2 低怠速开关	2 970
2	1 byte	加速踏板位置 1	91
3	1 byte	发动机现速负荷率	92
4	1 byte	远加速踏板位置	974
5	1 byte	加速踏板位置 2	29
6.1	2 bit	车辆加速速率极限状态	2 979
7	1 byte	实际发动机最大百分力矩	3 357

（3）PGN 61444 Electronic Engine Controller 1——EEC1 发动机电子控制器 1

- 发送周期：取决于发动机转速；
- 数据长度：8；
- 数据页：0；
- PDU 格式：240；
- 特定 PDU：4；
- 默认优先值（P）：3；
- 标识符 ID：217056256；
- 参数群编号（PGN）：61 444（0xF004）。

起始位	长 度	数 据 名	SPN
1.1	4 bit	发动机转矩模式	899
2	1 byte	驾驶员要求的发动机百分转矩	512
3	1 byte	实际发动机百分转矩	513
4～5	2 byte	发动机转速	190
6	1 byte	控制发动机设备的源地址	1 483
7	14 bit	发动机启动机模式	1 675
8	1 byte	要求发动机百分转矩	2 432

（4）PGN 65247 Electronic Engine Controller 3——EEC3 发动机电子控制器 3

- 发送周期：250 ms；
- 数据长度：8；
- 数据页：0；
- PDU 格式：254；
- 特定 PDU：223；
- 默认优先值 （P）：6；
- 标识符 ID：419356416。
- 参数群编号（PGN）：65 247（0xFEDF）。

起始位	长 度	数 据 名	SPN
1	1 byte	名义摩擦百分力矩	514
2～3	2 byte	发动机期望运行速度	515
4	1 byte	发动机期望运行速度非对称调节	519
5	1 byte	发动机附加损失估计值——百分力矩	2978
6～7	2 byte	后处理 1 排气质量流量	3236
8.1	2 bit	后处理 1 进气露点	3237
8.3	2 bit	后处理 1 排气露点	3238
8.5	2 bit	后处理 2 进气露点	3239
8.7	2 bit	后处理 2 排气露点	3240

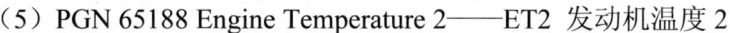

（5）PGN 65188 Engine Temperature 2——ET2 发动机温度 2

- 发送周期：1s；
- 数据长度：8；
- 数据页：0；
- PDU 格式：254；
- 特定 PDU：164；
- 默认优先值（P）：6；
- 标识符 ID：419341312；
- 参数群编号（PGN）：65 188 （0xFEA4）。

起始位	长　度	数　据　名	SPN
1～2	2 byte	发动机的油液温度 2	1135
3～4	2 byte	发动机 ECU 温度	1136
5～6	2 byte	发动机排气再循环压力差	411
7～8	2 byte	发动机排气再循环温度	412

（6）PGN 65213 Fan Drive——FD 风扇驱动

- 发动周期：1 s；
- 数据长度：8；
- 数据页：0；
- PDU 格式：254；
- 特定 PDU：189；
- 默认优先值（P）：6；
- 标识符 ID：419347712；
- 参数群编号（PGN）：65 213（0xFEBD）。

起始位	长　度	数　据　名	SPN
1	1 byte	发动机风扇估算转速百分比	975
2.1	4 bit	风扇驱动器状态	977
3～4	2 byte	风扇速度	1 639

（7）PGN 65217 High Resolution Vehicle Distance——VDHR 高精度行车距离

- 发送周期：1 s；
- 数据长度：8；
- 数据页：0；
- PDU 格式：254；
- 特定 PDU：193；
- 默认优先值（P）：6；
- 标识符 ID：419348736；
- 参数群编号（PGN）：65 217（0xFEC1）。

起始位	长 度	数 据 名	SPN
1～4	4 byte	高分辨率的车辆总行驶距离	917
5～8	4 byte	高分辨率的车辆行程	918

（8）PGN 65245 Turbocharger——TC 涡轮增压器

- 发送周期：1 s；
- 数据长度：8；
- 数据页：0；
- PDU 格式：254；
- 特定 PDU：221；
- 默认优先值（P）：6；
- 标识符 ID：419355904；
- 参数群编号（PGN）：65 245（0xFEDD）。

起始位	长 度	数 据 名	SPN
1	1 byte	涡轮增压器的润滑油的压力 1	104
2～3	2 byte	涡轮增压器 1 转速	103
4.7	2 bit	涡轮增压器油位开关	1 665

（9）PGN 65248 Vehicle Distance——VD 行车距离

- 发送周期：100 ms；
- 数据长度：8；
- 数据页：0；
- PDU 格式：254；
- 特定 PDU：224；
- 默认优先值 （P）：6；
- 参数群编号（PGN）：65 248（0xFEE0）。

起始位	长 度	数 据 名	SPN
1～4	4 byte	短程距离（该信号在接收时不考虑）	244
5～8	4 byte	总的车辆行程（该信号在接收时不考虑）	245

（10）PGN 65251 Engine Configuration 1——EC1 发动机设置 1

- 发送周期：5 s；
- 数据长度：39；
- 数据页：0；
- PDU 格式：254；
- 特定 PDU：227；
- 默认优先值 （P）：6；
- 标识符 ID：419357440；
- 参数群编号（PGN）：65 251（0xFEE3）。

起始位	长 度	数 据 名	SPN
01～02	2 byte	发动机怠速转速，点 1	188
03	1 byte	发动机怠速百分力矩，点 1	539
04～05	2 byte	发动机点 2 转速	528
06	1 byte	发动机点 2 百分转矩	540
07～08	2 byte	发动机点 3 转速	529
09	1 byte	发动机点 3 百分转矩	541
10～11	2 byte	发动机点 4 转速	530
12	1 byte	发动机点 4 百分转矩	542
13～14	2 byte	发动机点 5 转速	531
15	1 byte	发动机点 5 百分转矩	543
16～17	2 byte	发动机高怠速转速，点 6	532
18～19	2 byte	最终速度调速器增益	545
20～21	2 byte	发动机参考转矩	544
22～23	2 byte	发动机最大瞬时超越速度，点 7	533
24	1 byte	最大瞬时超速时间限制	534
25	1 byte	发动机速度控制范围下限	535
26	1 byte	发动机速度控制范围上限	536
27	1 byte	发动机力矩控制下限	537
28	1 byte	发动机力矩控制上限	538
29～30	2 byte	发动机扩展范围速度控制上限	1 712
31～32	2 byte	发动机转动惯量	1 794
33～34	2 byte	默认发动机转矩限制	1 846

（11）PGN 65262 Engine Temperature 1——ET1 发动机温度 1

- 发送周期：1 s；
- 数据长度：8；
- 数据页：0；
- PDU 格式：254；
- 特定 PDU：238；
- 默认优先值 （P）：6；
- 标识符 ID：419360256；
- 参数群编号（PGN）：65 262（0xFEEE）。

起始位	长 度	数 据 名	SPN
1	1 byte	发动机冷却液温度	110
2	1 byte	发动机燃油温度 1	174
3～4	2 byte	发动机的油液温度 1	175
5～6	2 byte	增压涡轮的油液温度	176
7	1 byte	发动机中冷器温度	52
8	1 byte	发动机中间冷却器用温度自动调节器开度	1 134

（12）PGN 65263 Engine Fluid Level/Pressure 1——EFL/P1 发动机液位/压力 1

- 发送周期：0.5 s；
- 数据长度：8；
- 数据页：0；
- PDU 格式：254；
- 特定 PDU：239；
- 默认优先值（P）：6；
- 标识符 ID：419360512；
- 参数群编号（PGN）：65 263（0xFEEF）。

起始位	长 度	数 据 名	SPN
1	1 byte	燃料传输压力	94
2	1 byte	扩展曲轴箱的渗漏压力	22
3	1 byte	发动机润滑油液位	98
4	1 byte	发动机润滑油压力	100
5～6	2 byte	发动机曲轴箱压力	101
7	1 byte	发动机冷却液压力	109
8	1 byte	发动机冷却液液位	111

（13）PGN 65264 Power Takeoff Information——PTO 动力输出设备信息

- 发送周期：100 ms；
- 数据长度：8；
- 数据页：0；
- PDU 格式：254；
- 特定 PDU：240；
- 默认优先值（P）：6；
- 标识符 ID：419360768；
- 参数群编号（PGN）：65 264（0xFEF0）。

起始位	长 度	数 据 名	SPN
1	1 byte	动力输出设备油温	90
2～3	2 byte	动力输出设备转速	186
4～5	2 byte	动力输出设备设定速度	187
6.1	2 bit	发动机动力输出设备启动开关	980
6.3	2 bit	发动机远程动力输出设备预设速度开关	979
6.5	2 bit	发动机远程动力输出设备可变速度控制开关	978
7.1	2 bit	发动机动力输出设备设置开关	984
7.3	2 bit	发动机动力输出设备滑行减速开关	983
7.5	2 bit	发动机动力输出设备继续开关	982
7.7	2 bit	发动机动力输出设备减速开关	981
8.1	2 bit	操作动力输出设备记忆选择开关	2 897
8.3	2 bit	远程动力输出设备速度控制开关#2	3 447
8.5	2 bit	辅助输入忽略开关	3 448

（14）PGN 65265（R）Cruise Control/Vehicle Speed——CCVS 巡航控制/车速

- 发送周期：100 ms；
- 数据长度：8；
- 数据页：0；
- PDU 格式：254；
- 特定 PDU：241；
- 默认优先值（P）：6；
- 标识符 ID：419361024；
- 参数群编号（PGN）：65 265（0xFEF1）。

起始位	长 度	数 据 名	SPN
1.1	2 bit	两速轴开关	69
1.3	2 bit	驻车制动开关	70
1.5	2 bit	巡航控制停止开关	1 633
1.7	2 bit	驻车制动释放禁止请求	3 807
2～3	2 byte	基于车轮的车辆速度	84
4.1	2 bit	巡航控制系统在运行	595
4.3	2 bit	巡航控制启动开关	596
4.5	2 bit	制动开关	597
4.7	2 bit	离合器开关	598
5.1	2 bit	巡航控制设置开关	599
5.3	2 bit	巡航控制（减速）滑行开关	600
5.5	2 bit	巡航控制继续开关	601
5.7	2 bit	巡航控制加速开关	602
6	1 byte	巡航控制设定速度	86
7.1	5 bit	PTO 系统状态	976
7.6	3 bit	巡航控制系统状态	527
8.1	2 bit	发动机怠速增量开关	968
8.3	2 bit	发动机怠速衰减开关	967
8.5	2 bit	发动机测试模式开关	966
8.7	2 bit	发动机停机超越控制开关	1 237

（15）PGN 65266（R）Fuel Economy（Liquid）——LFE 燃油经济性（液体）

- 发送周期：100 ms；
- 数据长度：8；
- 数据页：0；
- PDU 格式：254；
- 特定 PDU：240；
- 默认优先值（P）：6；
- 标识符 ID：419361280；
- 参数群编号（PGN）：65 266（0xFEF2）。

起始位	长　度	数　据　名	SPN
1～2	2 byte	燃料消耗速度	183
3～4	2 byte	发动机瞬时燃油经济性	184
5～6	2 byte	发动机平均燃油经济性	185
7	1 byte	发动机节气门位置	51
8	1 byte	发动机节气门 2 位置	3 673

（16）PGN 65269 Ambient Conditions——AMB 环境状态

- 发送周期：1 s；
- 数据长度：8；
- 数据页：0；
- PDU 格式：254；
- 特定 PDU：245；
- 默认优先值 （P）：6；
- 标识符 ID：419362048；
- 参数群编号（PGN）：65 269（0xFEF5）。

起始位	长　度	数　据　名	SPN
1	1 byte	大气压	108
2～3	2 byte	驾驶室温度	170
4～5	2 byte	环境气温	171
6	1 byte	空气入口温度	172
7～8	2 byte	路面温度	79
6～7	2 byte	发动机排气温度	173
8	1 byte	冷却剂过滤器的差分压力	112

（17）PGN 65252 （R）Shutdown——SHUTDN 发动机关闭

- 发送周期：1 s；
- 数据长度：8；
- 数据页：0；
- PDU 格式：254；
- 特定 PDU：245；
- 默认优先值（P）：6；
- 标识符 ID：419357696；
- 参数群编号（PGN）：65 252（0xFEE4）。

起始位	长　度	数　据　名	SPN
1.1	2 bit	怠速停止系统已关闭发动机	593
1.3	2 bit	怠速停止系统驾驶员报警模式	594
1.5	2 bit	怠速停止定时器溢出	592
1.7	2 bit	怠速停止定时器状态	590
2.7	2 bit	怠速停止定时器功能	591
3.1	2 bit	空调系统高压风扇开关	985
3.3	2 bit	制冷低压开关	875
3.5	2 bit	制冷高压开关	605
4.1	2 bit	发动机等待启动灯	1 081
5.1	2 bit	发动机保护系统已关闭发动机	1 110
5.3	2 bit	发动机保护系统将要关机	1 109
5.5	2 bit	发动机保护系统定时器溢出	1 108
5.7	2 bit	发动机保护系统定时器状态	1 107
6.7	2 bit	发动机保护系统状态配置	1 111
7.1	2 bit	发动机报警响应	2 815
7.3	2 bit	发动机报警输出指令状态	2 814
7.5	2 bit	发动机空气关断活门指令状态	2 813
7.7	2 bit	发动机超速测试	2 812
8.1	2 bit	发动机空气关断活门状态	3 667

3.5 故障诊断

　　SAE J1939 诊断应用层定义了用于诊断服务的报文帧，诊断报文（DM）提供了用于车辆进行诊断和维修的功能。SAE J1939-73 提供的诊断定义是为了满足所有可能使用 SAE J1939 网络用户的需要，这些定义适合 SAE J1939 中定义的所有工业组的应用。诊断必须具有能够满足不同客户、工业组和法规制定机构所需求的诊断能力。

　　SAE J1939 的诊断部分主要面向以下几个方面：

- 安全性：定义了一个使用在一系列数据链接中的安全方案，这包括存取诊断信息、获取车辆节点配置信息、标定控制模块；
- 连接器：可用于车辆 SAE J1993 网络连接的连接器，诊断连接器必须符合应用物理层（即 SAE J1939/1X）中的定义；
- 诊断状态通信支持：提供一系列的数据格式，包括读出故障信息、清除故障信息、监视车辆参数、获取节点的配置以及其他相关信息；
- 诊断测试支持、可以使开发工具把各种控制节点放到具体的测试模式中以正确实现子网体系，诊断工具通过连接器与其他节点进行通信并获取诊断数据，而诊断故障代码记载了出错的参数及所在的节点等主要信息。

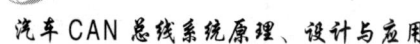

3.5.1　诊断故障代码定义

SAE J1939 在应用层中还定义了 12 种诊断报文（Diagnostic Message，DM）、诊断故障代码（Diagnostic Trouble Code，DTC）。

诊断故障代码由三部分组成：可疑参数号（Suspect Parameter Number，SPN）、故障模式标志（Failure Mode Identifier，FMI）及故障发生次数（Occurrence Count，OC）。一个故障代码由 4 字节构成，三个部分的位数分配如表 3.12 所示。

表 3.12　SAE J1939 的 DTC 构成

名　称	SPN	FMI	SAE 保留位	OC
作用	用来分辨哪个子系统产生故障	用来确定发生何种故障	SAE 保留	某类故障发生的次数
字位数	19 bit	5 bit	1 bit	7 bit
数据范围	0～524 287	0～31	—	0～126
4 字节 DTC				

通过诊断故障代码，诊断设备可以确定是哪个控制器在报告诊断信息。诊断故障代码以 4 字节发送。DTC 表示法定义如图 3.14 所示。

DTC			
字节 3 SPN 低 8 位有效位 （第 8 位为最高有效位）	字节 4 SPN 第 2 字节 （第 8 位为最高有效位）	字节 5 SPN 高 3 位有效位与 FMI 有效位 （第 8 位为 SPN 的最高有效位及第 5 位为 FMI 的最高有效位）	字节 6

SPN			FMI	C M	OC	
8 7 6 5 4 3 2 1	8 7 6 5 4 3 2 1	8 7 6 5 4 3 2 1	5 4 3 2 1	8	7 6 5 4 3 2 1
1 0 1 1 1 0 0 0	0 0 0 0 0 0 0 1	0 0 0 0 0 0 0 0	0 0 1 1 0	0	0 0 0 1 0 1 0

图 3.14　DTC 表示法

可疑参数编号 SPN 是一个 19 位的值，用于识别特定的元素组件或与 ECU 相关的参数。这在诊断中非常有用，它允许已经检测到某个部件如传感器有故障情况的 ECU 发送一个故障报文以识别故障部件。SPN 由 SAE 委员会分配。初始的 511 个 SPN 是预置 SPN，并将使用与在 SAE J1587 中使用的参数标志符（PID）完全相同的编号，也就是在报告加速踏板故障时，该参数标志符在 SAE J1587 中定义为 PID 91，而 SPN 的编号就定义为 SPN 91。所有其他的 SPN 将从 512 开始继续编号，且每加 1 作为一个新的赋值。生产厂商可自定义可疑参数，编号自 520 192～524 287，多达 4 096 个。

FMI 定义了为 SPN 所识别的子系统中发现的故障类型，该故障可能不是电子故障，相反可能是需要报告给设备技术员甚至操作员的子系统故障或条件，这些条件包括需要报告的系统事件或状态。FMI、SPN 为预留的和发生次数域组合已知的诊断故障代码。

当 SPN 转化方式 CM 这个位域等于零时，当 SPN 应转化为该文档对其所作定义的内容。

故障发生次数 OC 是一个 7 位的数域，它包括了一个故障从先前激活状态到激活状态的变化次数，最大值为 126。计数向上溢出时，该计数器值保留为 126。假如发生次数未知，则该域所有位的数值均设为 1。

SAE J1939 是从 SAE J1587 发展而来的，为了沿袭原来的故障定义方式，体现连续性，SAE J1939 将原来 SAE J1587 的 PID（Parameter Identifier Data）数映射为 SPN 数，因此，当 SPN≤511 时为原 SAE J1587 的参数定义，SPN>511 时为 SAE J1939 的参数定义。SAE J1939 为各系统分配了具体的 SPN，详细情况可以参阅 SAE J1939 的附录 C。

诊断故障代码举例如下：

例 1　这是一个 SAE J1587 的参数。

可疑参数数值＝91　　　　　　　　　可疑参数为油门踏板位置

故障模式标志＝3　　　　　　　　　故障代码确认为电压高于正常值

发生次数＝5　　　　　　　　　　　发生次数显示故障已发生了 5 次

例 2　这不是一个以 SAE J1587 参数标志符传送的参数，所以它的赋值大于 511。

可疑参数数值＝656　　　　　　　　可疑参数为发动机 6 号喷嘴

故障模式标志＝3　　　　　　　　　故障代码确认为电压高于正常值

发生次数＝2　　　　　　　　　　　发生次数显示故障已发生了 2 次

例 3　诊断故障代码以诊断信息的方式传送（例 DM1）。已知：

油压预滤器参数，可疑参数数值（SPN＝1208）

故障模式标志（FMI）为 3

发生次数（OC）为 10

所有的诊断故障代码域以英特尔格式传送（低位在前，低字节在前）

SPN　1208　　　　　　　　　　$=4B8_{16}$　　　　$=000\ 00000100\ 10111000_2$（19 位）

FMI　3　　　　　　　　　　　$=3_{16}$　　　　　$=00011_2$（5 位）

OC　10　　　　　　　　　　　$=A_{16}$　　　　　$=0001010_2$（7 位）

可疑参数编号的转化方式（CM）　　　　　　$=0_2$（1 位）

 ### 3.5.2　故障诊断状态灯

故障诊断状态指示灯包括故障指示灯、红色停止灯、琥珀色警告灯以及保护灯，它们分别对应于不同等级的故障警示，具有不同的定义和使用目的。

故障指示灯是一种只用于传达发送相关故障代码信息的灯。该灯仅当有一个发送的相关故障代码处于激活状态时才点亮，其状态定义如表 3.13 所示。

表 3.13　故障指示灯

00	灯灭
01	灯亮
类型	状态
可疑参数编号	1213

红色停止灯用于表达一种处于将是车辆停止的严峻形式下的故障代码信息，其状态定义如表 3.14 所示。

表 3.14　红色停止灯

00	灯灭
01	灯亮
类型	状态
可疑参数编号	623

琥珀色警告灯用于表达一种被告知车辆系统出现问题但不须立即停止的故障代码信息，其状态定义如表 3.15 所示。

表 3.15　琥珀色警告灯

00	灯灭
01	灯亮
类型	状态
可疑参数编号	624

保护灯用于提示被告知车辆系统出现问题且极有可能不是相关电路子系统引起的故障。例如，发动机冷却液的温度超出了它的规定温度范围，其状态定义如表 3.16 所示。

表 3.16　保护灯

00	灯灭
01	灯亮
类型	状态
可疑参数编号	987

3.5.3　故障模式标志 FMI

当使用故障模式标志时，将会用到以下定义：

- FMI=0：数据有效但超出了正常操作的范围（最严重水平）；
- FMI=1：数据有效但低于正常操作的范围（最严重水平/一级故障）；
- FMI=2：数据不稳定，断断续续的，或者不正确；
- FMI=3：电压高于正常值，或者与高端短路；
- FMI=4：电压低于正常值，或者与低端短路；
- FMI=5：电流低于正常值或断路；
- FMI=6：电流高于正常值或电路接地；
- FMI=7：机械系统不响应或者无法调节；
- FMI=8：非正常的频率、脉冲宽度或周期；
- FMI=9：非正常的更新速度；
- FMI=10：非正常的速度或变化；
- FMI=11：引起故障的原因未知；
- FMI=12：坏的智能装置或部件；
- FMI=13：超出标定范围；

- FMI=14：特殊指令；
- FMI=15：数据有效但高于正常操作范围（最不严重水平）；
- FMI=16：数据有效但高于正常操作范围（中等严重水平）；
- FMI=17：有效数据但低于正常操作范围（最不严重水平）；
- FMI=18：有效数据但低于正常操作范围（中等严重水平）；
- FMI=19：错误地接收到的网络数据；
- FMI=20 到 30：预留由 SAE 赋值；
- FMI=31：未知或条件存在。

 ### 3.5.4　诊断故障代码简介

　　SAE J1939 所提供的主要诊断功能包括：周期性发送的激活的诊断故障代码；确定控制器诊断灯状态；读取或清除诊断故障代码；读/写控制器存储器；提供安全功能；停止/启动报文广播；报告诊断就绪状态；监测发动机参数。这些功能分别由诊断报文 DM1～DM19 具体实现，其中 DM1 报文是诊断报文中最基本、最常用，也是最重要的报文。它周期性地向 SAE J1939 网络广播当前故障信息。如果有新的故障发生或当前的某个故障消失，它会即时向网络广播故障变化情况。

　　SAE J1939 定义了 12 种诊断报文帧并为它们分配了不同的 PGN，如表 3.17 所示。

　　所有使用 SAE J1939 的控制器应该遵守 OBD II 或 OBD 并支持以下的功能：读取诊断故障代码（参照 DM1 和 DM12）、清除诊断故障代码（参照 DM11 和 DM3）、读取停帧数据（参照 DM4）、存取实时信息、存取最后历程测试结果（参照 DM6）、系统准备就绪代码的存取（参照 DM5）。另外，它们应该支持 SAE J1939-71D 的 PGN：65 262（发动机温度、发动机冷却器温度）、65 265（巡游控制/车辆速度、基于车辆速度的车轮）、65 270（进气和排气条件：推进压力、进口的多种温度）、61 443（电子机器控制器#2：油门踏板位置、当前速度的载入百分比）、61 444（电子发动机控制器#1：发动机速度）、60 416（传输协议连接管理）、59 392（确认信息）、59 904（要求 PGN）和 60 160（传输协议数据传递）。

表 3.17　SAE J1939 诊断模式

代　号	参数群编号（PGN）	描　述
DM1	65 226（00FECA）	传送当前的故障诊断代码
DM2	65 227（00FECB）	传送历史故障诊断代码
DM3	65 228（00FECC）	清除历史故障诊断代码
DM4	65 229（00FECD）	传送故障发生时锁定的帧的参数
DM5	65 230（00FECE）	传送与诊断是否就绪有关的信息
DM6	65 231（00FECF）	传送连续监控系统的测试结果
DM7	58 112（00E300）	要求对非连续监控系统进行测试
DM8	65 232（00FED0）	传送非连续监控系统的测试结果
DM9	未定义	传送氧传感器的测试结果
DM10	65 234（00FED2）	以测试标志传送非连续监控系统的测试结果
DM11	65 235（00FED3）	清除当前的故障诊断代码
DM12	65 236（00FED4）	传送当前与排放相关的故障代码

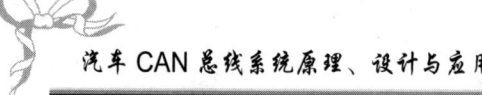

这里仅就经常使用的 DM1、DM2 和 DM3 及其应用作一个简单的介绍。

1．激活状态的诊断故障代码（DM1）

本指令包含的诊断信息仅限于当前正处于激活状态的可改变指示灯状态的故障码。故障码和指示灯都是电子控制单元用来通知网络上其他成员该模块自身的诊断状态的。该数据信息包括：指示灯状态、一列诊断代码以及当前激活状态诊断代码的发生次数，还包括排放相关的诊断故障代码。

当前已定义的指示灯（故障指示灯、红色停止灯、琥珀色警告灯和保护灯）都与诊断故障代码有关。若电子控制单元未检测到当前故障码，那么它发出的指示灯的状态信息提示可以关闭指示灯，但直接控制指示灯的部件必须权衡影响该指示灯的所有在线控制模块的诊断信息后才能决定是否改变指示灯的状态。

一旦有 DTC 成为激活的故障，就有 DM1 消息会被传输，并在之后处于正常的仅一次每秒的更新速度。如果故障激活的时间是 1 s 或更长，然后变为不激活的状态，则应传输 DM1 消息以反映这种状态的改变。如果在 1 s 的更新期间有不同的 DTC 改变状态，则要传输新的 DM1 消息反映这个 DTC。

为了避免因高频率的间断故障而引起的高消息传输率，建议每个 DTC 每秒只有一个状态改变被传输。这样，如果故障码在 1 s 期间发生两次状态改变，激活/不激活状态，会有一个用于确认 DTC 成为激活状态的消息，和在下一个传输期间确认它为不激活状态的消息。该消息仅当有一个激活的 DTC 存在或处于响应一个请求时才被发送。

以下是故障报文 DM1 的结构：

数据长度：可变；

数据页面：0；

PDU 格式：254；

PDU 指定：202；

默认优先值：6；

参数群数编号：65 226（00FECA$_{16}$）。

字节：	1	8～7 位	故障指示灯状态
		6～5 位	红色停止灯状态
		4～3 位	琥珀色警告灯状态
		2～1 位	保护灯状态
字节：	2	8～7 位	预留，用来表示 SAE 任务灯状态
		6～5 位	预留，用来表示 SAE 任务灯状态
		4～3 位	预留，用来表示 SAE 任务灯状态
		2～1 位	预留，用来表示 SAE 任务灯状态
字节：	3	8～1 位	SPN，SPN 的低 8 位有效位（最高有效位为第 8 位）
字节：	4	8～1 位	SPN，SPN 的第 2 字节（最高有效位为第 8 位）
字节：	5	8～6 位	SPN，有效位中的高 3 位（最高有效位为第 8 位）
		5～1 位	FMI（最高有效位为第 5 位）

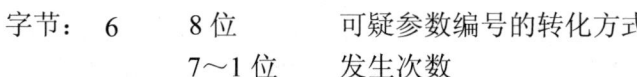

字节:　6　　8 位　　　　　可疑参数编号的转化方式
　　　　　　　7～1 位　　　 发生次数

注意:当发生次数未知时,应将其所有位的数值设为 1。

例 4　以下所列举的信息格式适用于多个诊断故障代码的情况。已知:a 为灯状态,b 为 SPN,c 为 FMI,d 为 CM 和 OC。

信息格式为 a,b,c,d,b,c,d,b,c,d,b,c,d⋯。在该例中,因为需要 8 个数据字节,故将会用 SAE J1939-21 的传输协议发送该信息。实际上任何一个时刻都会有不止一个错误发生,传输协议的服务将得到运用。

例 5　以下所列举的信息格式适用于:制订了一个 DM1 请求且不存在激活状态故障的时侯。必须存在一个激活的 DTC,它使得当前有一个已定义的灯(故障指示灯、红色停止灯、琥珀色警告灯以及保护灯)处于点亮状态。

根据 SAE J1939 早期的规定,如果没有错误发生,应将第 3～6 字节所有位的数值设置为 1。这个特殊的执行是允许的但并不建议采用。目前 SAE J1939 推荐采用的设置建议执行时将第 3～6 字节的数值都设置为 0。

已知:

字节 1	8～7 位	=00
	6～5 位	=00
	4～3 位	=00
	2～1 位	=00
字节 2	8～7 位	=11
	6～5 位	=11
	4～3 位	=11
	2～1 位	=11

				推荐设定
早期设定				
字节 6～3	SPN	=524 287	显示未知	=0
	FMI	=31	显示未知	=0
	OC	=127	显示未知	=0
	CM	=1	显示未知	=0
字节 7	=	255		=255
字节 8	=	255		=255

例 6　以下列举的三个例定义了传播速率要求(见图 3.15)

图中①说明了不是每个故障的状态转变(从激活到未激活或者从未激活到激活)都会引起一个信息的发送。在该例中,当 SPN91 发生故障时,没有其他的故障被激活。SPN91 故障是一个油门踏板位置参数,该参数每秒更新多于 1 次,所以,当该故障处于激活状态时,信息(DM1 信息)每隔 1 s 都须发送。应注意三点,首先应注意:SPN91 故障应该发送第一次信息的时候,是在首次发生变为激活状态的时候,而不是首次发生变为未激活状态或者再次变为激活/未激活状态时候，故障码转为未激活状态时通常在下 1 s 更新 DM1 信息时发送 1 次（$T=1\text{ s}$）；第二点，即使故障不再变为激活状态，也要求信息（DM1 信息）每隔 1 s 都须发送，实际上 DM1 信息不包括激活状态的故障。这样做的目的是为了让显示的故障消失。这个案例（即不再有任何激活状态的故障）的做法正如前述例 5 所示，假如有其他激活状态的故障，该信息发送时应包括这些故障；第三点，如果第二个 SPN91 是一个不同的 SPN，它应在通常 1 s 更新的 DM1 信息发送的时间间隔之前被发送，如果这个新的 SPN 或 SPN91 的激活/不激活过程都在每隔 1 s 发送的信息之前，则该信息将不包括其在内，所以每隔 1 s 更新的 DM1 不包括这些故障。

图中②说明了状态变化能够发生在发送 DM1 的间隔时间内，通常为 1 s。所以，在时刻 0 与时刻 1 之间发送一个信息以显示 SPN91 故障已不再处于激活状态。在 1 s 和 2 s 的时间点处，该信息按通常的每秒更新发送。在 2 s 与 3 s 间的信息发送，故障变为未激活状态。这样一来信息的发送就如前述的实例②所示。

图中③显示了当 SPN91 变为激活状态时已有其他处于激活状态的故障存在的情况。注意到在 1 s 和 2 s 的时间点间发送了 SPN91 转变为激活状态的信息，该信息包含了所有的激活状态的故障，而不单只有新的故障。转变为未激活状态的信息在正常的 2 s 更新期间被发送，该信息包含了所有激活状态的故障，而 SPN91 已变为未激活状态所以将不再包含于该信息中。

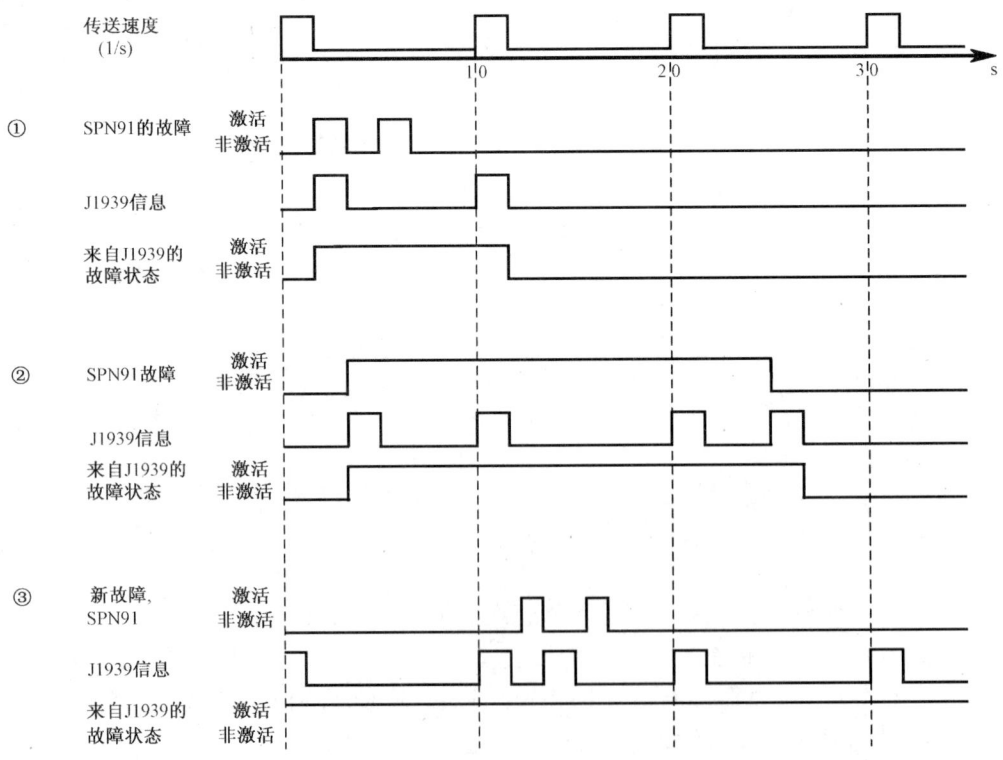

图 3.15　故障码发送速率的要求

2．历史诊断故障代码（DM2）

历史诊断故障代码即是处于先前激活状态的故障代码，它可以通过故障诊断仪与总线诊断接口连接后读取历史故障信息。只要该信息发送，它就应包含所有发生次数不为 0 的先前激活状态的诊断代码。注意，当参数已知时，则该参数群使用 SAE J1939-21 中指定的"多包传输"的参数群来发送。DM2 诊断代码报文格式如下：

传送速度：		要求使用的 PG 个数为 59904（见 SAE J1939-21）。如果该 PG 不受支持则需要一个 NACK（见 SAE J1939-21PGN59392）。
数据长度：		可变
数据页面：		0
PDU 格式：		254
PDU 指定：		203
默认优先值：		6
参数群数编号：		65 227（00FECB$_{16}$）
字节：	1	8～7 位　故障指示灯状态
		6～5 位　红色停止灯状态
		4～3 位　琥珀色警告灯状态
		2～1 位　保护灯状态
字节：	2	8～7 位　预留，用来表示 SAE 任务灯状态
		6～5 位　预留，用来表示 SAE 任务灯状态
		4～3 位　预留，用来表示 SAE 任务灯状态
		2～1 位　预留，用来表示 SAE 任务灯状态
字节：	3	8～1 位　SPN，SPN 的低 8 位有效位（最高有效位为第 8 位）
字节：	4	8～1 位　SPN，SPN 的第 2 个字节（最高有效位为第 8 位）
字节：	5	8～6 位　SPN，有效位中的高 3 位（最高有效位为第 8 位）
		5～1 位　FMI（最高有效位为第 5 位）
字节：	6	8 位　可疑参数编号的转化方式
		7～1 位　发生次数

注意：当发生次数未知时，应将其所有位的数值设为 1。

3．历史诊断故障代码的数据清除/复位（DM3）

当某个控制单元接收到这一参数组的请求指令时，所有有关历史诊断故障代码的诊断信息都应该清除，与当前故障码有关的诊断数据将不受影响。若无历史故障码，必须发送肯定应答（见 SAE J1939-21 PGN 59392）。假如由于某种原因，控制单元不能执行这一参数组的请求指令的要求，那么就必须发送否定应答（见 SAE J1939-21 PGN 59392）。在实施中需注意，在上述两种情况下，若对这一参数组的请求指令不指定控制模块，则控制模块不得发送任何应答。

所有与历史诊断故障代码相关的信息包括：

- 历史诊断故障代码个数及诊断就绪状态信息（由 DM5 读出）；
- 历史诊断故障代码（由 DM2 读出）；
- 系统监视测试状态（由 DM6 读出）；
- 在线监视测试结果（由 DM10 读出）；
- 故障灯点亮时的累计里程（由 DM21 读出）；
- 可执行的监视系统信息（由 DM20 读出）；
- 其他生产厂自定义的对本参数组请求指令的响应操作。

DM3 的诊断代码报文格式如下：

传送速度：　　　　要求使用的 PG 个数为 59 904（见 SAE J1939-21）。如果该 PG 不被支持则需要一个 NACK（见 SAE J1939-21PGN59392）

数据长度：　　　　0
数据页面：　　　　0
PDU 格式：　　　　254
PDU 指定：　　　　204
默认优先值：　　　6
参数群数编号：　　65 228（00FECC$_{16}$）

3.6　网络管理

网络管理是指消息传递过程管理和电控单元管理网络，网络管理协议的基本功能是地址管理和网络出错管理。

网络管理消息具有同其他 SAE J1939 消息（除空地址外）相同的特性和要求。

网络管理消息可被用来请求地址和网络中其他 ECU 使用的名字；为一个 ECU 声明地址；发出无法分配地址的通知；或者给其他 ECU 指定一个新地址。

3.6.1　SAE J1939 通信方式

由于 SAE J1939 的数据链路层和物理层采用 CAN2.0B 协议，所以 SAE J1939 网络支持多主竞争方式。CAN 协议废除了站地址寻址方式，然而 SAE J1939 通过对 CAN 标识符的重新定义，可同时支持基于节点传输和基于帧传输两种方式。

基于节点传输的通信方式只在两节点之间进行通信，其他节点并不参与。该方式的前提条件是在报文中包含目标地址，发送节点知道目标接收节点。对于接收节点而言，通过对接收报文标识符中的目标地址进行滤波，就可确定是否应该接收该报文。

基于报文传输的通信方式就是某个节点把包含一个或多个参数的参数组报文发送给网络中所有节点，也就是广播式的传输方式。发送节点不需要确定接收节点的地址，接收节点根据报文标识符中的参数组号 PGN 进行滤波，如果几个节点对某个 PGN 参数组的报文感兴趣，它们可以同时接收该报文。

根据要传输报文的大小，SAE J1939 网络支持单帧和多帧的传输方式。当报文的数据长度小于或者等于 8 个字节时采用单帧传输，否则采用多帧传输。二者既支持基于节点传输也支持基于报文传输。

基于节点的分帧传输分为三步：建立连接、数据传输、拆除连接。

（1）建立连接

首先发送节点发出"请求发送帧（RTS）"，当目标节点接收到该帧后，如果准备接收该报文，就向发送节点回复"连接允许帧（CTS）"，从而建立连接。当目标节点不能或不愿意接收该报文，那么就向发送节点回复"连接放弃帧"。

（2）数据传输

当连接建立后，就可以开始进行数据传输，由上一步"连接允许帧"中规定的那一帧开始传输。如果在分帧传输时某帧传输失败，接收节点可以通过"连接允许帧"让发送节点重新发送。"连接允许帧"规定，连续发送几帧后，发送节点就必须等待，等到收到下一个"连接允许帧"后才继续报文传输。

（3）拆除连接

接收节点收完最后一帧后发送"报文结束确认帧"，确认所有的数据帧接收成功，从而拆除连接。

图 3.16 为基于节点分帧传输的全过程（连接的建立、拆除以及数据的传输），图中显示接收节点每接收三帧后就发送"连接允许帧"来确认，这样发送节点可连续发送三帧。这种做法改善了报文传输的效率，尽管如此，接收节点还应通过软件保证没有丢失数据帧。

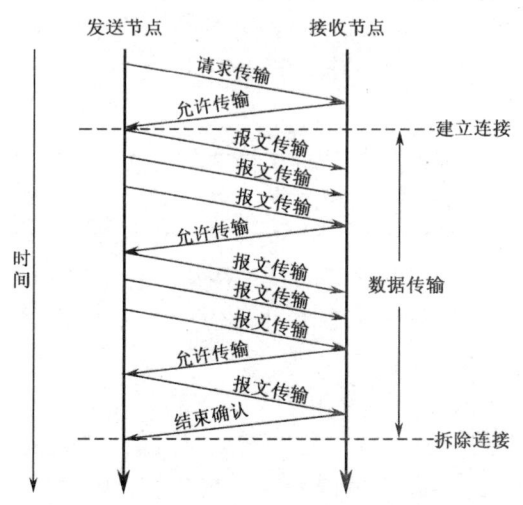

图 3.16　基于节点传输的全过程

由于发送节点不知道哪些节点是接收节点，不基于节点传输方式的分帧传输不需要建立连接，仅需要在传输之前向整个网络发送"广播通知帧"（该帧中包含要发送消息的参数群编号、要连续发送几帧以及报文数据的长度），再等待一定时间的延迟，之后开始向网络上连续发送报文。在报文传输过程中，即使其中一个接收节点出现了问题，该节点也不能向网上发送"连接放弃帧"。图 3.17 示出此类分帧传输的全过程。

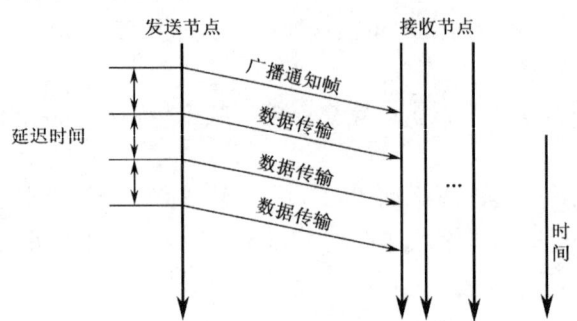

图 3.17　不基于节点传输方式的分帧传输全过程

3.6.2　电控单元（ECU）的名称和地址

一个 ECU 的名称是由 64 位组成的区域，名称用于在 SAE J1939 的网络中传输消息，名称组成域见表 3.18。一个名称可以标明 ECU 的功能（例如一号发动机、二号发动机），网络中任何功能都可以通过名称表示。一辆车内的每个 ECU 的名称必须是唯一的。名称具有两个作用：第一是提供电控单元的功能描述，第二是提供用于地址仲裁过程中的数值。SAE J1939 网络中的地址具有唯一的消息标识符，可以决定消息的源地址（在以后的叙述中的地址指源地址）。地址声明消息包括源地址和一个名称，这一消息可以与网络中的具有特定地址的名称联系在一起，也可以说地址与唯一一个名称联系在一起，这意味着将地址与功能联系在了一起，ECU 的制造商和网络集成商应确保在一个网络中所有 ECU 的名称是唯一的。

表 3.18　ECU 名称组成域

仲裁地址使能	工业领域	车辆系统实例	车辆系统	保留	功能	功能实例	ECU 实例	制造商编码	标识码编号
1 位	3 位	4 位	7 位	1 位	8 位	5 位	3 位	11 位	21 位

SAE J1939 网络中的源地址用来表示给定网络中特定的 ECU。名称相对于地址，表明网络中 ECU 的功能，网络管理协议中的网络管理过程允许将一个源地址与 ECU 的功能和网络中相关布告联系在一起。

在一个网络中，每个 ECU 至少应该有一个名称，这样 ECU 就可以根据功能唯一地被标示出来。反过来，网络中的每个 ECU 至少应该有一个唯一的地址，这样某个 ECU 就可以与其他 ECU 进行 CAN 消息帧的仲裁。在 SAE J1939 中大多数的 ECU 都将有一个首选地址。ECU 首先将使用的地址定为首选地址，如果一个 ECU 的首选地址已经分配给了另一个 ECU，且另一个 ECU 正在使用该地址，那么这个 ECU 将试着另选一个地址，或者送出无法分配地址的消息，这些都将依赖于 ECU 的寻址能力和未使用地址是否可获得。

一个 ECU 的初始地址在任何情况下都应该由制造商根据应用定义的首选地址来设定。ECU 的初始地址应该是可编程的，这样才能允许 OEM 来配置车辆。尽管在标准车辆中这一要求不是必要的，但是它为 ECU 的应用提供了灵活性。可编程性对于出售后的

ECU 是很重要的。

一个 ECU 的源地址必须是唯一的。在每个车辆上电后，源地址一定要与不同的 ECU 相联系，并且在不同的车中，源地址也可能是不同的。与每个 ECU 相联系的名字在车辆初始化时由机构配置。与源地址相联系的名字标明了 ECU 所具有的功能并且考虑到使用的地址而使定义具有连续性。

SAE J1939 支持 ECU 自配置地址。自配置地址使 ECU 可以直接连接到的网络上工作，例如数据记录器，桥接器或是其他数据接收装置。但这里所谓的支持自配置地址，并不意味着给定 ECU 必须进行地址自配置。SAE J1939 对 ECU 不要求具有自配置地址的能力，但通过网络管理可以实现这种功能。

 ### 3.6.3　节点地址分配

与其他上层协议不同，SAE J1939 网络管理的主要任务就是节点的地址分配或确定，但它不能实现其他上层网络协议中的节点监测功能，因此 SAE J1939 网络必须通过应用程序来实现节点监测。

节点地址是 SAE J1939 网络正常工作的前提条件，这和单纯的 CAN 网络不同。SAE J1939 网络初始化期间，所有节点都要检查它们自己静态配置的节点地址，从而确定这个地址在网络中是独一无二的，每个节点在获得响应的地址后才能进行正常通信。

SAE J1939 采用"地址声明"（Address Claiming）的方法来进行地址分配，SAE J1939 网络中要求每个节点有一个 64 位的名称，由设备编号、使用场合、设备类型等位场组成。节点名称具有优先级，节点编号越小优先级就越高。

如果两个或多个网络节点同时申请同一个节点地址，那么节点名称优先级最高的将获得该地址，失去该地址的节点必须在全网络范围内重新申请新的地址。

（1）节点地址配置等级

SAE J1939 根据网络节点的可配置性将网络节点分为 4 级：

- 不可配置的网络节点：该节点的地址在程序写入时就确定了；
- 可通过专用工具配置的网络节点：该节点地址可以通过专用工具调整，调整时该节点必须处于某种特殊的工作模式下；
- 可通过命令来配置的网络节点：节点处于在正常工作模式下，通过网络使用命令报文来调整节点的地址；
- 可以自配置的网络节点：节点借助内部算法确定自己的地址，即通过"地址声明"的方法来实现地址分配，如果发生地址冲突可重新确定一个地址，然后通知网络中的其他节点。

节点有静态配置方式和动态配置方式，使用静态配置地址的节点通常固定在网络中，上面提到的不可配置或可通过专用工具配置的节点应属于静态配置方式。对于可以更换地址或经常不在网络中运行的节点，可使用动态配置方式。

（2）动态地址分配的方法（地址声明方法）

SAE J1939 支持三种动态分配地址的方法。

第一种，节点通过"地址声明"方法可以在网络范围内声明自己的地址。发送节点向网络上其他节点发送"地址声明帧"，该帧的标识符包括该节点要声明的地址，该帧的数据场包含了 64 位的节点名称。如果地址有冲突，那么就根据名称的优先级决定哪一个节点将最终获得声明的地址，而其他未获胜的节点将放弃原来声明的地址，重新在网络范围内通过"地址声明帧"申请新的地址。无论什么原因，当"地址声明帧"的节点不能重新申请新地址时，都应该发送一个"不能进行地址声明"帧，这样该节点就不能参与网络通信。图 3.18 示出通过"地址声明帧"进行地址自动分配的过程。

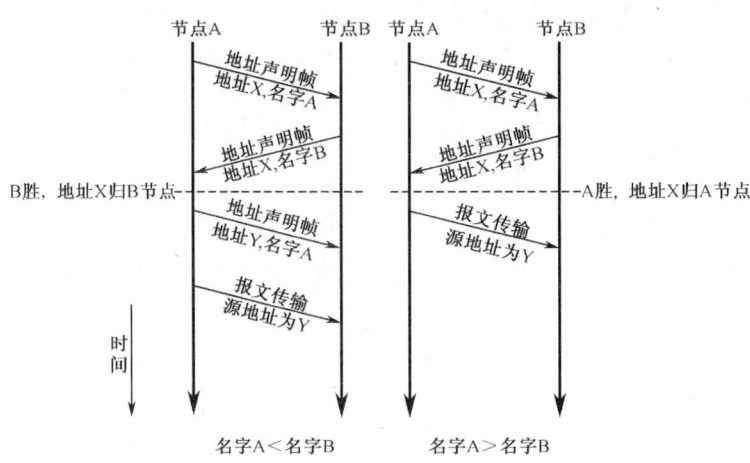

图 3.18　通过"地址声明帧"进行地址分配的过程

第二种，节点 A 通过"地址索取请求帧"要求网络中其他的一个或几个节点将地址和名称发送给自己，节点 A 可以通过三种方式来获得节点地址。

① 节点 A 将自己静态配置的地址 X 作为目标地址向网络中发送"地址索取请求帧"。等待一段时间后，如果还没有节点响应该"地址索取请求"帧，那么节点 A 就以该地址向网络中的其他节点发送一个"地址声明帧"，等一段时间后就可以发送报文，如图 3.19（a）所示。

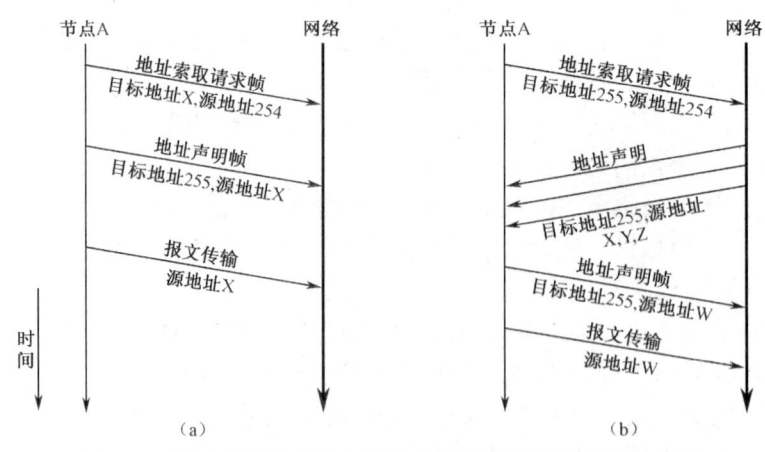

图 3.19　通过地址索取帧和地址声明帧进行地址分配的过程

② 节点 A 通过"地址索取请求帧"向网络中其他节点提出请求，请它们发送节点地

址和名称，然后根据获得的地址和一定的算法选择一个空闲的节点地址，再向网络发送一个"地址声明帧"，源地址就是刚才选择的节点地址，等待一段时间后就可以与其他节点开始通信，如图 3.19（b）所示。

③ 通过"地址命令"报文帧进行节点地址的分配。地址命令报文帧可以借助服务工具对节点有目的地进行地址分配，当然该节点应该属于可以通过命令配置的类型。图 3.20 其是具体流程，节点 A 首先应通过"地址索取请求帧"申请一个未用的地址 Z，然后发送"地址命令"报文帧对节点 C 进行地址调整，为了与节点 C 进行通信，节点 A 向网上发送的"地址命令"帧中必须包含节点 C 的名称和欲配置的地址 Z，当节点 C 收到该帧后，即向网络中的其他节点发送"地址声明"帧，之后节点 C 的地址就为 Z。由于"地址命令帧"发送时，节点 A 并不清楚节点 C 原来的地址，所以该命令报文通常采用不基于节点分帧传输的方式。

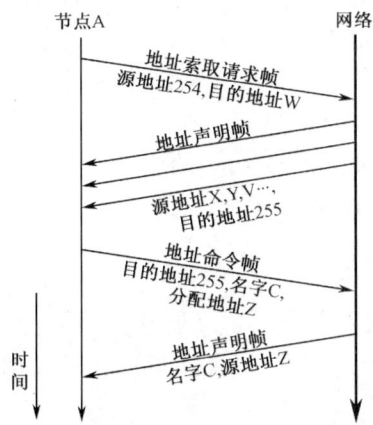

图 3.20　通过地址命令报文帧对节点进行地址分配

第4章 飞思卡尔微控制器与MSCAN

飞思卡尔半导体是全球最大的半导体公司之一，为汽车、消费、工业、网络和无线市场设计并制造嵌入式半导体产品。

飞思卡尔是车用微控制器（MCU）领域排名第一的供应商，具有超过20年的汽车电子经验，当今超过50%的车用8位MCU来自飞思卡尔，其车用MCU的出货量已超过10亿片。

飞思卡尔在业内提供最高质量的Flash存储器，从20世纪90年代开始有超过1亿片嵌入式闪存支持超高可靠性市场。飞思卡尔汽车电子具有严格的质量标准，每个飞思卡尔汽车微控制器都经过验证，可以适用于特别复杂的汽车环境，其所具备的合格性包括适应一个广泛的温度范围和汽车测试流程。飞思卡尔具备质量零缺陷定位，追求产品的领先和生产工艺、质量体系等多方面精益求精，创造零缺陷的质量管理体系。因此，可以满足汽车电子产品运行环境及苛刻的要求，保证足够的可靠性和稳定性。

飞思卡尔的微控制器按CPU字长分为8位、16位和32位三种，其在汽车上的应用如图4.1所示。

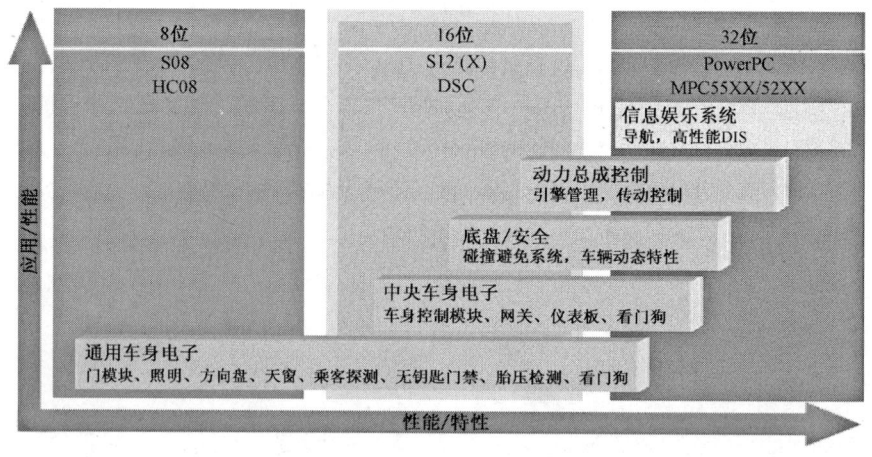

图4.1 飞思卡尔车用微控制器

其中，32位微控制器由于成本较高而被局限于信息娱乐、动力总成等高性能控制，相比之下，成本相对低廉的8位和16位车用微控制器则涵盖了绝大多数的应用。目前在飞思卡尔的各种类型车用MCU中广泛使用了CAN模块设计，下面分别以8位微控制器MC9S08DZ60和16位微控制器MC9S12XEP100为代表，介绍飞思卡尔8位和16位带CAN模块的微控制器。

4.1　飞思卡尔微控制器

 4.1.1　飞思卡尔 8 位微控制器 MC9S08DZ60

飞思卡尔 S08D 系列 8 位微控制器极具价值,它在一个单芯片上提供了更多的存储器和组件。这一高度集成的下一代微控制器提供了增强的性能,降低了功耗,节省了开发时间,缩小了电路板面积和降低成本。S08DZ 系列是 S08D 系列中的旗舰号,提供了飞思卡尔最低成本的内嵌 CAN 的微控制器,并且将内嵌 CAN,内嵌 EPROM 和片上仿真/调试模块空前地组合在一起,其单片集成了所有的功能,设计人员可以便捷地转向其设计流程。MC9S08DZ60 系列器件主要用于需要融合 CAN(Controller Area Network)网络和内嵌的 EEPROM 的应用中,它有助于帮助用户降低成本,增强产品的性能并提高产品的质量。

1．MC9S08DZ60 系列产品特性

（1）8 位 HCS08 中央处理器（CPU）

- 40 MHzHCS08 CPU（20 MHz 总线）;
- HC08 指令集,带附加的 BGND 指令;
- 支持最多 32 个中断/复位源。

（2）片内存储器

- 整个工作电压和温度范围内可读取/编程/擦除的 Flash 存储器;
  - ◇ MC9S08DZ60 为 60 KB;
  - ◇ MC9S08DZ48 为 48 KB;
  - ◇ MC9S08DZ32 为 32 KB;
  - ◇ MC9S08DZ16 为 16 KB。
- 最大 2 KB 的 EEPROM 在线可编程内存、支持 8 字节单页或 4 字节双页擦除分区、执行 Flash 程序的同时可进行编程和擦除操作;支持擦除取消操作;
- 最大 4 KB 的随机存取内存（RAM）。

（3）省电模式

- 两种超低功耗停止模式;
- 降低功耗的等待模式;
- 超低功耗实时时钟中断,在运行、等待和停止模式下均可操作。

（4）时钟源选项

- 振荡器（XOSC）——闭环控制的皮尔斯（Pierce）振荡器,支持范围为 31.25～38.4 kHz 或 1～16 MHz 之间的晶体或陶瓷谐振器;
- 多功能时钟生成器（MCG）——PLL 和 FLL 模式（在使用内部温度补偿时 FLL 能够达到 1.5%内的偏差）,带微调功能的内部参考时钟源,带可选择晶体振荡器或陶瓷谐振器的外部参考时钟源。

（5）系统保护

- 监视微控制器正常操作的看门狗（COP）复位，支持选择专用的后备 1 kHz 内部时钟源或总线时钟运行；
- 带复位和中断的低压检测电路，可选择的电压阈值；
- 支持非法指令代码复位；
- 支持非法操作地址复位；
- 支持 Flash 块保护；
- 支持时钟信号丢失保护。

（6）开发支持

- 单线背景调试接口；
- 片上及在线仿真（ICE），带总线实时捕获功能。

（7）外围设备

- ADC：24 通道，12 位分辨率，2.5 ms 转换时间，自动比较功能，1.7mV/℃温度传感器，包含内部能隙参考源通道；
- ACMPx：两个模拟比较器，支持比较器输出的上升、下降或任意边沿触发的中断；可选择与内部参考电压源进行比较；
- MSCAN：CAN 协议 2.0A 和 2.0B；支持标准和扩展数据帧；支持远程帧；5 个带有 FIFO 存储机制的接收缓冲器；灵活的接收识别符过滤器，可编程如下：2×32 位、4×16 位或 8×8 位；
- SCIx：两个 SCI，可支持 LIN2.0 协议和 SAEJ 2602 协议；全双工；主节点支持 break 信号生成；从节点支持中断信号检测；支持激活边沿唤醒；
- SPI：全双工或单线双向；双重缓冲发射和接收；主从模式选择；支持高位优先或低位优先的移位；
- IIC：支持最高 100 kb/s 的总线波特率；多主节点模式运行；可编程的从地址；通用呼叫地址；逐字节数据传输驱动的中断
- TPMx：一个 6 通道（TPM1）和一个 2 通道（TPM2）；可支持输入捕捉/输出比较，或每个通道带缓冲的边沿对齐 PWM 输出；
- RTC（实时时钟计数器）：8 位模数计数器，带基于二进制或十进制的预分频器；实时时钟功能，使用外部晶体和 RTC 来确保精确时基、时间、日历或任务调度功能；内带低功耗振荡器（1 kHz），用于周期唤醒而不需要外部器件。

（8）输入/输出

- 53 个通用输入/输出（I/O）引脚和 1 个专用输入引脚；
- 24 个中断引脚，每个引脚带触发极性选择；
- 所有输入引脚上带电压滞后和可配置的上/下拉器件；
- 所有输入引脚上可配置输出斜率和驱动强度。

（9）封装选项

- 64 引脚小尺寸四方扁平封装（LQFP）：10 mm×10 mm；
- 48 引脚小尺寸四方扁平封装（LQFP）：7 mm×7 mm；
- 32 引脚小尺寸四方扁平封装（LQFP）：7 mm×7 mm。

2. MC9S08DZ60 内部结构

图 4.2 为 MC9S08DZ60 的结构组成，其中左上部为内核，其余为外设部分。内核包括中央处理器（CPU）、后台调试控制器（BDC）、断点控制器（BKP）。BKGD/MS 引脚主要用于后台调试控制器（BDC）通信。右边是片上的多种外设。可以看出，绝大多数的接口都具有双重甚至多重的功能，即通用 I/O 功能和特殊接口功能，比如 E 端口（PORTE）的引脚 PTE6 和 PTE7，兼有普通 I/O、串行通信和 CAN 通信的功能。这些多重功能的 I/O 口本身及其控制逻辑均集成在 MCU 内部，具有良好的扩充性和易用性。MC9S08DZ60 内部的闪存有 60 KB，用于存储用户程序和数据。在正常运行时为只读，没有被改写的危险。2 KB 的 EEPROM 可以保存组态，设置信息等半永久数据。4 KB 的 RAM 存储器用做堆栈、保存中间结果及动态数据，甚至可以在其上运行或调试程序。

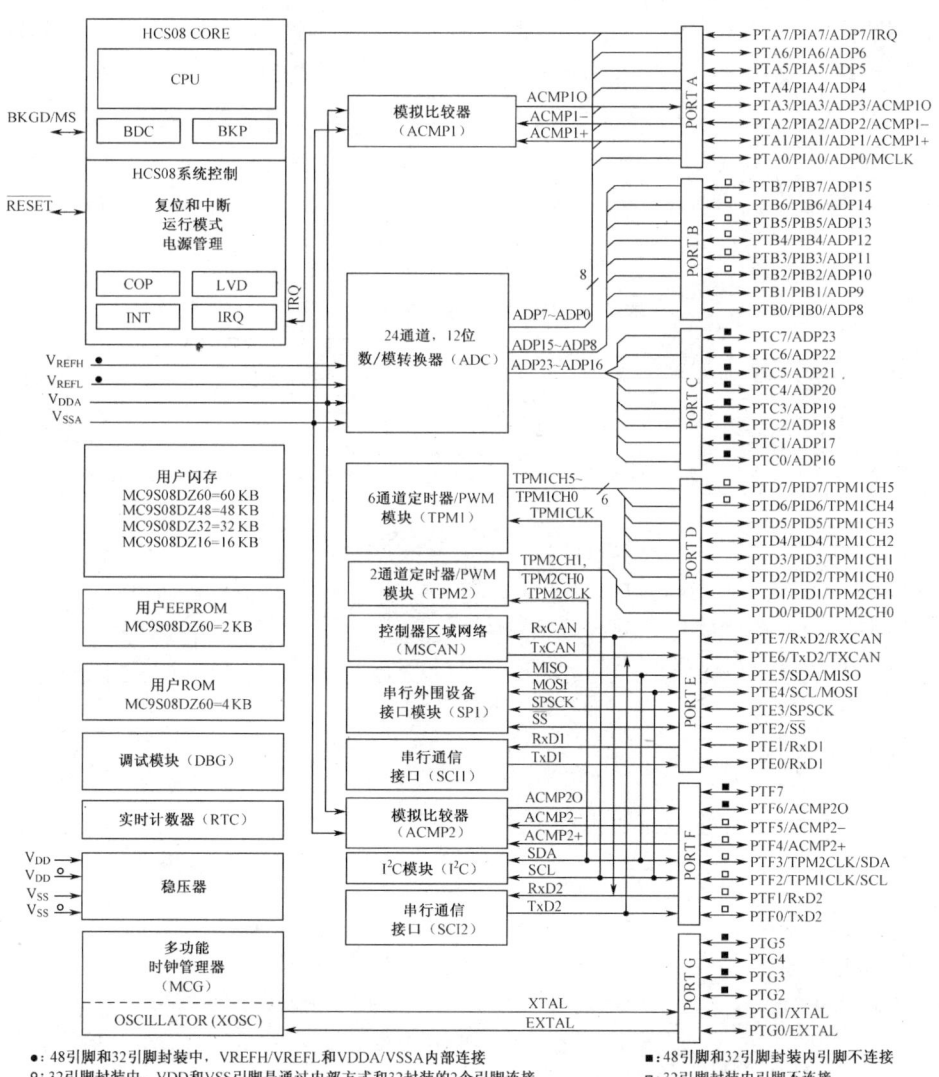

图 4.2　MC9S08DZ60 内部结构图

 ### 4.1.2　飞思卡尔 16 位微控制器 MC9S12XEP100

飞思卡尔的 S12X 系列 16 位微控制器，采用了强大的 XGATE 协处理器，从 CPU 中卸载了许多占用处理器资源较多的操作任务。这个强大的高效协处理器专门用于处理内部中断事件，不必 CPU 插手。XGATE 在 RAM 中运行，时钟速度是 CPU 的 2 倍，使 CPU 摆脱了耗时的中断处理任务，能够集中执行与应用相关的任务。这种强大的组合实现了最佳的实时事件处理和顺畅的系统性能。

1. MC9S12X 系列微控制器

MC9S12X 系列是 HCS12 系列的增强型产品，基于 S12CPU 内核，可达到 25 MHz 的 HCS12 性能的 2～5 倍。S12X 系列尽管增加了 172 条额外指令来提高分页访问功能并执行 32 位计算，但其设计宗旨是实现与先前编写的 HCS12 代码的完全兼容性，其总线频率最高可达 50 MHz，并且具备完全的 CAN 功能，改进了中断处理能力。S12X 系列的 CPU 以复杂指令集（CISC）架构，集成了中断控制器，有丰富的寻址方式。中断有 7 个优先级并且内核支持优先级的调度，最多可有 117 个中断源，S12X 可访问最多 8 MB 的全部存储空间（包括片内和片外资源）。表 4.1 列举了 S12X 与 S12 核的区别。

表 4.1　S12X 与 S12 核的区别

属　性	S12X 核			S12 核
	S12XD（XB 和 XD 家族）	S12XE（XE 家族）	S12XS（XS 家族）	S12（C,D,H,Q 和 R 家族）
总线速度	40 MHz	50 MHz	40 MHz	25 MHz
CPU	16 位 CPU12XV1	16 位 CPU12XV2	16 位 CPU12XV2	16 位 CPU12
调试	BDM（支持对分页的访问）BDG 模块可监测 CPU XGATE 总线和四个比较器	BDM（支持对整页的访问）BDG 模块可监测 CPU XGATE 总线和四个比较器	BDM（支持对整页访问）BDG 模块可监测 CPU	BDM（单线背景调试）
系统保护机制	低电压检测/中断	存储保护单元（MPU）阻止非法访问 错误校正码 低电压检测/中断	低电压检测/中断 错误校正码	低电压检测/中断
谐振器	XOSC 电路增强了动态控制输出幅度的能力 低功耗和强抗噪 节省外围器件	XOSC 电路增强了动态控制输出幅度的能力 低功耗和强抗噪 节省外围器件	XOSC 电路增强了动态控制输出幅度的能力 低功耗和强抗噪 节省外围器件	-
时钟	锁相环（PLL）	增强型锁相环（PLL）	增强型锁相环（PLL）	锁相环（PLL）
模数转换器（ADC）	8/10 位精度，7 μs 转换时间	8/10/12 位精度，转换时间低于 2.12 μs	8/10/12 位精度，转换时间低于 2.12 μs	8/10 位精度，7 μs 转换时间
EEPROM	小扇区 Flash 模拟 EEPROM	模拟 EEPROM（带缓存）	小扇区 Flash 模拟 EEPROM	小扇区 Flash 模拟 EEPROM

续表

属 性	S12X 核			S12 核
	S12XD （XB 和 XD 家族）	S12XE （XE 家族）	S12XS （XS 家族）	S12 （C,D,H,Q 和 R 家族）
定时器	增强型捕定定时器（ECT） 定时器（TIM） 中断定时器（PIT）	增强型捕定定时器（ECT） 定时器（TIM） 周期性中断定时器（PIT）	增强型捕定定时器 定时器（TIM） 周期性中断定时器（PIT）	增强型捕定定时器 定时器（TIM）
协处理器	XGATE 可编程的高性能 I/O 协处理器（高达 80MIPS 精 简指令的性能）	XGATE 可编程的高性能 I/O 协处理器（高达 80MIPS 精 简指令的性能）	无 XGATE	无 XGATE
中断嵌套	8 级中断嵌套	8 级中断嵌套	8 级中断嵌套	标准中断嵌套

　　S12X 系列单片机最大的特点是增加了一个平行处理的外围协处理器 XGATE 模块。这是业界首个 XGATE 模块，该模块是一个可编程的 16 位 RISC 处理器，其设计运行频率可高达 100 MHz，是一个智能的、可编程的直接内存存取（DMA）模块，可以进行中断处理、通信和数据预处理，通过提供外围模块、RAM 和 I/O 端口之间的高速数据处理与传输，卸载 CPU 的任务。XGATE 是一个独特的、完全独立可编程协处理器，可单独对所有的外围模块和 RAM 进行操作，可以将其看做可编程的 DMA 处理器，另一种算法执行单元，可配置的 Watchdog，实时的中断处理器，虚拟外设，OS 的任务调度器，另一个节电控制器等。XGATE 模块的运行过程，无需 CPU 的介入。其并行架构实现了对于中断可进行更多的决定性处理并使设计工程师可以避免核心功能与中断处理间的冲突。

　　MC9S12X 目前有如下系列：S12XB 系列、S12XDB 系列、S12XE 系列、S12XF 系列、S12XH 系列、S12XS 系列，它们在与汽车 CAN 总线相关的产品中均有广阔的应用。

2. MC9S12XE 系列微控制器特性

　　表 4.2 列出了 MC9S12XE 系列微控制器的主要规格。MC9S12XE 系列微控制器工作频率为 50 MHz，工作电压为 3.3～5.0 V。

表 4.2　MC9S12XE 系列微控制器

特 性	MC9S12XEP100	MC9S12XEP768	MC9S12XEQ512	MC9S12XEQ384	MC9S12XET256	MC9S12XEG128
Flash 容量	1 MB	768 KB	512 KB	384 KB	256 KB	128 KB
RAM 容量	64 KB	48 KB	32 KB	24 KB	16 KB	12KB
EEPROM 容量	4 KB	4 KB	4 KB	4 KB	4 KB	2 KB
封装	208MAPBGA 144LQFP 112LQFP	208MAPBGA 144LQFP 112LQFP	144LQFP 112LQFP 80QFP	144LQFP 112LQFP 80QFP	144LQFP 112LQFP 80QFP	112LQFP 80QFP

MC9S12XE 系列微控制器与 MC9S12XD 系列高度兼容,同时提高了系统的集成和许多功能。例如,MC9S12XE 系列增加了存储器保护单元(MPU),带有纠错码(ECC)功能的 Flash 和增强的 EEPROM,即 EEEPROM(能承受 100 万次的写入)以及频率可调的锁相环 IPLL,此外 XGATE 也得到加强,频率可高达 100 MHz,同时与其他单片机上的 XGATE 模块兼容。该系列提供了高级中断功能,其 12 位的 A/D 转换速度更快,转换时间达 3 μs。

MC9S12XE 系列微控制器特性如下:

- XGATE 协处理器,能虚拟外部设备并提升整体性能;
- 扩展可编程 EEPROM;
- 内存保护单元的系统级支持,带有管理者和用户模式;
- 在 50 MHz 总线速度下的 S12XCPU;
- 存储器保护单元(MPU);
- 环路控制/全摆动皮尔斯振荡器;
- 增强型中断模块;
- 非多路复用外部总线接口(EBI);
- 模/数转换器(ATD)12 位分辨率和 3 μs 的转换时间;
- 增强型捕捉计时器(ECT);
- 周期性中断计时器(PIT);
- 实时中断(RTI);
- 同步周期性中断(API);
- 脉冲宽度调制(PWM);
- MSCAN 模块;
- 串行外设接口(SPI);
- 串行通信接口(SCI);
- 背景调试(BDM)调试器(xDBG);
- 片上电压稳压器。

MC9S12XE 系列微控制器内部模块和引脚如图 4.3 所示,其中的 CPU12X 是中央处理器,它是个 16 位的 CPU,其指令系统在源码级与 S12 兼容。CPU12X 在 S12CPU 的基础上增加了全程寄存器 G、RAM 页面管理寄存器 R 和 EEPROM 页面管理寄存器 Epage;CCR 寄存器由 8 位扩展到 16 位。

从图 4.3 中可以看出,MC9S12XE 有着丰富的片上资源,其中包括 5 个飞思卡尔控制器局域网(MSCAN)模块,每个 MSCAN 模块速率高达 1 Mb/s,支持 CAN 协议 2.0A 和 2.0B,拥有 5 个接收缓冲区和 3 个发送缓冲区。每个 MSCAN 均有发送(TX)、接收(RX)、出错和唤醒等 4 个独立的中断通道。

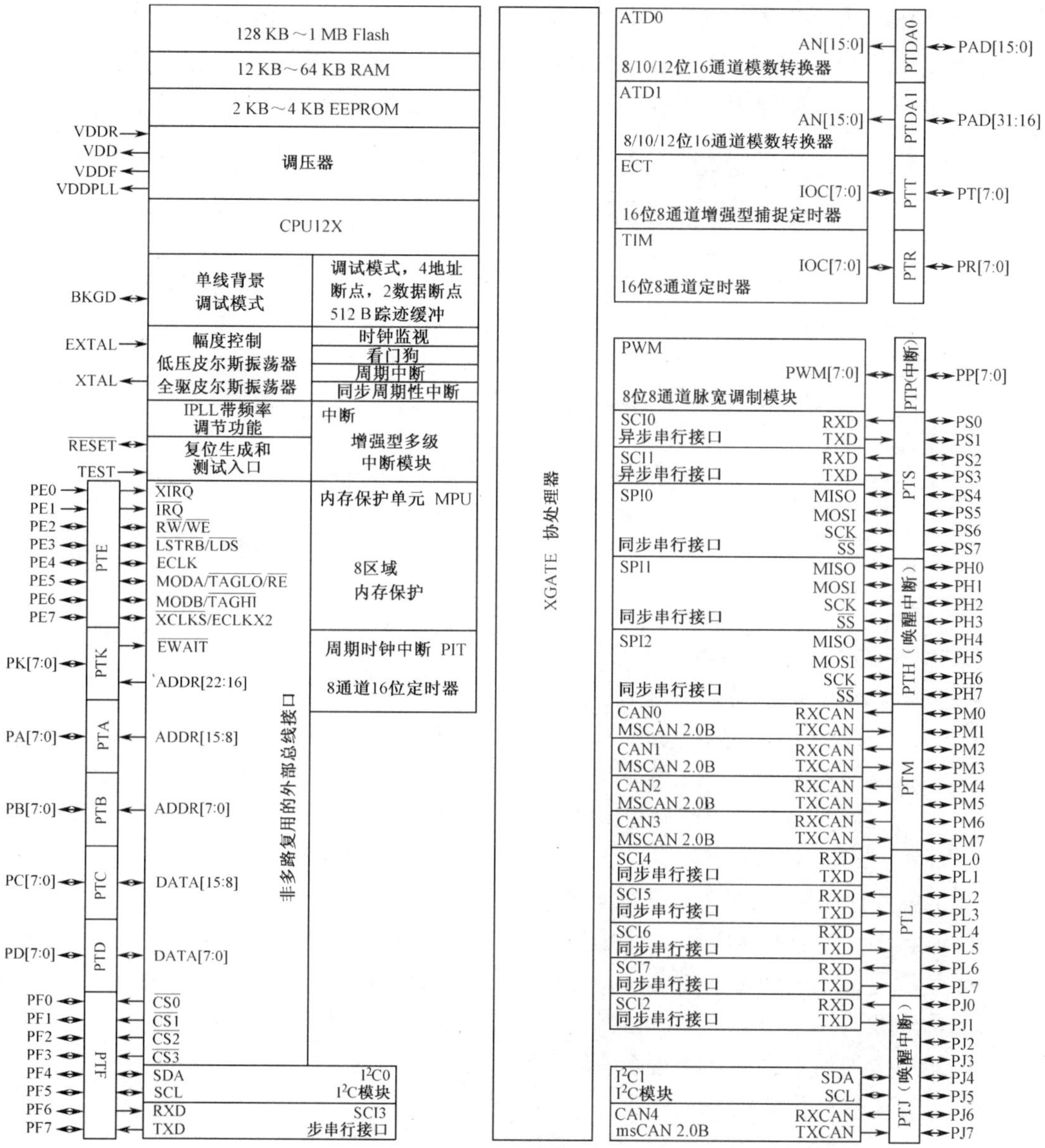

图 4.3　MC9S12XEP100 内部结构图

4.2　飞思卡尔的 MSCAN 模块

MSCAN 又称为飞思卡尔控制器局域网，它是符合博世公司（BOSCH）所定义的 CAN2.0A 和 CAN2.0B 协议的 CAN 总线通信控制器。飞思卡尔 MSCAN 是当前汽车控制器中最流行的 CAN 控制器架构。

MSCAN 模块在飞思卡尔 8 位微控制器 MC9S08DZ 系列，MC9S08GZ 系列以及飞思卡尔多数 16 位微控制器中均有集成。集成的数量各有不同，比如 MC9S08DZ60 内部集

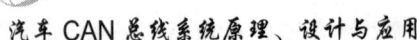

成了一个 MSCAN，而 MC9S12XEP100 内部集成了 5 个，集成的每个 MSCAN 之间功能互不影响。与其他的独立 CAN 总线控制器相比，MSCAN 有着低成本的优势，同时简化了应用。图 4.4 是一个应用了 MSCAN 的典型 CAN 总线系统。

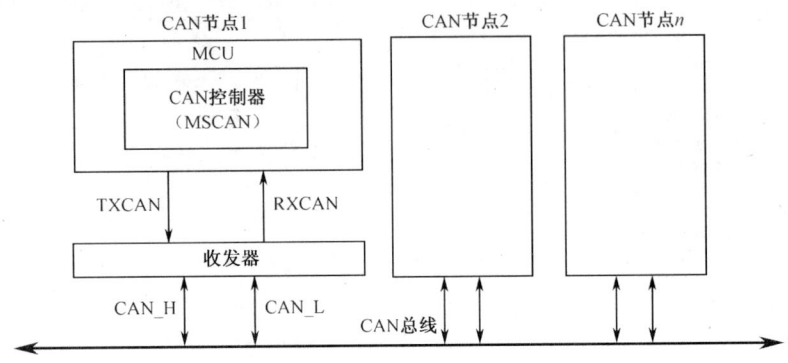

图 4.4　CAN 总线系统

 ## 4.2.1　MSCAN 模块的特性

MSCAN 的基本特性如下：

- 实施 CAN 协议 2.0A/2.0B 版；
  - ✧ 标准和扩展数据帧；
  - ✧ 0～8 字节数据长度；
  - ✧ 高达 1 Mb/s 的可编程比特率；
  - ✧ 支持远程帧。
- 5 个具有 FIFO 存储机制的接收缓冲区；
- 3 个具有使用"本地优先"概念的内部优先顺序的发送缓冲区；
- 灵活可掩码标识符滤波器支持 2 个全尺寸（32 位）扩展标识符滤波器或 4 个 16 位滤波器或 8 个 8 位滤波器；
- 集成低通滤波器的可编程唤醒功能；
- 可编程环回模式支持自测操作；
- 可编程监听模式用于 CAN 总线监控；
- 可编程总线脱离恢复功能；
- 独立的信号和中断功能适用于所有 CAN 接收器和发射器错误状态（警报、错误严重状态、总线脱离）；
- 可编程 MSCAN 时钟源，采用总线时钟或振荡器时钟；
- 内部计时器提供给接收和发送的报文的时间标签；
- 三种低功耗模式：睡眠、关机和 MSCAN 使能；
- 配置寄存器的全局初始化。

4.2.2 MSCAN 模块的结构

每个 MSCAN 模块均有两个信号引脚，分为发送（TX）和接收（RX），为 TTL 电平，需接收发器才能连接到 CAN 总线上。当 TX 引脚上的输出电平为低电平时，为显性状态，反之为隐性状态。MSCAN 模块的内部结构如图 4.5 所示。

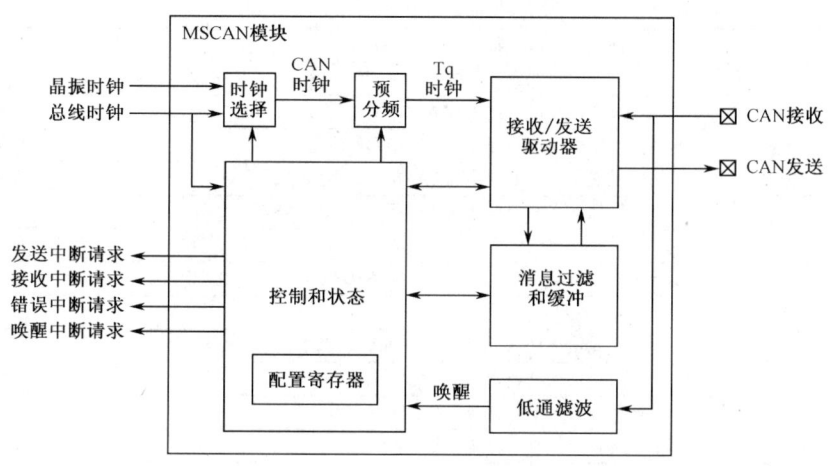

图 4.5 MSCAN 模块的结构图

 ## 4.2.3 MSCAN 模块相关的寄存器介绍

CPU 是通过对 MSCAN 各个寄存器的设置来实现其对 CAN 总线控制器的配置的。在飞思卡尔 8 位和 16 位微控制器中集成的 MSCAN 模块，它们的所拥有的寄存器在内存中均占据相同而连续的 64 字节。每个 MSCAN 模块在内存中都有一个唯一的映射地址，即线性的 64 字节寄存器中第一个字节所占的地址，它是一个 MCU 级的地址。其余寄存器地址相对于此字节的偏移成为相对地址，相对地址是模块级的地址。表 4.3 是 MSCAN 模块的 64 字节寄存器集合在内存中的分布情况。

表 4.3 MSCAN 寄存器组织结构

相对地址	寄存器组成	占用空间（字节）
$_00～$_0B	控制寄存器	12
$_0C～$_0D	保留	2
$_0E～$_0F	错误计数器	2
$_10～$_1F	标识符过滤器	16
$_20～$_2F	接收缓冲区	16
$_30～_3F	发送缓冲区	16

表 4.4 是 MSCAN 模块各个寄存器在其映射图中的详细介绍。

表 4.4　MSCAN 模块内存映射图

相对地址	寄存器用途	访问方式
$_00	MSCAN 控制寄存器 0（CANCTL0）	R/W[1]
$_01	MSCAN 控制寄存器 1（CANCTL1）	R/W[1]
$_02	MSCAN 总线时序寄存器 0（CANBTR0）	R/W
$_03	MSCAN 总线时序寄存器 1（CANBTR1）	R/W
$_04	MSCAN 接收标志寄存器（CANRFLG）	R/W[1]
$_05	MSCAN 接收中断使能寄存器（CANRIER）	R/W
$_06	MSCAN 发送标志寄存器（CANTFLG）	R/W[1]
$_07	MSCAN 发送中断使能寄存器（CANTIER）	R/W[1]
$_08	MSCAN 发送器报文中止请求寄存器（CANTARQ）	R/W[1]
$_09	MSCAN 发送器报文中止确认寄存器（CANTAAK）	R
$_0A	MSCAN 发送缓冲区选择寄存器（CANTBSEL）	R/W[1]
$_0B	MSCAN 标识符验收控制寄存器（CANIDAC）	R/W[1]
$_0C～$_0D	保留	
$_0E	MSCAN 接收错误计数寄存器（CANRXERR）	R
$_0F	MSCAN 发送错误计数寄存器（CANTXERR）	R
$_10	MSCAN 标识符接收寄存器 0（CANIDAR0）	R/W
$_11	MSCAN 标识符接收寄存器 1（CANIDAR1）	R/W
$_12	MSCAN 标识符接收寄存器 2（CANIDAR2）	R/W
$_13	MSCAN 标识符接收寄存器 3（CANIDAR3）	R/W
$_14	MSCAN 标识符掩码寄存器 0（CANIDMR0）	R/W
$_15	MSCAN 标识符掩码寄存器 1（CANIDMR1）	R/W
$_16	MSCAN 标识符掩码寄存器 2（CANIDMR2）	R/W
$_17	MSCAN 标识符掩码寄存器 3（CANIDMR3）	R/W
$_18	MSCAN 标识符接收寄存器 4（CANIDAR4）	R/W
$_19	MSCAN 标识符接收寄存器 5（CANIDAR5）	R/W
$_1A	MSCAN 标识符接收寄存器 6（CANIDAR6）	R/W
$_1B	MSCAN 标识符接收寄存器 7（CANIDAR7）	R/W
$_1C	MSCAN 标识符掩码寄存器 4（CANIDMR4）	R/W
$_1D	MSCAN 标识符掩码寄存器 5（CANIDMR5）	R/W
$_1E	MSCAN 标识符掩码寄存器 6（CANIDMR6）	R/W
$_1F	MSCAN 标识符掩码寄存器 7（CANIDMR7）	R/W
$_20-$_2F	前台接收缓冲区（CANRXFG）	R[2]
$_30-$_3F	前台发送缓冲区（CANTXFG）	R[2]/W

说明：[1]该寄存器有写入限制，可能同时存在可写位和不可写位；

　　　[2]注意保留位和未使用位的读出数值，只能读出随机数。

下面以相对地址为序逐个介绍 MSCAN 模块控制相关的各个寄存器。

1．MSCAN 模块控制寄存器

（1）MSCAN 控制寄存器 0（CANCTL0）

CANCTL0 寄存器如图 4.6 所示，其字段描述见表 4.5，提供了 MSCAN 模块的各种位控制，相对地址：$_00。

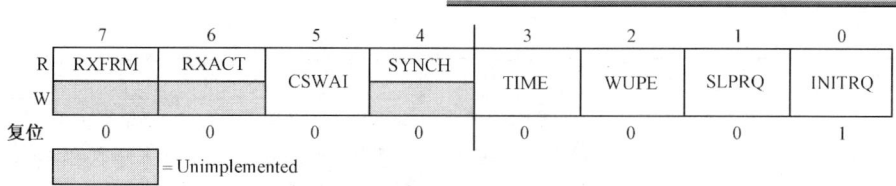

图 4.6 MSCAN 控制寄存器 0（CANCTL0）

注意：当初始化模式处于有效（INITRQ=1 和 INITAK=1）时，除 WUPE、INITRQ 和 SLPRQ 外的所有 CANCTL0 寄存器位都处于复位状态。只要退出初始化模式（INITRQ=0，INITAK=0），该寄存器可以再次写入。

读取：任何时间。

写入：退出初始化模式的任何时间；例外情况是只读 RXACT、SYNCH、RXFRM（只由该模块设置）和 INITRQ（也可以在初始化模式中写入）。

表 4.5 CANCTL0 寄存器字段描述

字　　段	描　　述
7 RXFRM[1]	已收到帧标记：该位是只读和只清除位。当接收器正确收到有效报文（独立于滤波器配置）时，设置该位。设置后，该位一直保持设置，直到通过软件或复位将其清除。清除通过写入 1 完成，写 0 被忽略。该位在环回模式中无效 0：自上次清除该标记以来未收到有效报文 1：自上次清除该标记以来收到有效报文
6 RXACT	接收器使能状态：该只读标记表示 MSCAN 正在接收报文。该标记由接收器前端控制。该位在环回模式中无效 0：MSCAN 正在发送或空闲[2] 1：MSCAN 正在接收报文（包括仲裁丢失时）[2]
5 CSWAI[2]	在等待模式中 CAN 停止：设置此位，可以在等待模式中通过禁止 MSCAN 模块与 CPU 总线接口的所有时钟而降低功耗 0：在等待模式中，CAN 模块不受影响 1：在等待模式中，CAN 模块停止计时
4 SYNCH	同步状态：该只读标记显示 MSCAN 是否与 CAN 总线同步，是否能够参与通信流程，其设置和清除通过 MSCAN 进行 0：MSCAN 与 CAN 总线不同步 1：MSCAN 与 CAN 总线同步
3 TIME	计时器使能：该位使能内部 16 位字宽自由运行计时器，由位时钟速率计时。如果计时器被使能，16 位时间标签将分配给有效 TX/RX 缓冲区内的每条发送/接收报文。一旦报文在 CAN 总线上确认，时间标签将被写入适当缓冲区（参见报文存储模式）的最高字节（0x000E,0x000F）。禁止时，内部计时器复位（所有位都设置为 0）。该位在初始化模式中保持低 0：禁止内部 MSCAN 计时器 1：使能内部 MSCAN 计时器
2 WUPE[3]	唤醒使能：当检测到 CAN 上有流量时（参见 MSCAN 睡眠模式），该配置位能够让 MSCAN 从睡眠模式中重启。为了让所选功能发挥作用，在该位进入睡眠模式前必须进行配置 0：唤醒禁止，MSCAN 忽略 CAN 上的流量 1：唤醒使能，MSCAN 能够重启

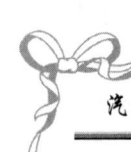

续表

字 段	描 述
1 SLPRQ[4]	睡眠模式请求：该位请求 MSCAN 进入睡眠模式，这是一个内部节电模式（参见 MSCAN 睡眠模式）。当 CAN 总线空闲时，也就是说该模块不接收任何报文且所有发送缓冲区空，睡眠模式请求被受理。通过设置 SLPAK=1（参见控制寄存器 1（CANCTL1）），表示该模块进入睡眠模式。当设置了 WUPIF 标记时（参见 MSCAN 接收器标志寄存器（CANRFLG）），不能设置 SLPRQ。睡眠模式维持有效，直到 SLPRQ 被 CPU 清除或者根据 WUPE 的设置，MSCAN 检测到 CAN 总线上有活动并自行清除 SLPRQ 这一位 0：运行中，MSCAN 正常工作 1：睡眠模式请求，当 CAN 总线空闲时 MSCAN 进入睡眠模式
0 INITRQ[5,6]	初始化模式请求：当 CPU 设置该位时，MSCAN 切换至初始化模式（参见 MSCANI 初始化模式）。任何正在进行的发送或接收都将被中止，与 CAN 总线的同步也丢失。通过设置 INITAK=1，表示该模块进入初始化模式 以下寄存器进入其硬复位状态并恢复它们的默认值：CANCTL0、CANRFLG、CANRIER、CANTFLG、CANTIER、CANTARQ、CANTAAK 和 CANTBSEL 当 MSCAN 处于初始化模式（INITRQ=1，INITAK=1）时，寄存器 CANCTL1、CANBTR0、CANBTR1、CANIDAC、CANIDAR0~7 和 CANIDMR0~7 只能通过 CPU 写入。错误计数器的值不受初始化模式的影响。当该位通过 CPU 清除时，MSCAN 重启，然后试图与 CAN 总线同步。如果 MSCAN 未处于总线脱离状态，它在 CAN 总线上出现 11 个连续隐性位后同步。如果 MSCAN 处于总线脱离状态，它将继续等待 11 个连续隐性位重复出现 128 次 只有当退出初始化模式后，才可以在 CANCTL0、CANRFLG、CANRIER、CANTFLG 或 CANTIER 中写入其他位，这时 INITRQ=0，INITAK=0 0：正常运行 1：MSCAN 处于初始化模式

注释：[1] 要设置该位，MSCAN 必须处于正常模式。

[2] 如需了解发送器和接收器状态的详细定义，可参见等待模式中的操作和停止模式中的操作）。

[3] 为了防止意外违反 CAN 协议，当 CPU 进入等待（CSWAI=1）或停止模式（参见 MSCAN 接收器中断使能寄存器（CANRIER）），立即强制 TXCAN 引脚进入隐性状态。

[4] 如果需要从停止或等待模式中进行恢复的机制，CPU 必须确保 WUPE 位和 WUPIE 唤醒中断使能位（参见 MSCAN 接收器中断使能寄存器（CANRIER））CANRIER 被使能。

[5] 在 MSCAN 进入睡眠模式（SLPRQ=1，SLPAK=1）前，CPU 不能清除 SLPRQ。

[6] 在 MSCAN 进入初始化模式（INITRQ=1，INITAK=1）前，CPU 不能清除 INITRQ。

（2）MSCAN 控制寄存器 1（CANCTL1）

CANCTL1 寄存器如图 4.7 所示，其字段描述见表 4.6，其字段描述见表 4.6，提供了 MSCAN 模块的各种控制位和握手状态报文。相对地址：$_01。

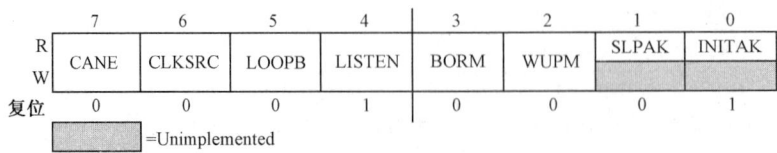

	7	6	5	4	3	2	1	0
R W	CANE	CLKSRC	LOOPB	LISTEN	BORM	WUPM	SLPAK	INITAK
复位	0	0	0	1	0	0	0	1

=Unimplemented

图 4.7 MSCAN 控制寄存器 1（CANCTL1）

读取：任何时间。

写入：当 INITRQ=1 和 INITAK=1 时的任何时间，CANE 例外，可以在正常情况下写入一次，以及当 MSCAN 处于初始化模式（INITRQ=1，NITAK=1）的特殊系统运行模式时任何时间写入。

表 4.6　CANCTL1 寄存器字段描述

字　段	描　述
7 CANE	MSCAN 使能 0：MSCAN 模块禁止 1：MSCAN 模块使能
6 CLKSRC	MSCAN 时钟源：该位定义 MSCAN 模块的时钟源（仅适用于具有时钟发生模块的系统） 0：MSCAN 时钟源是振荡器时 1：MSCAN 时钟源是总线时钟
5 LOOPB	环回自测模式：当设置了该位时，MSCAN 执行可用于自测操作的内部环回；发送器的位流输出从内部流回接收器 0：环回自测禁止 1：环回自测使能
4 LISTEN	监听模式：该位把 MSCAN 配置为 CAN 总线监控器。当设置了 LISTEN 时，会收到带有匹配 ID 的所有有效 CAN，但不发出确认或错误帧（参见监听模式）。此外，错误计数器停止计数。监听模式可以支持需要热插拔或吞吐量分析的应用。当监听模式处于有效状态时，MSCAN 不能发送任何报文 0：正常运行 1：监听模式使能
3 BORM	总线脱离恢复模式：该位配置 MSCAN 的总线关断恢复模式 更多报文总线脱离恢复模式：该位配置 MSCAN 的总线关断恢复模式（参见总线脱离恢复） 0：自动总线脱离恢复（参见 BOSCH CAN2.0A/2.0B 协议规范） 1：用户请求的总线脱离恢复
2 WUPM	唤醒模式：如果 CANCTL0 中的 WUPE 被使能，该位决定是否应用集成低通滤波器来防止 MSCAN 出现假唤醒（参见 MSCAN 睡眠模式） 0：MSCAN 被 CAN 总线上的任意显性信号唤醒 1：MSCAN 只有在 CAN 总线上的显性脉冲长度为 T_{wup} 时才唤醒
1 SLPAK	睡眠模式确认：该标记显示 MSCAN 模块是否已经进入睡眠模式（参见 MSCAN 睡眠模式），它用做 SLPRQ 睡眠模式请求的握手标志 当 SLPRQ=1、SLPAK=1 时，睡眠模式是有效的，根据 WUPE 设置，如果在处于睡眠模式检测到 CAN 总线有信号，MSCAN 将清除该标志。CPU 清除 SLPRQ 位也将复位 SLPAK 位 0：正在运行，MSCAN 正常运行 1：睡眠模式使能，MSCAN 已经进入睡眠模式
0 INITAK	初始化模式确认：该标志显示 MSCAN 模块是否处于初始化模式（参见 MSCANI 初始化模式），它用做 INITRQ 初始化模式请求的握手标志。当 INITRQ=1，INITAK=1 时，初始化模式被使能；当 MSCAN 处于初始化模式时，寄存器 CANCTL1、CANBTR0、CANBTR1、CANIDAC、CANIDAR0～CANIDAR7 和 CANIDMR0～CANIDMR7 只能通过 CPU 写入 0：正在运行，MSCAN 正常运行 1：初始化模式使能，MSCAN 处于初始化模式

2．MSCAN 模块时序寄存器

（1）MSCAN 总线时序寄存器 0（CANBTR0）

CANBTR0 寄存器如图 4.8 所示，配置 MSCAN 模块的各种 CAN 总线时序参数，详见表 4.7、表 4.8 和表 4.9。相对地址：$\_02$。

	7	6	5	4	3	2	1	0
R/W	SJW1	SJW0	BRP5	BRP4	BRP3	BRP2	BRP1	BRP0
复位	0	0	0	0	0	0	0	0

图 4.8　MSCAN 总线时序寄存器 0（CANBTR0）

读取：任何时间。

写入：处于初始化模式（INITRQ=1，INITAK=1）的任何时间。

表 4.7　CANBTR0 寄存器字段描述

字　　段	描　　述
7:6 SJW[1:0]	同步跳转宽度：同步跳转宽度决定要实现 CAN 总线上的数据传输重新同步，一个位可以缩短或延长的时间份额（T_q）的最大值（参见表 4.8）
5:0 BRP[5:0]	波特率预分频因子：该位确定用来构建位定时的时间份额（T_q）时钟（参见表 4.9）

表 4.8　同步跳转宽度（SJ）

SJW1	SJW0	同步跳转宽度
0	0	$1T_q$ 时钟周期
0	1	$2T_q$ 时钟周期
1	0	$3T_q$ 时钟周期
1	1	$4T_q$ 时钟周期

表 4.9　波特率预分频因子（BRP）

BRP5	BRP4	BRP3	BRP2	BRP1	BRP0	预分频器值（P）
0	0	0	0	0	0	1
0	0	0	0	0	1	2
0	0	0	0	1	0	3
0	0	0	0	1	1	4
…	…	…	…	…	…	…
1	1	1	1	1	1	64

（2）MSCAN 总线时序寄存器（CANBTR1）

CANBTR1 寄存器如图 4.9 所示，配置 MSCAN 模块的各种 CAN 总线时序参数，详见表 4.10、表 4.11 和表 4.12。相对地址：$\_03$。

	7	6	5	4	3	2	1	0
R/W	SAMP	TSEG22	TSEG21	TSEG20	TSEG13	TSEG12	TSEG11	TSEG10
复位	0	0	0	0	0	0	0	0

图 4.9　MSCAN 总线时序寄存器（CANBTR1）

读取：任何时间。

写入：处于初始化模式（INITRQ=1andINITAK=1）。

表 4.10　CANBTR1 寄存器字段描述

字　　段	描　　述
7 SAMP	采样：该位确定每位时间所采集的 CAN 总线样本数量 0：每位 1 个样本 1：每位 3 个样本 1 　如果 SAMP=0，得到的位值等于采样点上定位的单个位的值；如果 SAMP=1，得到的位值通过在总共 三个采样点上使用多数规则来决定。要实现更高比特速率，建议每个位时间只采集一个样本（SAMP=0）)
6:4 TSEG2[2:0]	TSEG2[2:0] 　时间段 2：位时间内的时间段固定每个位时间的时钟周期数和采样点的位置（参见图位时间内的段）. 时间段 2（TSEG2）值可以如表 4.11 所示进行编程。
3:0 TSEG1[3:0]	时间段 1：位时间内的时间段固定每个位时间的时钟周期数和采样点的位置（参见图位时间内的段）， 时间段 1（TSEG1）值可以如表 4.12 所示进行编程。

表 4.11　时间段 2（TSEG22～TSEG20）的设置

TSEG22	TSEG21	TSEG20	时间段 2
0	0	0	$1T_q$ 时钟周期 [1]
0	0	1	$2T_q$ 时钟周期
…	…	…	…
1	1	0	$7T_q$ 时钟周期
1	1	1	$8T_q$ 时钟周期

注释：[1] 此设置无效，参见遵从 CAN 标准的位时段设置查看有效设置。

表 4.12　时间段 1（TSEG13～TSEG10）的设置

TSEG13	TSEG12	TSEG11	TSEG10	时间段 1
0	0	0	0	$1T_q$ 时钟周期 [1]
0	0	0	1	$2T_q$ 时钟周期 [1]
0	0	1	0	$3T_q$ 时钟周期 [1]
0	0	1	1	$4T_q$ 时钟周期
…	…	…	…	…
1	1	1	0	$15T_q$ 时钟周期
1	1	1	1	$16T_q$ 时钟周期

注释：[1] 此设置无效，参见表"遵从 CAN 标准的位时段设置"查看有效设置。

位时间由振荡器频率、波特率预分频器和每位的时间份额（T_q）数量确定（见表 4.11
和表 4.12），计算公式为

$$\text{Bit Time} = \frac{(\text{Prescaler value})}{f_{\text{CANCLK}}} = (1 + \text{TimeSegment1} + \text{TimeSegment2}) \qquad （4.1）$$

3. MSCAN 模块接收标志寄存器（CANRFLG）

每个标志只有在造成该设置的条件不再有效时才能通过软件清除（将 1 写入相应位

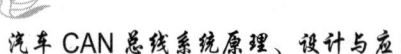

位置）。每个标志在 CANRIER 寄存器中都有相关的中断使能位，如图 4.10 所示，其字段描述见表 4.13，相对地址：$_04。

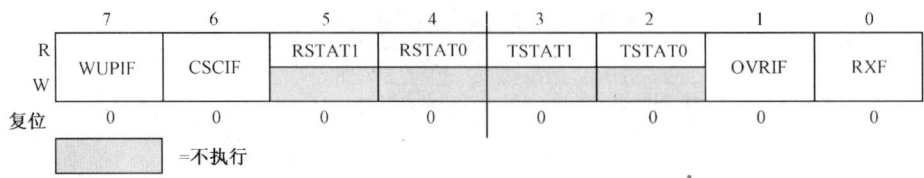

图 4.10 MSCAN 接收器标志寄存器（CANRFLG）

注意：当初始化模式处于有效状态时 CANRFLG 寄存器保持复位状态 1（INITRQ=1，INITAK=1）。一旦退出初始化模式，该寄存器就可以重新写入（INITRQ=0andINITAK=0）。

读取：任何时间。

写入：退出初始化模式的任何时间，除非 RSTAT[1:0]和 TSTAT[1:0]标志是只读；写入 1 表示清除标志，写入 0 表示忽略标志。

表 4.13 CANRFLG 寄存器字段描述

字　段	描　　述
7 WUPIF	唤醒中断标志：如果在处于睡眠模式时 MSCAN 检测到 CAN 总线上面有有效（参见 MSCAN 睡眠模式）且 CANTCTL0 中的 WUPE=1（参见 MSCAN 控制寄存器 0（CANCTL0）），那么该模块将设置 WUPIF。如果未被屏蔽，当设置了该标志时有一个唤醒中断产生 0：处于睡眠模式时未观察到唤醒有效 1：MSCAN 检测到 CAN 总线有效并请求唤醒
6 CSCIF	CAN 状态变化中断标志：当 MSCAN 由于发送错误计数器（TEC）和接收错误计数器的实际值而更改其当前 CAN 总线状态时，设置该标志。另外一个为 TEC/REC 分出几个独立段的 4 位（RSTAT[1:0]、TSTAT[1:0]）状态寄存器告知系统实际的 CAN 总线状态（参见 MSCAN 接收器中断使能寄存器（CANRIER））。如果未被屏蔽，当设置了该标志时有一个错误中断产生，CSCIF 提供一个挡截中断，这保证了接收器/发送器状态位（RSTAT/TSTAT）只有在无 CAN 状态变化中断产生时才进行更新；如果 TEC/REC 在 CSCIF 置位后更改其当前值，就会引起 RSTAT/TSTAT 位的其他状态变化。这些位会一直保持它们的状态，直到当前 CSCIF 中断被再次清除 0：自上次中断以来 CAN 中线状态未发生变化 1：MSCAN 更改了当前 CAN 总线状态
5:4 RSTAT[1:0]	接收器状态位：错误计数器的值控制着 MSCAN 的实际 CAN 总线状态。只要设置了状态变化中断标志（CSCIF），这些位就显示 MSCAN 的与接收器有关的适当 CAN 总线状态。位 RSTAT1、RSTAT0 的编码是： 00：RxOK,0≤接收错误计数器≤96； 01：RxWRN,96<接收错误计数器≤127； 10：RxERR,127<发送错误计数器； 11：Bus-off1,发送错误计数器>255
3:2 TSTAT[1:0]	发送器状态位：错误计数器的值控制着 MSCAN 的实际 CAN 总线状态。只要设置了状态变化中断标志（CSCIF），这些位就显示 MSCAN 的与接收器有关的适当 CAN 总线状态。位 TSTAT1、TSTAT0 的编码是： 00：TxOK,0≤接收错误计数器≤96； 01：RxOK,0<接收错误计数器≤27； 10：RxERR,127<接收错误计数器≤255； 11：Bus-off1,发送错误计数器>255

续表

字　段	描　述
1 OVRIF	溢出中断标志：该标志在出现数据溢出情况时设置。如果没有被屏蔽，当设置了该标志时有一个错误中断产生 0：无数据溢出情况 1：检测到数据溢出
0 RXF[2]	接收缓冲区已满标志：当新报文被转移到接收器 FIFO 中时，RXF 由 MSCAN 进行置位，该标志表示移位缓冲区是否接收了正确的报文（匹配标识符、匹配循环冗余代码（CRC）和未检测到其他错误）。在 CPU 从接收器 FIFO 中的 RxFG 缓冲区那里读取了该报文后，RXF 标志必须清除，以释放缓冲区。已设置的 RXF 标志禁止下一个 FIFO 条目转移到前台缓冲区（RxFG）。如果未被屏蔽，当设置了该标志时有一个接收中断产生 0：RxFG 中没有新报文 1：接收器 FIFO 非空。RxFG 中有报文

注释：[1] 处于总线脱离状态的最重要 CAN 总线状态的冗余报文。只有当 Tx 错误计数器的错误超过 255 个时才会出现这种情况。总线脱离会影响接收器状态。一旦发送器离开其总线脱离状态，接收器状态也立即跳到 RxOK。也请参见本寄存器中的 TSTAT[1:0]编码。

[2] 为确保数据完整性，当 RXF 标志清除时，不要读取接收缓冲区寄存器。对于那些有双 CPU 的 MCU 来说，当 RXF 标志被清除时读取接收缓冲区寄存器可能会导致 CPU 故障。

4．MSCAN 接收中断使能寄存器（CANRIER）

CANRIER 寄存器包含用于 CANRFLG 寄存器中描述的中断标志的中断使能位，如图 4.11 所示，其字段描述见表 4.14，相对地址：$_05。

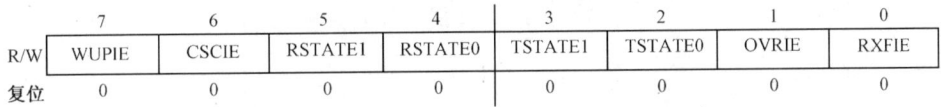

	7	6	5	4	3	2	1	0
R/W	WUPIE	CSCIE	RSTATE1	RSTATE0	TSTATE1	TSTATE0	OVRIE	RXFIE
复位	0	0	0	0	0	0	0	0

图 4.11　MSCAN 接收中断使能寄存器（CANRIER）

注意：当初始化模式处于有效状态时，CANRIER 寄存器保持复位状态（INITRQ=1 和 INITAK=1）。当未处于初始化模式时，该寄存器可以写入（INITRQ=0，INITAK=0）。

RSTATE[1:0]和 TSTATE[1:0]位不受初始化模式影响。

读取：任何时间。

写入：未处于初始化模式的任何时间。

表 4.14　CANRIER 寄存器字段描述

字　段	描　述
7 WUPIE[1]	唤醒中断使能 0：无中断请求从该事件中产生 1：唤醒事件引起唤醒中断请求
6 CSCIE	CAN 状态变化中断使能 0：无中断请求从该事件中产生 1：CAN 状态变化事件引起错误中断请求

字　段	描　述
5:4 RSTATE[1:0]	接收器状态变化使能，这些 RSTAT 使能位控制接收器状态变化而引起 CSCIF 中断的电平状态，它们独立于所选电平状态，RSTAT 标志继续显示实际接收器状态，且只有在没有 CSCIF 中断产生时才会更新 00：未生成由于接收器状态变化而引起的任何 CSCIF 中断 　01：只有当接收器进入或离开总线脱离状态时才会生成 CSCIF 中断，为生成 CSCIF 中断丢弃其他接收器状态变化 　10：只有当接收器进入或离开 RxErr 或总线脱离状态时才会生成 CSCIF 中断，为生成 CSCIF 中断丢弃其他接收器状态变化 　11：所有状态变化都生成 CSCIF 中断
3:2 TSTATE[1:0]	发送器状态变化使能，这些 TSTAT 使能位控制发送器状态变化而引起 CSCIF 中断的电平状态，它们独立于所选电平状态，TSTAT 标志继续显示实际发送器状态，且只有在没有 CSCIF 中断产生时才会更新 00：未生成由于接收器状态变化而引起的任何 CSCIF 中断 　01：只有当发送器进入或离开总线脱离状态时才会生成 CSCIF 中断，为生成 CSCIF 中断丢弃其他接收器状态变化 　10：只有当发送器进入或离开总线脱离状态时才会生成 CSCIF 中断，为生成 CSCIF 中断丢弃其他接收器状态变化 　11：所有状态变化都生成 CSCIF 中断
1 OVRIE	溢出中断使能 0：无中断请求从该事件中生成 1：溢出事件引起错误中断请求
0 RXFIE	接收器已满中断使能 0：无中断请求从该事件中生成 1：接收缓冲区已满（成功报文接收）事件引起接收器中断请求

注释：[1] 如果需要从停止或等待模式中进行恢复的机制，必须同时使能 WUPIE 和 WUPE（参见 MSCAN 控制寄存器 0（CANCTL0））。

5. MSCAN 发送标志寄存器（CANTFLG）

每个发送缓冲区空标志在 CANTIER 寄存器中都有相关的中断使能位，如图 4.12 所示，其字段描述见表 4.15，相对地址：$_06

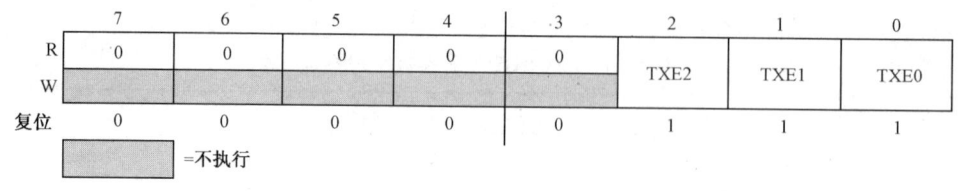

图 4.12　MSCAN 发送标志寄存器（CANTFLG）

注意：当初始化模式处于有效状态时，CANTFLG 寄存器保持复位状态（INITRQ=1，INITAK=1）。当未处于初始化模式时，该寄存器可以写入（INITRQ=0 和 INITAK=0）。

读取：任何时间。

写入：TXEx 标志不处于初始化模式的任何时间；写入 1 清除标志，写入 0 忽略标志。

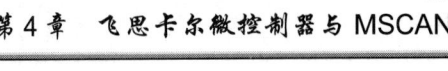

表 4.15 CANTFLG 寄存器字段描述

字 段	描 述
2:0 TXE[2:0]	发送器缓冲区空：该标志表示相关发送报文缓冲区空，因此没有用于发送。在发送缓冲区中放好报文并准备好发送后，CPU 必须清除该标志。报文发送成功后，MSCAN 设置该标志。当发送请求由于中止请求而被成功中止时，MSCAN 也设置该标志（参见 MSCAN 发送器报文中止请求寄存器（CANTARQ））。如果未被屏蔽，当设置了该标志时产生发送中断 清除 TXEx 标志也会清除相应的 ABTAKx（参见 MSCAN 发送器报文中止确认寄存器（CANTAAK））。当设置了 TXEx 标志时，相应的 ABTRQx 位被清除(参见MSCAN发送器报文中止请求寄存器(CANTARQ)) 当监听模式处于有效状态时（参见控制寄存器 1（CANCTL1））TXEx 标志不能清除且不进行任何发送；当相应的 TXEx 位被清除（TXEx=0）且缓冲区被安排用于发送时，对发送缓冲区的读写操作会被拦截 0：相关报文缓冲区已满（加载了准备发送的报文） 1：相关报文缓冲区空（未安排）

6. MSCAN 发送器中断使能寄存器（CANTIER）

CANTIER 寄存器包含发送缓冲区空中断标志的中断使能位，如图 4.13 所示，其字段描述见表 4.16。相对地址：$_07。

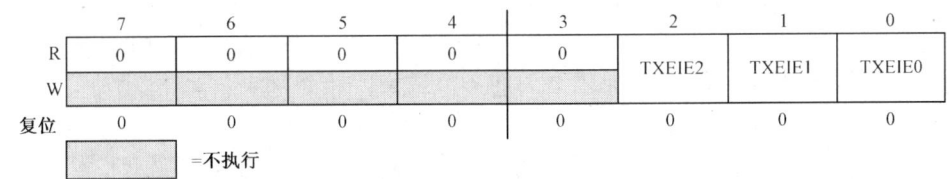

图 4.13 MSCAN 发送器中断使能寄存器（CANTIER）

注意：当初始化模式处于有效状态时，CANTIER 寄存器保持复位状态（INITRQ=1，INITAK=1）。当未处于初始化模式时，该寄存器可以写入（INITRQ=0，INITAK=0）。

读取：任何时间。

写入：未处于初始化模式的任何时间。

表 4.16 CANTIER 寄存器字段描述

字 段	描 述
2:0 TXEIE[2:0]	发送器空中断使能 0：无中断请求从该事件中生成 1：发送器空（发送缓冲区可用于发送）事件引起发送器空中断请求。更多报文参见发送结构

7. MSCAN 发送器报文中止请求寄存器（CANTARQ）

CANTARQ 寄存器如图 4.14 所示，其字段描述见表 4.17，用以中止报文发送队列的请求。相对地址：$_08。

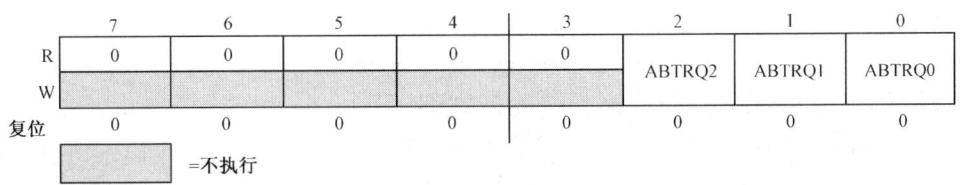

图 4.14 MSCAN 发送器报文中止请求寄存器（CANTARQ）

127

注意：当初始化模式处于有效状态时，CANTARQ 寄存器保持复位状态（INITRQ=1，INITAK=1）。当未处于初始化模式时，该寄存器可以写入（INITRQ=0，INITAK=0）。

读取：任何时间。

写入：未处于初始化模式的任何时间。

表 4.17　CANTARQ 寄存器字段描述

字　段	描　述
2:0 ABTRQ[2:0]	中止请求：CPU 设置 ABTRQx 位，请求中止预定的报文缓冲区（TXEx=0）。如果报文还没有开始发送，或者如果发送没有成功（仲裁丢失或错误），MSCAN 就同意请求。当报文被中止时，相关 TXE（参见 MSCAN 发送器标志寄存器（CANTFLG））和中止确认标志（ABTAK，参见 MSCAN 发送器报文中止确认寄存器（CANTAAK））被设置，且若使能就触发发送中断。CPU 不能复位 ABTRQx 每当设置了相关的 TXE 标志时，ABTRQx 就被复位 0：无中止请求 1：中止请求产生

8. MSCAN 发送器报文中止确认寄存器（CANTAAK）

CANTAAK 寄存器如图 4.15 所示，其字段描述见表 4.18，表示成功中止报文发送队列的请求，如果由 CANTARQ 寄存器中的适当位请求。相对地址：$_09。

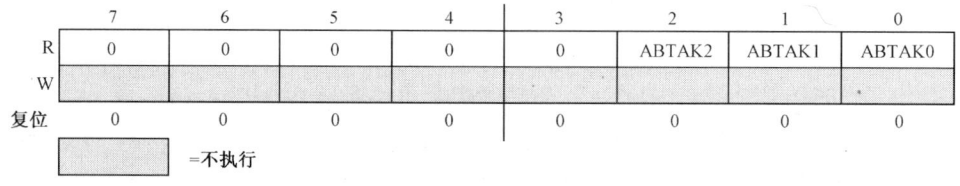

图 4.15　MSCAN 发送器报文中止确认寄存器（CANTAAK）

注意：当初始化模式处于有效状态时，CANTAAK 寄存器保持复位状态（INITRQ=1，INITAK=1）。

读取：任何时间。

写入：不为 ABTAKx 标志执行。

表 4.18　CANTAAK 寄存器字段描述

字　段	描　述
2:0 ABTAK[2:0]	中止确认：该标志确认由于 CPU 的产生发送中止请求而中止报文。当某个报文缓冲区标空时，软件可以使用该标志来确认报文是成功中止还是已发送出去。每当相应 TXE 标志被清除时，ABTAKx 标志就会清除 0：报文未被中止 1：报文被中止

9. MSCAN 发送缓冲区选择寄存器（CANTBSEL）

实际发送报文缓冲区的 CANTBSEL 选择，如图 4.16 所示，其字段描述见表 4.19，该缓冲区可以在 CANTXFG 寄存器空间访问。相对地址：$_0A。

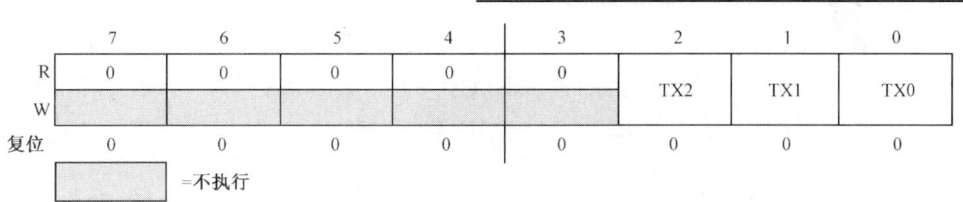

图 4.16 MSCAN 发送缓冲区选择寄存器（CANTBSEL）

注意：当初始化模式处于有效状态时，CANTARQ 寄存器保持复位状态（INITRQ=1，INITAK=1）。当未处于初始化模式时，该寄存器可以写入（INITRQ=0 和 INITAK=0）。

读取：发现最低排列顺序位设置为 1，所有其他位读为 0。

写入：未处于初始化模式的任何时间。

表 4.19 CANTBSEL 寄存器字段描述

字 段	描 述
2:0 TX[2:0]	发送缓冲区选择：在 CANTXFG 寄存器空间里置位为 1 的最低位（例如 TX1=1、TX0=1 选择发送缓冲区 TX0；TX1=1、TX0=0 选择发送缓冲区 TX1）。如果相应 TXEx 位被清除，缓冲区被安排用于传输，所选发送缓冲区的读写接入会被拦截。（参见 MSCAN 发送器标志寄存器（CANTFLG）） 0：相关报文缓冲区不被选择 1：选择了相关报文缓冲区，如果是最低置 1 位

下面给出了一个 CANTBSEL 寄存器使用的简短编程示例。

Tx 为了获得下一个可用发送缓冲区，应用软件必须读取 CANTFLG 寄存器，并将该值重新写入 CANTBSE 寄存器。在该示例中，Tx 缓冲区 TX1 和 TX2 可用。从 CANTFLG 读取的值因此为 0b0000_0110。当该值重新写入 CANTBSEL 时，CANTXFG 中选择 Tx 缓冲区 TX1，因为设置为 1 的最低位处于位 1。从 CANTBSEL 重新读取该值会导致 0b0000_0010，因为只有设置为 1 的最低位显示。这种机制简化了应用软件选择下一个可用 Tx 缓冲区的逻辑。

- LDDCANTFLG：读取值为 0b0000_0110；
- STDCANTBSEL：写入值为 0b0000_0110；
- LDDCANTBSEL：读取值为 0b0000_0010。

如果取消了所有发送报文缓冲区选择，则不允许访问 CANTXFG 缓冲区寄存器。

10. MSCAN 标识符验收控制寄存器（CANIDAC）

CANIDAC 寄存器如图 4.17 所示，用于标识符滤波器验收控制，详见表 4.20、表 4.21 和表 4.22。相对地址：$_0B。

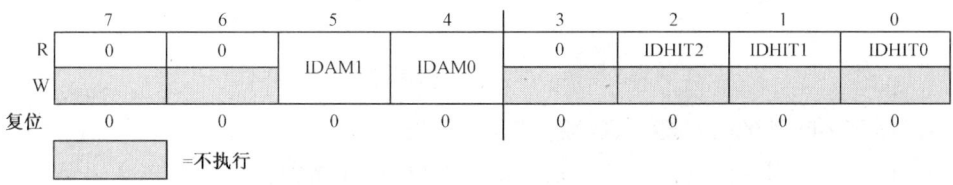

图 4.17 MSCAN 标识符验收控制寄存器（CANIDAC）

读取：任何时间。

写入：处于初始化模式的任何时间（INITRQ=1 和 INITAK=1），只读位 IDHITx 除外。

表 4.20　CANIDAC 寄存器字段描述

字　　段	描　　述
5:4 IDAM[1:0]	标识符接收模式：CPU 设置这种标志来定义标识符接收滤波器结构（参见标识符接收滤波器） 表 4.21 总结了不同设置。在滤波器关闭模式中，不接收任何报文，因此前台缓冲区永远不会重载
2:0 IDHIT[2:0]	标识符接收有效标志指示器：MSCAN 设置这些标志来显示标识符接收有效标志（参见标识符接收滤波器），表 4.22 总结了不同设置。

表 4.21　标识符接收模式选择

IDAM1	IDAM0	标识符接收模式
0	0	2 个 32 位接收滤波器
0	1	4 个 16 位接收滤波器
1	0	8 个 8 位接收滤波器
1	1	滤波器关闭

表 4.22　标识符接收有效标志指示器

IDHIT2	IDHIT1	IDHIT0	标识符接收有效标志
0	0	0	滤波器 0 有效标志
0	0	1	滤波器 1 有效标志
0	1	0	滤波器 2 有效标志
0	1	1	滤波器 3 有效标志
1	0	0	滤波器 4 有效标志
1	0	1	滤波器 5 有效标志
1	1	0	滤波器 6 有效标志
1	1	1	滤波器 7 有效标志

IDHITx 指示器总是与前台缓冲区（RxFG）中的报文有关。当报文被转移到接收器 FIFO 的前台缓冲区时，指示器也相应更新。

11. MSCAN 保留寄存器（Reserved）

此寄存器保留用于 MSCAN 模块的厂商测试，如图 4.18 所示。相对地址：$_0C。

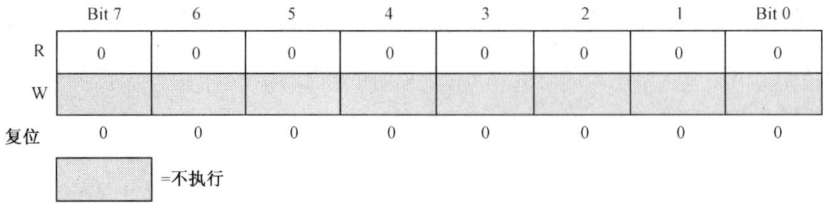

图 4.18　MSCAN 保留寄存器（Reserved）

12. MSCAN 其他寄存器（CANMISC）

CANMISC 寄存器提供了一些其他功能，如图 4.19 所示，其字段描述见表 4.23。相对地址：$_0D。

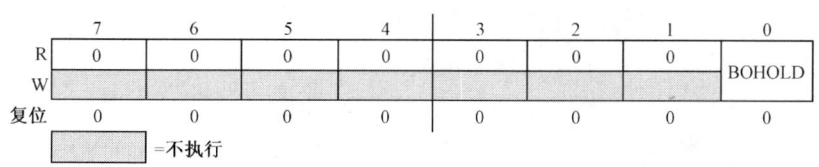

图 4.19　MSCAN 其他寄存器（CANMISC）

读取：任何时间。

写入：任何时间；写入 1 清除标志，写入 0 忽略标志。

表 4.23　CANMISC 字段描述

字　段	描　述
0 BOHOLD	总线脱离状态持续到用户请求：控制寄存器 1（CANCTL1），MSCAN 控制寄存器 1（CANCTL1）中设置了 BORM，此标志位显示模块是否已经进入总线脱离状态。清除该位则请求从总线脱离恢复。如需了解详细报文，参见总线脱离恢复 0：模块未总线脱离，或在总线脱离状态并已请求恢复 1：模块总线脱离，并保持该状态直到用户请求

13. MSCAN 接收错误计数器（CANRXERR）

CANRXERR 寄存器反映 MSCAN 接收错误计数器的状态，如图 4.20 所示。相对地址：$_0E。

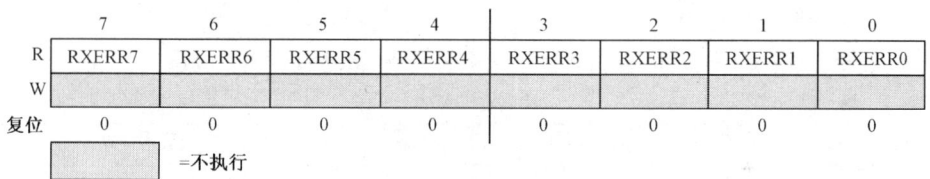

图 4.20　MSCAN 接收错误计数器（CANRXERR）

注意：在非睡眠或初始化模式外的任意其他模式中读取该寄存器会返回错误值。对于那些具有双 CPU 的 MCU 来说，这可能会引起 CPU 故障情况。

在特殊模式中写入该寄存器可能改变 MSCAN 功能。

读取：仅在睡眠模式（SLPRQ=1，SLPAK=1）或初始化模式（INITRQ=1 和 INITAK=1）。

写入：不执行。

14. MSCAN 发送错误计数器（CANTXERR）

CANTXERR 寄存器反映 MSCAN 发送错误计数器的状态，如图 4.21 所示。相对地址：$_0F。

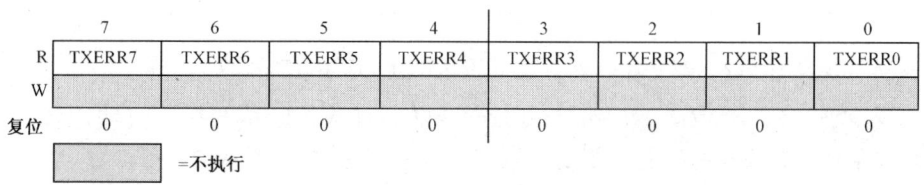

图 4.21　MSCAN 发送错误计数器（CANTXERR）

注意：在非睡眠或初始化模式外的任意其他模式中读取该寄存器会返回错误值，对于那些具有双 CPU 的 MCU 来说，这可能会引起 CPU 故障情况。

在特殊模式中写入该寄存器可能改变 MSCAN 功能。

读取：仅在睡眠模式（SLPRQ=1，SLPAK=1）或初始化模式（INITRQ=1，INITAK=1）。

写入：不执行。

15．MSCAN 标识符接收寄存器（CANIDAR0～CANIDAR7）

一旦接收报文，每条报文将写入后台接收缓冲区。只有当报文通过了标识符接收和标识符掩码寄存器中的滤波，CPU 才被告知读取报文（接收），否则当前报文会被下一条报文覆盖（丢弃）。

MSCAN 的接收寄存器采用逐位方式（参见标识符接收滤波器），应用于 IDR0～IDR3 寄存器（参见标识符寄存器（IDR0～IDR3））（参见标识符接收滤波器）。

对于扩展标识符，要应用所有四个接收和掩码寄存器。对于标准标识符，只应用前两个（CANIDAR0/1、CANIDMR0/1）。如图 4.22、图 4.23、表 4.24 所示。

相对地址：$_10-$_13。

读取：任何时间。

写入：处于初始化模式的任何时间（INITRQ=1andINITAK=1）。

相对地址：0_18-_1B。

读取：任何时间。

写入：处于初始化模式的任何时间（INITRQ=1andINITAK=1）。

	7	6	5	4	3	2	1	0
R/W	AC7	AC6	AC5	AC4	AC3	AC2	AC1	AC0
复位	0	0	0	0	0	0	0	0

图 4.22　MSCAN 标识符接收寄存器（CANIDAR0～CANIDAR3）

	7	6	5	4	3	2	1	0
R/W	AC7	AC6	AC5	AC4	AC3	AC2	AC1	AC0
复位	0	0	0	0	0	0	0	0

图 4.23　MSCAN 标识符接收寄存器（CANIDAR4～CANIDAR7）

表 4.24　CANIDAR0～CANIDAR7 字段描述

字　　段	描　　述
7:0 AC[7:0]	接收码位：AC[7:0]由用户定义的位顺序组成，通过这种方式，接收报文缓冲区的相关标识符寄存器（IDRn）的相应位进行比较。比较结果然后用相应标识符掩码寄存器进行掩码屏蔽

16. MSCAN 标识符掩码寄存器（CANIDMR0～CANIDMR7）

标识符掩码寄存器指定标识符接收寄存器中的哪些相应位与接收过滤比较。为了在 32 位滤波器模式中接收标准标识符，需要把掩码寄存器 CANIDMR1 和 CANIDMR5 中最后三位（AM[2:0]）编程为不比较。为了在 16 位滤波器模式中接收标准标识符，需要把掩码寄存器 CANIDMR1、CANIDMR3、CANIDMR5 和 CANIDMR7 中的最后三位（AM[2:0]）编程为不比较。如图 4.24、图 4.25 和表 4.25 所示。

相对地址$_14-$_17

读取：任何时间。

写入：处于初始化模式的任何时间（INITRQ=1andINITAK=1）。

相对地址$_1C-$_1F

读取：任何时间。

写入：处于初始化模式的任何时间（INITRQ=1andINITAK=1）。

	7	6	5	4	3	2	1	0
R/W	AM7	AM6	AM5	AM4	AM3	AM2	AM1	AM0
复位	0	0	0	0	0	0	0	0

图 4.24　MSCAN 标识符掩码寄存器（CANIDMR0～CANIDMR3）

	7	6	5	4	3	2	1	0
R/W	AM7	AM6	AM5	AM4	AM3	AM2	AM1	AM0
复位	0	0	0	0	0	0	0	0

图 4.25　MSCAN 标识符掩码寄存器（CANIDMR4～CANIDMR7）

表 4.25　CANIDMR0～CANIDMR7 字段描述

字　段	描　述
7:0 AM[7:0]	接收掩码位：如果该寄存器中的某位被清除，这表示检测到匹配前，标识符接收寄存器中的相应位必须和它的标识符相同。如果所有类似位均匹配，报文被接收，如果此位置 1，这表示标识符接收寄存器中的相应位的状态不会影响报文是否被接收 0：匹配相应接收码寄存器和标识符位 1：忽略相应接收码寄存器位（不比较）

4.2.4　MSCAN 模块的报文存储模式

1. MSCAN 模块报文存储结构

本节将详细介绍了接收和发送报文缓冲区的结构，以及相关控制寄存器。为了简化设计界面，接收和发送报文缓冲区的轮廓相同。每个报文缓冲区都在包含 13 字节数据结构的存储器映射中都分配 16 字节，见表 4.26。

我们还为发送缓冲区定义了一个发送缓冲区优先级寄存器（TBPR）。在该存储器映射的最后两个字节中，MSCAN 保存一个特殊的 16 位时间标签，采样于报文成功传输或接收后的内部计时器。如果设置了 TIME 位，这种功能只出现于发送缓冲区和接收器缓冲区（参见 MSCAN 控制寄存器 0（CANCTL0））。

时间标签寄存器由 MSCAN 写入，CPU 只能读这些寄存器。

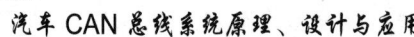

表 4.26　报文缓冲区结构

相对地址	寄 存 器 名
$\_\_x0$	标识符寄存器 0
$\_\_x1$	标识符寄存器 1
$\_\_x2$	标识符寄存器 2
$\_\_x3$	标识符寄存器 3
$\_\_x4$	数据段寄存器 0
$\_\_x5$	数据段寄存器 1
$\_\_x6$	数据段寄存器 2
$\_\_x7$	数据段寄存器 3
$\_\_x8$	数据段寄存器 4
$\_\_x9$	数据段寄存器 5
$\_\_xA$	数据段寄存器 6
$\_\_xB$	数据段寄存器 7
$\_\_xC$	数据长度寄存器
$\_\_xD$	发送缓冲区优先级寄存器 [1]
$\_\_xE$	时间标记寄存器（高 8 位）[2]
$\_\_xF$	时间标记寄存器（低 8 位）[3]

注释：[1]对于接收操作无效；[2]CPU 只读；[3]CPU 只读。

　　图 4.26 为扩展标识符显示了接收缓冲区和发送缓冲区常用的 13 字节数据结构。标准标识符在 IDR 寄存器中的映射如图 4.27 所示。

寄存器名称		Bit 7	6	5	4	3	2	1	Bit 0	ADDR
IDR0	R/W	ID28	ID27	ID26	ID25	ID24	ID23	ID22	ID21	$\_x0$
IDR1	R/W	ID20	ID19	ID18	SRR(=1)	IDE(=1)	ID17	ID16	ID15	$\_x1$
IDR2	R/W	ID14	ID13	ID12	ID11	ID10	ID9	ID8	ID7	$\_x2$
IDR3	R/W	ID6	ID5	ID4	ID3	ID2	ID1	ID0	RTR	$\_x3$
DSR0	R/W	DB7	DB6	DB5	DB4	DB3	DB2	DB1	DB0	$\_x4$
DSR1	R/W	DB7	DB6	DB5	DB4	DB3	DB2	DB1	DB0	$\_x5$
DSR2	R/W	DB7	DB6	DB5	DB4	DB3	DB2	DB1	DB0	$\_x6$
DSR3	R/W	DB7	DB6	DB5	DB4	DB3	DB2	DB1	DB0	$\_x7$
DBR4	R/W	DB7	DB6	DB5	DB4	DB3	DB2	DB1	DB0	$\_x8$
DBR5	R/W	DB7	DB6	DB5	DB4	DB3	DB2	DB1	DB0	$\_x9$
DBR6	R/W	DB7	DB6	DB6	DB4	DB3	DB2	DB1	DB0	$\_xA$
DBR7	R/W	DB7	DB6	DB6	DB4	DB3	DB2	DB1	DB0	$\_xB$
DLR	R/W					DLC3	DLC2	DLC1	DLC0	$\_xC$

▨ =未用

图 4.26　接收缓冲区和发送缓冲区——扩展标识符映射

由于基于 RAM，接收缓冲区和发送缓冲区的所有位在复位时均为 x。接收缓冲区和发送缓冲区的所有保留或不使用位始终读为 x（不使用的位总读为 x）。

读取：对于发送缓冲区，当设置了 TXEx 标志（参见 MSCAN 发送器标志寄存器（CANTFLG））且在 CANTBSEL 中选择了相应发送缓冲区（参见 MSCAN 发送缓冲区选择寄存器（CANTBSEL））的任何时间。对于接收缓冲区，仅当设置了 RXF 标志（参见 MSCAN 接收器标志寄存器（CANRFLG））。

写入：对于发送缓冲区，当设置了 TXEx 标志（参见 MSCAN 发送器标志寄存器（CANTFLG））且在 CANTBSEL 中选择了相应发送缓冲区（参见 MSCAN 发送缓冲区选择寄存器（CANTBSEL））的任何时间。对于接收缓冲区，不执行。

复位：因为基于 RAM，未定义（0x00XX）。

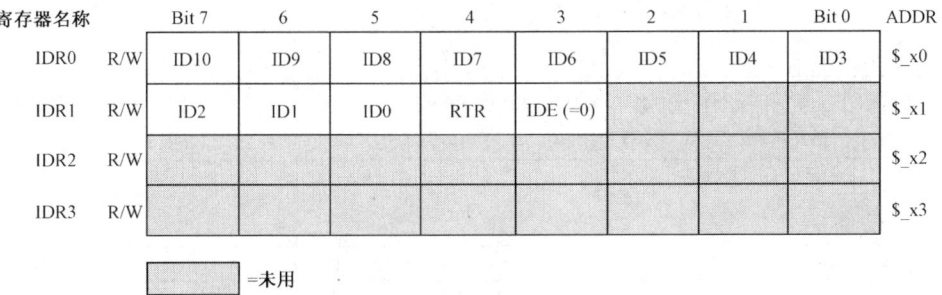

寄存器名称		Bit 7	6	5	4	3	2	1	Bit 0	ADDR
IDR0	R/W	ID10	ID9	ID8	ID7	ID6	ID5	ID4	ID3	$_x0
IDR1	R/W	ID2	ID1	ID0	RTR	IDE (=0)				$_x1
IDR2	R/W									$_x2
IDR3	R/W									$_x3

　=未用

图 4.27　接收缓冲区和发送缓冲区——标准标识符映射

2．MSCAN 标识符寄存器（IDR0～IDR3）

扩展格式标识符的标识符寄存器共由 32 个位组成；ID[28:0]、SRR、IDE 和 RTR 位。标准格式标识符的标识符寄存器共由 13 个位组成；ID[10:0]、RTR 和 IDE 位。

（1）扩展标识符映射的 IDR0～IDR3

扩展标识符映射的 IDR0～IDR3 分别如图 4.28、图 4.29、图 4.30、图 4.31、表 4.27、表 4.28、表 4.29、表 4.30 所示。

	7	6	5	4	3	2	1	0
R/W	ID28	ID27	ID26	ID25	ID24	ID23	ID22	ID21
复位	×	×	×	×	×	×	×	×

图 4.28　扩展标识符映射的 IDR0

表 4.27　扩展标识符的 IDR0 字段描述

字　段	描　述
7:0 ID[28:21]	扩展格式标识符：该标识符由 29 个扩展格式位（ID[28:0]）组成。ID28 是最高的位，仲裁流程期间最先在 CAN 总线上发送。标识符的优先级定义为处于最高位的最小二进制数

	7	6	5	4	3	2	1	0
R/W	ID20	ID19	ID18	SRR[1]	IDE[1]	ID17	ID16	ID15
复位	×	×	×	×	×	×	×	×

图 4.29　扩展标识符映射的 IDR1

说明：在扩展标识符情况下，SRR 和 IDE 两个位都为 1。

表 4.28　扩展标识符的 IDR1 字段描述

字　段	描　述
7:5 ID[20:18]	扩展格式标识符：该标识符由 29 个扩展格式位（ID[28:0]）组成。ID28 是最高的位，仲裁流程期间最先在 CAN 总线上发送。标识符的优先级定义为处于最高位的最小二进制数
4 SRR	替代远程请求：该固定隐性位仅用于扩展格式，它必须由用户为传输缓冲区置位为 1，并为接收缓冲区在 CAN 总线上置位为接收。
3 IDE	扩展：该标志显示扩展或标准标识符格式是否应用于该缓冲区。在接收缓冲区中，该标志设置为已接收，并向 CPU 显示如何处理缓冲区标识符寄存器；在发送缓冲区中，该标志向 MSCAN 显示将发送的标识符类型 0：标准格式（11 位） 1：扩展格式（29 位）
2:0 ID[17:15]	扩展格式标识符：该标识符由 29 个扩展格式位（ID[28:0]）组成。ID28 是最高的位，仲裁流程期间最先在 CAN 总线上发送。标识符的优先级定义为处于最高位的最小二进制数

	7	6	5	4	3	2	1	0
R/W	ID14	ID13	ID12	ID11	ID10	ID9	ID8	ID7
复位	×	×	×	×	×	×	×	×

图 4.30　扩展标识符映射的 IDR2

表 4.29　扩展标识符的 IDR2 字段描述

字　段	描　述
7:0 ID[14:7]	扩展格式标识符：该标识符由 29 个扩展格式位（ID[28:0]）组成。ID28 是最高的位，仲裁流程期间最先在 CAN 总线上发送。标识符的优先级定义为处于最高位的最小二进制数

	7	6	5	4	3	2	1	0
R/W	ID6	ID5	ID4	ID3	ID2	ID1	ID0	RTR
复位	×	×	×	×	×	×	×	×

图 4.31　扩展标识符映射的 IDR3

表 4.30　扩展标识符的 IDR3 字段描述

字　段	描　述
7:1 ID[6:0]	扩展格式标识符：该标识符由 29 个扩展格式位（ID[28:0]）组成。ID28 是最高的位，仲裁流程期间最先在 CAN 总线上发送。标识符的优先级定义为处于最高位的最小二进制数
0 RTR	远程发送请求：该标志反应 CAN 帧中远程发送请求的状态，在接收缓冲区中，它显示已接收帧的状态，并在软件中支持应答帧的发送；在发送缓冲区中，该标志定义将要发送的 RTR 位的设置 0：数据帧 1：远程帧

（2）标准标识符映射的 IDR0～IDR3

标准标识符映射的 IDR0～IDR3 分别如图 4.32、图 4.33、图 4.34、表 4.31、表 4.32 所示。

	7	6	5	4	3	2	1	0
R/W	ID10	ID9	ID8	ID7	ID6	ID5	ID4	ID3
复位	×	×	×	×	×	×	×	×

图 4.32　标准标识符映射的 IDR0

表 4.31　标准标识符的 IDR0 字段描述

字　段	描　述
7:0 ID[10:3]	标准格式标识符：该标识符由 11 个扩展格式位（ID[10:0]）组成。ID10 是最高位，仲裁流程期间最先在 CAN 总线上发送。标识符的优先级定义为处于最高位的最小二进制数，也可参见表 4.32 中的 ID 位

	7	6	5	4	3	2	1	0
R/W	ID2	ID1	ID0	RTR	IDE			
复位	×	×	×	×	×	×	×	×

[ ]＝不使用，始终读为 '×'

图 4.33　标准标识符映射的 IDR1

说明：在标准标识符情况下，IDE 始终为 0。

表 4.32　标准标识符的 IDR1 字段描述

字　段	描　述
7:5 ID[2:0]	标准格式标识符：该标识符由 11 个扩展格式位（ID[10:0]）组成。ID10 是最高位，仲裁流程期间最先在 CAN 总线上发送。标识符的优先级定义为处于最高位的最小二进制数，也可参见表 4.31 中的 ID 位
4 RTR	远程发送请求：该标志反应 CAN 帧中远程发送请求的状态，在接收缓冲区中，它显示已接收帧的状态，并在软件中支持应答帧的发送；在发送缓冲区中，该标志定义将要发送的 RTR 位的设置 0：数据帧 1：远程帧
3 IDE	ID 扩展：该标志显示扩展或标准标识符格式是否应用于该缓冲区，在接收缓冲区中，该标志设置为已接收，并向 CPU 显示如何处理缓冲区标识符寄存器；在发送缓冲区中，该标志向 MSCAN 显示将发送的标识符类型 0：标准格式（11 位） 1：扩展格式（29 位）

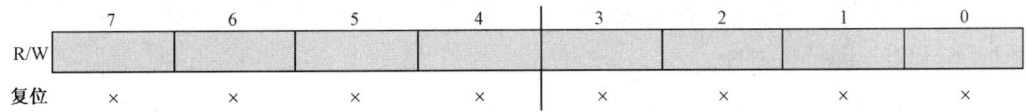

	7	6	5	4	3	2	1	0
R/W								
复位	×	×	×	×	×	×	×	×

[ ]＝不使用，始终读为 '×'

图 4.34　标准标识符映射的 IDR2～IDR3

说明：在标准标识符映射的情况下，IDR2 和 IDR3 寄存器不使用。

3. 数据段寄存器（DSR0～DSR7）

此 8 个数据段寄存器（每个都带有位 DB[7:0]）包含将要发送或接收的数据，将要发送或接收的字节数由相应 DLR 寄存器中的数据长度代码决定，如图 4.35 和表 4.33 所示。

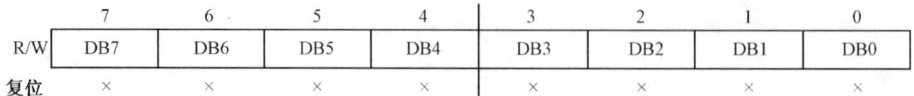

图 4.35　数据段寄存器（DSR0～DSR7）

表 4.33　DSR0～DSR7 字段描述

字　　段	描　　述
7:0DB[7:0]	数据位 7:0

4. 数据长度寄存器（DLR）

该寄存器保存 CAN 帧的数据长度字段，如图 4.36 和表 4.34 所示。

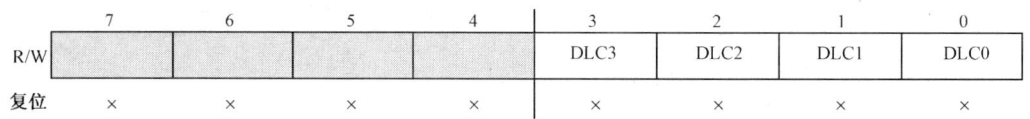

图 4.36　数据长度寄存器（DLR）

表 4.34　DLR 字段描述

字　　段	描　　述
3:0 DLC[3:0]	数据长度代码位：数据长度代码位包含各自报文的字节数（数据字节计数）。在远程帧发送过程中，数据长度代码作为已编程码发送，而已发送的数据字节数始终为 0。数据帧的数据字节计数从 0 到 8 不等。表 4.35 显示设置 DLC 位的影响

5. 发送缓冲区优先寄存器（TBPR）

该寄存器定义相关报文发送缓冲区的本地优先级。本地优先级用于 MSCAN 的内部优先级排队程序，优先级定义为最小二进制数字取得最高优先级。MSCAN 执行下列内部优先级排队机制，如图 4.37 和表 4.35 所示。

读取：当设置了 TXEx 标志（参见 MSCAN 发送器标志寄存器（CANTFLG））且在 CANTBSEL 中选择了相应发送缓冲区（参见 MSCAN 发送缓冲区选择寄存器（CANTBSEL））的任何时间。

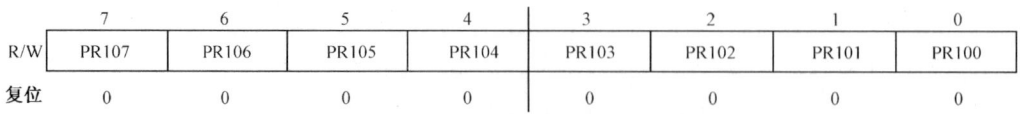

图 4.37　发送缓冲区优先寄存器（TBPR）

表 4.35 数据长度码

数据长度码				数据字节数
DLC3	DLC2	DLC1	DLC0	
0	0	0	0	0
0	0	0	1	1
0	0	1	0	2
0	0	1	1	3
0	1	0	0	4
0	1	0	1	5
0	1	1	0	6
0	1	1	1	7
0	0	0	0	8

- 带有 TXEx 清除标志的所有发送缓冲区在发送 SOF（帧开始）前立即参与优先级排队；
- 带有最低本地优先级字段的发送缓冲区优先。

当出现一个以上的缓冲区具有相同最低优级的情况时，索引编号较小的报文缓冲区优先。

写入：当设置了 TXEx 标志（参见 MSCAN 发送器标志寄存器（CANTFLG））且在 CANTBSEL 中选择了相应发送缓冲区（参见 MSCAN 发送缓冲区选择寄存器（CANTBSEL））的任何时间。

6. 时间标记寄存器（TSRH～TSRL）

如果使能了 CANCTL0 的 TIME 位，只要报文已经在 CAN 总线上得到确认，MSCAN 就把时间标记写入有效发送或接收缓冲区中各自的寄存器（参见 MSCAN 控制寄存器 0（CANCTL0））。发送时，CPU 只有在各自发送缓冲区标志空后才可以读取时间标记。用于标记的计时器值从自由运行的内部 CAN 位时钟中获取，计时器溢出不通过 MSCAN 显示。计时器在初始化模式中复位（所有位设置为 0），CPU 只能读取时间标记，如图 4.38 和图 4.39 所示。

	7	6	5	4	3	2	1	0
R	TSR15	TSR14	TSR13	TSR12	TSR11	TSR10	TSR09	TSR08
W								
复位	×	×	×	×	×	×	×	×

图 4.38 时间标记寄存器——高字节（TSRH）

	7	6	5	4	3	2	1	0
R	TSR7	TSR6	TSR5	TSR4	TSR3	TSR2	TSR1	TSR0
W								
复位	×	×	×	×	×	×	×	×

图 4.39 时间标记寄存器——低字节（TSRL）

读取：当设置了 TXEx 标志（参见 MSCAN 发送器标志寄存器（CANTFLG））且在 CANTBSEL 中选择了相应发送缓冲区（参见 MSCAN 发送缓冲区选择寄存器（CANTBSEL））的任何时间。

写入：只读，不可写。

4.3 MSCAN 模块的功能描述

本部分提供了 MSCAN 模块的完整功能描述，包含它的特性和运行模式等。

4.3.1 报文存储

MSCAN 模块有 5 个接收缓冲区和 3 个发送缓冲区，其缓冲区结构的用户模型如图 4.40 和图 4.41 所示。

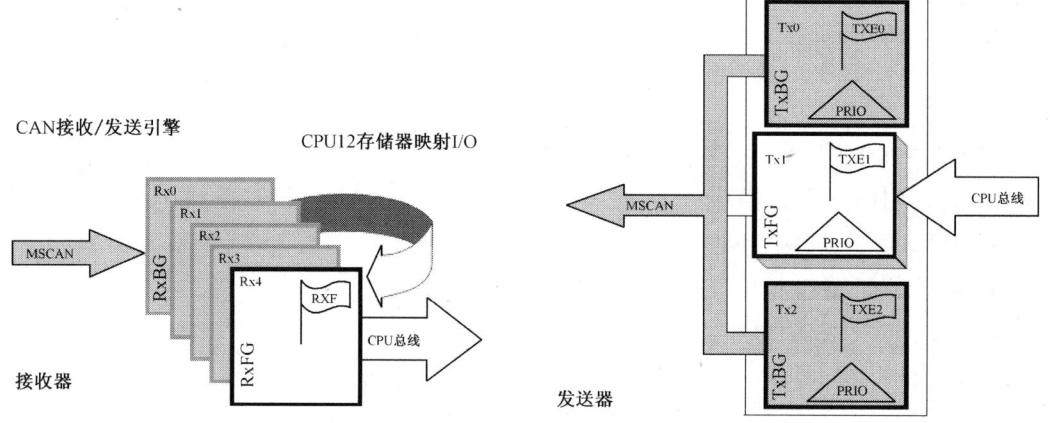

图 4.40　报文接收缓冲区的用户模型　　　　图 4.41　报文发送缓冲区的用户模型

MSCAN 提供了一个能够满足一系列网络应用需求的先进报文存储系统。

4.3.2 报文发送基础

现代应用层软件的建立基于两个基本假设：

- 任何 CAN 节点都能够发送安排好的报文流，而不需要在两条报文间释放 CAN 总线，这些节点在发送上一条报文后立即仲裁 CAN 总线，只有当仲裁丢失时释放 CAN 总线；
- 安排 CAN 节点内的内部报文队列，因此如果有多条报文准备发送时，最高优先级报文首先发出。

以上描述的行为不能用单个发送缓冲区来实现。该缓冲区在上一条报文发送后必须立即重新加载。加载流程的持续时间有限，必须在帧间顺序（IFS）内完成，以便能够发送不中断报文流。即使这对于有限总线速度的 CAN 来说可行，但它要求 CPU 有最短的发送中断延迟时间。

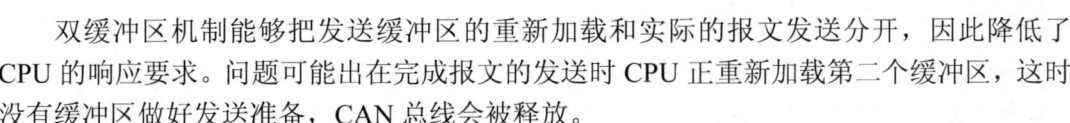

双缓冲区机制能够把发送缓冲区的重新加载和实际的报文发送分开，因此降低了 CPU 的响应要求。问题可能出在完成报文的发送时 CPU 正重新加载第二个缓冲区，这时没有缓冲区做好发送准备，CAN 总线会被释放。

无论在什么情况下，至少需要三个发送缓冲区来满足上述第一个要求。MSCAN 有三个发送缓冲区。

第二个要求需要某些类型的内部优先排队，MSCAN 用发送结构中描述的本地优先级来执行该优先排队。

 ### 4.3.3　发送结构

MSCAN 三重发送缓冲区机制允许提前建立多条报文，从而优化了实时性能。这三个缓冲区的安排如图 4.41 所示。

这三个缓冲区都具有类似接收缓冲区的 13 字节数据结构（参见报文存储模式）。发送缓冲区优先寄存器（TBPR）包含 8 位本地优先级字段（PRIO）（参见发送缓冲区优先寄存器（TBPR））。如果需要，剩下的两个字节用于报文的时间标签（参见时间标签寄存器（TSRH～TSRL））。

要发送报文，CPU 必须确定可用的发送缓冲区，这由置位的发送器缓冲区空（TXEx）标志（参见 MSCAN 发送器标志寄存器（CANTFLG））表示。如果发送缓冲区可用，CPU 必须通过写入 CANTBSEL 寄存器（参见 MSCAN 发送缓冲区选择寄存器（CANTBSEL）），为该缓冲区设置一个指针。这使得各自的缓冲区能够在 CANTXFG 地址空间内访问（参见报文存储模式）。与 CANTBSEL 寄存器有关的算法功能简化了发送缓冲区选择。此外，这种机制使程序软件处理更为简单，因为发送流程只需访问一个地址，节省所需地址空间。

然后，CPU 将标识符、控制位和数据内容保存到一个发送缓冲区。最后，通过清除相关 TXE 标志，缓冲区标志为发送准备就绪。

MSCAN 然后安排报文发送，并通过设置相关 TXE 标志，通知缓冲区成功发送。当设置了 TXEx，可触发发送中断（参见发送中断）[①]，能够用来使应用软件重新加载缓冲区。

当 CAN 总线赢得仲裁时，如果有一个以上的缓冲区等待发送，MSCAN 则使用三个缓冲区的本地优先级设置来决定优先顺序。因此，每个发送缓冲区都有 8 位本地优先级字段（PRIO）。在报文建立时，应用软件就编辑该字段。本地优先级反应了在从该节点发送的有关报文之间的优先级顺序。具有最低二进制代码的 PRIO 字段占最高优先级。当 MSCAN 为 CAN 总线进行仲裁时，就会引发内部调度程序；当出现发送错误时也会如此。

当应用软件安排了高优先级报文时，可能有必要中止三个发送缓冲区的某一个低优先级报文。由于正发送的报文不能中止，因此用户必须通过设置相应中止请求位（ABTRQ）请求中止（参见 MSCAN 发送器报文中止请求寄存器（CANTARQ））。可能的话，MSCAN 通过以下方式允许该请求：

[①]只有当未屏蔽时才会发生发送中断。轮询机制也可应用于 TXEx。

- 在 CANTAAK 寄存器中设置相应的中止确认标志（ABTAK）；
- 设置相关的 TXE 标志来释放缓冲区；
- 生成发送中断。发送中断处理程序软件能够根据 ABTAK 标志的设置决定是报文中止（ABTAK=1）还是已发送（ABTAK=0）。

 ### 4.3.4 接收结构

收到的报文保存在 5 级输入 FIFO 中。5 个报文缓冲区被交替映射到单个存储器区域（见图 4.40）。后台接收缓冲区（RxBG）只与 MSCAN 相关，但前台接收缓冲区可以通过 CPU 寻址（见图 4.40）。这种机制简化了处理程序软件，因为接收流程只需访问一个地址。

如果使能的话，所有接收缓冲区都有 15 B 大小空间来保存 CAN 控制位、标识符（标准或扩展）、数据内容（参见报文存储模式）。

接收器已满标志（RXF）（参见 MSCAN 接收器标志寄存器（CANRFLG））显示前台接收缓冲区的状态。当缓冲区包含带有匹配标识符的正确接收报文时，设置该标志。

接收时，检查每条报文，看看它是否通过滤波器（参见标识符接收滤波器），同时被写入有效 RxBG。成功接收到有效报文后，MSCAN 将 RxBG 的内容转移到接收器 FIFO2，设置 RXF 标志并向 CPU 生成一个接收中断（参见接收中断）。用户的接收处理程序必须从 RxFG 读取收到的报文，然后复位 RXF 标志，确认中断、释放前台缓冲区。在某些情况下，紧跟 CAN 帧的 IFS 字段后的的新报文，将被接收到下一个可用 RxBG 中。如果 MSCAN 在其 RxBG 中接收到无效报文（如错误标识符、发送错误等），缓冲区的实际内容将被下一条报文覆盖。缓冲区随后不会转移到 FIFO。

当 MSCAN 模块正在发送报文时，MSCAN 把它自己发送的报文接收到后台接收缓冲区 RxBG，但不会将它转移到接收器 FIFO，生成接收中断或在 CAN 总线上响应其自己的报文。这一规则的例外是在环回模式（参见控制寄存器 1（CANCTL1））中，这时 MSCAN 会完全按照同所有其他报文一样的方式处理其自己的报文。当仲裁丢失时，MSCAN 接收其自己发送的报文。如果仲裁丢失，MSCAN 必须做好成为接收器的准备。

当 FIFO 中的所有接收报文缓冲区充满了带有已接收标识符的正确接收报文，且从 CAN 总线中正确接收到另外一条带有已接收标识符的报文时，就会发生溢出。后面这一条报文被丢弃，并生成带有溢出标志的错误中断（参见错误中断）。当接收器 FIFO 已满时，MSCAN 仍能发送报文，但所有进入报文会被丢弃。一旦 FIFO 中的接收缓冲区重新可用，就能接收新的有效报文。

 ### 4.3.5 标识符接收滤波器

MSCAN 标识符接收寄存器（参见 MSCAN 标识符验收控制寄存器（CANIDAC））定义标准或扩展标识符（ID[10:0]或 ID[28:0]）的可接收模式。这些位中的任意一个都可以在 MSCAN 标识符掩码寄存器中标志为不比较（参见 MSCAN 标识符掩码寄存器（CANIDMR0～CANIDMR7））。

一次滤波器匹配可由接收缓冲区已满标志（RXF=1）和 CANIDAC 寄存器中的 3 个位（参见 MSCAN 标识符验收控制寄存器（CANIDAC））通知给应用软件。这些标识符匹配标志（IDHIT[2:0]）能够清晰识别引起接收的滤波寄存器。它们简化了应用软件处理接收器中断来源的任务。如果出现一次以上的匹配（两个或多个滤波器匹配），低地址的寄存器具有优先权。

非常灵活的可编程通用标识符接收滤波器可以有效降低 CPU 的中断负载，该滤波器在经过编程后可在四种不同模式中运行（BOSCHCAN2.0A/B 协议规范）：

① 两个标识符接收滤波器，每个将应用于：

● 扩展标识符的全部 29 位和 CAN2.0B 帧的以下位：

　　◆ 远程发送请求（RTR）；

　　◆ 标识符扩展（IDE）；

　　◆ 替代远程请求（SRR）；

● 标准标识符的 11 位，加上 CAN 2.0A/2.0B 报文的 RTR 和 IDE 位 1。这种模式为符合 CAN2.0B 标准的长扩展标识符提供两个滤波器。图 4.42 显示第一个 32 位滤波器页（CANIDAR0～CANIDAR3、CANIDMR0～CANIDMR3）如何产生滤波器 0 匹配。同样，第二个滤波器页（CANIDAR4～CANIDAR7、CANIDMR4～CANIDMR7）产生滤波器 1 匹配。

② 4 个标识符接收滤波器，每个应用于扩展标识符的 14 个最重要位，加上 CAN2.0B 报文的 SRR 和 IDE 位，或标准标识符的 11 位、CAN2.0A/B 报文的 RTR 和 IDE 位。图 4.43 显示第一个 32 位滤波器页（CANIDAR0～CANIDA3、CANIDMR0～3CANIDMR）如何产生滤波器 0 和滤波器 1 匹配。同样，第二个滤波器页(CANIDAR4～CANIDAR7、CANIDMR4～ CANIDMR7)产生滤波器 2 和滤波器 3 匹配。

③ 8 个标识符接收滤波器，每个应用于标识符的前 8 位。这种模式为符合 CAN2.0A/B 的标准标识符或符合 CAN2.0B 的扩展标识符的前 8 个位实施 8 个独立的滤波器。图 4.44 显示了第一个 32 位滤波器页（CANIDAR0～CANIDAR3、CANIDMR0～CANIDMR3）如何产生滤波器 0～3 匹配。同样，第二个滤波器页（CANIDAR4～CANIDAR7、CANIDMR4～CANIDMR7）产生滤波器 4～7 匹配。

④ 关闭滤波器。没有 CAN 报文被复制到前台缓冲区 RxFG，且从不设置 RXF 标志。

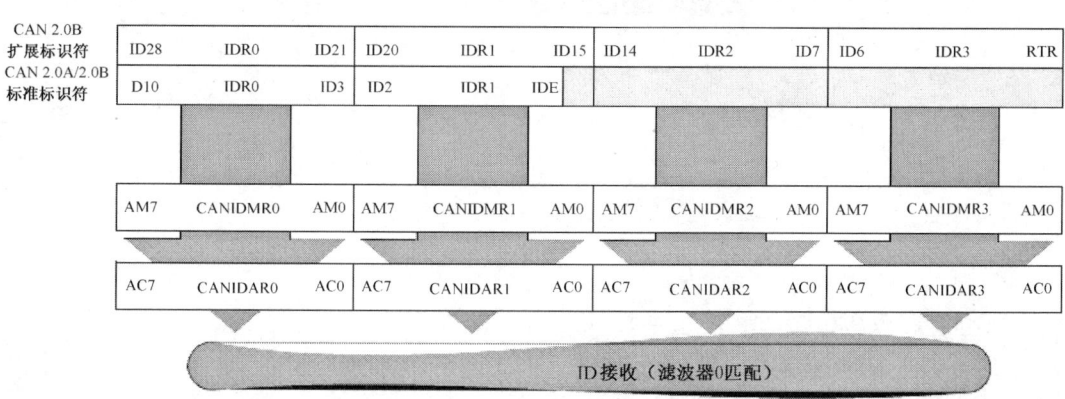

图 4.42 32 位可屏蔽标识符接收滤波器

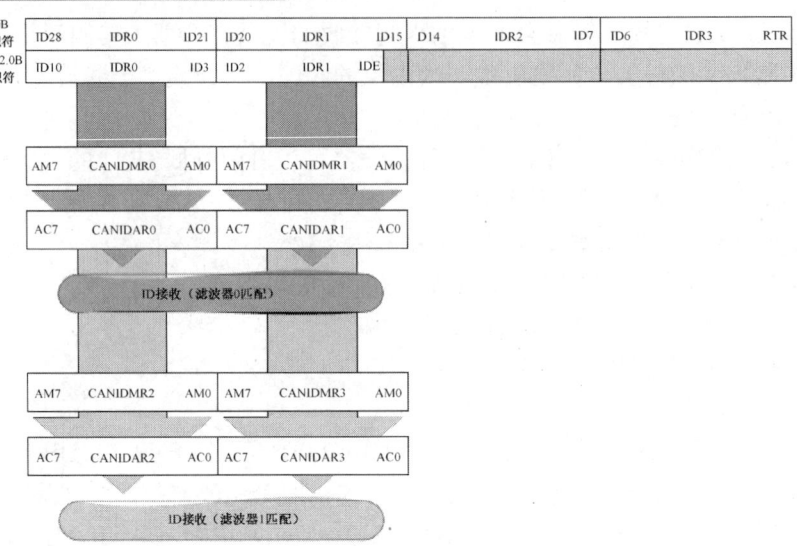

图 4.43　16 位可屏蔽标识符接收滤波器

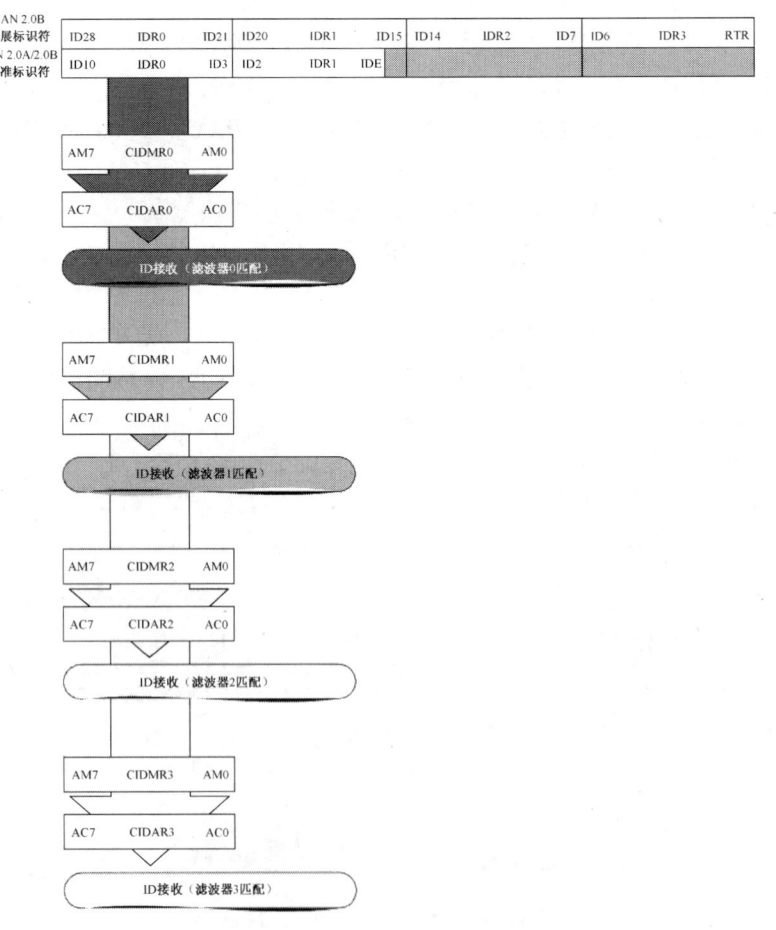

图 4.44　8 位可屏蔽标识符接收滤波器

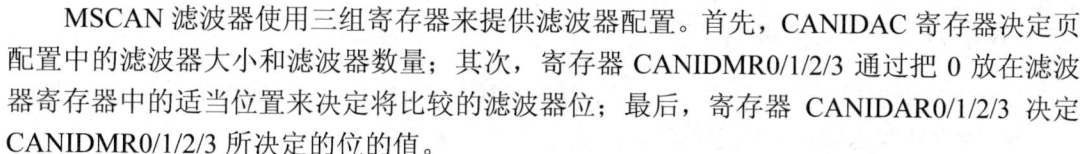

　　MSCAN 滤波器使用三组寄存器来提供滤波器配置。首先，CANIDAC 寄存器决定页配置中的滤波器大小和滤波器数量；其次，寄存器 CANIDMR0/1/2/3 通过把 0 放在滤波器寄存器中的适当位置来决定将比较的滤波器位；最后，寄存器 CANIDAR0/1/2/3 决定 CANIDMR0/1/2/3 所决定的位的值。

　　例如，当滤波器值为

0001x1001x0

CANIDMR0/1/2/3 寄存器将被配置为

00001000010

　　因此，所有报文标识符位（除位 1 和位 6）会与 CANIDAR0/1/2/3 寄存器进行比较。这些寄存器将配置为

00010100100

　　在这种情况下，位 1 和 6 设置为 0，但由于它们被忽略，因此等同于把它们设置为 1。

 ### 4.3.6　标识符接收滤波器示例

　　正如上面所描述的那样，滤波器是通过与 CAN 报文标识符字段中的个别位的比较进行工作的。滤波器将检查标准 CAN 报文标识符的 11 位的每个位。假设滤波器值为 0001x1001x0。在这个简单示例中，只可能有三种 CAN 报文。

- 滤波器值：0001x1001x0；
- 报文 1：00011100110；
- 报文 2：00110100110；
- 报文 3：00010100100。

　　由于第三高位不是 0 而是 1，报文 2 被拒绝。滤波器只是提供了 CPU 需要接收的报文组的便捷方式。对于扩展 CAN 报文标识符的全部 29 位，滤波器能辨认两组报文：一组是它接收的报文；另一组是它拒绝的报文。此外，滤波器可以一分为二。这允许 MSCAN 只检查报文标识符的前 16 位，但允许让两个独立滤波器执行检查，例如

- 滤波器值 A：0001x1001x0；
- 滤波器值 B：00x101x01x0；
- 报文 1：00011100110；
- 报文 2：00110100110；
- 报文 3：00010100100。

　　MSCAN 会接收所有三条报文。滤波器 A 像以前一样将接收报文 1 和报文 3，滤波器 B 接收报文 2。

　　实践中，哪个滤波器接收报文并不重要，任意一个滤波器接收的报文都将放入输入缓冲区。一条报文可由多个滤波器接收。

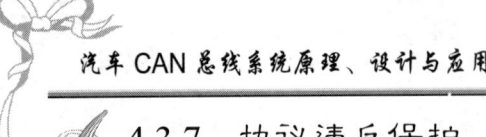

4.3.7　协议违反保护

MSCAN 能够防止用户由于编程错误而意外违反 CAN 协议,保护逻辑实施以下功能:

● 接收和发送错误计数器不能写入或以别的方式操作;

● 当 MSCAN 在线时,控制 MSCAN 的配置的所有寄存器均不能被修改,MSCAN 必须处于初始化模式,CANCTL0/CANCTL1 寄存器中的相应 INITRQ/INITAK 握手位(参见 MSCAN 控制寄存器 0(CANCTL0))作为一个锁来保护以下寄存器:

　　◇ MSCAN 控制 1 寄存器(CANCTL1);

　　◇ MSCAN 总线定时寄存器 0 和 1(CANBTR0、CANBTR1);

　　◇ MSCAN 标识符接收控制寄存器(CANIDAC);

　　◇ MSCAN 标识符接收寄存器(CANIDAR0~CANIDAR7);

　　◇ MSCAN 标识符掩码寄存器(CANIDMR0~CANIDMR7);

● 当 MSCAN 进入节电模式或初始化模式时,TXCAN 引脚立即被强制进入隐性状态(参见 MSCAN 断电模式和 MSCANI 初始化模式);

● MSCAN 使能位(CANE)在正常系统操作模式下只能写入一次,从而为意外禁止 MSCAN 提供了进一步保护。

4.3.8　时钟系统

MSCAN 时钟发生电路的结构如图 4.45 所示。

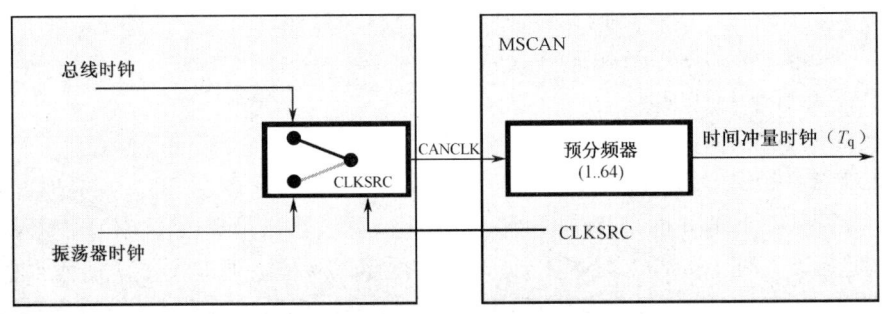

图 4.45　MSCAN 时钟机制

CANCTL1 寄存器中的时钟源位(CLKSRC)决定内部 CANCLK 是连接到晶体振荡器(振荡器时钟)输出还是连接到总线时钟。

必须选择能满足 CAN 协议的振荡器精度要求(高达 0.4%)的时钟源。此外,对于高 CAN 总线速率(1 Mb/s)来说,要求 45%~55%的时钟占空比。

如果总线时钟从 PLL 中生成,由于抖动,建议选择振荡器时钟而不是总线时钟,特别是以较快的 CAN 总线速率时。PLL 锁可能太宽,不能确保所需的时钟精度。

对于那些没有时钟和复位发生器(CRG)的微控制器,CANCLK 的驱动则来自晶体振荡器(振荡时钟)。

可编程预分频器从 CANCLK 生成时间份额(T_q)时钟。时间份额是 MSCAN 所处理时间的原子单位。时间份额计算公式为

$$f_{T_q} = \frac{f_{CANCLK}}{(Prescalervalue)} \qquad (4.2)$$

位时间再分成三段，如 BoschCAN 规范所述，如图 4.46 和表 4.36 所示。

- Sync_Seg：该段有一个长度固定的时间份额，信号边沿预计出现在本段；
- 时段 1：本段包括 CAN 标准的 Prop_Seg 和 Phase_Seg1，通过设置参数 TSEG1，使之包含 4～16 个时间份额，可以对其进行编程；
- 时段 2：本段表示 CAN 标准的 Phase_Seg2，通过设置 TSEG2 参数，使之具有 2～8 个时间份额长，可以对其进行编程。

比特率计算公式为

$$Bit\ Rate = \frac{f_{Tq}}{(number\ of\ time\ Quanta)} \qquad (4.3)$$

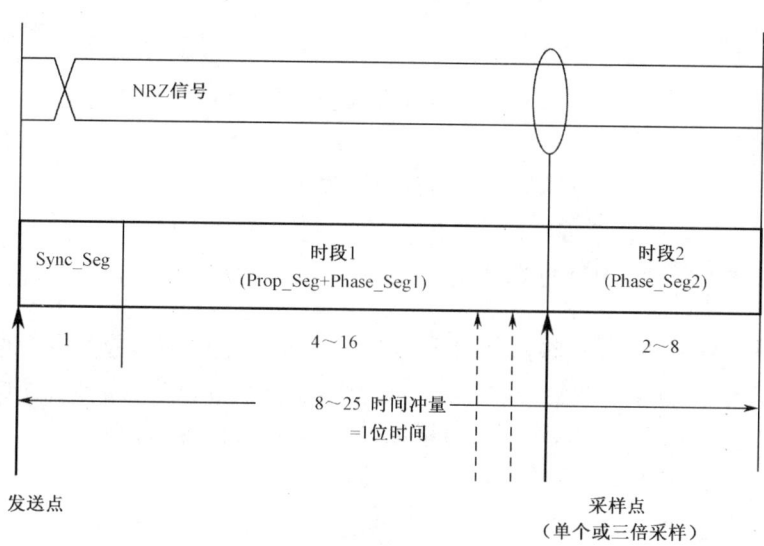

图 4.46　位时间内的段

表 4.36　时间段说明

名　称	描　述
Sync_Seg	系统希望该时段内在 CAN 总线上出现电平转换
发送点	正处于发送模式的节点在该点上向 CAN 总线传输一个新值
采样点	正处于接收模式的节点在该点采样 CAN 总线，如果选择了每位采样三次模式，那么该点标志第三采样点的位置

同步跳转宽度可以通过设置 SJW 参数，在 1～4 个时间份额范围内进行编程。

Sync_Seg、TSEG1、TSEG2 和 SJW 参数通过编程对 MSCAN 总线波特率寄存器（CANBTR0、CANBTR1）进行设置（参见 MSCAN 总线波特率寄存 0（CANBTR0）和 MSCAN 总线波特率寄存器（CANBTR1））。

表 4.37 概括地描述了 CAN 段设置和相关参数值，注意用户有责任确保位时间设置

遵从 CAN 标准。

表 4.37　遵从 CAN 标准的位时段设置

时段 1	TSEG1	时段 2	TSEG2	同步跳转宽度	SJW
5～10	4～9	2	1	1～2	0～1
4～11	3～10	3	2	1～3	0～2
5～12	4～11	4	3	1～4	0～3
6～13	5～12	5	4	1～4	0～3
7～14	6～13	6	5	1～4	0～3
8～15	7～14	7	6	1～4	0～3
9～16	8～15	8	7	1～4	0～3

 ### 4.3.9　MSCAN 的运行模式

（1）正常模式

在正常系统模式中，MSCAN 模块运行方式如上所述。

（2）特殊模式

在特殊系统模式中，MSCAN 模块运行方式如上所述。

（3）仿真模式

在仿真系统模式中，MSCAN 模块运行方式如上所述。

（4）监听模式

在可选的 CAN 总线监控模式（监听）中，CAN 节点能够接收有效数据帧和有效远程帧，但它只发送 CAN 总线上的隐性位。此外，它不能启动发送。如果 MAC 层需要发送显性位（ACK 位、超载标志或有效错误标志），该位将在内部传输，这样 MAC 层就监控该显性位，此时 CAN 总线在外部仍保持隐性状态。

（5）保密模式

MSCAN 模块没有保密功能。

（6）环路检测模式

环路自测模式独立于外部系统的连接，有时用于检查软件，以帮助隔离系统问题。在该模式中，发送器输出内部连接到接收器输入。RXCAN 输入引脚被忽略，TXCAN 输出进入隐性状态（逻辑 1）。发送时，MSCAN 的运行如常，把它自己发送的报文作为从远程节点接收的报文。在该状态中，MSCAN 将忽略 CAN 帧应答场中 ACK 间隙中发送的位，以确保正确接收它自己的报文。同时生成发送和接收中断。

 ### 4.3.10　MSCAN 的低功耗选项

如果 MSCAN 禁止（CANE=0），MSCAN 时钟停止，以节省功率。如果 MSCAN 使能（CANE=1），MSCAN 还有两种与正常模式相比功耗更低的模式：睡眠模式和断电模式，在睡眠模式中，可以通过停止所有时钟（除了 CPU 端访问寄存器的时钟外）来降低功耗。在节电模式中，所有时钟停止，没有功率消耗。

表 4.38 总结了 MSCAN 和 CPU 模式的各种组合。模式的特殊组合通过 CSWAI 和

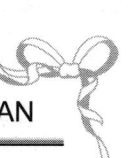

SLPRQ/SLPAK 位上的设置决定。

对所有模式来说，只有当 MSCAN 处于睡眠模式（SLPRQ=1，SLPAK=1）、唤醒功能使能（WUPE=1）且唤醒中断使能（WUPIE=1）时，MSCAN 唤醒中断才可能发生。

表 4.38　CPU 与 MSCAN 运行模式之比较（参照 S12MSCANV3）

CPU 模式	MSCAN 模式			
	正常	功耗降低		
		睡眠	断电	禁止（CANE=0）
运行	CSWAI=X[1] SLPRQ=0 SLPAK=0	CSWAI=X SLPRQ=1 SLPAK=1		CSWAI=X SLPRQ=X SLPAK=X
等待	CSWAI=0 SLPRQ=0 SLPAK=0	CSWAI=0 SLPRQ=1 SLPAK=1	CSWAI=1 SLPRQ=X SLPAK=X	CSWAI=X SLPRQ=X SLPAK=X
停止			CSWAI=X SLPRQ=X SLPAK=X	CSWAI=X SLPRQ=X SLPAK=X

注释：[1] X 表示不关心。

（1）运行模式中的操作

如表 4.38 所示，当 CPU 处于运行模式时，只有 MSCAN 睡眠模式作为低功率选项。

（2）等待模式中的操作

WAIT 指令将 MCU 置入低功耗待机模式中。如果设置了 CSWAI 位，还可以在断电模式下节省更多功耗，因为 CPU 时钟停止。退出断电模式后，MSCAN 重新启动其内部控制器，并再次进入正常模式。

当 CPU 处于等待模式时，MSCAN 可以在正常模式下运行并生成中断（寄存器可以通过背景调试模式访问）。根据 SLPRQ/SLPAK 和 CSWAI 位的值，MSCAN 也可以在任意一种低功率模式下运行，如在表 4.38 中看到的那样。

（3）停止模式中的操作

无论 SLPRQ/SLPAK 和 CSWAI 位如何，MSCAN 都处于低功耗模式。

 ## 4.3.11　MSCAN 的休眠模式

通过在 CANCTL0 寄存器中确定 SLPRQ 位，CPU 可以请求 MSCAN 进入这种低功率模式。MSCAN 进入睡眠模式的时间取决于固定的同步延迟及其当前状态：

- 如果有一个或多个报文缓冲区等待发送（TXEx=0），MSCAN 将继续发送，直到所有发送报文缓冲区空（TXEx=1，成功发送或中止），然后再进入睡眠模式；
- 如果 MSCAN 正在接收，它继续接收，并且一旦 CAN 总线空闲，就立即进入睡眠模式；
- 如果 MSCAN 既不在发送也不在接收，它会立即进入睡眠模式。

注意：应用软件必须避免建立发送（通过清除一个或多个 TXEx 标志）后立即请求

睡眠模式（通过设置 SLPRQ）。MSCAN 是启动发送还是直接进入睡眠模式取决于实际的操作顺序。

如果睡眠模式激活，SLPRQ 和 SLPAK 置位如图 4.47 所示。应用软件必须把 SLPAK 作为请求（SLPRQ）的握手标志，以进入睡眠模式。

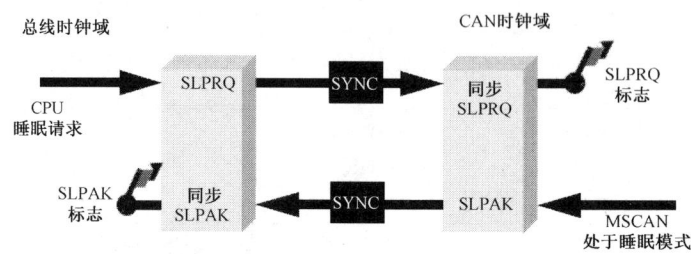

图 4.47　睡眠请求/确认周期

当处于睡眠模式（SLPRQ=1，SLPAK=1）时，MSCAN 停止其内部时钟，然而 CPU 访问寄存器的时钟继续运行。

如果 MSCAN 处于总线脱离状态，由于时钟停止，它就停止计数 11 个连续隐性位的 128 次出现。TXCAN 引脚保持隐性状态。如果 RXF=1，可以读取报文且可以清除 RXF。当处于睡眠模式时，不会出现新报文转移到接收器 FIFO（RxFG）的前景缓冲区的情况。

访问发送缓冲区和清除相关 TXE 标志是允许的。当处于睡眠模式时，不会出现报文中止的情况。

如果 CANCLT0 中的 WUPE 位还未置位，MSCAN 将屏蔽它在 CAN 上检测到的任何信号。RXCAN 引脚因此在内部设置为隐性状态，这将把 MSCAN 锁在睡眠模式（见图 4.48）。WUPE 必须在进入睡眠模式前设置，以便发挥作用。

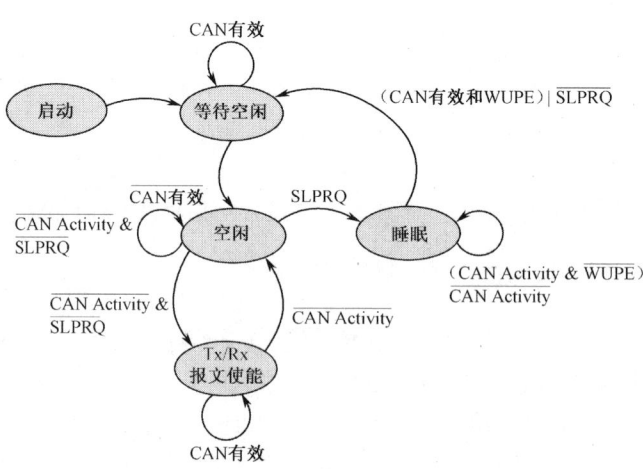

图 4.48　进入/退出睡眠模式的简单状态转换

只有当出现以下情形时，MSCAN 才能够退出睡眠模式（唤醒）
- 出现 CAN 总线有效和 WUPE=1；
- CPU 清除 SLPRQ 位。

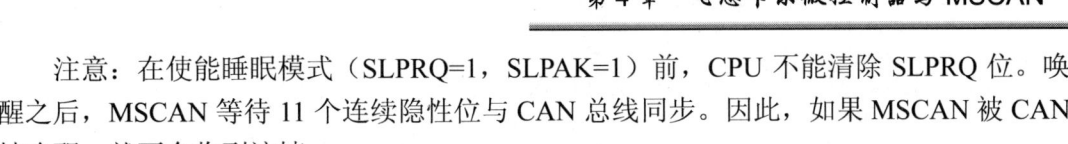

注意：在使能睡眠模式（SLPRQ=1，SLPAK=1）前，CPU 不能清除 SLPRQ 位。唤醒之后，MSCAN 等待 11 个连续隐性位与 CAN 总线同步。因此，如果 MSCAN 被 CAN 帧唤醒，就不会收到该帧。

如果在进入睡眠模式前已经收到报文，接收报文缓冲区（RxFG 和 RxBG）就包含该报文。所有挂起的操作在唤醒后执行，复制 RxBG 至 RxFG，报文中止和报文发送。如果在退出睡眠模式后 MSCAN 仍处于总线脱离状态，它将继续计数 128 次 11 个连续隐性位的出现。

 ### 4.3.12　MSCAN 的初始化模式

在初始化模式中，正在进行的任何发送或接收都会立即中止，与 CAN 总线的同步丢失，并可能会 CAN 违反协议。为了防止 CAN 总线系统出现严重的后果，MSCAN 立即驱动 TXCAN 引脚进入隐性状态。

注意：在进入初始化模式时，用户负责保证 MSCAN 不在工作态。推荐步骤是在 CANCTL0 寄存器中设置 INITRQ 位前，把 MSCAN 置入睡眠模式（SLPRQ=1，SLPAK=1）。否则，中止正在发送的报文可能导致错误情况，并影响到其他 CAN 总线节点。

在初始化模式中，MSCAN 被停止，然而接口寄存器仍然可以访问。这种模式用来将 CANCTL0、CANRFLG、CANRIER、CANTFLG、CANTIER、CANTARQ、CANTAAK 和 CANTBSEL 寄存器复位为它们的默认值。此外，MSCAN 还使能 CANBTR0、CANBTR1 位波特率寄存器的配置以及 CANIDAC、CANIDAR 和 CANIDMR 报文滤波器。参见 MSCAN 控制寄存器 0（CANCTL0）有关初始化模式的详细描述。

由于 MSCAN 内的独立时钟域，INITRQ 必须通过采用特殊握手机制与所有时钟同步，这种握手机制将导致进一步的同步延迟（见图 4.49）。

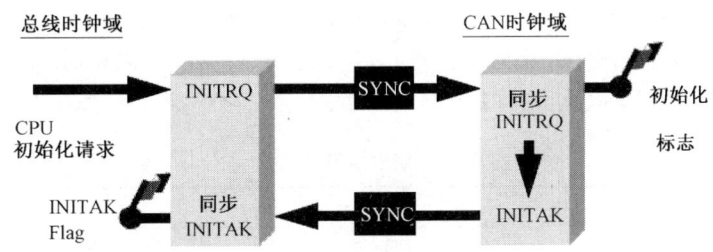

图 4.49　初始化请求/确认周期

如果 CAN 总线上没有正在传输的报文，则最小延迟是两个额外的总线时钟和三个额外的 CAN 时钟。当 MSCAN 的所有部件都处于初始化模式时，t.INITAK 标志置位。应用软件必须将 INITAK 作为握手标志，以便请求（INITRQ）进入初始化模式。

注意：在使能初始化模式（INITRQ=1 和 INITAK=1）前，CPU 不能清除 INITRQ。

4.3.13 MSCAN 的断电模式

当出现以下情况时，MSCAN 处于断电模式（见表 4.38）。

● CPU 处于停止模式；

● CPU 处于等待模式且设置了 CSWAI 位。

当进入断电模式时，MSCAN 立即停止正在进行的所有发送和接收，可能造成违反 CAN 协议。为了防止 CAN 总线系统出现违反上述规则的严重后果，MSCAN 会立即驱动 TXCAN 引脚进入隐性状态。

注意：进入初始化模式时，用户负责保证 MSCAN 不在工作态。推荐步骤是在 CANCTL0 寄存器中设置 INITRQ 位前，把 MSCAN 置入睡眠模式（SLPRQ=1，SLPAK=1），否则中止正在发送的报文可能导致错误情况，并影响到其他 CAN 总线节点。

4.3.14 MSCAN 的可编程唤醒功能

只要检测到 CAN 总线有效（参见 MSCAN 控制寄存器 0（CANCTL0）中的控制位 WUPE），就可以对 MSCAN 进行编程以唤醒 MSCAN。当处于睡眠模式时，通过将低通滤波器功能应用于 RXCAN 输入，可以更改 CAN 总线检测的灵敏度（参见控制寄存器 1（CANCTL1）中的控制位 WUPM）。

该功能可以用来防止由于 CAN 总线线路上的短脉冲而唤醒 MSCAN，例如嘈杂环境中的电磁干扰可能引起的尖峰脉冲。

4.3.15 MSCAN 的中断

本部分描述了由 MSCAN 引发的所有中断，列出了使能位和触发标志。文中单独列出并描述了每个中断。

（1）中断运行描述

MSCAN 支持四个中断向量（见表 4.39），任意一个向量都可以单独屏蔽。参见 MSCAN 接收器中断使能寄存器（CANRIER）至 MSCAN 发送器中断使能寄存器（CANTIER））。

表 4.39　MSCAN 中断向量

中 断 源	CCR 掩码	本 地 使 能
唤醒中断（WUPIF）	I 位	CANRIER（WUPIE）
错误中断（CSCIF,OVRIF）	I 位	CANRIER（CSCIE,OVRIE）
接入中断（RXF）	I 位	CANRIER（RXFIE）
发送中断（TXE[2:0]）	I 位	CANRIER（TXEIE[2:0]）

（2）发送中断

三个发送缓冲区中至少有一个为空（未安排发送），并可以写入报文发送，空报文缓冲区的 TXEx 标志已置位。

（3）接收中断

报文成功接收，并转移到接收器 FIFO 的前台缓冲区（RxFG）。收到 EOF 符号后，

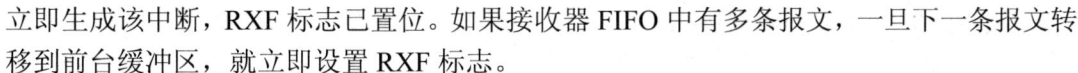

立即生成该中断，RXF 标志已置位。如果接收器 FIFO 中有多条报文，一旦下一条报文转移到前台缓冲区，就立即设置 RXF 标志。

（4）唤醒中断

如果在 MSCAN 内部睡眠模式期间 CAN 总线上有信号，就生成唤醒中断。WUPE（参见 MSCAN 控制寄存器 0（CANCTL0））必须使能。

（5）错误中断

如果出现了接收器 FIFO 溢出、错误、警报或总线脱离情况，就出现错误中断。MSCAN 接收器标志寄存器（CANRFLG）显示以下情况中的一种：

● 溢出：出现了如"接收结构"所述的接收器 FIFO 的溢出情况；
● CAN 状态变化：实际值控制着 MSCAN 的 CAN 总线状态，只要错误计数器进入关键范围（Tx/Rx 警报、Tx/Rx 错误、总线脱离），MSCAN 就标志错误情况，造成错误情况的状态变化用 TSTAT 和 RSTAT 标志表示（参见 MSCAN 接收器标志寄存器（CANRFLG）和 MSCAN 接收器中断使能寄存器（CANRIER））。

（6）中断响应

中断与 MSCAN 接收器标志寄存器（CANRFLG）或 MSCAN 发送器标志寄存器（CANTFLG）中的一个或多个状态标志相关。CANRFLG 和 CANTFLG 中的标志必须在中断处理程序内复位，将 1 写入相应位来清零标志。如果中断条件仍然存在，标志不能清除。只要设置了相应标志中的一个，中断就产生。

注意：必须确保 CPU 只清除引起当前中断的位，正是因为这个原因，不能用位操作指令（BSET）清除中断标志。这种指令可能造成意外清除进入当前中断服务程序后设置的中断标志。

（7）从恢复停止或等待

MSCAN 可以通过唤醒中断从停止或等待中恢复。只有在当 MSCAN 进入断电模式前处于睡眠模式（SLPRQ=1，SLPAK=1）时，唤醒选项使能（WUPE=1）以及唤醒中断使能（WUPIE=1），这种中断才能发生。

 4.3.16 MSCAN 的初始化过程

系统复位后，初始化 MSCAN 模块的流程如下：
● 置位 CANE；
● 写入处于初始化模式的配置寄存器；
● 清除 INITRQ，离开初始化模式，进入正常模式。

当 MSCAN 模块处于正常模式下，需要更改只能在初始化模式中写入的寄存器：
● CAN 总线空闲后，通过设置 SLPRQ 并等待 SLPAK 进行确认，将模块置入睡眠模式；
● 进入初始化模式，确定 INITRQ 并等待 INITAK；
● 写入处于初始化模式的配置寄存器；
● 清除 INITRQ，离开初始化模式，继续保持正常模式。

 4.3.17　总线脱离恢复

用户可配置总线脱离恢复功能。总线脱离状态既可以自动退出，也可以在用户的请求下退出。

出于向前兼容原因，复位后 MSCAN 默认为自动恢复。在这种情况下，在计数 128 次 CAN 总线上 11 个连续隐性位的出现后，MSCAN 将重新变成错误认可状态。

如果 MSCAN 配置为用于用户请求模式控制寄存器 1（CANCTL1）中设置的 BORM，从总线脱离中恢复依赖于以下两个独立事件都成立。

- 发现 128 次 CAN 总线上的 11 个连续隐性位；
- MSCAN 其他寄存器（CANMISC）中的 BOHOLD 已经被用户清除。

这两个事件的发生顺序可以是任意的。

第5章 MSCAN 模块的编程

目前支持飞思卡尔微控制器的 IDE 编程环境主要有 Freescale CodeWarrior、IAR Systems 的开发套件和 Cosmic 集成开发环境等,而 CodeWarrior 为飞思卡尔公司提供的专门面向 Freescale 器件的嵌入式应用开发软件。

CodeWarriorfors12(以下简称为 CWS12)是面向以 HC12 或 S12 为 CPU 的嵌入式应用开发软件包,集成了多种工具的单片机开发环境,包括集成开发环境 IDE、处理器专家库、全芯片仿真、可视化参数显示工具、项目工程管理、源文件编辑、C 交叉编译器、汇编、连接器以及调试器,并支持第三方软件的合作开发。CodeWarrior for S12 具有如下功能:

- 高优化率的 GC++编译器;
- 强大的宏编译能力;
- 最小链接能力,只将实际能够执行到的代码链接到实际执行代码;
- 能够将项目编译成 Motorola S-Readers 格式、IntelHex 文件格式和二进制文件格式;
- 用户可生成自己的库文件;
- 支持多种嵌入式调试器;
- 多语言调试,如汇编语言、C 语言、C++;
- 实时模拟调试,支持实时操作系统μC/OS-II 的应用程序;
- 硬件模拟设计功能。

在代码的编译过程中,CodeWarrior for S12 能够自动地检查代码中的错误,它通过一个集成的调试器和编辑器来扫描用户编写的源代码,找到并减少明显的错误,然后编译并链接以便计算机能够理解并执行用户开发的程序。

本章以 CodeWarrior Development Studio for HCS12X Microcontroller V4.6 为例,讲解飞思卡尔 MSCAN 模块相关的编程方法。

 ## 5.1 CodeWarrior 软件的下载和安装

打开 www.freescale.com 主页,在其中的菜单 Products 中找到 CodeWarrior® Development Tools 这一选项,单击链接进入 CodeWarrior 产品主页,并单击 Download Free Special Edition Versions 链接即可进入 CodeWarrior 软件的下载页面,页面中有针对各种内核的 CodeWarrior 软件版本,针对飞思卡尔的 16 位微控制器,我们选择下载 Special Edition:CodeWarrior for HCS12(X)Microcontrollers,此版本为面向教学的免费特别版本,对于 HCS12 系列的微控制器有 32 KB 的代码限制,并且工程包含的文件数也被限制在 30 个以内,若代码超出以上限制则会在编译时得到一个错误提示。该版本虽有此限制,但对于教学和研究来讲已经足够了。

下载完毕后启动安装程序，根据安装向导的提示，即可完成软件的安装。若用户申请到了飞思卡尔的全功能 license.dat 文件，可以用此文件替换安装后的 CodeWarrior 安装根目录下的同名文件。

 ## 5.2　CodeWarrior 软件的使用和调试方法

 ### 5.2.1　工程的建立

① 首先启动 CodeWarrior IDE，单击工具栏上的 按钮（或菜单 File→New...），弹出工程的新建窗口，如图 5.1 所示，在此窗口左侧的列表框中选择 "HC(S)12 New Project Wizard"，同时设定工程名和工程存放路径，单击确定按钮。

② 进入 HCS12/S12X 微控制器系列的选型窗口，我们选择 "MC9S12XEP100"，并单击确认按钮，如图 5.2 所示。

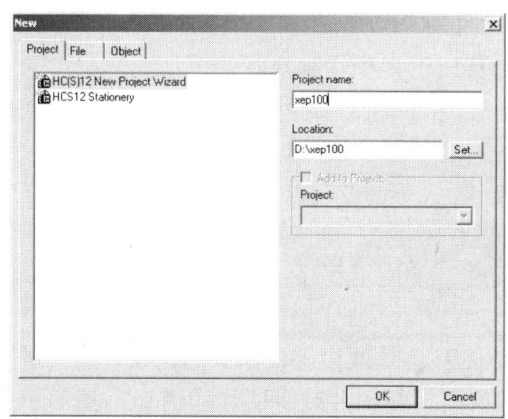

图 5.1　新建工程

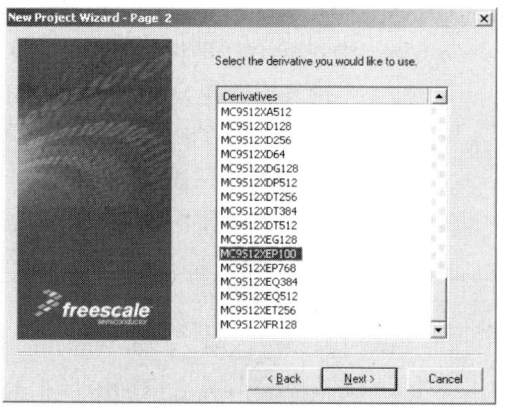

图 5.2　微控制器选型

③ 由于 MC9S12XEP100 是双核 MCU，因此在选型后进入 XGATE 协处理器的选择窗口，让用户判断是使用单核（HCS12X）还是双核 XGATE（Multi Core）。若选择了 Multi Core，则还需判断 XGATE 是在内存运行还是 Flash 中，如图 5.3 所示，本例选择单核。

④ 然后进入编程语言的选择对话框，可以复选汇编（Assembly）、C 语言和 C++语言。若只选择汇编语言，则用户还需选择是使用绝对地址汇编（Absolute Assembly）还是浮动汇编（Relocatable Assembly）。使用纯汇编语言开发应用程序应当选择绝对地址汇编，利用汇编生成部分应用程序模块，则可选择浮动汇编。若仅选用 C 语言，则可在 C 代码中动态嵌入汇编代码，如图 5.4 所示，本例选择仅适用 C 语言。

⑤ 进入是否使用处理器专家（Processor Expert）的选择对话框，处理器专家的使用会在下面章节进行介绍，此处暂不选择。

⑥ 进入是否使用 PC-Lint（TM）工具的选择，建议暂时不用选择。

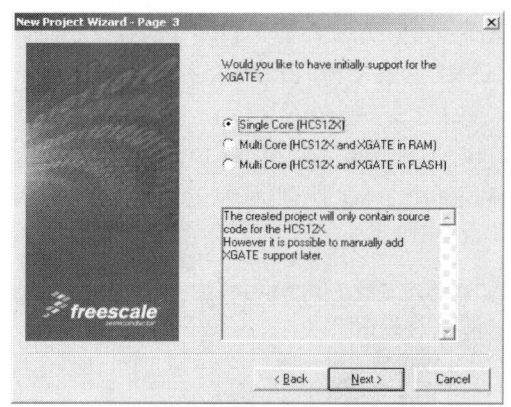

图 5.3　XGATE 的选择

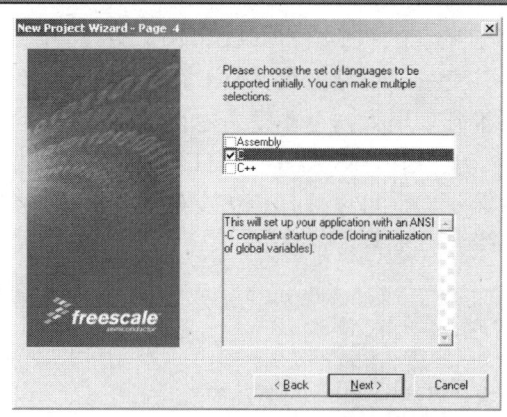

图 5.4　编程语言的选择

⑦ 接下来进入关于启动代码的选项：最小化的启动代码（Minimal Startup Code）和与 ANSI 兼容的启动代码（ANSI Startup Code），默认的选项是 ANSI Startup Code，如图 5.5 所示，若选择此项，系统将自动生成与 ANSI 兼容的启动代码，它能在系统启动后自动初始化堆栈，赋值或清零非初始化变量和对象等。若选择了最小化启动代码，定义的同时赋值的全局变量，但它们的赋值是无效的，但这样使得系统的启动时间大大缩短，同时编译后的 start12.c 仅生成两行代码，即初始化堆栈指针和跳转到 main 函数，但用户必须使用自己的代码初始化全局变量的值，如图 5.5 所示。此处选择 ANSI Startup Code。

⑧ 进入浮点格式支持的选项。建议工程中尽量不要使用浮点运算，此处选择不使用浮点，如图 5.6 所示。

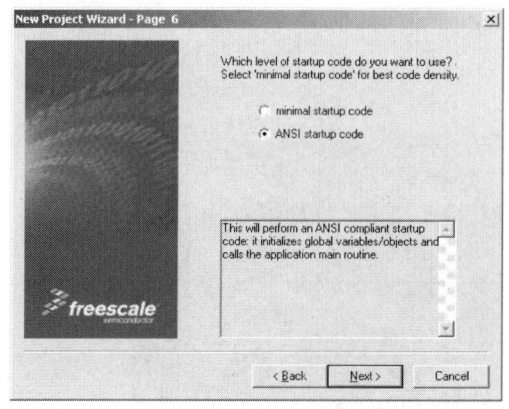

图 5.5　启动代码的选择

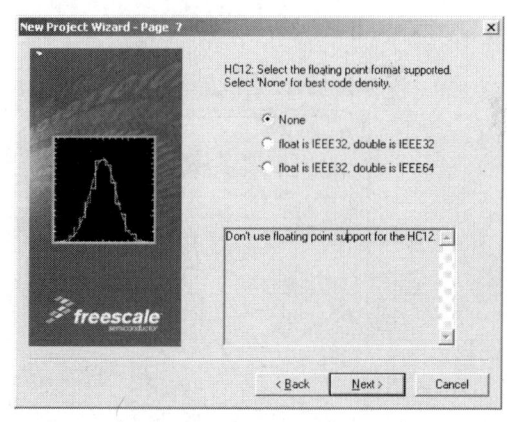

图 5.6　浮点支持的选择

⑨ 进入内存模型的选择窗口。可供选择的有小内存模型（Small）、分页模型（Banked）和大内存模型（Large）。小内存模型适用于代码量少的应用程序，即程序和数据均在 64 KB 的寻址空间内，具有代码紧凑，执行效率高的优点，但编译器不支持分页的函数和变量，因此用户必须使用自己的代码进行手工换页，此模型生成的 S19 文件只采用 S1 格式，一般情况下推荐使用小内存模型。分页模型中，指针变量仍是 16 位的，对存储器占用的资源不多，编译器使用 CALL 指令自动处理需要换页的子程序，给开发工作带来了不少方便，此模型生成的 S19 文件有 S1 和 S2 两种格式。若使用大内存模型，指针变量不再是

16 位的，虽然 24 位地址已够用，由于 16 位机常需要按 16 位对齐，有时不得不采用 32 位指针变量，于是大量 RAM 资源被占用，16 位 CPU 也就不再有代码效率方面的优势，故不推荐使用大内存模型。本例选择小内存模型，如图 5.7 所示。

⑩ 进入调试器选择窗口。此窗口列出了可供使用的调试器类型，可复选。若没有硬件调试器，可以选择全仿真模式（Full Chip Simulation）。本例使用 P&E 工具对目标板进行烧写，如图 5.8 所示。

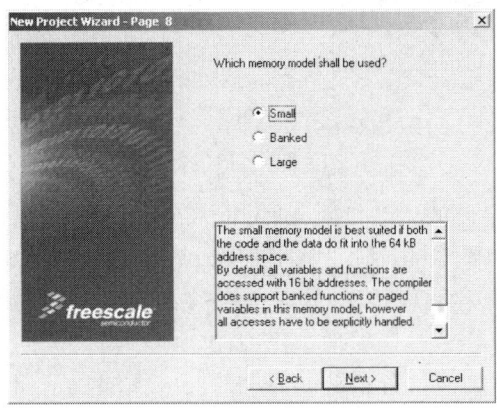
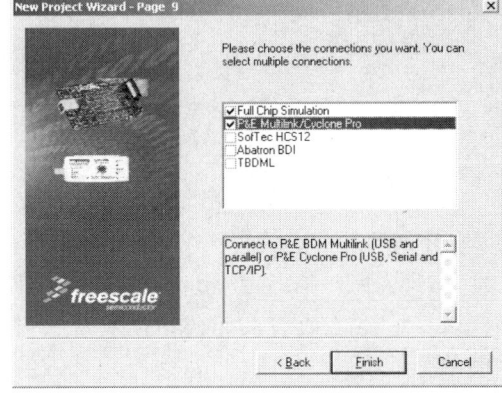

图 5.7　内存模型的选择　　　　　　　　　　图 5.8　连接工具的选择

⑪ 单击 Finish 按钮后，IDE 就根据用户的选项生成项目的文件系统，如图 5.9 所示。

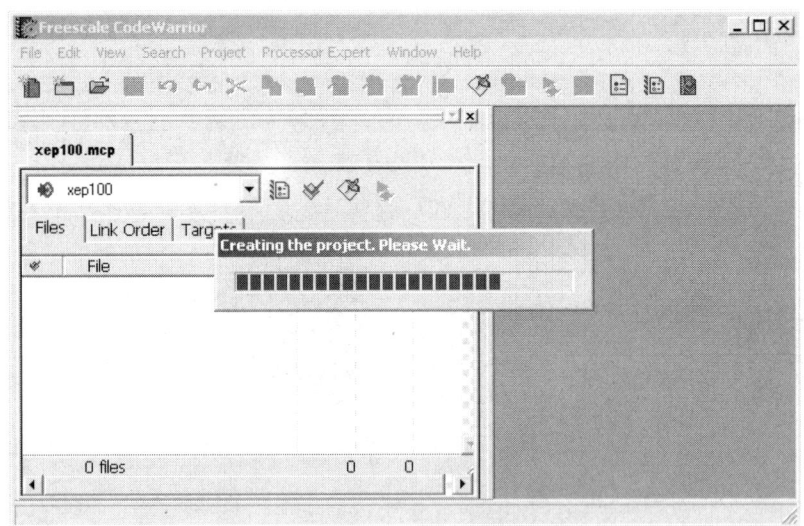

图 5.9　工程的生成

5.2.2　程序的编制和调试

生成的工程后的开发环境如图 5.10 所示，其中对 IDE 环境的选项（如字体、颜色等）的修改可通过菜单 Edit-Prefrences 进入。对本工程编译链接相关的设置，则通过菜单 Edit-"Target 名称" Settings 进入，如图 5.11 所示。

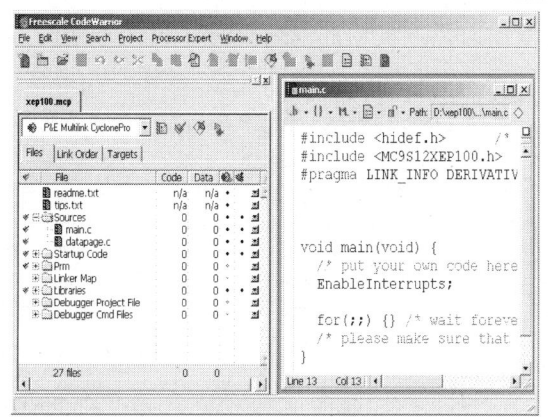
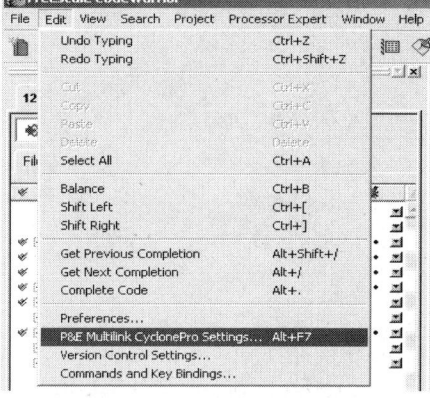

图 5.10　工程文件系统　　　　　　　　　图 5.11　IDE 和工程选项

下面对工程的文件系统作简要介绍，如图 5.12 所示。

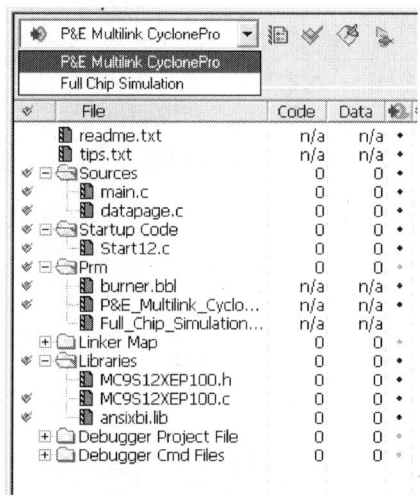

图 5.12　文件系统的介绍

Target 选择：

- readme.txt 和 tips.txt 为工程自动生成的说明文件，可删除；
- main.c 是默认的 C 语言程序源文件；
- datapage.c 是管理存储器分页的文件；
- Start12.c 内有启动代码；
- burner.bbl 是用于烧写 Flash 的；
- Target 名.prm 文件是链接参数文件；
- Libraries 文件夹中有针对芯片的宏定义和 ANSI 标准的库文件；
- Debugger Cmd Files 是调试器与 PC 环境相关的参数文件。

现在编写一个最简单的 C 程序，同时介绍全仿真运行（Full Chip Simulation）中的调试过程。首先在工程左上方的下拉框中选择 Full Chip Simulation，即将 Targe 切换到全仿

真运行模式，双击 main.c 文件，打开编辑器窗口，在其 void main（void）中编写代码，如下所示。

```c
void main（void） {
  DDRA = 0xFF;                // 设置 A 口输出
  for(;;) {
    PORTA++;                  // PORTA 寄存器自增
  }
}
```

此代码的目的是让 PORTA 这个寄存器不断地加 1，修改后，单击工具栏上的 ◈ 按钮（或按下 F7 键）对工程进行编译。若出现错误，根据提示修改直至编译通过。随后单击工具栏上的调试运行按钮 ◈（或按下 F5 键）即可进入 Hiwave 调试界面，此界面支持 P&E、BDM 等各种烧写工具，同时还支持全仿真模式，如图 5.13 所示。

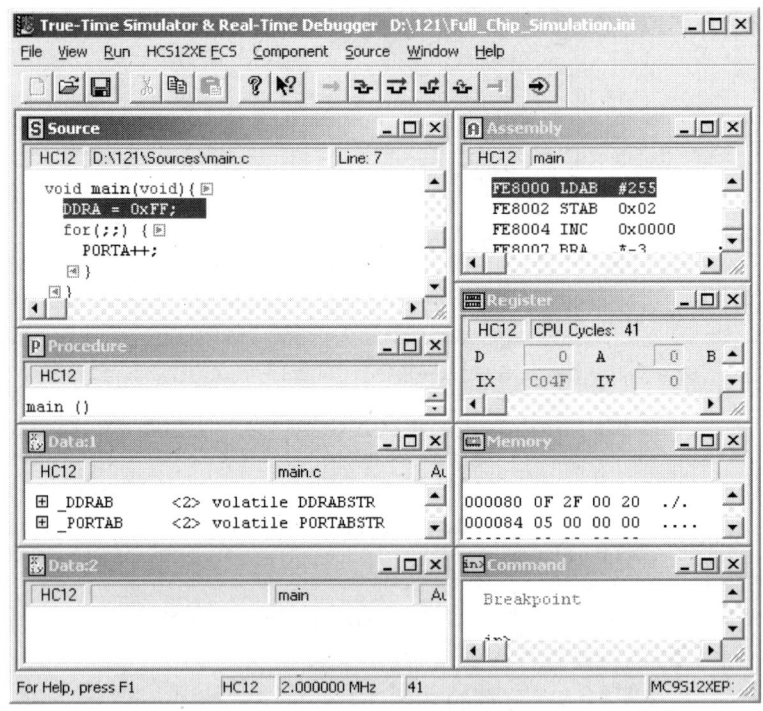

图 5.13　Hiwave 调试界面

下面对 Hiwave 的八个窗口进行简要介绍。

- Source：源程序窗口，在此窗口中可通过鼠标右键菜单进行添加/取消断点、程序跟踪和浏览源代码等一系列操作，按下 F10 键和 F11 键在此窗口单步调试运行；
- Assembly：汇编窗口，此窗口是 Source 中 C 语言对应的汇编程序，此窗口也可控制断点的添加和取消，按 Ctrl+F11 组合键可在此窗口单步调试运行；
- Procedure：过程窗口，此窗口显示整个工程运行经过的函数；

- Register：寄存器窗口，显示 CPU 各个寄存器的值，双击该窗口可修改寄存器的值；
- Data 1：数据窗口 1，此窗口显示工程的全局性符号值，单击鼠标右键选择"Add Expression"或将 Source 窗口中选中的变量拖入此窗口即可显示指定变量的值，在运行过程中不断双击变量将实时显示此变量的动态值；
- Memory：存储器窗口，显示微控制器片内整个存储器的内容，包括 RAM、EEPROM 和 Flash 等，单击右键选择"Address"，输入地址值，即可跳到该地址查看存储器，双击某个存储单元可修改该单元的值，运行过程中最新变化了的存储器区域将用红色标记；
- Data 2：数据窗口 2，此窗口显示工程中当前过程的局部变量，用法同 Data1；
- Command：命令窗口，显示整个调试系统的通信命令，查看错误等。

Hiwave 调试平台载入后，程序默认运行到 main 函数的入口，单击复位按钮 ⏎ 能使芯片进行复位，并将 PC 置为程序最初始的入口，一般为初始化堆栈的汇编语句。

在此界面中，按下 F5 键或单击工具栏中的运行按钮 ➡ 可让程序运行。此时下方状态栏中的 CPU 运行周期计数在不断增长。按下 F6 键或单击工具栏按钮 ➡ 可暂停程序的运行。Source 窗口中选中的行即为程序当前运行到的位置。依照示例的程序，此行停在"PORTA++;"上。为了能看出 PORTA 寄存器的变化情况，我们可以将 Data1 中的 _PORTAB 展开，如图 5.14 所示。接着不断按下 F10 键以观察 PORTA 寄存器的变化。

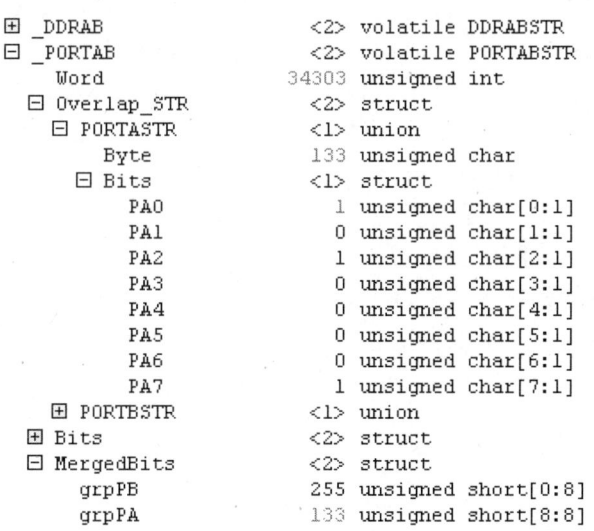

图 5.14　在 Data1 窗口中查看变量

我们也可以单击菜单 Component-Open...，选择其中的 Visualization Tool 工具组件，并在其面板上单击鼠标右键，选择可视化工具，这里我们选择 Bar，如图 5.15 所示。添加后，由于此组件所监视的默认存储器 0x0，即为 PORTA 的地址，所以无需对此组件进行配置。随后不断按 F10 键，可以看到 Bar 中的加亮的部分不断增加，此即为 PORTA 的数据内容的反映，形象且直观，如图 5.16 所示。

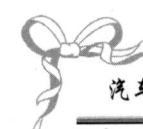

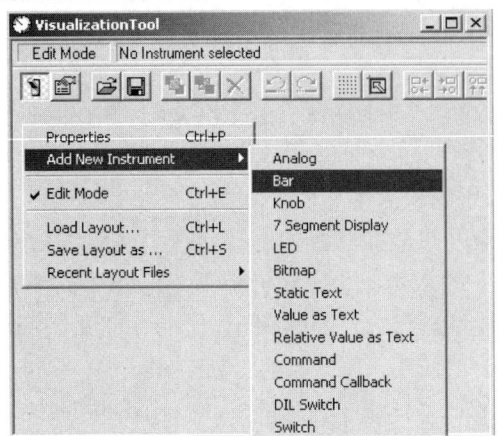

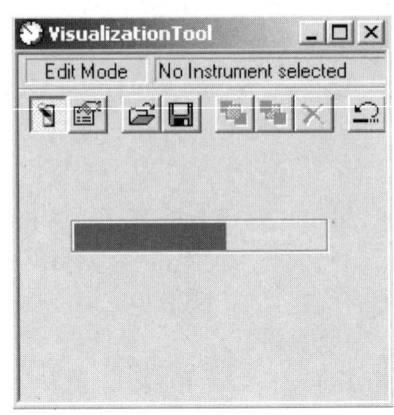

图 5.15　在可视化工具中选择 bar　　　　　图 5.16　按 F10 键观察 PORTA 的变化

 ## 5.3　MSCAN 初始化程序的编写

要使用 MSCAN 模块,必须配置 MSCAN 的相关寄存器,而某些寄存器只有在 MSCAN 初始化模式下才能进行修改,以防止 MSCAN 模块的损坏和 CAN 总线协议的违反。

在初始化模式中,MSCAN 被停止。然而,接口寄存器仍然可以访问。这种模式用来将 CANCTL0、CANRFLG、CANRIER、CANTFLG、CANTIER、CANTARQ、CANTAAK 和 CANTBSEL 寄存器复位为它们的默认值。此外,MSCAN 还使能 CANBTR0、CANBTR1 位计时寄存器的配置以及 CANIDAC、CANIDAR 和 CANIDMR 报文滤波器。

报文滤波器的设置是 MSCAN 模块初始化的重要一环,由于 CAN 总线上可能传输着大量的数据,若将每帧的 ID 都与自己感兴趣的 ID 进行比对,将消耗大量的 CPU 资源。许多报文对本节点毫无意义,则应把它们拒之门外,以节省 CPU 的处理时间,降低 CPU 的负载。设置了报文滤波器,CPU 只需处理自己感兴趣的报文。

在进入 MSCAN 初始化模式前,若 MSCAN 模块已经在工作,则用户须确认 MSCAN 的传送队列为空,并首先让 MSCAN 进入睡眠模式(SLPRQ = 1、SLPAK = 1)。否则,中止正在发送的报文可能导致错误情况,并影响到其他 CAN 总线节点。

 ### 5.3.1　MSCAN 初始化流程

初始化按下列过程实现:

- 若 MSCAN 模块当前已在运行,则使其进入睡眠模式;
- 进入初始化模式;
- 设置相应寄存器,可供设置的有 CANCTL1、CANBTR0、CANBTR1、CANIDAC、CANIDAR0~CANIDAR7、CANIDMR0~CANIDMR7;
- 对 INITRQ 清零以离开初始化模式,回到正常模式;
- 若先前进入了睡眠模式,则离开睡眠模式;
- 设置剩下的 MSCAN 寄存器,可设置的有 CANCTL0、CANRIER、CANTIER 等。

典型的 MSCAN 初始化流程如图 5.17 所示。

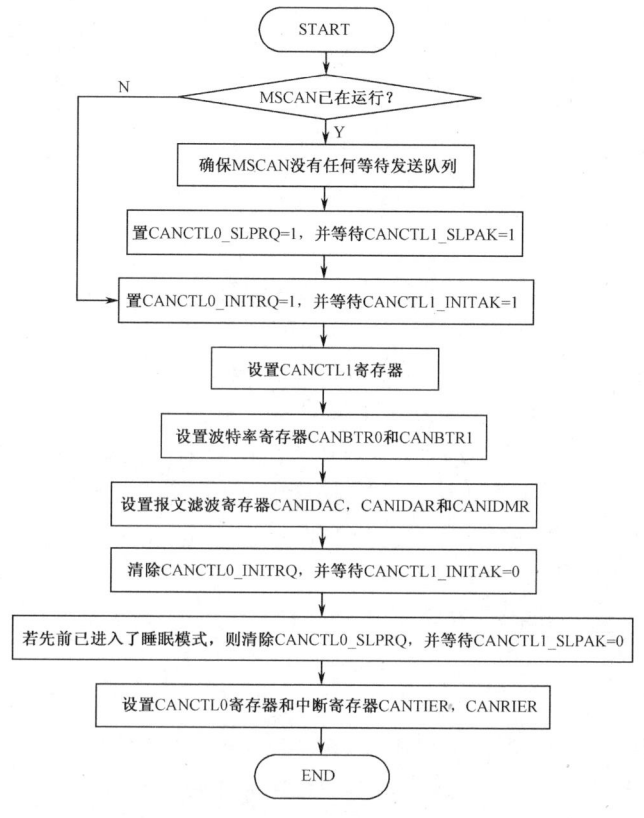

图 5.17　MSCAN 初始化流程

 5.3.2　MSCAN 模块初始化例程

下面给出一个 MSCAN 初始化的例子，使用 MC9S12XEP100 第一个 MSCAN 模块 CAN0。

假定 MCU 外部晶振 16 MHz，时序部分规定为：CAN 总线波特率 125 kb/s，总时间份额为 16，同步跳变宽度为 4 个时间份额，MSCAN 在位时间 75%处采样一个样本；滤波方式规定为：选择双 32 位滤波器，只接收 0x13F 的标准帧；MSCAN 模式规定为：MSCAN 模块使能，正常模式，使能时间戳，使能接收中断，禁止发送中断，则 MSCAN 的配置如下所述。

（1）确定 MSCAN 时序参数

CANCTL1 寄存器中的时钟源选择位 CLKSRC 定义了 MSCAN 使用的时钟源是总线时钟还是振荡器时钟。时钟源的选择必须以 CAN 协议为基础，选择最为恰当的时钟源。若使用了锁相环 PLL，则最好选择振荡器时钟而不是总线时钟。此例中，选择 16 MHz 的外部振荡器作为时钟源，即设置 CANCTL1_CLKSRC=0。

根据图 5.18，从中确定合适的时段 1、时段 2 和同步跳转宽度的值，从而确定 MSCAN 寄存器 TESG1、TSEG2 和 SJW 的值。

时段1	TSEG1	时段2	TSEG2	同步跳转宽度	SJW
5..10	4..9	2	1	1..2	0..1
4..11	3..10	3	2	1..3	0..2
5..12	4..11	4	3	1..4	0..3
6..13	5..12	5	4	1..4	0..3
7..14	6..13	6	5	1..4	0..3
8..15	7..14	7	6	1..4	0..3
9..16	8..15	8	7	1..4	0..3

图 5.18　遵从 CAN 标准的位时段设置

选择条件为

$$总时间份额=16=SYNC+时段 1+时段 2（SYNC=1）$$

$$（SYNC+时段 1）/总时间份额=75\%$$

$$同步跳转宽度=4$$

则可从中选择时段 1=11，时段 2=4 满足上述条件，从而得出寄存器的值，即

$$CANBTR1\_TSEG1=10，CANBTR1\_TSEG2=3，CANBTR0\_SJW=3$$

接着根据 CAN 总线波特率计算公式 1，求出 MSCAN 波特率分频因子 Prescaler value。其中，f_{CANCLK} = 16 MHz，Bit Time = 1/（125 kHz），TimeSegment1 = 11，TimeSegment2 = 4。CAN 总线波特率计算公式为

$$\text{Bit Time}=\frac{(\text{Prescale rvalue})}{f_{CANCLK}}\cdot(1+\text{TimeSegment1}+\text{TimeSegment2}) \qquad （5.1）$$

分频数为

$$\text{Prescaler value}=16 \text{ MHz}/（1 + 11 + 4）/（125 \text{ kHz}）=8$$

$$CANBTR0\_BRP=8-1=7$$

根据每位时间所采集的 CAN 总线样本数量规定，每位采集一个样本，可得 CANBTR1_SAMP = 0。

至此求出了 CANBTR0 和 CANBTR1 寄存器中所有字段的值，即

$$CANBTR0=0xC7$$

$$CANBTR1=0x3A$$

也可将时段 1、时段 2 和同步跳转宽度作为三元变量代入式（5.1）进行枚举，则可得到符合波特率 125 kb/s 的所有情况，如图 5.19 所示，其中选中的行即为我们所求。

BTR0	BTR1	Sample Point	BTL Cycles	SyncJW	BRP	Actual Speed	Error
07	3A	75.0%	16	1	8	125.00 kbps	0.00%
07	49	68.8%	16	1	8	125.00 kbps	0.00%
07	58	62.5%	16	1	8	125.00 kbps	0.00%
07	67	56.3%	16	1	8	125.00 kbps	0.00%
0F	14	75.0%	8	1	16	125.00 kbps	0.00%
0F	23	62.5%	8	1	16	125.00 kbps	0.00%
47	3A	75.0%	16	2	8	125.00 kbps	0.00%
47	49	68.8%	16	2	8	125.00 kbps	0.00%
47	58	62.5%	16	2	8	125.00 kbps	0.00%
47	67	56.3%	16	2	8	125.00 kbps	0.00%
4F	14	75.0%	8	2	16	125.00 kbps	0.00%
4F	23	62.5%	8	2	16	125.00 kbps	0.00%
87	3A	75.0%	16	3	8	125.00 kbps	0.00%
87	49	68.8%	16	3	8	125.00 kbps	0.00%
87	58	62.5%	16	3	8	125.00 kbps	0.00%
87	67	56.3%	16	3	8	125.00 kbps	0.00%
8F	23	62.5%	8	3	16	125.00 kbps	0.00%
C7	3A	75.0%	16	4	8	125.00 kbps	0.00%
C7	49	68.8%	16	4	8	125.00 kbps	0.00%
C7	58	62.5%	16	4	8	125.00 kbps	0.00%
C7	67	56.3%	16	4	8	125.00 kbps	0.00%

图 5.19　符合波特率 125 kb/s 的所有情况枚举结果

（2）确定 MSCAN 滤波参数

根据 MSCAN 的 IDAR 寄存器结构，如图 5.20 所示，设置 ID 值及其掩码为（11 位标识符），即

$$ID=0x13F=0b00100111111$$

$$Mask=0x6C0=0b11011000000$$

Register Name		Bit 7	6	5	4	3	2	1	Bit0
IDR0	R/W	ID10	ID9	ID8	ID7	ID6	ID5	ID4	ID3
IDR1	R/W	ID2	ID1	ID0	RTR[1]	IDE[2]			
IDR2	R/W								
IDR3	R/W								

图 5.20　MSCAN 的 IDAR 寄存器结构图（标准帧格式）

设置 IDAR 寄存器，如图 5.21 所示，深色部分是 1。

REG	Value	Bit7	Bit6	Bit5	Bit4	Bit3	Bit2	Bit1	Bit0
IDR0	27	ID10	ID9	ID8	ID7	ID6	ID5	ID4	ID3
IDR1	E0	ID2	ID1	ID0	RTR	IDE=0			
IDR2	00								
IDR3	00								

图 5.21　IDAR 寄存器的设定

设置 IDMR 寄存器，由于只接收 0x13F 的标准帧，因此每位都需要比对，IDMR 各个寄存器均为 0。则得出的其中一组滤波器的各寄存器的值为

$$IDAR0 = 0x27$$
$$IDAR1 = 0xE0$$
$$IDAR2 = 0x00$$
$$IDAR3 = 0x00$$
$$IDMR0 = 0x00$$
$$IDMR1 = 0x00$$
$$IDMR2 = 0x00$$
$$IDMR3 = 0x00$$

5.3.3　完整的 MSCAN 模块初始化代码

下面给出 MSCAN 模块初始化函数。

```
void iniCAN（void）{
    CAN0CTL0_INITRQ = 1;            // 请求进入初始化模式
    while (!CAN0CTL1_INITAK);       // 等待初始化模式确认
    CAN0CTL1 = 0x81;                // 使能 MSCAN 模块
```

```
/*  0b10000001
*         ||||||||__  初始化模式确认位
*         |||||||___  睡眠模式确认位
*         ||||||____  禁用唤醒低通滤波器
*         |||||_____  自动总线脱离恢复
*         ||||_____  禁止监听模式
*         |||_____  禁止环路模式
*         ||_____  选择外部晶振作为时钟源
*         |_____  使能 MSCAN 模块
*/

CAN0BTR0 = 0xC7; //  设置波特率寄存器 0
/*  0b11000111
*         ||||||||__
*         |||||||___\
*         ||||||____|
*         |||||_____|_ CAN 时钟分频数 = 8 (BRP = 7)
*         ||||_____|
*         |||_____|
*         ||_____/
*         |_____>-  同步跳变宽度 = 4 (SJW = 3)
*/

CAN0BTR1 = 0x3A;        //设置波特率寄存器 1
/*  0b00111010
*         ||||||||__
*         |||||||___|
*         ||||||____|-  时间段 1 = 11 (TSEG1 = 10)
*         |||||_____|
*         ||||_____|
*         |||_____  时间段 2 = 4 (TSEG2 = 3)
*         ||_____/
*         |_____    每位采样一个样本
*/

CAN0IDAC = 0x00;        //设置滤波方式
/*  0b00000000
*         ||||||||__
*         |||||||___\  标识符接收标志
```

```
*      |||||____/
*      |||||_____    保留位
*      ||||
*      |||_____>- 双 32 位滤波器
*      ||
*      |_____>- 保留位
*/
```

// 滤波器设置，此处两组滤波器设置相同，使得 MSCAN 只能接收 ID 为 0x13F 的帧

```
CAN0IDAR0 = 0x27;
CAN0IDAR1 = 0xE0;
CAN0IDAR2 = 0x00;
CAN0IDAR3 = 0x00;
CAN0IDAR4 = 0x27;
CAN0IDAR5 = 0xE0;
CAN0IDAR6 = 0x00;
CAN0IDAR7 = 0x00;


CAN0IDMR0 = 0x00;
CAN0IDMR1 = 0x00;
CAN0IDMR2 = 0x00;
CAN0IDMR3 = 0x00;
CAN0IDMR4 = 0x00;
CAN0IDMR5 = 0x00;
CAN0IDMR6 = 0x00;
CAN0IDMR7 = 0x00;


CAN0CTL0_INITRQ = 0;          // 请求退出初始化模式
While (CAN0CTL1_INITAK);      // 等待 Normal 模式确认
CAN0CTL0 = 0x08;              // 设置 CAN0CTL0
/*  0b00001000
*      ||||||||__  初始化模式请求位
*      |||||||___  睡眠模式请求位
*      ||||||____  唤醒禁止
*      |||||_____  使能时间戳
*      ||||_____  总线同步状态
*      |||_____  等待模式中 CAN 不受影响
```

```
*     ||_____ 接收器使能状态
*     |_____ 已收到帧标记
*/
CAN0RIER = 0x01;        // 打开接收中断，中断的开放在退出初始化的模式下进行
CAN0TIER = 0x00;        // 关闭发送中断
}
```

在系统初始化时，调用 "iniCAN(void)"；即可完成 MSCAN 模块的初始化。由于在初始化函数中打开了接收中断，故在工程中必须有相应的中断处理函数以防中断触发时程序跑飞。见"利用中断方式接收 CAN 帧"一节。

5.3.4　MSCAN 监听与环路模式的应用

在 MSCAN 初始化模式中，设置 CANCTL1_LISTEN=1 使 MSCAN 进入监听模式。在此模式下，节点只能接收数据，而无法发送任何数据，且也不会发送包括错误标志和确认信号在内的任何报文，同时，错误计数器停止计数。监听模式可以支持需要"热插拔"或"吞吐量分析"的应用。

在 MSCAN 初始化模式中，设置 CANCTL1_LOOPB=1 使 MSCAN 进入环路模式。环路模式独立于外部系统的连接，有时用于检查软件，以帮助隔离系统问题。在该模式中，发送器输出内部连接到接收器输入。RXCAN 输入引脚被忽略，TXCAN 输出进入隐性状态（逻辑 1）。发送时，MSCAN 的运行正常，把它自己发送的报文作为从远程节点接收的报文。在该状态中，MSCAN 将忽略 CAN 帧应答场中 ACK 间隙中发送的位，以确保正确接收它自己的报文，同时生成发送和接收中断。单一的节点的 MSCAN 可以通过环路模式进行自收自发，以对系统的功能进行测试。

5.4　MSCAN 发送程序编写

要将 CAN 报文发送至 CAN 总线上，首先需要选择可用的发送缓冲区，然后将数据写入发送缓冲区，最后设置对应于此缓冲区的发送标志。MSCAN 有三个发送缓冲区，此机制允许提前建立多条报文，从而优化了实时性能，用户在对发送缓冲区写入数据前，只需通过 CANTBSEL 寄存器为缓冲区设置一个指针，这使得每个缓冲区能够在前台缓冲区 CANTXFG 地址空间内被访问，此算法功能简化了发送缓冲器选择。此外，这种机制使程序软件处理更为简单，因为发送流程只需访问一个地址，节省所需地址空间。

5.4.1　MSCAN 的发送流程

发送前检测（CANTFLG&7）是否为 0 以判断是否存在可用的缓冲区。若（CANTFLG&7=0），说明三个缓冲区已满，且报文未被发出，此时若选择缓冲区继续装填将导致先前待发送的报文丢失。检测到此情况的原因可能为

- MSCAN 没有来得及将报文发出；
- 总线上未有节点应答，导致报文发送不成功。

若有可用的缓冲区，使用语句"CANTBSEL=CANTFLG;"将选择相应的发送缓冲区。当有多个缓冲区空闲时，选择的缓冲区的序号是最小的，即若 CANTFLG=7，则执行"CANTBSEL = CANTFLG"语句后，CANTBSEL = 1，MSCAN 自动选择了第一个发送缓冲区。

接着，CPU 将标识符、数据段长度和数据装入缓冲区内，最后置位发送标志"CANTFLG= CANTBSEL"，将已选择的缓冲区标记为发送，同时 TXE 标志被清零。

此后 MSCAN 会自动把数据装入传送队列，传送成功后将 TXE 标志置 1，若先前使能了发送中断，再此则会产生一个发送中断，用户可以利用此中断继续加载数据到发送缓冲区。

若准备发送的缓冲区不止一个，则 MSCAN 模块会使用内部的优先级来决定先发送哪个缓冲区。每个缓冲区都有一个 8 位优先级域，在数据建立之前，用户首先要对此域写入优先级。通过判断域内的优先级即可判定数据的优先级。优先级的值越小，则表示此缓冲区的优先级越高。当 MSCAN 每次参与总线仲裁和发生发送错误时，都会进行内部的数据排列。

当用户产生一个较高优先级的数据时，三个缓冲区内低优先级的数据必须终止发送。若发送操作不能够终止，则用户必须设置 CANTARQ 寄存器中的 ABTRQ 位以强行终止发送，随后 MSCAN 模块会把 CANTAAK 寄存器中的 ABTAK 标志位置 1，并把 TXE 标志位置 1 以释放缓冲区，然后产生一个发送中断。此时，发送中断的服务程序便可以根据 ABTAK 位的情况来确定，数据发送成功还是被终止了。

一个简单的发送流程见图 5.22。

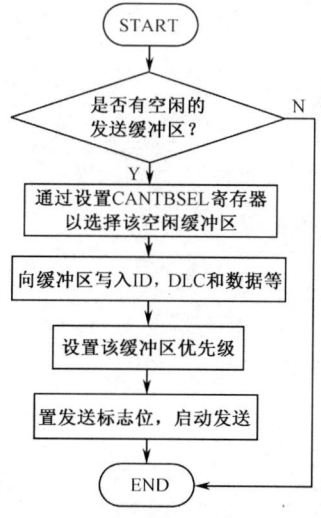

图 5.22　MSCAN 发送流程

5.4.2　MSCAN 报文发送例程

针对 MC9S12XEP100 的 CAN0，定义一个发送函数 CAN0TX，在函数执行过程中，若没有找到空闲的缓冲区，则停止发送，返回错误标志；反之，说明发送成功，返回成功标志。其中，对 ID 的操作请参照 MSCAN 模块介绍中 IDR 寄存器的结构图。代码如下：

```
#define CAN_OK          0          // 发送成功标志定义
#define CAN_TXFULL   1             // 缓冲区已满标志定义
byte CAN0TX（ulong id,             // 标识符，四个字节
                byte isextend,     // 标准帧为 1，否则为 0
                byte isdataframe,  // 数据帧为 1，否则为 0
                byte priority,     // 优先级，最高为 0
                byte length,       // 数据长度
                byte *txdata) {    // 指向发送数据段的字节指针
    byte i;
    ulong idreg = 0;
    if （!（CAN0TFLG & 7）) {
        return CAN_TXFULL;          // 缓冲区已满
    }
    CAN0TBSEL = CAN0TFLG;           // 选择发送缓冲区
    if （isextend) {                // 将 ID 格式转换为 MSCAN 中 IDR 的格式
        idreg =   ((（id & 0x1FFC0000UL) << 3)
                  | 0x00180000UL
                  | （(id & 0x0003FFFFUL)  << 1)) ;
    }else{
        idreg = id << 21;
    }
    if （!isdataframe) {            // 设置远程帧标志
        if （isextend) {
            idreg |= 1;
        }else{
            idreg |= 0x100000UL;
        }
    }else{
        for （i=0; i<length; i++)    // 设置数据
          * （&CAN0TXDSR0 + i)  = txdata[i];
    }
    * ((ulong *)（(ulong)（&CAN0TXIDR0)))  = idreg;        // 设置 ID

    CAN0TXDLR = length;             // 设置数据段长度
```

```
        CAN0TXTBPR = priority;              // 设置优先级
        CAN0TFLG = CAN0TBSEL;              // 启动发送
        return CAN_OK;
    }
```

使用前，首先要对 CAN0 模块进行初始化，见初始化 CAN 模块章节。若发送标准数据帧，ID=0x13E，优先级为 0，数据段长度为 8，则调用如下：

```
if （CAN_OK == CAN0TX （0x13E， 0， 1， 0， 8， &data[0]）） {
// 发送成功后的处理
}else{
// 缓冲区满后的处理
}
```

若发送扩展远程帧，ID=0x20000，优先级为 0，数据段长度为 8，则调用如下：

```
if （CAN_OK == CAN0TX （0x20000， 1， 0， 0， 8， &data[0]）） {
// 发送成功后的处理
}else{
// 缓冲区满后的处理
}
```

5.5　MSCAN 接收程序的编写

MSCAN 有 5 个接收缓冲区，这 5 个缓冲区被映射到相同的内存单元 CANRXFG。同发送缓冲区一样，这种机制简化了应用软件的编写，提高了接收 CAN 帧的效率。所有的接收缓冲区都具有 15 个字节以存放 CAN 帧相关信息包括 ID、DLC 和数据等。

CANRFLG 寄存器中的 RXF 位指示了前台接收缓冲区的状态，当缓冲区内的数据被正确接收时，RXF 位就被置 1。若打开了接收中断，CPU 就会跳到用户的中断代码中执行。用户的中断服务程序可以把数据从前台缓冲区中读出，并置位 RXF 标志以响应中断并释放前台缓冲区。若前台缓冲区释放前有新的 CAN 帧被接收，则会被存入另一个可用的背景缓冲区中。若 MSCAN 在传送期间发生错误，则背景缓冲区内的数据会被新的数据覆盖，而不会移至前台缓冲区。

要利用 MSCAN 接收特定的报文首先必须对 MSCAN 进行初始化，这在 5.3 节中已有说明，下面介绍 MSCAN 接收流程。

5.5.1　MSCAN 接收流程

CAN 帧的接收有两种方式：查询标志 CANRFLG_RXF 和中断。在接收到 CAN 帧后，CANRFLG_RXF=1，对 CANRFLG_RXF 清除标志，即写 1 时将释放此前台缓冲区，前台缓冲区一旦释放，后台缓冲区的数据就可能立即移到前台，因此必须在清除标志前读取所有的数据：ID、数据场和时间标记等，否则将导致接收错误。其读取数据流程如图 5.23 所示。

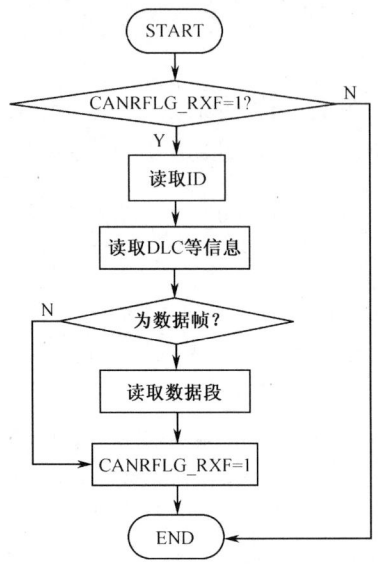

图 5.23 MSCAN 接收 CAN 帧流程

 5.5.2 查询方式接收 CAN 帧例程

下面给出以查询方式接收 CAN 帧的代码示例。基于 MC9S12XEP100 的 CAN0，编写一个查询方式的 CAN 帧接收函数，能接收任意 ID 的 CAN 帧。在函数执行过程中，若检测到接收缓冲区为空，则返回缓冲区为空的标志，否则读取前台缓冲区中的数据到函数的参数中，并返回成功标志。其中，对 ID 的操作请参照 MSCAN 模块介绍中 IDR 寄存器的结构图。代码如下：

```
#define CAN_OK        0               // 读取成功标志定义
#define CAN_EMPTY    2               // 缓冲区为空标志定义
#define CAN_ID_IDE  0x00080000UL     //  MSCAN IDR 寄存器组中扩展帧位
byte CAN0RX（ulong *id,               // 接收的标识符
            byte *isextend,          // 是否为扩展帧
            byte *isdataframe,       // 是否为数据帧
            byte *length,            // 接收的数据帧长度
            byte *rxdata）{          // 接收的数据段
    byte i;
    ulong idreg;
    if （!CAN0RFLG_RXF）{
        return CAN_EMPTY;            // 前台缓冲区没有数据
    }
```

```
    idreg = * ((ulong *) ((ulong)(&CAN0RXIDR0)));       // 取得 ID
    if (idreg & CAN_ID_IDE){                       // 判断 ID 是否为扩展帧
      *isextend = 1;
      *id = ((idreg >> 1)  & 0x3FFFFUL)
          | ((idreg >> 3)  & 0x1FFC0000UL);   // 转换扩展帧 ID
      *isdataframe = (idreg & 1) ? 0 : 1;         // 判断是否为数据帧
    }else{
      *isextend = 0;
      *id = idreg >> 21;                            // 转换标准帧 ID
      *isdataframe = (idreg & 0x100000UL) ? 0:1;
    }
    if (*isdataframe) {
      *length = CAN0RXDLR_DLC;                      // 取得数据长度
      for (i=0; i<*length; i++)
        rxdata[i] = * (&CAN0RXDSR0 + i);            // 取得数据
    }
    CAN0RFLG_RXF = 1;                               // 释放前台缓冲区
    return CAN_OK;
  }
```

使用前，首先要对 CAN0 模块进行初始化，由于能让任意 ID 的 CAN 帧通过滤波器，故可选择双 32 位滤波方式，并设置掩码寄存器如下，具体见初始化 CAN 模块章节。

```
    CAN0IDMR0 = 0xFF;             // 第一组，全为 0xFF 即可
    CAN0IDMR1 = 0xFF;
    CAN0IDMR2 = 0xFF;
    CAN0IDMR3 = 0xFF;
    CAN0IDMR4 = 0xXX;             // 第二组，0xXX 表示任意字节
    CAN0IDMR5 = 0xXX;
    CAN0IDMR6 = 0xXX;
    CAN0IDMR7 = 0xXX;
```

调用此接收函数，首先要声明如下变量：

```
    ulong id;
    byte isextend, isdataframe, length;
    byte data[8];
```

调用代码如下：

```
    if (CAN_OK == CAN0RX (&id, &isextend, &isdataframe, &length, &data[0])) {
      // 接收成功之后的语句
```

```
}else{
    // 检测缓冲区为空之后的语句
}
```

5.5.3　中断方式接收 CAN 帧例程

下面给出通过中断方式实现 CAN 帧读取的代码示例。

基于 MC9S12XEP100 的 CAN0，开放 MSCAN 接收中断，当中断触发后，读取前台缓冲区中的 ID 和数据等信息。可以在中断程序中调用上述的 CAN 接收函数。MSCAN 的每一个 CAN 通道有四类中断，分别对应 CPU 中的四个向量号：

- wake-up（由唤醒操作引发的中断）；
- errors（由故障帧引发的中断）；
- receive（由接收模块引发的中断）；
- transmit（由发送模块引发的中断）。

这些中断的开启必须在正常模式下进行，而不能在初始化期间，参见 MSCAN 模块的初始化一章。若初始化时允许接收中断，当 MSCAN 模块从总线上接收到通过滤波的 CAN 消息后将产生接收中断。每个通道的接收中断向量号的查阅参见相应的芯片手册，对于 MC9S12XEP100，参见 "MC9S12XEP100RMV1" 的 "Resets and Interrupts" 一章中的 "Vectors"，向量表中的第二页，如图 5.24 所示。

Vector Address[1]	XGATE Channel ID[2]	Interrupt Source	CCR Mask	Local Enable	STOP Wake up	Wait Wake up
Vector base+$BE	$5F	SPI1	1bit	SPI1CR1(SPIE,SPTIE)	NO	Yes
Vector base+$BC	$5E	SPI2	1bit	SPI2CR1(SPIE,SPTIE)	NO	Yes
Vector base+$BA	$5D	FLASH Fault Detect	1bit	FCNFG2(FDIE)	NO	Yes
Vector base+$B8	$5C	FLASH	1bit	FCNFG(CCIE,CBIEE)	NO	Yes
Vector base+$B6	$5B	CAN0 wake-up	1bit	CAN0RIER(WUPIE)	Yes	Yes
Vector base+$B4	$5A	CAN0 errors	1bit	CAN0RIER(CSCIE,OVRIE)	NO	Yes
Vector base+$B2	$59	CAN0 receive	1bit	CAN0RIER(RXFIE)	NO	Yes
Vector base+$B0	$58	CAN0 transmit	1bit	CAN0TIER(TXEIE[2:0])	NO	Yes
Vector base+$AE	$57	CAN1 wake-up	1bit	CAN1RIER(WUPIE)	Yes	Yes
Vector base+$AC	$56	CAN1 errors	1bit	CAN1RIER(CSCIE,OVRIE)	NO	Yes
Vector base+$AA	$55	CAN1 receive	1bit	CAN1RIER(RXFIE)	NO	Yes
Vector base+$AB	$54	CAN1 transmit	1bit	CAN1TIER(TXEIE[2:0])	NO	Yes
Vector base+$A6	$53	CAN2 wake-up	1bit	CAN2RIER(WUPIE)	Yes	Yes
Vector base+$A4	$52	CAN2 errors	1bit	CAN2RIER(CSCIF OVRIF)	NO	Yes

图 5.24　MC9S12XEP100 的中断向量表第二页

图 5.24 中位于地址 Vector base + $B2 处是 CAN0 的接收中断向量，我们知道，CPU 的复位向量安排在地址 Vector base + $FE 处（向量地址以 16 位双字节对齐），且规定它的向量为 0，则 Vector base + $FC 地址处的向量为 1，以此类推，CAN0 的接收中断向量为

(0xFE−0xB2)/2 = 38，同理，CAN1 的接收中断向量号为 42。

允许接收中断时，CAN0RIER_RXFIE=1。当发生接收中断后，在中断处理程序中，必须有语句 CAN0RFLG_RXF=1，令接收中断标志位清零，否则就收不到后续的中断。此语句在查询方式接收 CAN 帧时也有体现。通常 MSCAN 的中断处理程序如下：

```
void interrupt  中断号  中断程序名称（参数）
{
  // 处理语句
  CAN0RFLG_RXF = 1;                    // 清中断标志，释放前台缓冲区
}
```

中断接收的示例代码如下：

```
#pragma CODE_SEG NON_BANKED   // 将此段代码放在未分页的代码段中，保证能随时访问
void interrupt 38 ISR_CAN0Rx（void）{
  ulong id;                            // 定义取得的 ID 参数
  byte isextend，isdataframe，length;   // 定义 CAN 帧相关信息参数
  byte data[8];                        // 定义数据段参数
  // 可以在中断函数中调用前述的接收函数
  if （CAN_OK == CAN3RX（&id，
                        &isextend，
                        &isdataframe，
                        &length，
                        &data[0]）） {
  // 接收完成的语句
  }
}
#pragma CODE_SEG DEFAULT
```

主函数代码如下：

```
void main（void）{
  iniCAN0（）;                          // 初始化 CAN 通道
  EnableInterrupts;                    // 全局中断开关打开
  for（;;) {                           // 循环，等待中断
  }
}
```

当一个 CAN 帧被正确接收，此中断函数将被 CPU 自动调用，前提是在 CAN 的初始化程序中打开了接收中断 CAN3RIER_RXFIE=1，且全局中断也已经打开（语句 "EnableInterrupts;" 或 "_asm CLI;"）。注意，若上述中断开启，而没有相应的中断接收函

汽车 CAN 总线系统原理、设计与应用

数，在正确接收到 CAN 帧后，程序将跑飞。

 ## 5.6　MSCAN 的低功耗应用

微控制器上的 MSCAN 模块是通过物理接口与 CAN 总线相连的。CAN 总线往往是两根差分双绞线，有时也会是单线。为了使用方便，多个 CAN 接口集成在一个芯片中。CAN 接口可以分为两种基本类型：高速和容错。高速 CAN 接口可以使用 CAN 总线所有的速率范围，从 10 kb/s（10 000 b/s）到 1 Mb/s（1 000 000 b/s）。相比之下，容错 CAN 的速率限制在 125 kb/s。容错 CAN 一直监视 CAN 总线上的故障情况，比如导线损坏或者接电/地短路。一旦检测到故障，容错 CAN 会自动采取措施来减小系统目前的消耗并使用单线通信，但故障恢复后，容错 CAN 会自动切换回正常工作状态。MC33388 就是容错 CAN 的一个例子，高速 CAN 是不提供容错功能的。

在系统基础芯片中可以实现更高级别的集成。SBC（系统基础芯片）集成了很多在嵌入式 CAN 应用中常见的电路，节省了电路板体积和成本。像 MC33889 这种 SBC 就集成了很多功能，比如一个容错 CAN 接口，双电压调节器，供电电压检测，可编程看门狗和唤醒功能。SBC 通过 SPI 接口被微控制器控制。MC33989 也是如此，但是有一个高速CAN 接口。

微控制器，MSCAN 模块，CAN 接口和 SBC 都有低功耗模式，也被称为休眠模式，其目的是在不活跃时把功耗降至最低，这对于电池供电的应用场合非常重要。比如，在一个有电池供电的汽车应用环境中，系统要求在停车两周后系统中剩余的电量仍足以启动发动机。在不活跃时段，电控单元（ECU）大部分处于低功耗休眠模式。过段时间后ECU 可能需要被唤醒来检查新的活动或者对外部刺激给出反应。文本的目的是描述这样一种必要的统筹行为：将处于低功耗休眠模式下的 CAN 应用通过特定刺激唤醒。本节基于 MC9S12D 系列微控制器对 MSCAN 低功耗应用作介绍，只要对寄存器名和位略作改动便可兼容 MC68HC08 和 MC68HC12 的 MSCAN 模块上。

 ### 5.6.1　低功耗模式介绍

1. 微控制器的低功耗模式

微控制器有三种功耗模式：工作、等待和停止。

在工作模式下，微控制器可以使用所有功能，功耗最高。某些不使用的外围模块可能处于初始化模式下来减少不必要的功耗。

在等待模式下，CPU 时钟关闭，减少功耗。外围模块也可以通过软件关闭，可以减少更多功耗。通过执行 WAI 指令进入等待模式，当检测到不可屏蔽中断时退出等待模式。不可屏蔽中断包括外部信号，某个外围模块或者复位。

在停止模式下，所有的内部时钟都停止，外部晶振也停止（除非设置 CLKSEL 寄存器中的 PSTP 位），功耗降至最小。通过 STOP 指令进入停止模式，清除 CCR 寄存器中的S 位执行 STOP 指令。当检测到外部信号或者中断时退出停止模式。如果设置正确的话，

176

CAN 总线上的报文也可以发出唤醒中断，退出停止模式后晶振重新启动。如果 STOP 指令执行时 CLKSEL 寄存器 PSTP 位设 1，则晶振不会停止。虽然这会产生较大的功耗，但是减小了晶振启动的延时也降低了机械压力和频繁 STOP 状态的机械疲劳。

还有一个对功耗影响很大的因素是总线频率。微控制器一般使用外部晶振，频率为 1～8 MHz。一个内部锁相环（PLL）可以产生高达 25 MHz 的总线频率。如果将 PLL 关闭可以节省功耗，不过会将总线频率降低到晶振频率的一半，这个往往和等待模式一起使用。外围模块和内部总线时钟用的是同一个时钟源，所以都会被影响到。MSCAN 模块可以直接用晶振作为时钟源，所以不会受到模式选择的影响。

2. MSCAN 的低功耗模式

MSCAN 模块有两种低功耗模式：休眠模式和断电模式。在休眠模式下，通过停止那些需要 CPU 来访问寄存器以外的所有 MSCAN 时钟来降低功耗；在断电模式下，所有的 MSCAN 时钟都被停止，功耗最低。如果 MSCAN 关闭（CANE = 0），那么除了需要 CPU 访问寄存器外的所有 MSCAN 时钟都将停止来减少功耗。表 5.1 的 CPU 与 MSCAN 工作模式中总结了 MSCAN 和 CPU 模式间的关系。

表 5.1　CPU 与 MSCAN 工作模式

CPU 模式	MSCAN 模式		
	正常	休眠	断电
工作	CANE=1 CSWAI=X SLPRQ=0 SLPAK0	CANE=1 CSWAI=X SLPRQ=1 SLPAK=1	
等待	CANE=1 CSWAI=0 SLPRQ=0 SLPAK=0	CANE=1 CSWAI=0 SLPRQ=1 SLPAK=1	CANE=1 CSWAI=1
停止			CANE=X CSWAI=X SLPRQ=X SLPAK=X

从表 5.1 中可以看出，在 CPU 运行时 MSCAN 可以处于正常模式或者休眠模式下。当 CPU 进入等待模式时需要同时设置 MSCAN 寄存器并且 CPU 要选择需要的模式。当微控制器进入停止模式时 MSCAN 总是进入断电模式。

只有在以下情况时方能触发 MSCAN 唤醒中断：
- MSCAN 在休眠模式或者断电模式，SLPRQ = 1 并且 SLPAK = 1；
- 唤醒功能被使能（WUPE = 1）；
- 唤醒中断被使能（WUPIE = 1）；
- 中断没有被屏蔽（CCR_I = 0）；
- RX 输入端检测到显电平（所需时间取决于 WUPM 位）。

MSCAN 无法接收或确认由唤醒中断产生的第一个 CAN 报文，而且如果接收 CAN

报文时微控制器处于停止模式下，那么要等到微控制器的晶振重新启动而且 MSCAN 和 CAN 总线同步（连续接收 11 位）。当网络中所有节点都在低功耗模式时，传输的第一个报文将会唤醒所有的节点，但是只有那些最快恢复到普通运行方式的节点能够接收到。如果要使所有节点都变化运行模式还需要发送第二个报文。

3．CAN 接口

CAN 接口和系统基础芯片也会有低功耗模式，往往叫做休眠或者待机模式。CAN 接口的操作模式由一两个引脚的电平决定，这些引脚一般与 I/O 口相连来控制 CAN 接口的操作模式，系统基础芯片的操作模式由内部寄存器决定；通过 SPI 接口发送合适命令来控制。

在 CAN 总线不活跃前将其置于低功耗模式并且将在需要通信时将 CAN 接口置回普通模式。通过触发信号代替 CAN 报文来唤醒总线，同时在休眠模式下 CAN 接口和系统基础芯片也能检测 CAN 总线。CAN 总线上的显性位将在 RX 引脚上产生一个低电平，可以使能正确配置了的微控制器。系统基础芯片可以使用输出引脚周期性地唤醒微控制器。

 5.6.2　进入低功耗模式

为了保证可靠地唤醒操作，防止 CAN 故障，在进入低功耗模式时必须遵循一个合适的流程，如图 5.25 所示。在接下来的叙述中，清零表示 bit = 0，置位表示 bit = 1。

① 当 CPU 还在运行时，将 MSCAN 设置为休眠模式是有必要的。通过将 CPU 的 CANCTL0 寄存器的 SLPRQ 置位来进入休眠模式。任何待发报文要么在进入时就发送，要么就在置位前取消掉。需要注意的是休眠模式不是一下子就能进入的，如果 CAN 总线上没有报文传输，在一到两个位时间内就能够进入休眠模式。如果有报文正在发送或者接收，休眠模式要等到收发完成后才会进入。

当 MSCAN 进入休眠模式后，将会把 CANCTL1 的 SLPAK 置位。MCU 必须要等待 SLPAK 置位完成然后才能进入下一个环节。如果后面有其他报文跟着，MSCAN 会马上被唤醒！因此，建议由网络管理软件来处理 CAN 网络的模式变换，例如通过特定的报文广播方式使得所有节点同时进入休眠模式。

② CAN 物理接口或者系统基础芯片必须进入低功耗模式，物理接口必须在 MSCAN 之前进入休眠模式。如果系统基础芯片处于周期性唤醒模式下，必须要在发送休眠信号前使能该功能。

③ MCU 唤醒功能现在必须使能。如果 MSCAN 会被用来唤醒 MCU，参见（a）；如果 MCU 被外部中断引脚唤醒，参见（b）。

（a）使用 MSCAN 唤醒 MCU。必须置位 CANCTL0 寄存器的 WUPE 位来使能总线激活唤醒。必须置位 CANRIER 寄存器的 WUPIE 位并且通过中断过程来处理唤醒中断。必须清零 CCR 中的 I-mask 位。将 CANCTL1 的 WUPM 位置位来过滤 CAN 接口 RX 引脚上的信号尖峰。

（b）使用中断引脚来唤醒 CPU。CAN 接口或者系统基础芯片上的相应引脚（如 NERR 或者 INT）必须连接到有中断功能的端口上（如 PORTP），该端口必须设置为输入，并且

使能下降沿触发的中断功能。通过中断程序处理端口中断,清空 CCR 的 I-mask 位。

④　如果 SLPAK 仍然置位,MCU 现在就可以设置为低功耗模式,等待或者休眠;如果 MCU 进入停止模式,MSCAN 进入断电模式;如果 MCU 进入等待模式并且 CANCTL0 的 CSWAI 事先置位,则进入断电模式,或者仍然保持在休眠模式如果 CSWAI 位清零。

为了执行 STOP 指令,CCR 中的 S 为必须清零。

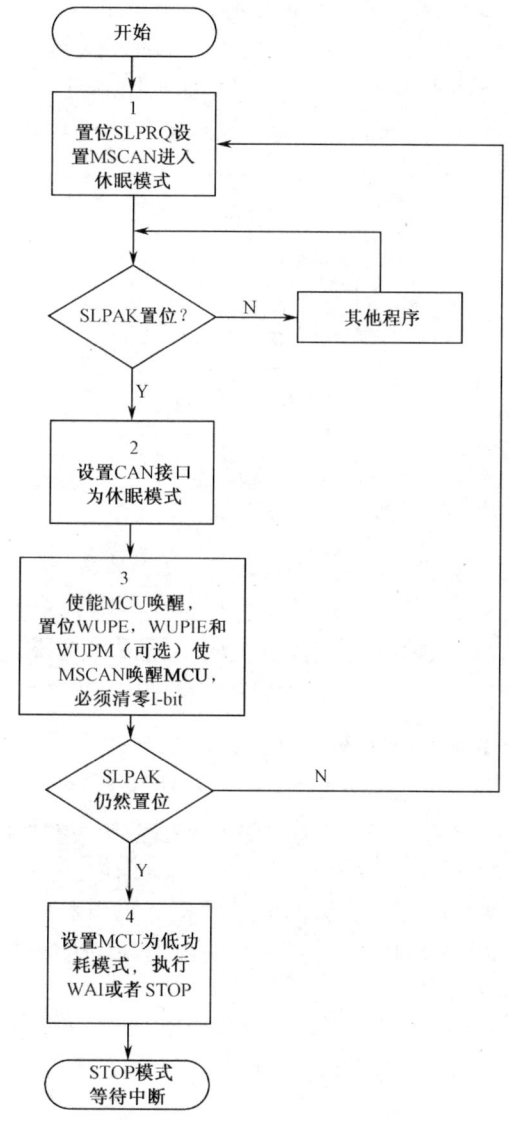

图 5.25　进入低功耗模式的流程图

5.6.3　MSCAN 唤醒

当另一个节点在 CAN 总线上发送报文,休眠状态下的 MCU 将被 5.6.2 节步骤③中的所选择的中断唤醒。如果 MCU 被 MSCAN 唤醒,那么 MSCAN 将会自动退出休眠模式。

如果 MCU 被其他方式唤醒，比如中断引脚，那么只有在 CPU 将 CANCTL0 中的 SLPRQ 位清零并且 MSCAN 将 CANCTL1 中的 SLPAK 位清零，才能使 MSCAN 退出休眠模式。在这两种情况下，MCU 必须将 CAN 接口或者系统基础芯片退出低功耗模式，才能收发 CAN 报文。当中断程序中的代码被执行后，将会执行中断之前的最后一条指令。如果 MCU 处于停止或者等待模式，将执行 WAI 或者 STOP 后面的指令。

第一条用来唤醒 MCU 的报文是无法被接收的。这条报文会被一直自动重发直到被某个节点承认。注意某些节点会比其他节点需要更长的时间来唤醒。尤其是当 MCU 处于 STOP 模式，在报文接收前将不得不重启晶振（如果 CLKSEL 中的 PSTP 位被置位，晶振将在 STOP 模式下持续运作以加快启动速度，这也被称为伪停止模式），如图 5.26 所示。

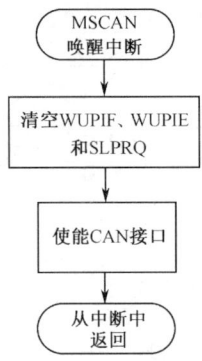

图 5.26　MSCAN 唤醒中断流程图

5.7　使用 Processor Expert 对 MSCAN 模块进行编程

Processor Expert（简称为 PE）是由捷克的 UNIS 公司开发的针对 Freescale 单片机和 DSP 的嵌入式软件开发包，它集成在针对 8 位 MCU、16 位 MCU 和 DSP 以及 32 位 MCU 等的各个版本的 CodeWarrior 软件中。Processor Expert 是在 SDK 基础上发展起来的，它提供了各种类型的 Bean（封装的功能模块）。PE 采用面向对象的用户接口，用户通过 Bean 库的选择窗口来选择并添加工程所需的模块，然后对这些模块进行设置、对方法和事件进行代码编辑。在设置好 Bean 后，还要编写主程序来组织这些 Bean，从而完成自己的工程，其基本的操作流程如下。

（1）创建新工程

在创建向导中，对话框中"would you like to use Processor Expert?"选择 Yes 选项。

（2）配置外设（Beans）

● 配置 CPU，封装，存储器映射，时钟；

● 添加新模块，设置属性参数、函数、中断；

● 重复以上步骤，对其他需要的模块进行设置。

（3）产生代码

直接单击 make 图标，产生代码，并进行编译。

（4）使用产生的代码

- 在主文件中加入自己的代码；
- 在 Events.c 中加入中断处理程序；
- 在 Processor Expert 页里面，打开 Bean，列出函数，中断，可以通过直接拖拉的方式拽到自己的代码中。

 ## 5.7.1 带 Processor Expert 工程的建立

按照前面介绍的方法，用 CodeWarrior 的新工程向导生成一个工程，将它命名为 xep100。这里是以 MC9S12XEP100 型号为例（如图 5.27 所示，实际上对于其他芯片的操作都是一样的）。

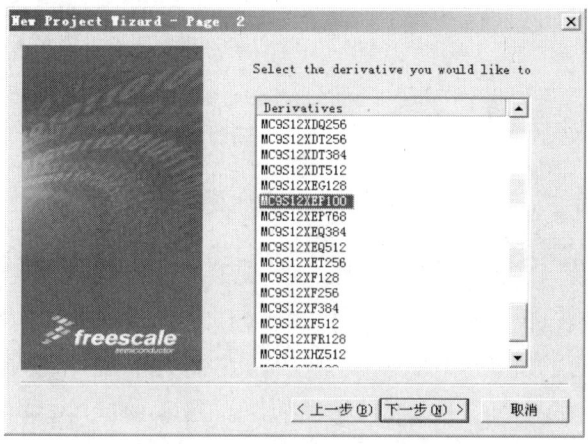

图 5.27 选择芯片型号

在工程的第三步需要选择是否使用双核，一般情况下若选择了双核，系统将默认不使用 Processor Expert，将不会出现后面的关于 Processor Expert 的选项，因此本例中选择 Single Core 进行介绍，如图 5.28 所示。

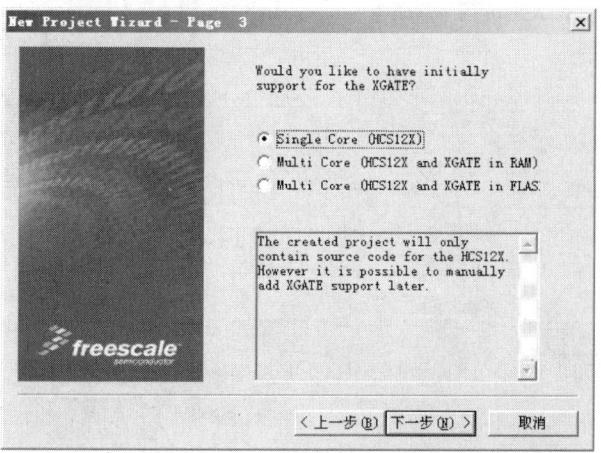

图 5.28 选择单核

注意：若在新建窗口中始终找不到对应芯片的 Processor Expert 选择项，则可能是当前的 CodeWarrior 中的 Processor Expert 版本太低，没有对选择芯片的支持，这种情况需要到飞思卡尔官方网站上下载对应 CodeWarrior 版本的新版——Processor Expert。

第四步是选择编程语言，选择 C 语言即可。在第五步中，选择使用 Processor Expert，如图 5.29 所示。

其他的设置均按默认即可，最后单击完成按钮，将出现工程创建界面和 Processor Expert 向导加载界面。在工程创建的最后一步，会提示选择芯片的封装型号，如图 5.30 所示，此对话框可以复选，若复选，将创建多个配置。

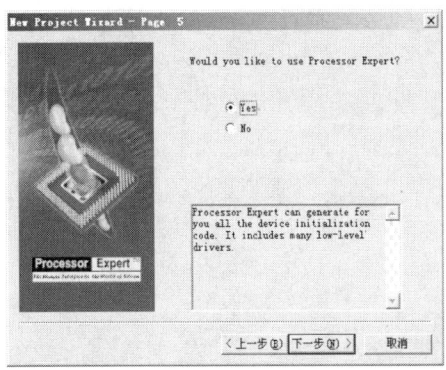

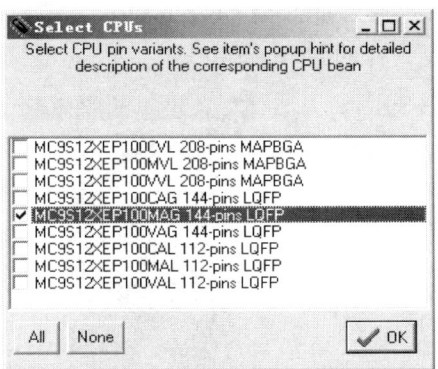

图 5.29　选择 Processor Expert 支持　　　　图 5.30　芯片封装的选择

工程创建完毕后的界面如图 5.31 所示。左侧有的三个选项卡最右侧多了一个"Processor Expert"的选项卡，单击此选项卡切换到 Processor Expert 工程视图。我们可以看到，默认的文件系统中已没有了 main.c 文件，这是因为 Processor Expert 接管了整个系统的启动和配置。右侧有多个子窗口，其中的"Target CPU"窗口上形象地显示了所选芯片的各种片上资源，在其上单击鼠标右键，可以弹出更多的配置选项。Beans Inspector 是重要的配置窗口，在其上可以完成关于所选择模块的各个属性、方法和事件的配置。

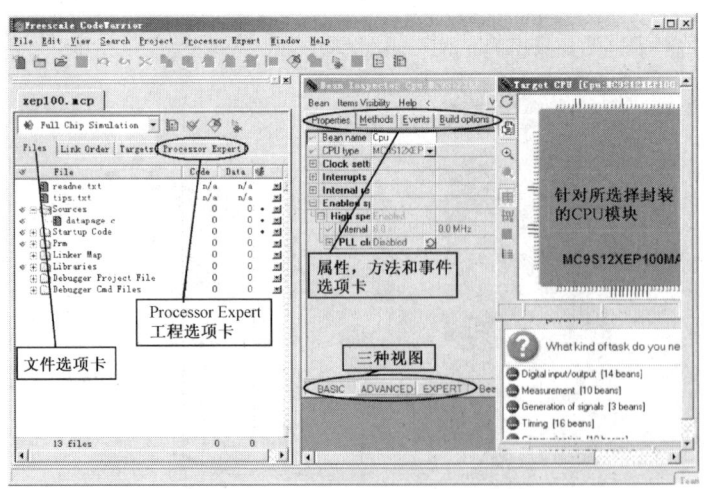

图 5.31　带 Processor Expert 的工程

切换到 Processor Expert 工程视图后，我们可以在 CPUs 文件夹下找到一个 Bean 模块 "CPU：S12XEP100"，此为 Processor Expert 默认添加的 Bean，包含了当前 CPU 的各种属性和方法，鼠标双击此模块打开相应的 Bean Inspector 窗口，如图 5.32 所示。

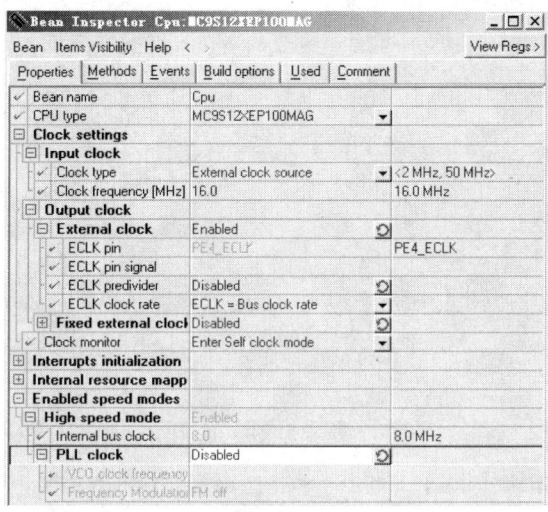

图 5.32　CPU 的属性窗口

在 CPU 的属性配置窗口中，可以很方便地配置时钟源、晶振频率，同时还能打开 PLL 锁相环，并对总线频率进行配置。配置窗口中对于二值 Boolean 类型的变量，双击即可完成属性的切换，如图 5.33 所示。

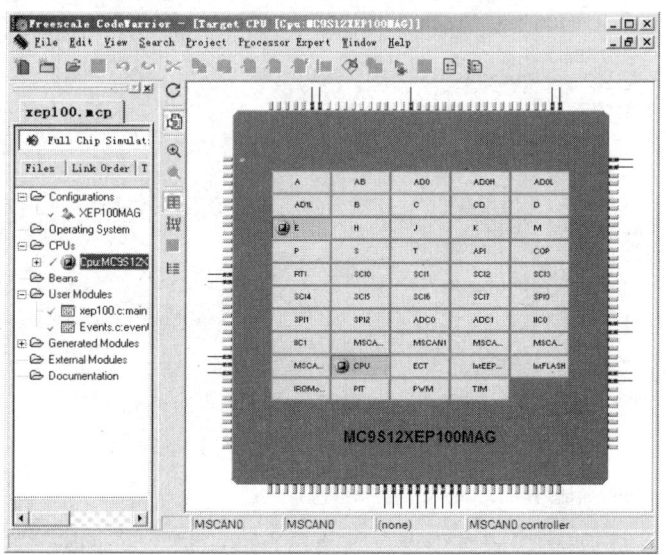

图 5.33　Target CPU 窗口形象地显示了片上的各个模块

我们在 Target CPU 窗口中找到 MSCAN0 模块，并在其上单击鼠标右键，并找到 Add Bean/Template 选项，如图 5.34（a）所示，其子菜单有两个选择项：FreescaleCAN 和 Init_MSCAN，其中的 FreescaleCAN 模块需要 license 的支持，否则选择过程中将会弹出

警告，且加入的此模块将不能起作用。license 可以通过向飞思卡尔提交申请而获得。第二个菜单项 Init_MSCAN 则是免费的模块，用户可以随意添加，它的功能较 FreescaleCAN 相比有了极大的限制，即只提供了 MSCAN 模块的初始化操作，并不支持其余的方法、事件等。可以说，Init_MSCAN 是简化了的 FreescaleCAN。若用户只需要使用 MSCAN 的初始化功能，选择 Init_MSCAN 即可。在此我们选择添加 FreescaleCAN 添加一个 Bean，如图 5.34（b）所示。

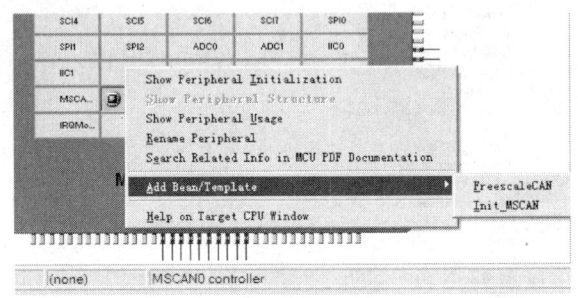

（a）添加模块功能

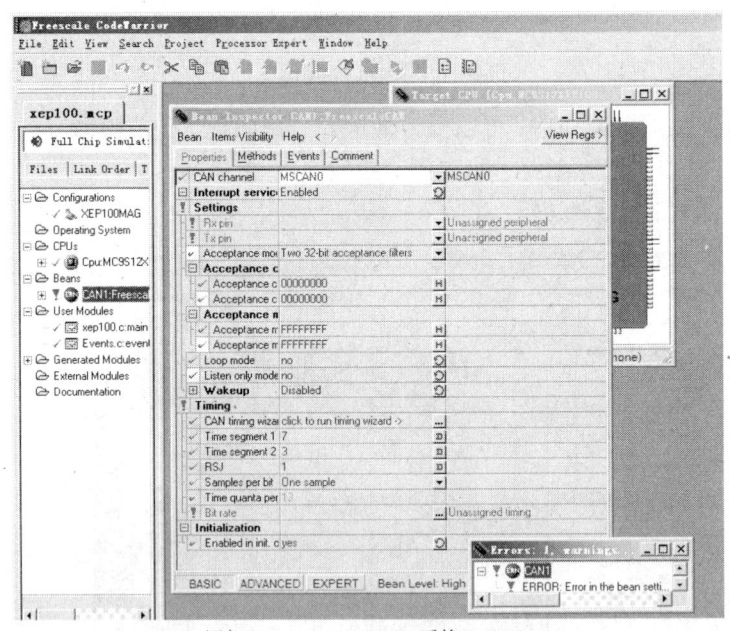

（b）添加 FreescaleCAN Bean 后的 CodeWarrior

图 5.34　添加模块功能以及添加 FreescaleCAN Bean 后的 CodeWarrior

我们可以看到，在左侧 Beans 文件夹下，增加了一个 CAN1 模块（按 F2 键可以改名），且前面带有感叹号，说明模块中有错误，这是由于初始状况下 MSCAN 模块的引脚和波特率未配置引起的。带有错误的模块无法进行正常编译，用户必须修改各种错误情况直至没有叹号出现为止。单击 Bean Inspector 窗口中的 Settings-Rx pin 所对应的下拉框，如图 5.35 所示，将其配置为 PM0_RxCAN0，即接收引脚为 M 口的第 0 个引脚，对应的发送引脚系统将自行选上，此时 Settings 中的两个错误消失。

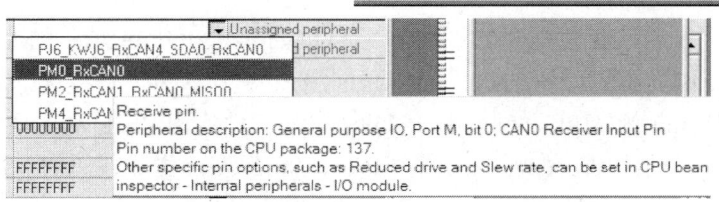

图 5.35　为 MSCAN 模块选择合适的硬件接口

接着在 Timing 一栏中单击 CAN Timing Wizard 右侧的按钮以启动 MSCAN 的可视化时序配置工具，如图 5.36 所示，此工具提供了一个友好的选择界面，用户可以在其上配置 MSCAN 模块的时钟输入、分频因子、时间份额以及波特率等，相应的代码将自动生成，用户无需编写一行初始化代码，极大地提高了编程效率。图 5.36 中的参数显示本例的设置：选择 16 MHz 晶振时钟，波特率 500 kb/s。

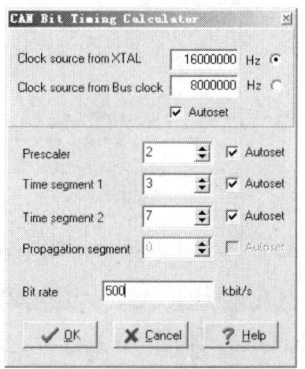

图 5.36　MSCAN 时序配置工具

单击 OK 按钮后，设置合理的波特率等参数后，工程中就再没有错误了，此时按下 F7 键。Processor Expert 首先根据刚才的配置自动生成代码，接着再由 CodeWarrior 的编译器对整个工程的代码进行编译，如图 5.37 所示。

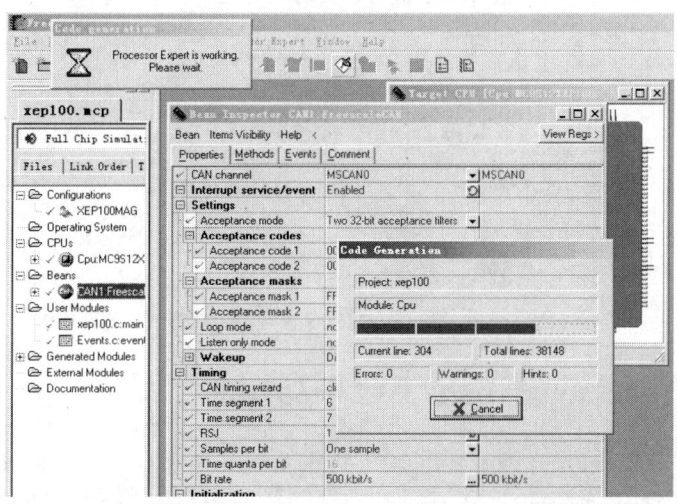

图 5.37　Processor Expert 正在自动生成代码

工程编译完毕后，我们打开 PE 视图中的 Generated Modules-Bean Modules-CAN1.c，即可查看对应于刚才所有配置的源代码。通过图 5.38 所示的工具栏选择，我们跳到了自动生成的 CAN1_Init 函数。Generated Modules 中的文件均由 PE 自动生成，用户在一般情况下不要修改其中的代码，否则下次依据 Processor Expert 生成代码时，用户的代码将不复存在。

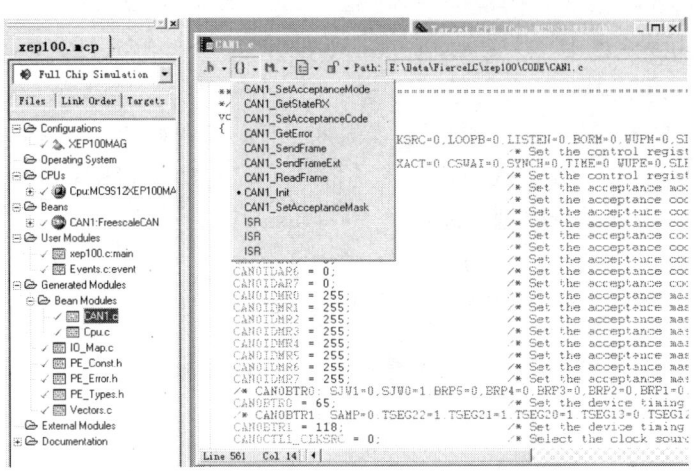

图 5.38 查看 Processor Expert 自动生成的代码

对比图 5.38，若使用 Bean 的 Init_MSCAN 生成代码，则在相应的模块实现代码中，只有一个初始化函数，功能十分有限，如图 5.39 所示。

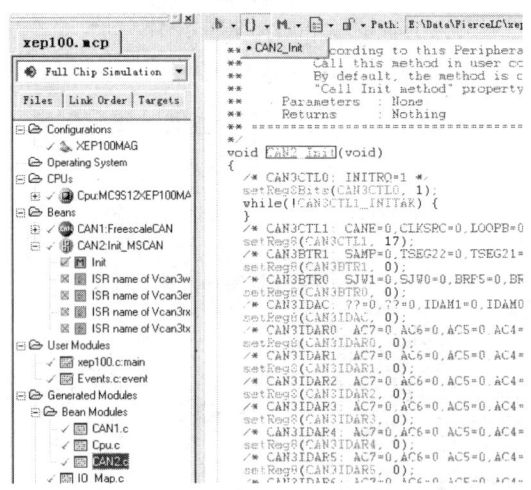

图 5.39 Bean 的 Init_MSCAN 生成的初始化代码

5.7.2 Processor Expert 中代码的编写

下面依据已生成的 Processor Expert 工程编写代码，实现 CAN 报文的发送与接收。本例实现将 MSCAN 接收到的报文原封不动地回传，以体验使用 PE 所带来的易用性与效率的提高。

在 Processor Expert 的工程选项卡树视图中，打开 User Modules 文件夹，里面有两个文件：xep100.c 和 events.c，其中的 xep100.c 相当于一般应用中的 main.c 文件，里面含有 main 函数和底层初始化代码的调用。我们打开此文件，发现 main 函数中只有两行语句，还有许多注释行，根据注释行的说明，只能在提示的地方编写代码，否则再次生成工程时，用户的代码将被删除。main 函数体如下所示。

```
void main（void）
{
  /* Write your local variable definition here */
  /*** Processor Expert internal initialization. DON'T REMOVE THIS CODE!!!***/
  PE_low_level_init（）;
  /*** End of Processor Expert internal initialization. ***/
  /* Write your code here */
  /*** Processor Expert end of main routine. DON'T MODIFY THIS CODE!!!***/
  for（;;）{}
  /*** Processor Expert end of main routine. DON'T WRITE CODE BELOW!!!***/
} /***
```

而 events.c 文件则包含了中断函数的实现，用户需要在其中编写中断服务程序。若用户在 Bean 的配置中打开了某个模块的中断，则生成工程时 PE 会自动在此文件中加入中断服务程序的框架，这样用户不必查阅向量号，提高了编程效率。打开 events.c 文件，我们可以看到其中有三个中断：

```
void CAN1_OnFreeTxBuffer（word BufferMask）    // 发送中断
void CAN1_OnFullRxBuffer（void）               // 接收中断
void CAN1_OnBusOff（void）                      // 总线关闭中断
```

这三个中断可在 Bean Inspector 的 Events 选项卡中进行配置，在 Events 一列上双击即可在生成代码和不生成代码中切换，默认情况下这三个中断均为开启，如图 5.40 所示。

为了在 Events.c 文件中使用自动生成文件 CAN1.c 中的函数，我们将其对应的头文件 CAN1.h 加入到 Events.c 的引用声明中："#include "CAN1.h""。

接着找到 MSCAN 模块的接收中断函数"void CAN1_OnFullRxBuffer（void）"，在其中我们将添加把收到的帧回传的功能。

展开左侧 Bean 文件夹下的 CAN1 左侧的加号，其中列出了所有可用的事件和方法，其中绿色标记的项目（符号 E）是系统给出的事件函数，可以在特定条件下触发，而蓝色标记的项目（符号 M）是模块相对应的方法，可由用户调用执行，如图 5.41 所示。

在其中任意的项目上单击鼠标右键，可以启用或禁用此项目。若项目原先已经启用，则在自动生成代码后，可通过其右键菜单查看源码。

将鼠标光标停留在某个方法上，一段时间后将会提示此方法的返回值和输入参数类型。若用鼠标将某方法拖放至右侧的代码窗口，则会在光标处插入方法对应的函数原型，方便用户调用。

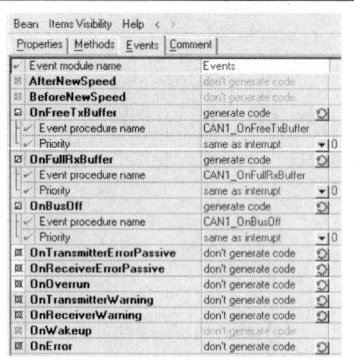

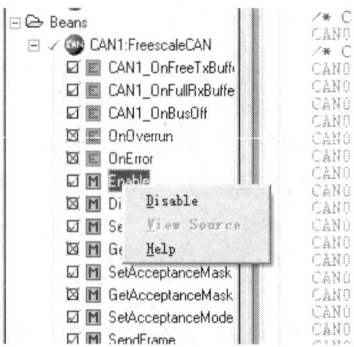

图 5.40　MSCAN 的事件　　　　　　图 5.41　使用 Bean 的事件和方法

我们将左侧 ReadFrame 方法拖放到右侧的接收中断函数中，得到了函数调用 CAN1_ReadFrame()，其中的参数需要我们填写。在此函数上单击右键，选"Go to Function Definition of CAN1_ReadFrame"以查看函数的声明。

```
    byte CAN1_ReadFrame(dword *MessageID, byte *FrameType, byte *FrameFormat, byte *Length,
byte *Data)
    {
    ......
    }
    同理，我们将 SendFrameExt 也拖放至接收中断中，并添加参数如下：
    void CAN1_OnFullRxBuffer（void）
    {
      dword MessageID;
      byte FrameType， FrameFormat， Length， Data[8];
      if （ERR_OK == CAN1_ReadFrame（&MessageID,
                        &FrameType，
                        &FrameFormat，
                        &Length，
                        &Data[0]）) {
        （void）CAN1_SendFrameExt（MessageID，
                        FrameType，
                        Length，
                        &Data[0]）;
      }
    }
```

其中只有两行语句，一行接收，另一行发送。至此，我们已经完成将 CAN 帧回传的功能，按下 F5 键即可将代码烧写进芯片中。

可见，使用 Processor Expert 进行编程，用户可以不必考虑底层的实现和寄存器某一位的设置，而只需要和 PE 提供的用户界面打交道，只需要通过单击鼠标和拖放即可实现绝大部分系统相关的代码编写。Processor Expert 带来的好处是显而易见的，用户可以专心考虑功能和算法相关的问题而不再因为不熟悉特定的芯片而烦恼。

　　查看 Processor Expert 自动生成的代码，我们发现关于寄存器的操作都是通过大量的宏定义实现的。对于中断的处理也过于详尽，总是考虑了所有的情况，一个 SCI 的接收中断也是辗转了多次才到达用户手上，效率较低。因此若涉及许多性能要求高的操作，还是需要手工编写相应的代码。不管怎样，Processor Expert 自动生成的代码可以在任何的项目中加以参考，它对于我们熟悉某款芯片以及编程效率的提高，都是非常有帮助的。

5.7.3　Processor Expert 帮助文档的使用

　　为了进一步了解 Processor Expert 的使用，用户可以参阅它的帮助文档，打开 CodeWarrior，转到 Help 菜单中的 Processor Expert 子菜单，如图 5.42 所示。

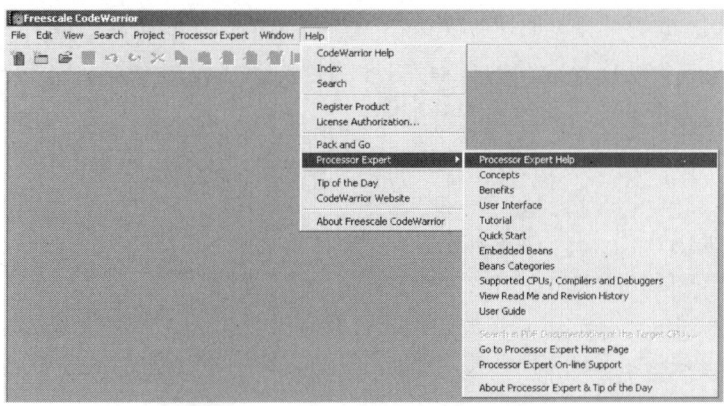

图 5.42　查看 Processor Expert 的帮助

　　我们可以看到其中有许多选项，选择第一个菜单项，打开 Processor Expert 的帮助文件，如图 5.43 所示。在 Tutorials 项目中，可以观看 Processor Expert 的使用动画，如图 5.44 所示。

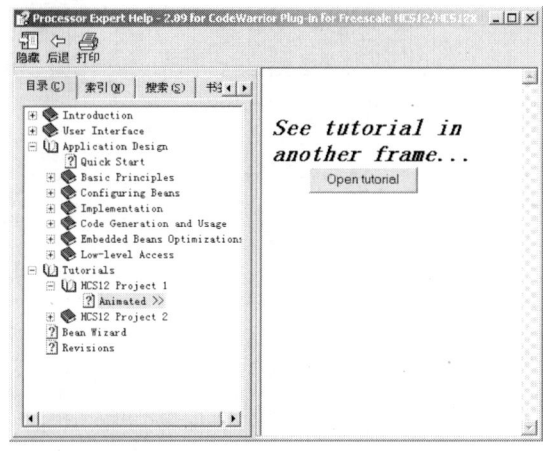

图 5.43　Processor Expert 的帮助文件

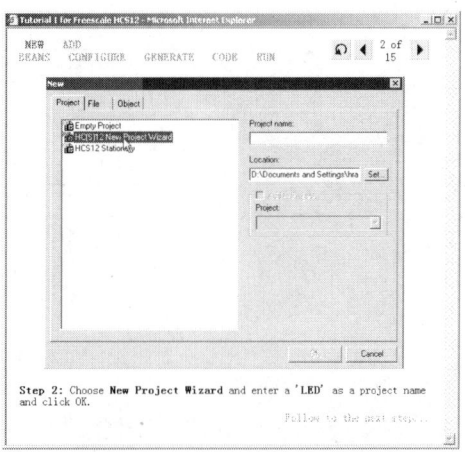

图 5.44　Processor Expert 的动画教程

第 6 章 基于 XGATE 模块的 CAN 通信

与经典的微控制器 S12 系列相比，飞思卡尔新一代的 16 位微控制器系列 S12X(E)的性能有深入而全面的提升，其中最重要的性能增强是集成了外设协处理器 XGATE。

XGATE 是一个独立于主 CPU（CPU12X）的可编程 RISC 内核，它可作为一个高效的 DMA 控制器，自治地在外设与 RAM 之间进行高速的数据传送，并在数据传送的过程中进行灵活的数据处理；也可作为一个单独的算法单元完成某些运算，如通信协议的处理；还可以作为虚拟的外设，如用 I/O 口模拟串行通信口，或对简单的外设进行软件包装以生成功能强大的个性化外设。集成 XGATE 的目的就是在日益复杂的嵌入式系统中减轻 CPU12X 的负担以增强系统的数据吞吐能力。

本章介绍 XGATE 的特性、配置、中断和使用方法，并给出完整的初始化和应用例子。

6.1 XGATE 基本特性

6.1.1 精简指令集内核

XGATE 是一个 16 位的精简指令集内核，如图 6.1 所示，内核拥有 8 个 16 位通用寄存器 R0～R7、1 个程序计数器 PC、一个 4 位的条件码寄存器 CCR，其中 R0 恒为 0，可用于对变量的快速清零或置位，R1 和 R7 有额外用途：XGATE 响应中断时，硬件将中断向量表中对应通道的 1 个 16 位字装载到 R1（通常用作数据指针），将栈指针装载到 R7。

内核通用寄存器		
15	R7（栈指针）	0
15	R6	0
15	R5	0
15	R4	0
15	R3	0
15	R2	0
15	R1（数据指针）	0
15	R0=0	0

程序计数器

15	PC	0

条件码寄存器

N	Z	V	C
3	2	1	0

图 6.1 XGATE 编程模式

6.1.2 XGATE 指令集

XGATE 共有 72 条独立的指令，指令时钟最高可达 100 MHz，XGATE 的时钟速度总是 CPU12X 总线速度的 2 倍。XGATE 的大部分指令是对通用寄存器的操作，为单周期

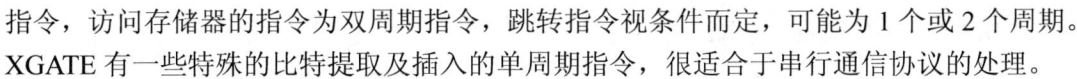

指令,访问存储器的指令为双周期指令,跳转指令视条件而定,可能为 1 个或 2 个周期。XGATE 有一些特殊的比特提取及插入的单周期指令,很适合于串行通信协议的处理。

6.1.3 XGATE 访问空间

S12X 的全局存储空间共有 8 MB,XGATE 可以访问其中片内的 64 KB 空间。这 64 KB 包括 2 KB 的片上外设寄存器、30 KB 的片上闪存和最大 32 KB 的片内 RAM,如图 6.2 所示。注意:XGATE 不能访问 EEPROM 空间或片外资源,XGATE 的访问空间完全包含在 CPU12X 的访问空间中,地址仲裁的规则是 CPU12X 的优先级总高于 XGATE。

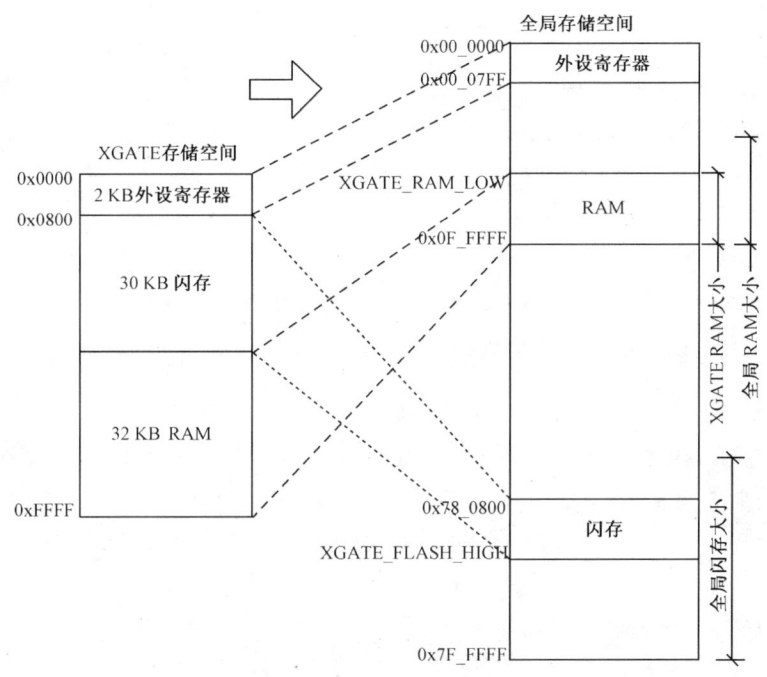

图 6.2 XGATE 全局地址映射

嵌入式处理器的代码通常在闪存或 ROM 中运行,但对于 XGATE,建议代码放在 RAM 中运行。原因有两个:①CPU12X 的代码在闪存中,若 XGATE 的代码也在闪存中,则增加了总线冲突的概率;②CPU12X 访问片内 RAM 时只占用总线带宽的一半,在每个 CPU12X 的 RAM 访问周期中,总能让出一个 XGATE 的 RAM 访问周期。

6.1.4 事件驱动 XGATE 线程

XGATE 的代码执行是由事件驱动的,这里的事件就是指中断。所谓事件驱动就是指由中断来触发 XGATE 的运行。没有中断时,XGATE 不执行任何指令,从而也没有功耗。可见 XGATE 的代码就是一组中断服务程序,没有主程序或空闲时的循环程序。XGATE 的中断服务程序也称做线程。

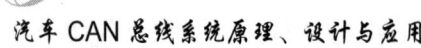

6.1.5　互斥信号量

CPU12X 与 XGATE 之间常用的通信方式是共享资源。由于这两个内核可以独立异步地访问内存及片上外设，就产生了数据完整性的问题。为了保证共享数据的完整性，XGATE 集成了 8 个硬件互斥信号量（Semaphore）。用户可以通过硬件信号量来同步两个内核对共享数据的访问。

信号量有 3 种状态：释放、CPU12X 锁定和 XGATE 锁定。每个内核在访问共享资源前，应当首先锁定相应的信号量；在访问结束后应当释放相应的信号量。信号量在三种状态之间的转换如下：

1. 信号量锁定

XGATE 以专用的指令 SSEM 加上一个 3 比特立即数来锁定某个信号量。若锁定成功则 XGATE 的进位标志 C（Carry Flag）置位，否则 C 被清零。CPU12X 通过专门的信号量寄存器来锁定信号量。CPU12X 锁定并检查某个信号量的方法可参见下面的 C 语言宏定义。

2. 信号量释放

XGATE 以专用的指令 CSEM 加上一个 3 比特立即数来释放某个信号量。CPU12X 通过专门的信号量寄存器来释放信号量。同样见下面的 C 语言宏定义。

```
/* CPU12X 信号量操作的 C 语言宏定义 */
#define SET_SEM(x) (XGATE.XGSEM = 0x0101 << (x))        /* 锁定信号量 x */
#define TST_SEM(x) (XGATE.XGSEM & 0x0001 << (x))        /* 检测信号量 x 是否被锁定  */
#define REL_SEM(x) (XGATE.XGSEM = 0x0100 << (x))        /* 释放信号量 x */


/* CPU12X 信号量的操作 */
    do {SET_SEM(2);              /* 试图锁定信号量 2 */
    } while (!TST_SEM(2));       /* 检测是否成功锁定信号量 2 */
    ....                         /* CPU12X 访问共享资源  */
    REL_SEM(2);                  /* CPU12X 释放信号量 2 */


; XGATE 对信号量的汇编代码操作
    LOOP1: SSEM #2               ; 试图锁定信号量 2
    BCC LOOP1                    ; 若锁定不成功，重新试图锁定信号量 2
    ....                         ; XGATE 访问共享资源
    CSEM #2                      ; XGATE 释放信号量 2
```

值得强调的是：信号量与对应资源之间没有任何硬件上的联系，信号量对资源的保护完全体现在用户的代码中。

6.2　XGATE 的中断

所有 MCU 中断默认由 CPU12X 响应，其中绝大多数中断也可提交给 XGATE 处理。每个中断都有相应的配置寄存器 INT_CFGDATAx 来配置相应的处理内核及中断优先级。图 6.3 是典型的 S12X 的中断配置及中断响应，其中 ILVL[2:0]域定义了中断优先级，优先级对两个内核都有效；RQST 域选择中断处理内核。一种典型的应用是置 RQST=1，首先将中断提交给 XGATE 处理。XGATE 的中断服务程序处理完后通知 CPU12X，并将处理的结果呈交 CPU12X。这样 CPU12X 就只需关注于上层的应用控制算法，而与底层硬件密切相关的驱动由 XGATE 处理，这样极大地提高了系统的性能。

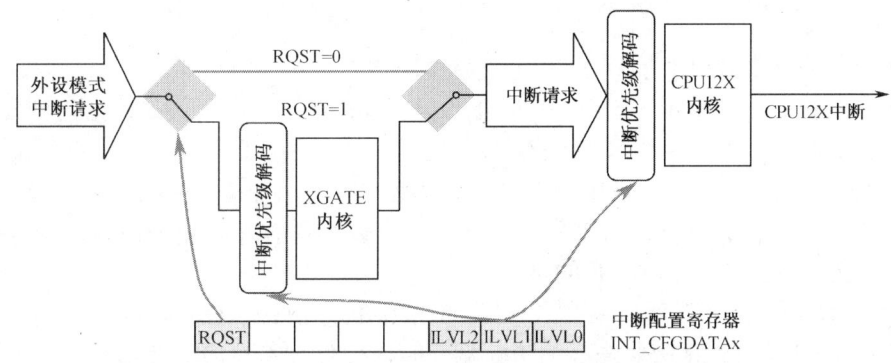

图 6.3　S12X 的中断配置及中断响应

6.2.1　中断向量表

图 6.4 是 XGATE 的中断向量表结构。XGATE 的每个中断矢量由 2 个 16 位字组成。编程时可用一个指针结构数组来描述整个中断向量表。数组的每个元素由 ISR 入口地址和 ISR 数据指针组成。若某中断配置由 XGATE 处理，则当该中断发生时硬件将 ISR 入口地址装载入 XGATE 的程序计数器 PC，将 ISR 数据指针装载入 XGATE 的 R1，这样 XGATE 的中断服务程序可以带一个数据指针作为参数。如此一个显著的好处是可以只用同一段 ISR 代码来处理同类的若干个中断。XGATE 可以通过这个数据指针来区分及处理不同的对象。

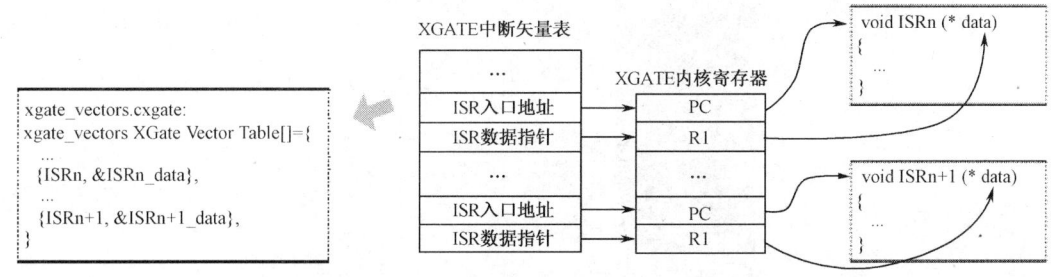

图 6.4　XGATE 的中断矢量表结构

6.2.2　XGATE 与 CPU12X 的相互中断

XGATE 与 CPU12X 之间可相互中断以同步它们的运行。XGATE 有一个特殊的指令 SIF，用于向 CPU12X 提交中断。通常 SIF 为 XGATE 线程的最后一条指令，用以触发 CPU12X 中断。默认情况下 XGATE 的中断矢量就对应于此前 XGATE 所处理的中断。故由 SIF 所触发的 CPU12X 的中断服务程序通常不必查询中断源。

XGATE 有 8 个软件中断源。CPU12X 可以通过置位或清除 XGATE 软件触发寄存器（XGSWT）中相应的位来触发或清除这 8 个中断。值得指出的是：由于 XGSWT 属于片上外设寄存器，所以 XGATE 也可以通过 XGSWT 给自己发出中断。

6.2.3　中断嵌套

最早推出的 S12XD 中的 XGATE 不支持中断嵌套，即只在当前 XGATE 的线程完成后才能处理别的中断，而新的 S12XE 中的 XGATE 支持 1 级中断嵌套，即级别较高的 4 级到 7 级的中断可以占先 1 级到 3 级的中断。

需要说明的是：新的 XGATE 中的内核寄存器实际有两套，一套在前台运行，另一套在后台保持被占先前的现场，所以中断过程中没有内核寄存器入栈或出栈。两套内核切换的速度很快，仅为 2 个 XGATE 的指令周期。

另外，对应于 4 到 7 级中断和 1 级到 3 级中断分别有 XGATE 初始栈指针寄存器 XGISP74 和 XGISP31。相应优先级的中断响应时，硬件会将对应的栈指针寄存器内容装载到 XGATE 的栈针 R7 中。

6.3　使用及初始化 XGATE

下面介绍如何在 CodeWarrior 环境中对 MC9S12XEP100 的 XGATE 进行初始化。

6.3.1　带 XGATE 的 CodeWarrior 工程建立

建立工程时，只需在第三步选择 Multi Core（HCS12X and XGATE in RAM）即可（见图 6.5），以及选择协处理器是否支持浮点运算（见图 6.6），其余步骤如 5.7.1 节所述。

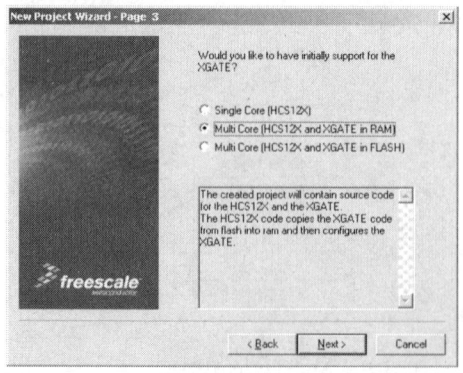

图 6.5　在工程创建时选择 XGATE 支持

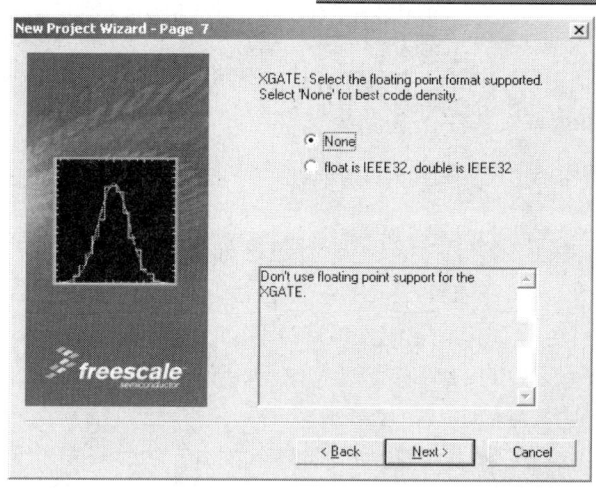

图 6.6　XGATE 处理器选择不使用浮点运算支持

当 XGATE 在 Flash 中运行时，XGATE 读取 Flash 程序的速度与 S12X CPU 是一样的，且可能会由于读程序时两个 CPU 的竞争，使两个 CPU 的速度都会不同程度地变慢，而 XGATE 程序在 RAM 中运行时，时钟频率比 S12X CPU 快一倍，且不会与主 CPU 产生"读"竞争，故推荐使用在 RAM 中运行 XGATE 程序。在 RAM 中运行 XGATE 程序的缺点是，在系统初始化时，主 CPU 需将协处理器的代码复制到 RAM 中。为了运行可靠，还必须对初始化后的 RAM 区进行特别的写保护。占用一定的 RAM 资源也是在 RAM 中运行协处理器程序的缺点。用户可根据不同的应用选择在 Flash 中或是在 RAM 中运行 XGATE 程序。

本例中选择在 RAM 中执行程序，创建工程后生成的文件系统如图 6.7 所示。

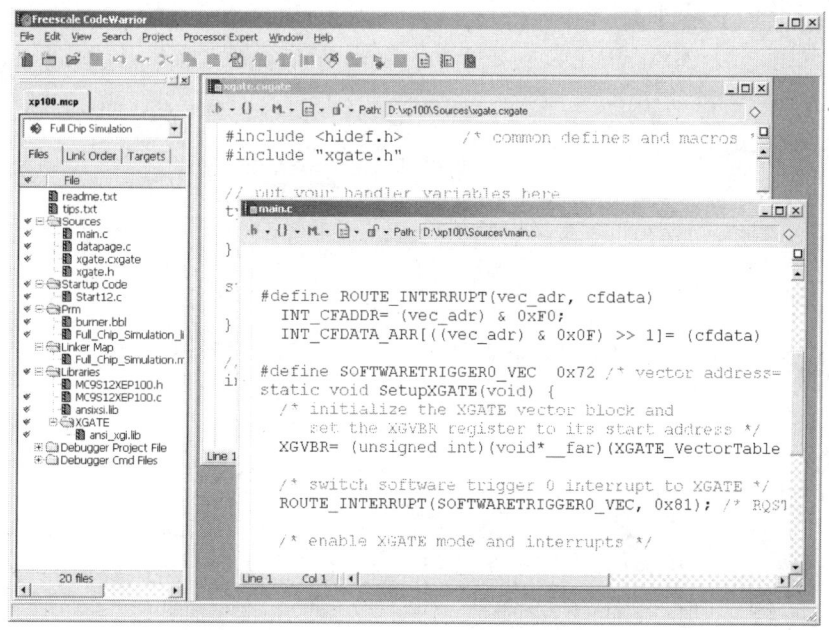

图 6.7　带 XGATE 的 MC9S12XEP100 工程

对比不带 XGATE 的工程，我们发现此工程多了两个文件（xgate.cxgate 和 xgate.h），main.c 和 Start12.c 文件也多了初始化 XGATE 的代码，其中 xgate.cxgate 文件是协处理器的 C 程序模板文件，xgate.h 文件是它的头文件。

6.3.2 XGATE 的启动及初始化过程

XGATE 的启动及初始化并不复杂，典型过程如下：

① XGATE 代码下载到 RAM 中。系统复位后，需要将 XGATE 的代码从 Flash 下载到 RAM 中以提高系统运行性能，这由 CPU12X 完成。在 CodeWarrior（Freescale 的 IDE）中这部分代码与对全局变量的初始化类似，位于源文件 Start12.c 的初始化代码_Startup() 中，_Startup()最后会调用主函数 main()。

② 将 XGATE 的中断矢量表起始地址写到 XGATE 的矢量基地址寄存器 XGVBR 中。

③ 初始化 XGATE 的栈指针。将优先级 4～7 的 XGATE 中断的栈底地址写入 XGATE 起始栈针寄存器 XGISP7～4；将优先级 1～3 的 XGATE 中断的栈底地址写入 XGATE 起始栈针寄存器 XGISP3～1。

④ 配置中断源。欲将某中断提交给 XGATE 处理，则将其中断配置寄存器的 RQST 置位；同时可以设置中断配置寄存器 ILVL[2:0]域来为其配置适当的优先级。

⑤ 启动 XGATE。置 XGATE 控制寄存器 XGMCTL 中的 XGE 位为 1，以启动 XGATE，通常也将 XGIE 位置 1 以使能 XGATE 对 CPU12X 的中断。

下面对刚生成的带 XGATE 的 MC9S12XEP100 工程进行详细介绍。

我们知道，若让 XGATE 在 RAM 中运行，则系统启动时，CPU12X 首先运行，并将 XGATE 的代码从 Flash 复制到 RAM 中，此代码在 Start12.c 文件的初始化函数 Init 中。

```
#ifndef _ONLY_INIT_SP
#if  !defined(FAR_DATA)||defined(_HCS12X_))&&(defined(_BANKED_)||defined(_LARGE_)||defined(_BANKED_COPY_DOWN))
static void _far Init(void)
#else
static void Init(void)
#endif
  {
/* purpose:       1) zero out RAM-areas where data is allocated      */
/*                2) copy initialization data from ROM to RAM        */
/*                3) call global constructors in C++                 */
/*    called from: _Startup, LibInits                                */
    _asm {
  // 具体的实现代码比较长，可参见工程中的 Start12.c 文件

  }
```

初始化完毕后，CPU 由初始化函数_EXTERN_C void _Startup(void)最后一行跳到了 main.c 文件的 main 函数中。

```
/* call main() */
main();
```

打开 main.c 文件，查看 main 函数，其代码如下。

```
void main(void) {
    /* put your own code here */
    SetupXGATE();
    EnableInterrupts;

    for(;;) {} /* wait forever */
    /* please make sure that you never leave this function */
}
```

在语句 "SetupXGATE();" 上单击鼠标右键，选择 "Go to function definition of SetupXGATE"，到达函数 SetupXGATE 定义处，其实现部分如下。

```
static void SetupXGATE(void) {
    /* initialize the XGATE vector block and
       set the XGVBR register to its start address */
    XGVBR= (unsigned int)(void*_far)(XGATE_VectorTable - XGATE_VECTOR_OFFSET);

    /* switch software trigger 0 interrupt to XGATE */
    ROUTE_INTERRUPT(SOFTWARETRIGGER0_VEC, 0x81); /* RQST=1 and PRIO=1 */

    /* enable XGATE mode and interrupts */
    XGMCTL= 0xFBC1; /* XGE | XGFRZ | XGIE */

    /* force execution of software trigger 0 handler */
    XGSWT= 0x0101;
}
```

第一行语句设定了 XGATE 模块向量基地址寄存器 XGVBR，使其指向 XGATE 向量表 XGATE_VectorTable 首地址减小 XGATE_VECTOR_OFFSET 个字节，XGATE_VECTOR_OFFSET = 9。由于 XGATE 向量表前 9 个字节未被用到，因此这样安排向量表节省了空间。我们打开 xgate.cxgate 文件，查看其中的向量表 XGATE_VectorTable。

```
    #pragma CONST_SEG XGATE_VECTORS    /* assign the vector table in separate segment for
dedicated placement in linker parameter file */
    const XGATE_TableEntry XGATE_VectorTable[] = {
                            // Channel # = Vector address / 2
        /* channel 0..8 are not used, first used must match macro XGATE_VECTOR_OFFSET in xgate.h */
    {ErrorHandler, 0x09},    // Channel 09:  Reserved
    {ErrorHandler, 0x0A},    // Channel 0A:  Reserved
    {ErrorHandler, 0x0B},    // Channel 0B:  Reserved
    ...
    {ErrorHandler, 0x36},    // Channel 36:  XGATE Software Trigger 3
    {ErrorHandler, 0x37},    // Channel 37:  XGATE Software Trigger 2
    {ErrorHandler, 0x38},    // Channel 38:  XGATE Software Trigger 1
    {(XGATE_Function)SoftwareTrigger0_Handler, (int)&MyData},
                            // Channel 39:  XGATE Software Trigger 0
    {ErrorHandler, 0x3A},    // Channel 3A:  Periodic Interrupt Timer
    {ErrorHandler, 0x3B},    // Channel 3B:  Periodic Interrupt Timer
    ...
    {ErrorHandler, 0x78},    // Channel 78:  Real Time Interrupt
    {ErrorHandler, 0x79},    // Channel 79:  IRQ
    };
```

可见，每个中断向量占据向量表的一行，右侧的注释显示了此向量的通道号和用途。每个中断向量均由两个 16 位的字组成，其中第一个为中断的入口地址，未实施的中断入口均为"ErrorHandler"，处理了意外进入的中断，其实现如下。

```
    // interrupt handler for all others
    interrupt void ErrorHandler(int dataptr) {
        int chanNum= dataptr;
        asm BRK;          // 软件断点，使 XGATE 进入 debug 模式

    }
```

中断向量的第二个字是作为参数的 16 位数据指针，例如在 ErrorHandler 中，就使用了触发中断的向量号作为参数，并将其赋给局部变量 chanNum；又如通道 0x39 的中断向量一行，其入口地址指向了软件中断函数 SoftwareTrigger0_Handler，参数则是作为 MyDataType 类型的结构体 MyData 的首地址转换为 16 位的字。

SetupXGATE 函数的第二条语句"ROUTE_INTERRUPT (SOFTWARETRIGGER0_VEC, 0x81);"将 0 号软件触发中断指引向了 XGATE。第一个参数 SOFTWARETRIGGER0_VEC 指明了中断的向量地址，它为软件中断通道地址 0x39 的 2 倍，即 0x39 × 2 = 0x72。第二个参数为中断的优先级。

SetupXGATE 函数的第三条语句"XGMCTL= 0xFBC1;"配置了 XGATE 模块的控制

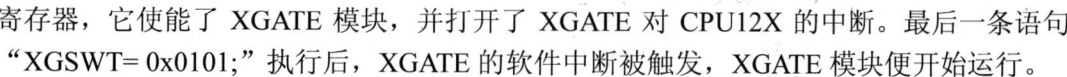

寄存器，它使能了 XGATE 模块，并打开了 XGATE 对 CPU12X 的中断。最后一条语句
"XGSWT= 0x0101;"执行后，XGATE 的软件中断被触发，XGATE 模块便开始运行。

工程创建时，CodeWarrior 给出了一个双核共享变量 shared_counter 的示例。在
CPU12X 的 main.c 中，shared_counter 定义如下。

```
/* this variable definition is to demonstrate how to share data between XGATE and S12X */
#pragma DATA_SEG SHARED_DATA
volatile int shared_counter; /* volatile because both cores are accessing it. */
#pragma DATA_SEG DEFAULT
```

在 XGATE 的头文件 xgate.h 中，引用如下。

```
/* this code is to demonstrate how to share data between XGATE and S12X */
#pragma push                        /* save current segment definitions */

#pragma DATA_SEG SHARED_DATA /*allocate the following variables in segment SHARED_DATA */
volatile extern int shared_counter;    /* volatile because both cores are accessing it. */
#pragma pop                         /* restore previous segment definitions */
```

在参数文件 prm 中，SHARED_DATA 被定义为一块独立的内存区块，并放置于未分
页 RAM 中，这样使得双核在运行时均能存取 SHARED_DATA 区块中的变量，实现数据
共享。

 ### 6.3.3　XGATE 的使用例程

下面举一个简单的例子，说明 XGATE 模块的使用和调试方法。

在前述的新建 MC9S12XEP100 工程下，打开 main.c 文件，修改 main 函数如下。

```
void main(void) {
    DDRA = 0xFF;                 // PORTA 设置为输出
    PORTA = 0;                   // PORTA 初始值为全 0
    DDRB = 0xFF;                 // PORTB 设置为输出
    PORTB = 0;                   // PORTB 初始值为全 0
    SetupXGATE();
    EnableInterrupts;
    for(;;) {
        PORTA++;                 // 循环中不断累加 PORTA
    }
}
```

打开 xgate.cxgate 文件，在文件第一行，填加引用 "#include <MC9S12XEP100.h>"，
使 XGATE 能访问到芯片的寄存器，接着修改中断函数 SoftwareTrigger0_Handler，内容如下。

```
interrupt void SoftwareTrigger0_Handler(MyDataType* _restrict pData) {
    pData->counter++;
    PORTB++;                    // 在中断里让 PORTB 自增
}
```

由于 XGATE 软件中断再开启后就再没有关闭，因此当 XGATE 执行完中断函数 SoftwareTrigger0_Handler 后，会再一次执行此函数，如此循环往复。

按 F5 键编译运行，在全芯片仿真模式下，hiwave 调试工具载入，并让 CPU12X 执行至 main 函数后停下，如图 6.8 所示，由于工程使用了双核，故调试器有两套窗口，左侧是 CPU12X，右侧是 XGATE。我们看到，CPU12X 停在了 Source1 窗口的"DDRA = 0xFF"一句，而右侧的 Source2 窗口为空白，因为此时 CPU12X 还未初始化 XGATE，XGATE 中的代码没有运行。

在 hiwave 调试器下方的状态栏中有 CPU 的状态指示。单击 HC12 一栏可以在 CPU12X 与 XGATE 之间切换，单击"2.000000 MHz"一栏可以指定外部晶振的频率，第三栏则显示 CPU 从初始化到中断经过的运行周期，此处显示为 9502，可见 CPU12X 从启动执行到 main 函数花费了 9 502 个周期，这段期间 CPU12X 初始化了堆栈指针，全局变量以及将 XGATE 的代码装入内存。可见 CPU12X 的启动，比 S12 系列的 CPU12 的启动要来得更长。

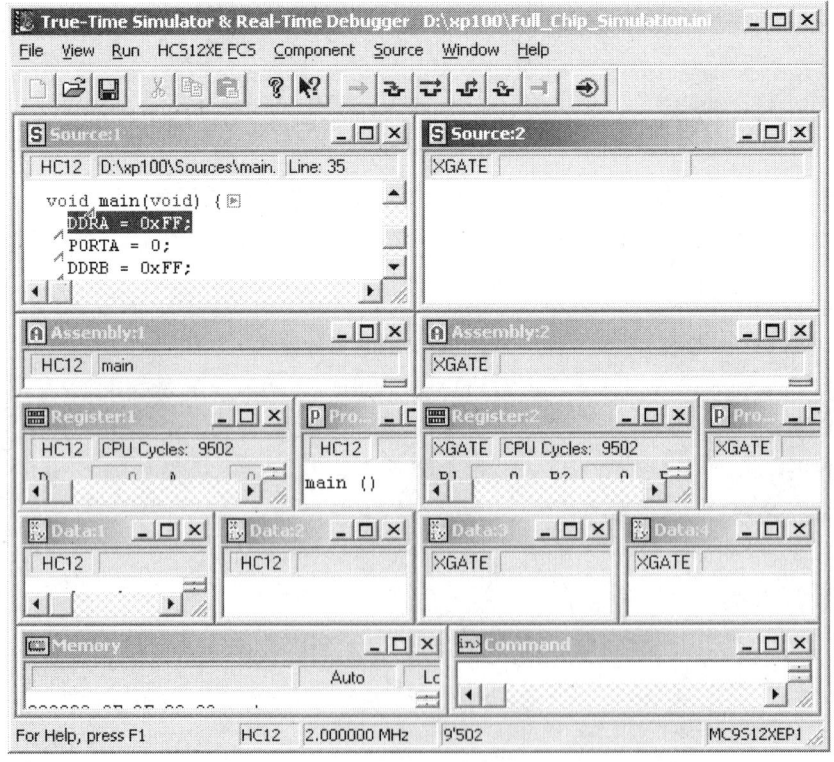

图 6.8　双核调试环境

读者可以按下 F10 键或 F11 键以对双核的行为进行跟踪。按下 F5 键让程序全速执行，过一段时间再按下 F6 键，使程序中断，此时两个核均停在了自己即将执行的代码上，如图 6.9 所示。

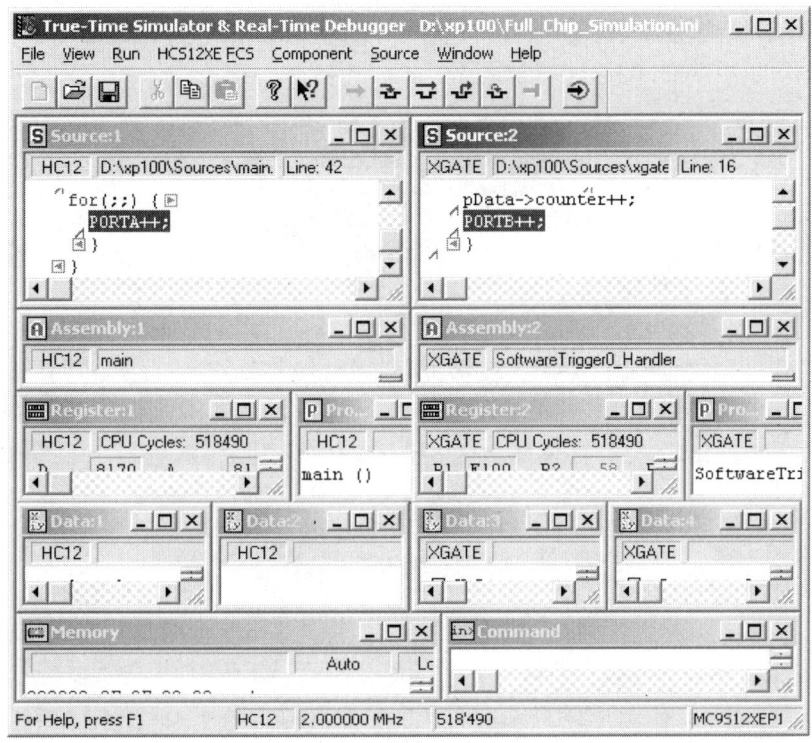

图 6.9　双核的调试

此时通过菜单 Component-Open...，选择其中的 Visualization Tool 工具组件，打开并在面板上单击鼠标右键，添加两个 bar，第一个 bar 组件指示的就是 PORTA 的数据寄存器内容，我们双击第二个 bar 组件，打开其配置窗口，如图 6.10 所示，修改 Port to Display 一栏值为 0x01，此即 PORTB 地址，回车后，第二个 bar 组件就显示了 PORTB 数据寄存器的内容。

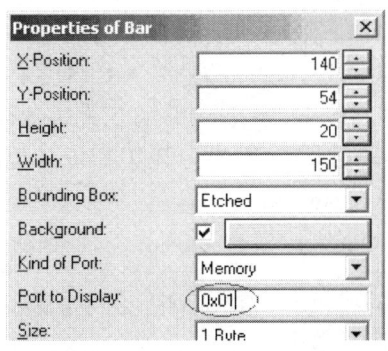

图 6.10　配置可视化工具 bar

随后按住 F10 键，可看到 PORTA 和 PORTB 寄存器内的值均在不断增长，如图 6.11

201

所示，其中 PORTB 寄存器值的增长速度大约为 PORTA 的 2 倍。对比双核的代码，对于 CPU12X，只有一个死循环不断执行一条语句"PORTA++；"，而在 XGATE 代码中，除了执行语句"PORTB++；"之外，还要执行语句"pData->counter++；"以及中断程序的进入和返回等操作，其速度仍比 CPU12X 执行 PORTA 自增的速度还要高出将近 1 倍，可见在内存中运行的 XGATE 的性能非常之高。

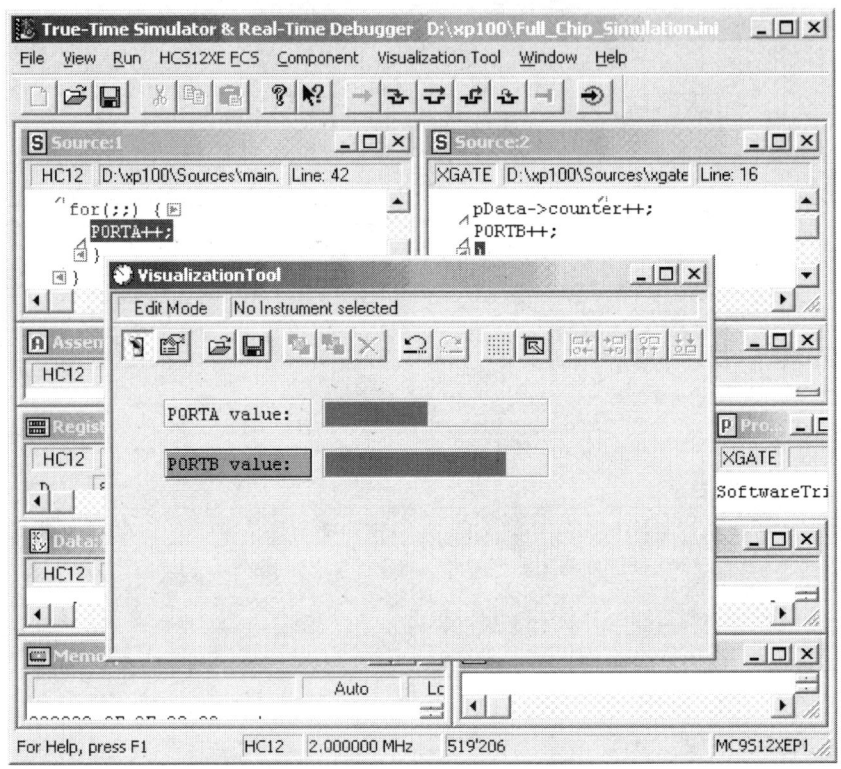

图 6.11　按住 F10 键以查看双核的执行效果

6.3.4　使用 XGATE 模块处理 CAN 接收中断

本节阐述了如何使用 XGATE 的中断接收 CAN 帧。新建一个 CodeWarrior 双核工程，选择双核，XGATE 在 RAM 中运行，芯片型号为 MC9S12XEP100，选择合适的烧写工具，假设 CAN3 模块已与 CAN 网络连接，利用 XGATE 模块接收 CAN3 的报文，关闭报文滤波，接收所有类型的帧，且每收到一帧数据，让 T 口低 4 位的电平翻转。则在此工程中，只需修改两个文件：main.c 和 xgate.cxgate。

首先打开 main.c 文件，增加宏定义。

```
#define CAN3REC   0x9A          // CAN3 接收中断的通道号是 0x4D
```

修改 SetupXGATE 函数，仅初始化 CAN3 接收中断。

```
static void SetupXGATE(void) {
```

```
XGVBR= (unsigned int)(void*__far)(XGATE_VectorTable - XGATE_VECTOR_OFFSET);
ROUTE_INTERRUPT(CAN3REC, 0x81);        /* RQST=1 and PRIO=1 */
XGMCTL= 0xFBC1;                        /* XGE | XGFRZ | XGIE */
}
```

在 main 函数上方，添加 CAN3 的初始化函数 iniCAN3。

```
void iniCAN3(void){
    CAN3CTL0_INITRQ = 1;                       // 请求进入初始化模式
    while (!CAN3CTL1_INITAK);                   // 等待初始化模式确认
    CAN3CTL1 = 0x81;                           // 使能 MSCAN 模块
    CAN3BTR0 = 0xC7;                           // 设置波特率寄存器 0
    CAN3BTR1 = 0x3A;                           // 设置波特率寄存器 1
    CAN3IDAC = 0x00;                           // 设置滤波方式
    CAN3IDAR0 = 0x00;CAN3IDMR0 = 0xFF;         // 接收任意格式的报文
    CAN3IDAR1 = 0x00;CAN3IDMR1 = 0xFF;
    CAN3IDAR2 = 0x00;CAN3IDMR2 = 0xFF;
    CAN3IDAR3 = 0x00;CAN3IDMR3 = 0xFF;
    CAN3IDAR4 = 0x00;CAN3IDMR4 = 0xFF;
    CAN3IDAR5 = 0x00;CAN3IDMR5 = 0xFF;
    CAN3IDAR6 = 0x00;CAN3IDMR6 = 0xFF;
    CAN3IDAR7 = 0x00;CAN3IDMR7 = 0xFF;
    CAN3CTL0_INITRQ = 0;                       // 请求退出初始化模式
    while(CAN3CTL1_INITAK);                     // 等待 Normal 模式确认
    CAN3CTL0 = 0x08;                           // 设置 CAN3CTL0
    CAN3RIER = 0x01;                           // 打开接收中断
    CAN3TIER = 0x00;                           // 关闭发送中断
}
```

接着修改 main 函数，由于在 XGATE 中收到一帧报文，让 T 口低 4 位的电平翻转，故首先初始化 T 口的数据方向寄存器。

```
void main(void) {
    DDRT = 0x0F;                               // 初始化 T 口数据方向寄存器
    iniCAN3();                                 // 初始化 CAN3 通道
    SetupXGATE();
    EnableInterrupts;
    for(;;);
}
```

至此，main.c 中的代码编写完毕，打开 xgate.cxgate 文件，在引用部分添加代码。

```
#include <mc9s12xdp512.h>                    // 使得 XGATE 能访问 CPU 的寄存器
```

编写 CAN3 接收中断函数体，此函数将由 XGATE 中断自动调用。

```
void interrupt XGATE_CAN3Rx(void){
    ulong id;
    byte isextend, isdataframe, length;
    byte data[8];
    if (CAN_OK == CAN3RX(&id, &isextend, &isdataframe, &length, &data[0]))
        PTT = ~PTT;
        // 其他的处理代码...
}
```

其中的 CAN3RX 函数将 CAN3 前台接收缓冲区中的数据读入参数变量中，它的实现见"MSCAN 接收程序编写"一章。CAN3RX 函数中也可不写任何接收代码，但在函数返回前必须添加清中断语句"CAN3RFLG_RXF = 1;"以释放接收缓冲区，否则收到一帧后将导致 XGATE 不断进入此中断函数。

在文件下方的向量表中，找到通道 0x4D 所在的行（Channel 4D），将此行改为

```
{(XGATE_Function)XGATE_CAN3Rx, 0},   // Channel 4D： CAN3 receive
```

第一个参数为上述中断函数程序入口，第二个参数不使用，在此可以为任意字。

至此完成了 XGATE 处理 CAN 接收中断的一个最简单的例子。在响应中断后，XGATE 执行接收操作，并使 T 口低 4 位电平发生翻转，函数返回后 XGATE 线程进入休眠，直到下次 CAN 帧被成功接收而触发中断。按下 F7 键编译，再按下 F5 键即可将编译好的代码烧写至目标板上。

6.3.5　使用 XGATE 模块实现 CAN 帧的发送与接收

下面给出一个基于 XGATE 模块的多通道 CAN 接收与发送的例子。假设一 MCU 连接三个网络 CAN1、CAN2 和 CAN3，如图 6.12 所示。

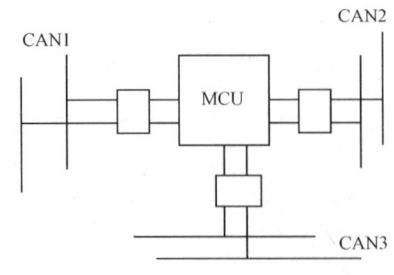

图 6.12　CAN 网络示例

设 MCU 型号为 MC9S12XEP100，其 CAN0 通道接网络 CAN1，CAN1 通道接网络 CAN2，CAN3 通道接网络 CAN3；将此 MCU 的 CAN3 通道允许接收任意类型的帧，CAN0 和 CAN1 通道预先设置了合适的滤波参数。使用 XGATE 统一管理 CAN 帧的收发，要求如下：

- 当接收到了 CAN1 和 CAN2 网络上的帧后，将其转发到 CAN3 网络上；
- 若收到了 CAN3 网络上的 ID 为 0x100 的扩展数据帧，则将其数据段转交给 CPU12X 处理。

若使用单核 CPU，则需要同时处理三个通道的接收中断和一个通道的发送过程，同时还要检测 CAN3 通道的中断中是否有 0x100 的扩展数据帧，负荷较重。使用了 XGATE 协处理器后，可以独立应付 CAN1 和 CAN2 两个网络的数据接收和 CAN3 网络的数据发送，CPU12X 对此可以完全不必关心，它只需要处理 CAN3 网络中 ID 号为 0x100 的扩展数据帧的数据段即可，如此减轻了 CPU12X 的负荷。

1. 初始化共享数据段

在 main.c 文件中定义需要 CPU12X 处理的数据段结构，并将其放入共享数据段中。

```
#pragma DATA_SEG SHARED_DATA
volatile uchar dlc, candata[8];          // 共享了数据长度和 8 字节的数据变量
#pragma DATA_SEG DEFAULT
//在 xgate.h 中，对这两个变量进行引用：
#pragma push
#pragma DATA_SEG SHARED_DATA
extern volatile uchar dlc, candata[8];
#pragma pop
```

由于在本工程中，未开启 RAM 分配与保护功能，CPU12X 与 XGATE 可以无限制地访问内存中的数据，因此对 dlc、candata[8]等变量的定义也可不放在共享数据段中，双核依然能访问到它们。

2. 初始化 XGATE

本例需要打开 CAN0 通道，CAN1 通道和 CAN3 通道共三个接收中断，为了及时处理 CAN 报文的发送，打开了 CAN3 通道的发送中断，查阅这四个中断的向量号，编写初始化 XGATE 代码如下。

```
static void SetupXGATE(void) {
    XGVBR= (unsigned int)(void*_far)(XGATE_VectorTable-XGATE_VECTOR_OFFSET);
    ROUTE_INTERRUPT(0x98, 0x81);        // CAN3 发送中断
    ROUTE_INTERRUPT(0x9A, 0x81);        // CAN3 接收中断
    ROUTE_INTERRUPT(0xB2, 0x81);        // CAN0 接收中断
    XGMCTL= 0xFBC1;                      /* XGE | XGFRZ | XGIE */
}
```

3. 初始化 CPU12X 和 CAN 通道

分别编写 CAN0、CAN1 和 CAN3 的初始化函数（参照 MSCAN 初始化程序的编写），设定滤波参数（见程序清单 main.c），打开它们的接收中断，并在 main 函数中对其进行调用。

```
void main(void){
    iniCAN0();              // 初始化 CAN0 通道
    iniCAN1();              // 初始化 CAN1 通道
    iniCAN3();              // 初始化 CAN3 通道
    SetupXGATE();           // 初始化 XGATE 模块
    EnableInterrupts;       // 开中断
    for(;;);                // CPU12X 循环等待
}
```

4. 编写 XGATE 中 MSCAN 的发送和接收中断函数

由于要接收三个 MSCAN 模块的接收中断，由于每个 MSCAN 模块的结构是完全相同的，定义一个通用的函数对其进行处理，函数的参数是 tMSCAN 类型的指针变量，此类型的定义可以在"CodeWarrior V4.6 安装路径\Stationery\CS12\CS12_Stationery\Support_Files\definitions"下的"S12MSCANV2.h"文件中找到（新版是 S12MSCANV3.h 或更高），在 xgate.cxgate 文件头部引用此文件。

```
#include "S12MSCANV2.h"
```

并将此文件连同目录中的"MOTTYPES.h"复制到本工程 Sources 文件夹下即可。此后便可以使用 tMSCAN 类型的变量来访问 MSCAN 的各个寄存器了。以下是 MSCAN 接收中断函数的实现。

```
void interrupt XGATE_CANRx(tMSCAN* _restrict pCANReg)
{
    ulong idreg;                        // 标识符暂存
    uchar i;

    idreg = pCANReg->rxbuf.id.l;        // 取得 ID
    if (idreg & CAN_ID_IDE){            // 判断 ID 是否为扩展帧
        CAN[pCANFrame].isextend = 1;
        CAN[pCANFrame].ID = ((idreg >> 1) & 0x3FFFFUL)
                    | ((idreg >> 3) & 0x1FFC0000UL);        // 转换扩展帧 ID
        CAN[pCANFrame].isdataframe = (idreg & 1) ? 0 : 1;   // 判断是否为数据帧
    }else{
        CAN[pCANFrame].isextend = 0;
```

```
        CAN[pCANFrame].ID = idreg >> 21;                   // 转换标准帧 ID
        CAN[pCANFrame].isdataframe = (idreg & 0x100000UL) ? 0 : 1;
    }


    if (CAN3ADDR == (int)pCANReg) {
        if ((CAN[pCANFrame].isextend) &&
            (CAN[pCANFrame].isdataframe) &&
            (0x100 == CAN[pCANFrame].ID)){             // 接收到 0x100 的扩展数据帧
            dlc = pCANReg->rxbuf.dlr;
            for (i=0; i<dlc; i++)
                candata[i] = pCANReg->rxbuf.dsr[i];
            asm SIF;                                   // 向 CPU12X 发出中断
        }
        pCANReg->canrflg.bit.rxf = 1;                  // 释放前台缓冲区
        return;                                        // 不处理其他的来自 CAN3 通道的帧
    }


    if (CAN[pCANFrame].isdataframe){
        CAN[pCANFrame].length = pCANReg->rxbuf.dlr;        // 取得数据长度
        for (i=0; i<CAN[pCANFrame].length; i++)
            CAN[pCANFrame].data[i] = pCANReg->rxbuf.dsr[i];    // 取得数据
    }
    pCANReg->canrflg.bit.rxf = 1;                          // 释放前台缓冲区
    if (pCANFrame < MAX_FRAME){
        pCANFrame++;                                       // 缓冲区指针自增
    }
    pCANReg = (tMSCAN*)CAN3ADDR;
    pCANReg->cantier.bit.txeie = 7;                        // 打开 CAN3 的发送中断
}
```

函数首先取得了本通道接收缓冲区中的 CAN 帧 ID，并判断 ID 是否需要被 CPU12X 处理，接着将来自 CAN1 网络和 CAN2 网络的 CAN 帧数据装入一个缓冲区并安排 CAN3 通道发送。CAN3 通道的发送程序由一个发送中断来实现。

在文件下方的向量表中，修改四个中断向量。

```
{(XGATE_Function)XGATE_CANTx, (int)CAN3ADDR},   // Channel 4C：CAN3 transmit
{(XGATE_Function)XGATE_CANRx, (int)CAN3ADDR},   // Channel 4D：CAN3 receive
// ...
{(XGATE_Function)XGATE_CANRx, (int)CAN1ADDR},   // Channel 55：CAN1 receive
```

```
// ...
{(XGATE_Function)XGATE_CANRx, (int)CAN0ADDR},   // Channel 59：CAN0 receive
```

其中，CAN0 通道、CAN1 通道和 CAN3 通道的接收函数统一使用 XGATE_CANRx，它们的参数为各自的 MSCAN 模块首地址，它们可以在头文件"MC9S12XEP100.h"或芯片手册中查得。

```
#define CAN0ADDR     0x140
#define CAN1ADDR     0x180
#define CAN3ADDR     0x200
```

5. CPU12X 响应来自 XGATE 的中断

XGATE 通过一条汇编语句"asm SIF；"向主 CPU 发送相应中断通道的中断信号。主 CPU 通过相应的中断函数响应此中断。定义中断函数有两种方法，可以使用前述的声明中断号方法。

```
void interrupt 中断号 中断程序名称(参数)
```

也可以修改 prm 参数文件，对于 CAN3 通道的接收中断向量，在 prm 文件末尾添加一行。

```
VECTOR ADDRESS 0xFF9A CAN3Recv
```

其中的"0xFF9A"指的是 CPU12X 向量表中对应于 CAN3 通道接收中断的地址，它在相应的芯片手册中的 Resets and Interrupts 一章可以查到，见图 6.13。

Vector base+$9E	$4F	CAN3 wake-up	1bit	CAN3RIER(WUPIE)	Yes	Yes
Vector base+$9C	$4E	CAN3 errors	1bit	CAN3RIER(CSCIE,OVRIE)	NO	Yes
Vector base+$9A	$4D	CAN3 receive	1bit	CAN3RIER(RXFIE)	NO	Yes
Vector base+$9B	$4C	CAN3 transmit	1bit	CAN3TIER(TXEIE[2:0])	NO	Yes
Vector base+$96	$4B	CAN4 wake-up	1bit	CAN4RIER(WUPIE)	Yes	Yes

图 6.13 查阅 CAN3 Receive 对应的中断向量号

向量表中的 Vector base 初始为 0xFF00，最终的结果为 0xFF9A。

CAN3Recv 则是 main.c 中定义对应于 CPU12X 的接收中断函数。

```
void interrupt CAN3Recv(void)
{
   XGIF3_XGIF_4D = 1;          // Channel 0x4D 清除来自 XGATE 的中断
   // 处理 dlc、data[8]...
   CAN3RFLG_RXF = 1;           // 清 CAN 中断
}
```

中断函数中第一条语句是清除相应通道中来自 XGATE 的中断请求。各个通道对应的

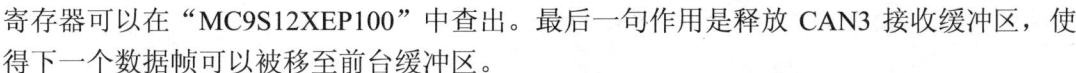

寄存器可以在"MC9S12XEP100"中查出。最后一句作用是释放 CAN3 接收缓冲区，使得下一个数据帧可以被移至前台缓冲区。

6. 程序清单 main.c

```c
#include <hidef.h>                    /* common defines and macros */
#include <mc9s12xep100.h>             /* derivative information */
#pragma LINK_INFO DERIVATIVE "mc9s12xep100"
#include <string.h>
#include "xgate.h"


#pragma DATA_SEG SHARED_DATA
volatile uchar dlc, candata[8];
#pragma DATA_SEG DEFAULT


#define ROUTE_INTERRUPT(vec_adr, cfdata)                      \
    INT_CFADDR= (vec_adr) & 0xF0;                             \
    INT_CFDATA_ARR[((vec_adr) & 0x0F) >> 1]= (cfdata)

static void SetupXGATE(void) {
    XGVBR= (unsigned int)(void*_far)(XGATE_VectorTable – XGATE_VECTOR_OFFSET);
    ROUTE_INTERRUPT(0x98, 0x81);      // CAN3 发送中断
    ROUTE_INTERRUPT(0x9A, 0x81);      // CAN3 接收中断
    ROUTE_INTERRUPT(0xB2, 0x81);      // CAN0 接收中断
    XGMCTL= 0xFBC1;                   /* XGE | XGFRZ | XGIE */
}


void iniCAN0(void){
    CAN0CTL0_INITRQ = 1;              // 请求进入初始化模式
    while (!CAN0CTL1_INITAK);         // 等待初始化模式确认
    CAN0CTL1 = 0x81;                  // 使能 MSCAN 模块
    CAN0BTR0 = 0xC7;                  // 设置波特率寄存器 0
    CAN0BTR1 = 0x3A;                  // 设置波特率寄存器 1
    CAN0IDAC = 0x00;                  // 设置滤波方式
    CAN0IDAR0 = 0x28;CAN0IDMR0 = 0x38;   // ID: 0b000101000110(0x146)
    CAN0IDAR1 = 0xC0;CAN0IDMR1 = 0xC0;   //Mask:0b011110111000(0x7B8)
    CAN0IDAR2 = 0x00;CAN0IDMR2 = 0x00;
    CAN0IDAR3 = 0x00;CAN0IDMR3 = 0x00;
    CAN0IDAR4 = 0x28;CAN0IDMR4 = 0x38;
    CAN0IDAR5 = 0xC0;CAN0IDMR5 = 0xC0;
```

```
    CAN0IDAR6 = 0x00;CAN0IDMR6 = 0x00;
    CAN0IDAR7 = 0x00;CAN0IDMR7 = 0x00;
    CAN0CTL0_INITRQ = 0;                        // 请求退出初始化模式
    while(CAN0CTL1_INITAK);                     // 等待 Normal 模式确认
    CAN0CTL0 = 0x08;                            // 设置 CAN0CTL0
    CAN0RIER = 0x01;                            // 打开接收中断
}

void iniCAN1(void){
    CAN1CTL0_INITRQ = 1;                        // 请求进入初始化模式
    while (!CAN1CTL1_INITAK);                   // 等待初始化模式确认
    CAN1CTL1 = 0x81;                            // 使能 MSCAN 模块
    CAN1BTR0 = 0xC7;                            // 设置波特率寄存器 0
    CAN1BTR1 = 0x3A;                            // 设置波特率寄存器 1
    CAN1IDAC = 0x00;                            // 设置滤波方式
    CAN1IDAR0 = 0x45;CAN1IDMR0 = 0x28;          // ID: 0b001000101001(0x229)
    CAN1IDAR1 = 0x20;CAN1IDMR1 = 0x40;          //Mask:0b000101000010(0x142)
    CAN1IDAR2 = 0x00;CAN1IDMR2 = 0x00;
    CAN1IDAR3 = 0x00;CAN1IDMR3 = 0x00;
    CAN1IDAR4 = 0x45;CAN1IDMR4 = 0x28;
    CAN1IDAR5 = 0x20;CAN1IDMR5 = 0x40;
    CAN1IDAR6 = 0x00;CAN1IDMR6 = 0x00;
    CAN1IDAR7 = 0x00;CAN1IDMR7 = 0x00;
    CAN1CTL0_INITRQ = 0;                        // 请求退出初始化模式
    while(CAN1CTL1_INITAK);                     // 等待 Normal 模式确认
    CAN1CTL0 = 0x08;                            // 设置 CAN1CTL0
    CAN1RIER = 0x01;                            // 打开接收中断
}

void iniCAN3(void){
    CAN3CTL0_INITRQ = 1;                        // 请求进入初始化模式
    while (!CAN3CTL1_INITAK);                   // 等待初始化模式确认
    CAN3CTL1 = 0x81;                            // 使能 MSCAN 模块
    CAN3BTR0 = 0xC7;                            // 设置波特率寄存器 0
    CAN3BTR1 = 0x3A;                            // 设置波特率寄存器 1
    CAN3IDAC = 0x00;                            // 设置滤波方式
    CAN3IDAR0 = 0x00;CAN3IDMR0 = 0xFF;
    CAN3IDAR1 = 0x00;CAN3IDMR1 = 0xFF;
```

```
        CAN3IDAR2 = 0x00;CAN3IDMR2 = 0xFF;
        CAN3IDAR3 = 0x00;CAN3IDMR3 = 0xFF;
        CAN3IDAR4 = 0x00;CAN3IDMR4 = 0xFF;
        CAN3IDAR5 = 0x00;CAN3IDMR5 = 0xFF;
        CAN3IDAR6 = 0x00;CAN3IDMR6 = 0xFF;
        CAN3IDAR7 = 0x00;CAN3IDMR7 = 0xFF;
        CAN3CTL0_INITRQ = 0;                  // 请求退出初始化模式
        while(CAN3CTL1_INITAK);               // 等待 Normal 模式确认
        CAN3CTL0 = 0x08;                      // 设置 CAN3CTL0
        CAN3RIER = 0x01;                      // 打开接收中断
    }

    void interrupt CAN3Recv(void)
    {
        XGIF3_XGIF_4D = 1;                    // Channel 0x4D 清除来自 XGATE 的中断
        // 处理 dlc, data[8]...

        CAN3RFLG_RXF = 1;                     // 清 CAN 中断
    }

    void main(void){

        iniCAN0();                           // 初始化 CAN0 通道
        iniCAN1();                           // 初始化 CAN1 通道
        iniCAN3();                           // 初始化 CAN3 通道
        SetupXGATE();                        // 初始化 XGATE 模块
        EnableInterrupts;                    // 开中断
        for(;;);                             // CPU12X 循环等待
    }
```

7. 程序清单 xgate.cxgate

```
#include <hidef.h>          /* common defines and macros */
#include "xgate.h"
#include "S12MSCANV2.h"
int pCANFrame;
XGCAN CAN[MAX_FRAME];
void interrupt XGATE_CANTx(tMSCAN* _restrict pCANReg)
{
    uchar i;
```

```c
    ulong idreg = 0;                                        // 标识符暂存
    if (!(pCANReg->cantflg.bit.txe & 7)){
        return; // 发送缓冲区已满,先返回
    }
    if (pCANFrame > 0) pCANFrame--;                          // 数据缓冲区指针自减
    if (!pCANFrame) pCANReg->cantier.bit.txeie = 0;         // 关闭发送中断

    pCANReg->cantbsel.bit = pCANReg->cantflg.bit;           // 选择发送缓冲区
    if (CAN[pCANFrame].isextend){            // 将 ID 格式转换为 MSCAN 中 IDR 的格式
        idreg = ((((CAN[pCANFrame].ID & 0x1FFC0000UL) << 3)
                | 0x00180000UL
                | ((CAN[pCANFrame].ID & 0x0003FFFFUL) << 1));
    }else{
        idreg = CAN[pCANFrame].ID << 21;
    }
    if (!CAN[pCANFrame].isdataframe){                        // 设置远程帧标志
        if (CAN[pCANFrame].isextend){
            idreg |= 1;
        }else{
            idreg |= 0x100000UL;
        }
    }else{
        for (i=0; i<CAN[pCANFrame].length; i++)             // 设置数据
            pCANReg->txbuf.dsr[i] = CAN[pCANFrame].data[i];
    }
    pCANReg->txbuf.id.l = idreg;                            // 设置 ID

    pCANReg->rxbuf.dlr = CAN[pCANFrame].length;             // 设置数据段长度

    pCANReg->cantflg.bit = pCANReg->cantbsel.bit;          // 启动发送

}


void interrupt XGATE_CANRx(tMSCAN* _restrict pCANReg)
{
    ulong idreg;                                            // 标识符暂存
    uchar i;
```

```
    idreg = pCANReg->rxbuf.id.l;                                    // 取得 ID
    if (idreg & CAN_ID_IDE){                                        // 判断 ID 是否为扩展帧
        CAN[pCANFrame].isextend = 1;
        CAN[pCANFrame].ID = ((idreg >> 1) & 0x3FFFFUL) | ((idreg >> 3) & 0x1FFC0000UL);
                                                                    // 转换扩展帧 ID
        CAN[pCANFrame].isdataframe = (idreg & 1) ? 0 : 1;          // 判断是否为数据帧
    }else{
        CAN[pCANFrame].isextend = 0;
        CAN[pCANFrame].ID = idreg >> 21;                           // 转换标准帧 ID
        CAN[pCANFrame].isdataframe = (idreg & 0x100000UL) ? 0 : 1;
    }


    if (CAN3ADDR == (int)pCANReg) {
        if ((CAN[pCANFrame].isextend) &&
            (CAN[pCANFrame].isdataframe) &&
            (0x100 == CAN[pCANFrame].ID)){                          // 接收到 0x100 的扩展数据帧
            dlc = pCANReg->rxbuf.dlr;
            for (i=0; i<dlc; i++)
                candata[i] = pCANReg->rxbuf.dsr[i];
            asm SIF;                                                // 向 CPU12X 发出中断
        }
        pCANReg->canrflg.bit.rxf = 1;                              // 释放前台缓冲区
        return;                                                     // 不处理其他的 CAN3 的帧
    }


    if (CAN[pCANFrame].isdataframe){
        CAN[pCANFrame].length = pCANReg->rxbuf.dlr;                // 取得数据长度
        for (i=0; i<CAN[pCANFrame].length; i++)
            CAN[pCANFrame].data[i] = pCANReg->rxbuf.dsr[i];        // 取得数据
    }
    pCANReg->canrflg.bit.rxf = 1;                                  // 释放前台缓冲区
    if (pCANFrame < MAX_FRAME){
        pCANFrame++;                                               // 缓冲区指针自增
    }
    pCANReg = (tMSCAN*)CAN3ADDR;
    pCANReg->cantier.bit.txeie = 7;                               // 打开 CAN3 的发送中断
}
```

```
// interrupt handler for all others
interrupt void ErrorHandler(int dataptr) {
    int chanNum= dataptr;
    asm BRK;
}
#pragma CONST_SEG XGATE_VECTORS
/* assign the vector table in separate segment for dedicated placement in linker parameter file */


const XGATE_TableEntry XGATE_VectorTable[] = {
                        // Channel # = Vector address / 2
/* channel 0..8 are not used, first used must match macro XGATE_VECTOR_OFFSET in xgate.h */
    {ErrorHandler, 0x09},   // Channel 09——Reserved
    {ErrorHandler, 0x0A},   // Channel 0A——Reserved
    {ErrorHandler, 0x0B},   // Channel 0B——Reserved
    {ErrorHandler, 0x0C},   // Channel 0C——Reserved
    {ErrorHandler, 0x0D},   // Channel 0D——Reserved
    {ErrorHandler, 0x0E},   // Channel 0E——Reserved
    {ErrorHandler, 0x0F},   // Channel 0F——Reserved
    {ErrorHandler, 0x10},   // Channel 10——Reserved
    {ErrorHandler, 0x11},   // Channel 11——Reserved
    {ErrorHandler, 0x12},   // Channel 12——Reserved
    {ErrorHandler, 0x13},   // Channel 13——Reserved
    {ErrorHandler, 0x14},   // Channel 14——Reserved
    {ErrorHandler, 0x15},   // Channel 15——Reserved
    {ErrorHandler, 0x16},   // Channel 16——Reserved
    {ErrorHandler, 0x17},   // Channel 17——Reserved
    {ErrorHandler, 0x18},   // Channel 18——Reserved
    {ErrorHandler, 0x19},   // Channel 19——Reserved
    {ErrorHandler, 0x1A},   // Channel 1A——Reserved
    {ErrorHandler, 0x1B},   // Channel 1B——Reserved
    {ErrorHandler, 0x1C},   // Channel 1C——Reserved
    {ErrorHandler, 0x1D},   // Channel 1D——Reserved
    {ErrorHandler, 0x1E},   // Channel 1E——Reserved
    {ErrorHandler, 0x1F},   // Channel 1F——Reserved
    {ErrorHandler, 0x20},   // Channel 20——Reserved
    {ErrorHandler, 0x21},   // Channel 21——Reserved
    {ErrorHandler, 0x22},   // Channel 22——Reserved
    {ErrorHandler, 0x23},   // Channel 23——Reserved
```

```
{ErrorHandler, 0x24},    // Channel 24——Reserved
{ErrorHandler, 0x25},    // Channel 25——Reserved
{ErrorHandler, 0x26},    // Channel 26——Reserved
{ErrorHandler, 0x27},    // Channel 27——Reserved
{ErrorHandler, 0x28},    // Channel 28——Reserved
{ErrorHandler, 0x29},    // Channel 29——Reserved
{ErrorHandler, 0x2A},    // Channel 2A——Reserved
{ErrorHandler, 0x2B},    // Channel 2B——Reserved
{ErrorHandler, 0x2C},    // Channel 2C——Reserved
{ErrorHandler, 0x2D},    // Channel 2D——Reserved
{ErrorHandler, 0x2E},    // Channel 2E——Reserved
{ErrorHandler, 0x2F},    // Channel 2F——Reserved
{ErrorHandler, 0x30},    // Channel 30——XSRAM20K Access Violation
{ErrorHandler, 0x31},    // Channel 31——XGATE Software Error Interrupt
{ErrorHandler, 0x32},    // Channel 32——XGATE Software Trigger 7
{ErrorHandler, 0x33},    // Channel 33——XGATE Software Trigger 6
{ErrorHandler, 0x34},    // Channel 34——XGATE Software Trigger 5
{ErrorHandler, 0x35},    // Channel 35——XGATE Software Trigger 4
{ErrorHandler, 0x36},    // Channel 36——XGATE Software Trigger 3
{ErrorHandler, 0x37},    // Channel 37——XGATE Software Trigger 2
{ErrorHandler, 0x38},    // Channel 38——XGATE Software Trigger 1
{ErrorHandler, 0x39},    // Channel 39——XGATE Software Trigger 0
{ErrorHandler, 0x3A},    // Channel 3A——Periodic Interrupt Timer
{ErrorHandler, 0x3B},    // Channel 3B——Periodic Interrupt Timer
{ErrorHandler, 0x3C},    // Channel 3C——Periodic Interrupt Timer
{ErrorHandler, 0x3D},    // Channel 3D——Periodic Interrupt Timer
{ErrorHandler, 0x3E},    // Channel 3E——Reserved
{ErrorHandler, 0x3F},    // Channel 3F——Autonomous Periodical interrupt API
{ErrorHandler, 0x40},    // Channel 40——Low Voltage interrupt LVI
{ErrorHandler, 0x41},    // Channel 41——IIC1 Bus
{ErrorHandler, 0x42},    // Channel 42——SCI5
{ErrorHandler, 0x43},    // Channel 43——SCI4
{ErrorHandler, 0x44},    // Channel 44——SCI3
{ErrorHandler, 0x45},    // Channel 45——SCI2
{ErrorHandler, 0x46},    // Channel 46——PWM Emergency Shutdown
{ErrorHandler, 0x47},    // Channel 47——Port P Interrupt
{ErrorHandler, 0x48},    // Channel 48——CAN4 transmit
{ErrorHandler, 0x49},    // Channel 49——CAN4 receive
```

```
{ErrorHandler, 0x4A},    // Channel 4A——CAN4 errors
{ErrorHandler, 0x4B},    // Channel 4B——CAN4 wake-up
{(XGATE_Function)XGATE_CANTx, (int)CAN3ADDR},    // Channel 4C——CAN3 transmit
{(XGATE_Function)XGATE_CANRx, (int)CAN3ADDR},    // Channel 4D——CAN3 receive
{ErrorHandler, 0x4E},    // Channel 4E——CAN3 errors
{ErrorHandler, 0x4F},    // Channel 4F——CAN3 wake-up
{ErrorHandler, 0x50},    // Channel 50——CAN2 transmit
{ErrorHandler, 0x51},    // Channel 51——CAN2 receive
{ErrorHandler, 0x52},    // Channel 52——CAN2 errors
{ErrorHandler, 0x53},    // Channel 53——CAN2 wake-up
{ErrorHandler, 0x54},    // Channel 54——CAN1 transmit
{(XGATE_Function)XGATE_CANRx, (int)CAN1ADDR},    // Channel 55——CAN1 receive
{ErrorHandler, 0x56},    // Channel 56——CAN1 errors
{ErrorHandler, 0x57},    // Channel 57——CAN1 wake-up
{ErrorHandler, 0x58},    // Channel 58——CAN0 transmit
{(XGATE_Function)XGATE_CANRx, (int)CAN0ADDR},    // Channel 59——CAN0 receive
{ErrorHandler, 0x5A},    // Channel 5A——CAN0 errors
{ErrorHandler, 0x5B},    // Channel 5B——CAN0 wake-up
{ErrorHandler, 0x5C},    // Channel 5C——FLASH
{ErrorHandler, 0x5D},    // Channel 5D——EEPROM
{ErrorHandler, 0x5E},    // Channel 5E——SPI2
{ErrorHandler, 0x5F},    // Channel 5F——SPI1
{ErrorHandler, 0x60},    // Channel 60——IIC0 Bus
{ErrorHandler, 0x61},    // Channel 61——Reserved
{ErrorHandler, 0x62},    // Channel 62——CRG Self Clock Mode
{ErrorHandler, 0x63},    // Channel 63——CRG PLL lock
{ErrorHandler, 0x64},    // Channel 64——Pulse Accumulator B Overflow
{ErrorHandler, 0x65},    // Channel 65——Modulus Down Counter underflow
{ErrorHandler, 0x66},    // Channel 66——Port H
{ErrorHandler, 0x67},    // Channel 67——Port J
{ErrorHandler, 0x68},    // Channel 68——ATD1
{ErrorHandler, 0x69},    // Channel 69——ATD0
{ErrorHandler, 0x6A},    // Channel 6A——SCI1
{ErrorHandler, 0x6B},    // Channel 6B——SCI0
{ErrorHandler, 0x6C},    // Channel 6C——SPI0
{ErrorHandler, 0x6D},    // Channel 6D——Pulse accumulator input edge
{ErrorHandler, 0x6E},    // Channel 6E——Pulse accumulator A overflow
{ErrorHandler, 0x6F},    // Channel 6F——Enhanced Capture Timer overflow
```

```
{ErrorHandler, 0x70},    // Channel 70——Enhanced Capture Timer channel 7
{ErrorHandler, 0x71},    // Channel 71——Enhanced Capture Timer channel 6
{ErrorHandler, 0x72},    // Channel 72——Enhanced Capture Timer channel 5
{ErrorHandler, 0x73},    // Channel 73——Enhanced Capture Timer channel 4
{ErrorHandler, 0x74},    // Channel 74——Enhanced Capture Timer channel 3
{ErrorHandler, 0x75},    // Channel 75——Enhanced Capture Timer channel 2
{ErrorHandler, 0x76},    // Channel 76——Enhanced Capture Timer channel 1
{ErrorHandler, 0x77},    // Channel 77——Enhanced Capture Timer channel 0
{ErrorHandler, 0x78},    // Channel 78——Real Time Interrupt
{ErrorHandler, 0x79},    // Channel 79——IRQ
};
```

8. 程序清单 xgate.h

```
#ifndef _XGATE_H_
#define _XGATE_H_
#define CAN_ID_IDE    0x00080000UL
#define MAX_FRAME     10
#define CAN0ADDR      0x140
#define CAN1ADDR      0x180
#define CAN3ADDR      0x200
typedef struct
{
  ulong    ID;
  uchar    isextend;
  uchar    isdataframe;
  uchar    length;
  uchar    data[8];
  uchar    dummy;          // 使得两个编译器生成的目标文件大小相同
}XGCAN;

/* XGATE vector table entry */
typedef void (*_NEAR XGATE_Function)(int);
typedef struct {
  XGATE_Function pc;      /* pointer to the handler */
  int dataptr;            /* pointer to the data of the handler */
} XGATE_TableEntry;
#pragma push                /* save current segment definitions */
#pragma CONST_SEG _GPAGE_SEG XGATE_VECTORS
/* for the HCS12X/XGATE shared setup, HCS12X needs global addressing to access the vector table. */
```

```
#define XGATE_VECTOR_OFFSET 9
/* the first elements are unused and need not to be allocated (to save space) */
extern const XGATE_TableEntry XGATE_VectorTable[];
#pragma pop                    /* restore previous segment definitions */


/* this code is to demonstrate how to share data between XGATE and S12X */
#pragma push                   /* save current segment definitions */
#pragma DATA_SEG SHARED_DATA
/* allocate the following variables in the segment SHARED_DATA */
extern volatile uchar dlc, candata[8];
#pragma pop                    /* restore previous segment definitions */


#endif /* _XGATE_H_ */
```

9. 程序清单 P&E_Multilink_CyclonePro_linker.prm

```
NAMES
    /* CodeWarrior will pass all the needed files to the linker by command line. But here you may
    add your additional files */
END

SEGMENTS /* here all RAM/ROM areas of the device are listed. Used in PLACEMENT below. All
            addresses are 'logical' */

/* Register space    */
/* IO_SEG = PAGED 0x0000 TO 0x07FF; intentionally not defined */

/* non-paged EEPROM */
    EEPROM = READ_ONLY 0x0C00 TO 0x0FFF;
/* non-paged RAM */
    RAM = READ_WRITE 0x2000 TO 0x3FFF ALIGN 2[1:1]; /* word align for XGATE accesses */
/* non-banked FLASH */
    ROM_4000 = READ_ONLY 0x4000 TO 0x7FFF;
    ROM_C000 = READ_ONLY 0xC000 TO 0xFEFF;
/*    VECTORS = READ_ONLY 0xFF00 TO 0xFFFF; intentionally not defined: used for VECTOR
commands below */
    //OSVECTORS = READ_ONLY 0xFF10 TO 0xFFFF;   /* OSEK interrupt vectors (use your vector.o) */

/* paged EEPROM 0x0800 TO    0x0BFF; addressed through EPAGE */
```

EEPROM_00	= READ_ONLY	0x000800 TO 0x000BFF;
EEPROM_01	= READ_ONLY	0x010800 TO 0x010BFF;
EEPROM_02	= READ_ONLY	0x020800 TO 0x020BFF;
EEPROM_03	= READ_ONLY	0x030800 TO 0x030BFF;
EEPROM_04	= READ_ONLY	0x040800 TO 0x040BFF;
EEPROM_05	= READ_ONLY	0x050800 TO 0x050BFF;
EEPROM_06	= READ_ONLY	0x060800 TO 0x060BFF;
EEPROM_07	= READ_ONLY	0x070800 TO 0x070BFF;
EEPROM_08	= READ_ONLY	0x080800 TO 0x080BFF;
EEPROM_09	= READ_ONLY	0x090800 TO 0x090BFF;
EEPROM_0A	= READ_ONLY	0x0A0800 TO 0x0A0BFF;
EEPROM_0B	= READ_ONLY	0x0B0800 TO 0x0B0BFF;
EEPROM_0C	= READ_ONLY	0x0C0800 TO 0x0C0BFF;
EEPROM_0D	= READ_ONLY	0x0D0800 TO 0x0D0BFF;
EEPROM_0E	= READ_ONLY	0x0E0800 TO 0x0E0BFF;
EEPROM_0F	= READ_ONLY	0x0F0800 TO 0x0F0BFF;
EEPROM_10	= READ_ONLY	0x100800 TO 0x100BFF;
EEPROM_11	= READ_ONLY	0x110800 TO 0x110BFF;
EEPROM_12	= READ_ONLY	0x120800 TO 0x120BFF;
EEPROM_13	= READ_ONLY	0x130800 TO 0x130BFF;
EEPROM_14	= READ_ONLY	0x140800 TO 0x140BFF;
EEPROM_15	= READ_ONLY	0x150800 TO 0x150BFF;
EEPROM_16	= READ_ONLY	0x160800 TO 0x160BFF;
EEPROM_17	= READ_ONLY	0x170800 TO 0x170BFF;
EEPROM_18	= READ_ONLY	0x180800 TO 0x180BFF;
EEPROM_19	= READ_ONLY	0x190800 TO 0x190BFF;
EEPROM_1A	= READ_ONLY	0x1A0800 TO 0x1A0BFF;
EEPROM_1B	= READ_ONLY	0x1B0800 TO 0x1B0BFF;
EEPROM_1C	= READ_ONLY	0x1C0800 TO 0x1C0BFF;
EEPROM_1D	= READ_ONLY	0x1D0800 TO 0x1D0BFF;
EEPROM_1E	= READ_ONLY	0x1E0800 TO 0x1E0BFF;
EEPROM_1F	= READ_ONLY	0x1F0800 TO 0x1F0BFF;
EEPROM_20	= READ_ONLY	0x200800 TO 0x200BFF;
EEPROM_21	= READ_ONLY	0x210800 TO 0x210BFF;
EEPROM_22	= READ_ONLY	0x220800 TO 0x220BFF;
EEPROM_23	= READ_ONLY	0x230800 TO 0x230BFF;
EEPROM_24	= READ_ONLY	0x240800 TO 0x240BFF;
EEPROM_25	= READ_ONLY	0x250800 TO 0x250BFF;

```
            EEPROM_26        = READ_ONLY        0x260800 TO 0x260BFF;
            EEPROM_27        = READ_ONLY        0x270800 TO 0x270BFF;
            EEPROM_28        = READ_ONLY        0x280800 TO 0x280BFF;
            EEPROM_29        = READ_ONLY        0x290800 TO 0x290BFF;
            EEPROM_2A        = READ_ONLY        0x2A0800 TO 0x2A0BFF;
            EEPROM_2B        = READ_ONLY        0x2B0800 TO 0x2B0BFF;
            EEPROM_2C        = READ_ONLY        0x2C0800 TO 0x2C0BFF;
            EEPROM_2D        = READ_ONLY        0x2D0800 TO 0x2D0BFF;
            EEPROM_2E        = READ_ONLY        0x2E0800 TO 0x2E0BFF;
            EEPROM_2F        = READ_ONLY        0x2F0800 TO 0x2F0BFF;
            EEPROM_30        = READ_ONLY        0x300800 TO 0x300BFF;
            EEPROM_31        = READ_ONLY        0x310800 TO 0x310BFF;
            EEPROM_32        = READ_ONLY        0x320800 TO 0x320BFF;
            EEPROM_33        = READ_ONLY        0x330800 TO 0x330BFF;
            EEPROM_34        = READ_ONLY        0x340800 TO 0x340BFF;
            EEPROM_35        = READ_ONLY        0x350800 TO 0x350BFF;
            EEPROM_36        = READ_ONLY        0x360800 TO 0x360BFF;
            EEPROM_37        = READ_ONLY        0x370800 TO 0x370BFF;
            EEPROM_38        = READ_ONLY        0x380800 TO 0x380BFF;
            EEPROM_39        = READ_ONLY        0x390800 TO 0x390BFF;
            EEPROM_3A        = READ_ONLY        0x3A0800 TO 0x3A0BFF;
            EEPROM_3B        = READ_ONLY        0x3B0800 TO 0x3B0BFF;
            EEPROM_3C        = READ_ONLY        0x3C0800 TO 0x3C0BFF;
            EEPROM_3D        = READ_ONLY        0x3D0800 TO 0x3D0BFF;
            EEPROM_3E        = READ_ONLY        0x3E0800 TO 0x3E0BFF;
            EEPROM_3F        = READ_ONLY        0x3F0800 TO 0x3F0BFF;

            /* EEPROM Cache RAM */
            EEPROM_FC        = READ_ONLY        0xFC0800 TO 0xFC0BFF;
            EEPROM_FD        = READ_ONLY        0xFD0800 TO 0xFD0BFF;
            EEPROM_FE        = READ_ONLY        0xFE0800 TO 0xFE0BFF;
    /*      EEPROM_FF        = READ_ONLY        0xFF0800 TO 0xFF0BFF; intentionally not
defined: equivalent to EEPROM */

    /* paged RAM: 0x1000 TO    0x1FFF; addressed through RPAGE */
            RAM_XGATE_STK = READ_WRITE   0xF81000 TO 0xF810FF;
            /* The stack is set by the XGATE compiler option -Cstv=8100 */
            RAM_F8 = READ_WRITE   0xF81100 TO 0xF81FFF ALIGN 2[1:1];
```

```
            /* is also mapped to XGATE:      0x8100..0x8FFF */
            RAM_F9 = READ_WRITE             0xF91000 TO 0xF91FFF ALIGN 2[1:1];
            /* is also mapped to XGATE:      0x9000..0x9FFF */
            RAM_FA = READ_WRITE             0xFA1000 TO 0xFA1FFF ALIGN 2[1:1];
            /* is also mapped to XGATE:      0xA000..0xAFFF */
            RAM_FB = READ_WRITE             0xFB1000 TO 0xFB1FFF ALIGN 2[1:1];
            /* is also mapped to XGATE:      0xB000..0xBFFF */
            RAM_FC = READ_WRITE             0xFC1000 TO 0xFC1FFF ALIGN 2[1:1];
            /* is also mapped to XGATE:      0xC000..0xCFFF */
            RAM_FD = READ_WRITE             0xFD1000 TO 0xFD1FFF ALIGN 2[1:1];
            /* is also mapped to XGATE:      0xD000..0xDFFF */
    /*      RAM_FE = READ_WRITE             0xFE1000  TO  0xFE1FFF; intentionally not defined:
equivalent to RAM: 0x2000..0x2FFF */
    /*      RAM_FF = READ_WRITE   0xFF1000 TO 0xFF1FFF; intentionally not defined: equivalent
to RAM: 0x3000..0x3FFF */


    /* paged FLASH: 0x8000 TO 0xBFFF; addressed through PPAGE */
            PAGE_C0         = READ_ONLY     0xC08000 TO 0xC0BFFF;
            PAGE_C1         = READ_ONLY     0xC18000 TO 0xC1BFFF;
            PAGE_C2         = READ_ONLY     0xC28000 TO 0xC2BFFF;
            PAGE_C3         = READ_ONLY     0xC38000 TO 0xC3BFFF;
            PAGE_C4         = READ_ONLY     0xC48000 TO 0xC4BFFF;
            PAGE_C5         = READ_ONLY     0xC58000 TO 0xC5BFFF;
            PAGE_C6         = READ_ONLY     0xC68000 TO 0xC6BFFF;
            PAGE_C7         = READ_ONLY     0xC78000 TO 0xC7BFFF;

            PAGE_C8         = READ_ONLY     0xC88000 TO 0xC8BFFF;
            PAGE_C9         = READ_ONLY     0xC98000 TO 0xC9BFFF;
            PAGE_CA         = READ_ONLY     0xCA8000 TO 0xCABFFF;
            PAGE_CB         = READ_ONLY     0xCB8000 TO 0xCBBFFF;
            PAGE_CC         = READ_ONLY     0xCC8000 TO 0xCCBFFF;
            PAGE_CD         = READ_ONLY     0xCD8000 TO 0xCDBFFF;
            PAGE_CE         = READ_ONLY     0xCE8000 TO 0xCEBFFF;
            PAGE_CF         = READ_ONLY     0xCF8000 TO 0xCFBFFF;

            PAGE_D0         = READ_ONLY     0xD08000 TO 0xD0BFFF;
            PAGE_D1         = READ_ONLY     0xD18000 TO 0xD1BFFF;
            PAGE_D2         = READ_ONLY     0xD28000 TO 0xD2BFFF;
```

```
    PAGE_D3        = READ_ONLY      0xD38000 TO 0xD3BFFF;
    PAGE_D4        = READ_ONLY      0xD48000 TO 0xD4BFFF;
    PAGE_D5        = READ_ONLY      0xD58000 TO 0xD5BFFF;
    PAGE_D6        = READ_ONLY      0xD68000 TO 0xD6BFFF;
    PAGE_D7        = READ_ONLY      0xD78000 TO 0xD7BFFF;

    PAGE_D8        = READ_ONLY      0xD88000 TO 0xD8BFFF;
    PAGE_D9        = READ_ONLY      0xD98000 TO 0xD9BFFF;
    PAGE_DA        = READ_ONLY      0xDA8000 TO 0xDABFFF;
    PAGE_DB        = READ_ONLY      0xDB8000 TO 0xDBBFFF;
    PAGE_DC        = READ_ONLY      0xDC8000 TO 0xDCBFFF;
    PAGE_DD        = READ_ONLY      0xDD8000 TO 0xDDBFFF;
    PAGE_DE        = READ_ONLY      0xDE8000 TO 0xDEBFFF;
    PAGE_DF        = READ_ONLY      0xDF8000 TO 0xDFBFFF;

    PAGE_E0_0 = READ_ONLY      0xE08000 TO 0xE087FF;
    /* cannot be mapped to XGATE; XGATE sees registers here */
    PAGE_E0 = READ_ONLY        0xE08800 TO 0xE0BFFF ALIGN 2[1:1];
    /* is also mapped to XGATE:    0x0800..0x3FFF        */
    PAGE_E1 = READ_ONLY        0xE18000 TO 0xE1BFFF ALIGN 2[1:1];
    /* is also mapped to XGATE:    0x4000..0x7FFF        */
    PAGE_E2 = READ_ONLY        0xE28000 TO 0xE2BFFF;
    /* cannot be mapped to XGATE; this module should NOT be */
    PAGE_E3 = READ_ONLY        0xE38000 TO 0xE3BFFF;
    /* used for HC12 code when also used for XGATE code     */
    PAGE_E4 = READ_ONLY        0xE48000 TO 0xE4BFFF;
    /* since the HC12 will have priority over the XGATE     */
    PAGE_E5 = READ_ONLY        0xE58000 TO 0xE5BFFF;
    /* accessing the FLASH modules resulting very poor      */
    PAGE_E6 = READ_ONLY        0xE68000 TO 0xE6BFFF;
    /* performance of the XGATE:                            */
    PAGE_E7 = READ_ONLY        0xE78000 TO 0xE7BFFF;
    /* Check allocation of this ranges in PLACEMENT below!  */

    PAGE_E8        = READ_ONLY      0xE88000 TO 0xE8BFFF;
    PAGE_E9        = READ_ONLY      0xE98000 TO 0xE9BFFF;
    PAGE_EA        = READ_ONLY      0xEA8000 TO 0xEABFFF;
    PAGE_EB        = READ_ONLY      0xEB8000 TO 0xEBBFFF;
```

```
          PAGE_EC         = READ_ONLY    0xEC8000 TO 0xECBFFF;
          PAGE_ED         = READ_ONLY    0xED8000 TO 0xEDBFFF;
          PAGE_EE         = READ_ONLY    0xEE8000 TO 0xEEBFFF;
          PAGE_EF         = READ_ONLY    0xEF8000 TO 0xEFBFFF;

          PAGE_F0         = READ_ONLY    0xF08000 TO 0xF0BFFF;
          PAGE_F1         = READ_ONLY    0xF18000 TO 0xF1BFFF;
          PAGE_F2         = READ_ONLY    0xF28000 TO 0xF2BFFF;
          PAGE_F3         = READ_ONLY    0xF38000 TO 0xF3BFFF;
          PAGE_F4         = READ_ONLY    0xF48000 TO 0xF4BFFF;
          PAGE_F5         = READ_ONLY    0xF58000 TO 0xF5BFFF;
          PAGE_F6         = READ_ONLY    0xF68000 TO 0xF6BFFF;
          PAGE_F7         = READ_ONLY    0xF78000 TO 0xF7BFFF;

          PAGE_F8         = READ_ONLY    0xF88000 TO 0xF8BFFF;
          PAGE_F9         = READ_ONLY    0xF98000 TO 0xF9BFFF;
          PAGE_FA         = READ_ONLY    0xFA8000 TO 0xFABFFF;
          PAGE_FB         = READ_ONLY    0xFB8000 TO 0xFBBFFF;
          PAGE_FC         = READ_ONLY    0xFC8000 TO 0xFCBFFF;
/*        PAGE_FD         = READ_ONLY    0xFD8000 TO 0xFDBFFF; intentionally not defined:
equivalent to ROM_4000 */
          PAGE_FE         = READ_ONLY    0xFE8000 TO 0xFEBFFF;
/*        PAGE_FF         = READ_ONLY    0xFF8000 TO 0xFFBFFF; intentionally not defined:
equivalent to ROM_C000 */


      END


    PLACEMENT /* here all predefined and user segments are placed into the SEGMENTS defined
above. */
          _PRESTART,                    /* Used in HIWARE format: jump to _Startup at the code start */
          STARTUP,                      /* startup data structures */
          ROM_VAR,                      /* constant variables */
          STRINGS,                      /* string literals */
          VIRTUAL_TABLE_SEGMENT,  /* C++ virtual table segment */
//.ostext,                              /* eventually OSEK code   */
          DEFAULT_ROM, NON_BANKED,      /* runtime routines which must not be banked */
          COPY                          /* copy down information: how to initialize variables */
          /* in case you want to use ROM_4000 here as well, make sure that all files (incl. library files)
```

are compiled with the

```
                                option: -OnB=b     */
                    INTO    ROM_C000            /*, ROM_4000*/;


        OTHER_ROM INTO PAGE_FE, PAGE_FC, PAGE_FB, PAGE_FA, PAGE_F9, PAGE_F8,
PAGE_F7,  PAGE_F6,  PAGE_F5,  PAGE_F4,  PAGE_F3,  PAGE_F2,  PAGE_F1,  PAGE_F0,  PAGE_EF,
PAGE_EE, PAGE_ED, PAGE_EC, PAGE_EB, PAGE_EA, PAGE_E9, PAGE_E
        /* use the following ranges only when same module is NOT used for XGATE code */
        /* PAGE_E0, PAGE_E1, intentionally not listed: assigned to XGATE */
        PAGE_E7,    PAGE_E6,    PAGE_E5,    PAGE_E4,    PAGE_E3,    PAGE_E2,    PAGE_E0_0,
PAGE_DF,   PAGE_DE,   PAGE_DD,   PAGE_DC,   PAGE_DB,   PAGE_DA,   PAGE_D9,   PAGE_D8,
PAGE_D7,   PAGE_D6,   PAGE_D5,   PAGE_D4,   PAGE_D3,   PAGE_D2,   PAGE_D1,   PAGE_D0,
PAGE_CF,   PAGE_CE,   PAGE_CD,   PAGE_CC,   PAGE_CB,   PAGE_CA,   PAGE_C9,   PAGE_C8,
PAGE_C7, PAGE_C6, PAGE_C5, PAGE_C4, PAGE_C3, PAGE_C2, PAGE_C1, PAGE_C0;


        XGATE_STRING_FLASH,       /* XGATE strings that should always go into Flash */
        XGATE_CONST_FLASH,        /* XGATE constants what should always go into Flash */
        XGATE_CODE_FLASH          /* XGATE code that should always run out of Flash */
        INTO   PAGE_E0, PAGE_E1;   /* Flash accessible by XGATE */


        SSTACK,                    /* allocate stack first to avoid overwriting variables */
        SHARED_DATA,               /* variables that are shared between CPU12 and XGATE */
        DEFAULT_RAM                /* all variables, the default RAM location */
        INTO   RAM;


        XGATE_VECTORS,        /* XGATE vector table has to be copied into RAM by HCS12X */
        XGATE_STRING,         /* XGATE string literals have to be copied into RAM by HCS12X */
        XGATE_CONST,          /* XGATE constants have to be copied into RAM by HCS12X */
        XGATE_CODE,           /* XGATE functions have to be copied into RAM by HCS12X */
        XGATE_STRING_RAM,     /* XGATE strings that should always go into RAM */
        XGATE_CONST_RAM,      /* XGATE constants what should always go into RAM */
        XGATE_CODE_RAM,       /* XGATE code that should always run out of RAM */
        XGATE_DATA            /* data that are accessed by XGATE only */
        INTO   RAM_F8, RAM_F9, RAM_FA, RAM_FB /*, RAM_FC, RAM_FD */;


        PAGED_RAM                 /* paged data accessed by CPU12 only */
        INTO                      /* when using banked addressing for variable data, make sure
to specify the option -D__FAR_DATA on the compiler command line */
```

```
        RAM_FD, RAM_FC /* RAM_FB, RAM_FA, RAM_F9 */;


    //.vectors              INTO   OSVECTORS; /* OSEK vector table */
END


ENTRIES     /* keep the following unreferenced variables */
            /* OSEK: always allocate the vector table and all dependent objects */
    //_vectab OsBuildNumber _OsOrtiStackStart _OsOrtiStart
END


STACKSIZE 0x100       /* size of the stack (will be allocated in DEFAULT_RAM) */


/* use these definitions in plane of the vector table ('vectors') above */
VECTOR 0 _Startup       /* reset vector: this is the default entry point for a C/C++ application. */
//VECTOR 0 Entry        /* reset vector: this is the default entry point for an Assembly application. */
//INIT Entry            /* for assembly applications: that this is as well the initialization entry point */
VECTOR ADDRESS 0xFF9A CAN3Recv
```

第7章 CAN总线收发器

根据 ISO 11898 的定义，物理层被细分成 3 个子层，它们分别是物理信令（位编码定时和同步）、物理媒体连接（驱动器和接收器特性）和媒体相关接口（总线连接器）。

物理信令子层和数据链路层之间的连接是通过集成的协议控制器实现的，而媒体相关接口（CAN 收发器）是协议控制器和物理传输线路之间的接口。本章将介绍飞思卡尔半导体公司的 CAN 收发器 MC33388 和 MC33989，以及飞利浦半导体公司的收发器 PCA82C250。

7.1 Freescale 低速 CAN 收发器 MC33388

MC33388 是由飞思卡尔公司为汽车网络总线通信系统而设计的一款低速容错型 CAN 总线收发器，可用于汽车内部恶劣的工作环境中，能检测出各种错误状况并自动地转换到合适的模式下。在检测出错误后，MC33388 将始终监视总线故障情况，以在故障消除后立即转换到正常总线操作模式之下。该总线收发器的主要特性有：

- 极低的休眠/待机电流，典型值为 15 μA；
- 内部整合有总线驱动斜率控制功能，以减少射频干扰；
- 在总线故障情况下自动切换到单线模式，在故障消除之后即回到差分模式；
- 支持单线传输模式，此时可以容许地电平偏移到 1.5 V；
- 防护总线与电池 VDD 和地之间发生短路；
- 支持 10～125 kb/s 的波特率；
- 保护总线不受汽车中瞬间干扰的影响；
- 总线驱动器终端保护；
- 支持非屏蔽双绞线；
- 某一个节点掉电不会影响总线；
- 可以通过总线活动或者唤醒引脚来唤醒；
- NERR 输出引脚可以反映电池的故障标志；
- 可适应−40℃～125℃的环境温度。

7.1.1 MC33388 结构说明

MC33388 为 14 引脚芯片，如图 7.1 所示，下面对各个引脚加以说明。

Pin1（INH）：用于控制外部电源调节器的输出引脚，使用时，在休眠模式下即会关闭外部电源调节器。

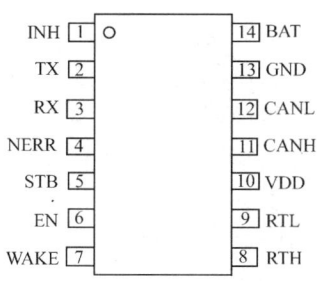

图 7.1　MC33388 芯片引脚图

Pin2（TX）：收发器输入引脚，CMOS 兼容，通常直接与 CAN 控制器的 TX 引脚相连，用来接收要发送的信息位。当 TX 引脚为显性状态时，CANH 和 CANL 则为隐性，反之亦然。该引脚还特有错误处理功能，当 TX 引脚始终为低，即处于显性状态超过 2 ms 时，其内部连接到 VDD 的上拉电阻即会自动将 TX 引脚变为高电平，即隐性位，以防止 CAN 总线始终被锁定为显性状态而失去通信功能。

Pin3（RX）：收发器将总线上接收到的信息传送到 CAN 控制器的输出引脚，当其为高电平时总线上为隐性，低电平时为显性。TX、RX 与总线状态的关系如表 7.1 所示。在休眠和待机模式下，RX 引脚可以向控制器报告唤醒事件。

表 7.1　TX、RX 与总线状态真值表

TX	RX	总 线 状 态	说　　明
低	低	显性	
高	高	隐性	
高	低	显性	总线由其他节点驱动

Pin4（NERR）：错误输出引脚，负责向控制器报告出错情况。正常状态下为高电平，低电平则表示检测到了有错误发生。在待机模式下，NERR 引脚可报告唤醒事件，在只听模式下，则报告 VBAT 电源上电标志。

Pin5～Pin6（STB～EN）：具有 CMOS 兼容性的输入引脚，使用时连接到微控制器，用于控制芯片进入所需的模式。

Pin7（WAKE）：高电平输入引脚，用于将芯片从休眠模式和待机模式中唤醒。使用时通常外接一个开关，其典型唤醒电平阈值为 VBAT 的 1/2，该引脚内部特殊设计的结构能让高电平到低电平与低电平到高电平的跳变都能唤醒芯片。进入休眠模式或待机模式之后，MC33388 即检测 WAKE 引脚的电平，并将其作为参考值，与其相反的状态值即会将芯片重新唤醒至正常模式。

使用时需注意的一点是：WAKE 引脚不能开路，若没有用到唤醒功能的话，该引脚应该连接到地电平，以防止发生错误唤醒。

Pin8～Pin9（RTH～RTL）：总线终端电阻连接引脚，两者均为下拉型输出结构，使用时分别连一个外部电阻接到 CANH 和 CANL 引脚。当发送隐性位时，CANH 和 CANL 总线驱动器关闭，对应引脚即通过外部电阻接地。其中，RTL 引脚在待机和休眠模式中通过一个内部开关和 12.5 kΩ 的电阻连接到 VBAT，当 CANL 引脚从 VBAT 电平变为

CANL 的唤醒电平阈值时，芯片即会被唤醒。

Pin10（VDD）：5 V 电压输入引脚，该引脚与欠压功能相关联，当其输入电压低于 3 V 的时候，芯片将自行复位并进入待机模式。

Pin11～Pin12（CANH～CANL）：总线差分输出引脚，输出的位流即通过这两个引脚传送到 CAN 总线上。CANH 为连接到 VDD 的上拉型结构，CANL 则为连接地的下拉型结构。当温度超过 150℃时，芯片内部的温度保护装置即会关闭 CANH 和 CANL 驱动器。两个引脚分别由内部串联二极管保护，以防备 CANH 与电源、CANL 与地发生短路。

Pin13（GND）：MC33388 接地引脚。

Pin14（BAT）：芯片的工作电源输入引脚，可以直接连接汽车的 12 V 蓄电池，并且可以承受 27 V 的直流电压，上电、断电时可承受 40 V 的瞬间高压。其工作电流取决于其所处的操作模式，在低功耗模式下，典型值仅 12 μA。该引脚与蓄电池回路故障标志相关联。

在使用时必须要注意一点，即需要借助外部器件（如二极管等），保护芯片不会因电源连接线反接以及瞬间反电动势而受损。

7.1.2　MC33388 功能描述

图 7.2 为 MC33388 内部结构框图，下面介绍一下 MC33388 的工作原理。

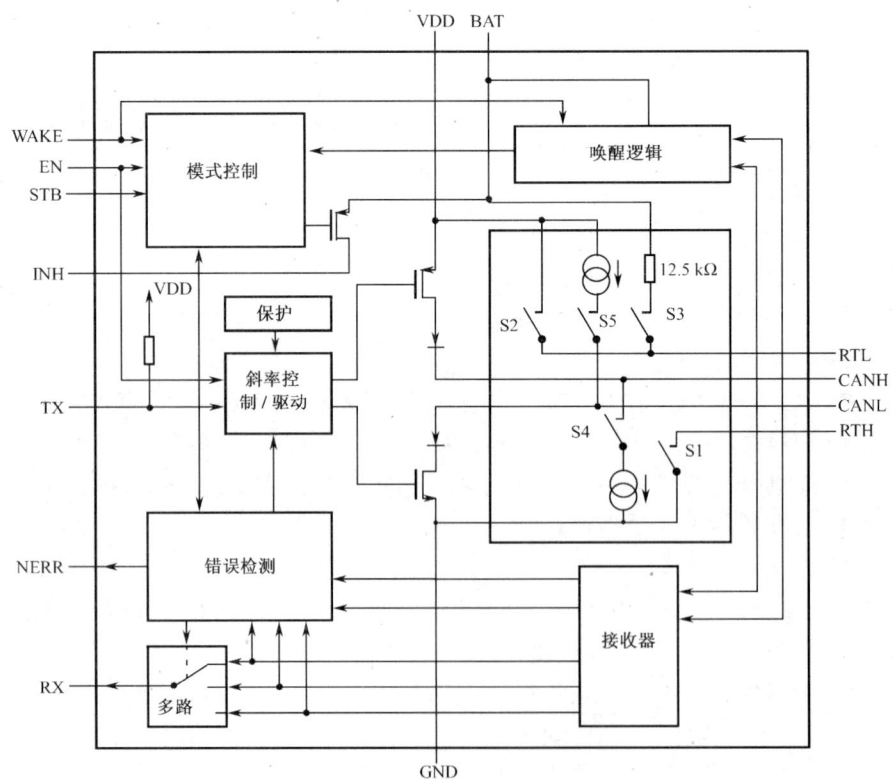

图 7.2　MC33388 内部结构框图

1. 芯片工作模式

该芯片有四种工作模式：正常模式（Normal）、只听模式（Receive Only）、待机模式（Standby）和休眠模式（Sleep）。进入哪种模式则由 EN 引脚和 STB 引脚共同控制，如表 7.2 所示。

表 7.2　模式控制真值表

STB	EN	模　　式	INH	NERR	RX
0	0	待机模式	高	变低电平：唤醒中断信号 （若有 VDD）	
0	0	休眠模式	悬浮		
0	1	进入休眠命令	悬浮		
1	0	只听模式	高	变低：VBAT 上电标志	高：隐性位
1	1	正常模式	高	变低：错误标志	低：显性位

当 EN 和 STB 引脚均为 1，即高电平时，芯片处于正常工作模式下；当 STB 引脚置 1，EN 引脚置 0 时，芯片进入只听模式，此时只能从总线上接收信息而不能向外发送；当 STB 引脚置 0，EN 引脚置 1 时，控制器向芯片发出进入休眠命令，随后当 STB 引脚和 EN 引脚都置 0 时芯片即进入休眠模式；当 STB 引脚和 EN 引脚直接都置 0 则芯片进入待机模式。值得注意的是，INH 引脚在控制器发出进入休眠命令后即由高电平（12 V）变为悬浮（实际使用中测得约 1.5 V）；反之，当控制器与收发器都进入休眠模式后，若收发器被总线唤醒，则 INH 会变为高电平，利用这一跳变可以用来激活外部电源调节器。

正常模式下，芯片的所有功能都可以使用，NERR 引脚则负责报告总线错误。

在只听模式下，芯片不能驱动总线，CANH 和 CANL 维持为隐性状态。此时芯片的接收功能仍同正常模式，但收到信息后芯片无法再向发送节点发回应答信息。此时 NERR 负责输出 VBAT 电源上电标志，RX 则负责报告总线错误。该模式下的错误检测和错误处理与正常模式相同。

在休眠模式下，芯片的接收与发送功能均被禁止，若 INH 连接到电源调节器，由于此时 INH 引脚由高电平变为悬浮，电源调节器将被关闭，也就是说将没有 VDD 5 V 电源供给给收发器芯片了。VBAT 电源仍将保持，典型电流为 15 μA。此时芯片将监视总线活动以及 WAKE 引脚和 VBAT 电平，若有唤醒发生，则芯片将转换至待机模式，INH 引脚也将变为高电平。

待机模式有些类似于休眠模式，但 INH 引脚为高电平，以使外部 5 V 电源调节器保持为工作状态。由于此时芯片有 5 V 的 VDD，唤醒事件会直接反映在 NERR 和 RX 引脚上，即两个引脚都将输出低电平。

2. 系统电源上电

在系统上电时，VBAT 和 VDD 将从 0 上升到其正常值，芯片则将自动进入待机模式。此时，INH 引脚将变为高以激活外部电源调节器。EN 引脚和 STB 引脚则由芯片内部控制为低电平，而不论这两个引脚的外部电平为高还是为低，以使芯片保持为待机状态，直到 VDD 上升到 3 V，这时芯片才可以由 EN 和 STB 引脚外部电平控制着进入相应的工

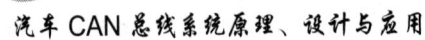

作模式。

3. VDD 复位功能

若在工作中 VDD 降低到强行进入待机模式的阈值电平即 3 V 以下时，芯片将自动转换到待机模式。

4. 电池故障标志

当 VBAT 降低到低于电池上电标志置位阈值，即 1.5 V 时，系统的工作电源即被切断。电池故障标志可以由控制器通过将芯片转入只听模式来读取。进入正常模式后改标志被复位。

5. 总线错误检测与处理

MC33388 始终监视着总线，在正常模式和只听模式下可以检测出以下 8 种总线错误：

① CANH 传输中断；

② CANL 传输中断；

③ CANH 对蓄电池短路；

④ CANL 对地短路；

⑤ CANH 对地短路；

⑥ CANL 对蓄电池短路；

⑦ CANH、CANL 双线短路；

⑧ CANH 对 VDD 短路。

MC33388 的差分接收阈值设定为 2.8 V，使得当发生总线错误①、②或⑤时，当前的传输不会被破坏。

错误③和⑥由连接 CANH 和 CANL 的内部比较器来检测，当超过比较器阈值一定时间后，芯片立即切换到单线模式，当前传输的数据则不会被丢失。

错误④、⑦和⑧则会使内部比较器一直输出一个显性电平。若发生的是错误④或⑦，则 CANL 驱动器经一段延时后即被关闭，只留下 CANH 进入单线传输模式。若检测到错误⑧，则 CANH 驱动器将经延时后关闭，只留下 CANL 进入单线传输模式。错误消除后，总线将会恢复为隐性状态。当接收器电压维持在隐性状态一段时间后，芯片将重新进入差分模式进行总线传输。

当上述 8 种错误的任意一种发生时，NER 引脚都将输出低电平；错误消除后再重新恢复为高电平状态。

 ## 7.1.3　MC33388 典型应用

图 7.3 为 MC33388 的典型应用电路。电路中的元件信息如下：R_3=10 kΩ；R_4≥33 kΩ；C_1≥47 nF；C_2≥4.7 μF；C_3≥47 nF；C_4≥10 μF；L_1 为共模抑制线圈；D1 为 1N4148；IC1 为 LM2935；R_1=R_2=R(500 Ω<R<16 kΩ)；R/节点数>100 Ω。

图 7.3 实现了 MC33388 所有的功能：CAN 总线接口、正常和低功耗模式以及来自 CAN 总线和外部开关的唤醒源。

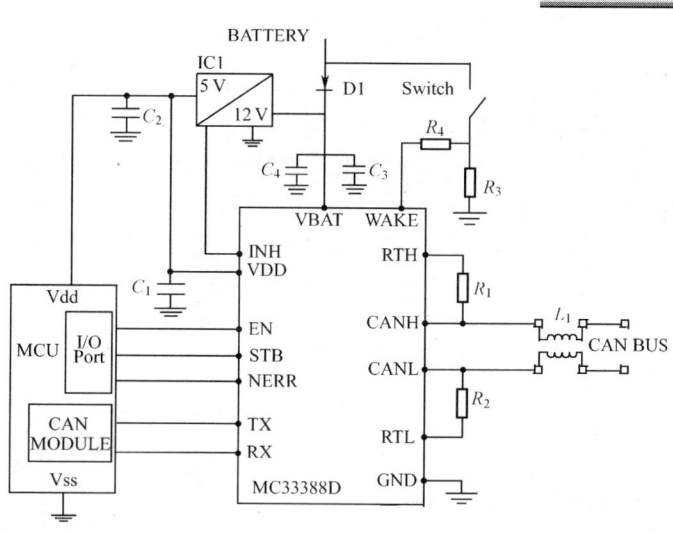

图 7.3　MC33388 的典型应用

MC33388 的 VDD 引脚由一个带禁止输入引脚的外部电压调节器供给，除了与 MCU 的 CAN 控制器相连的 TX 和 RX 引脚外，MC33388 还需要连接 3 个 MCU 的 IO 口以实现 EN、STB 和 NERR 引脚的功能。

MC33388 唤醒引脚连接到一个外部信号触发开关。MC33388 支持外部信号通过上拉电阻或下拉电阻连接到 VBAT 或是地线上。在此例中，选择了下拉电阻接地的方法。WAKE 引脚必须串联电阻以限制输入电流的大小。

VBAT 和 VDD 上均推荐并联两个电容接地，这些电容可能和板上的其他元件共用。

R_1 和 R_2 是网络的终端电阻。为了能正常运行，它们的值应该相同（$R_1= R_2$），由整个网络的终端电阻和节点数目共同决定。

整个网络的终端电阻值必须高于 100 Ω。若在一个带有 32 个节点的系统中选择了一个 500 Ω 的终端电阻，则 R_1 和 R_2 都要等于 16 kΩ。此外，R_1 和 R_2 的值必须在 500 Ω 和 16 kΩ 之间选择。

CANH 和 CANL 引脚可以直接连接 CAN 总线。当然也可以串联合适的共模抑制线圈以抑制共模干扰。

7.2　Freescale 高速 CAN 收发器 MC33989

MC33989 是一种单片集成电路，集成了微控制器基本系统中常用的功能，有一个全保护的 5.0 V 低损耗电压调节器输出，带有电流限制，过热报警并可为 CAN 和微控制器提供复位电源。

MC33989 还提供实现第二个 5.0 V 电压调节器时所必须的驱动和传感输入，使用外部连续导通型 PNP，通过可调电阻以满足外围器件的需要。MC33989 有正常、等待、停止和睡眠模式，有一个内部开关型高端电源供给输出，它带有四个唤醒输入、可编程看门狗、中断、复位、SPI 输入控制以及一个与 CAN 2.0A 和 CAN 2.0B 协议兼容的用于模

块间通信的高速 CAN 传输器。

　　MC33989 为电源管理、高速通信以及微控制器基本系统所需要的控制提供了便宜的解决方案。MC33989 的产品特性如下：

- 带电流限制，过热警告和复位型输出监测的低损耗电压调节器；
- 可调节的外部连续导通型 PNP 调压器；
- 正常、等待、停止和带 60～130 μA 睡眠和停止模式电流的睡眠模式（独立配置）；
- 高速 1.0 Mb/s CAN 接口，兼容于 CAN 2.0A 和 2.0B 协议，带有特定 CAN 唤醒；
- 为外部电路提供 150 mA 开关型电源（VBAT）输出；
- 四个外部唤醒输入，可与开关型 VBAT 关联；
- VBAT 监测和实效检测；
- 瞬态电压可达 40 V；
- 看门狗、中断和复位可软件编程；
- 多种唤醒模式，CAN、唤醒输入、内部器件时钟和通过 MCU 的 CSB（停止模式）；
- 在模拟器件选择指南 SG1002/D 内可找到更多模拟器件以作比较。

MC33989 产品优势如下：

- 用很少的元器件，实现了完全的微控制器电源管理解决方案；
- CAN 和 SPI 接口；
- 内部的唤醒和看门狗功能；
- 飞思卡尔提供全线兼容而带有传感器的系统基本芯片；
- 可直接与微控制器连接以简化系统设计；
- 减少电路板面积，增强应用可靠性；
- 用最优化的性能/价格比提供便易的系统解决方案；
- 用带内部安全特性和输出电压监测的电路来简化微控制器的供电设计。

图 7.4 是 MC33989 芯片支持的保护功能。

保护	检测	限制	关断	状态报告
V1:				
欠电压	●		●	
过热	●		●	●
过电流	●	●		
短路	●	●		
V2:				
欠电压	●			●
HS1:				
过热	●		●	●
过电流		●		
CAN总线失效				
H和L过电流	●	●		●
H和L过热	●	●		●
电源线				
欠压				●
电源断路	●			●

图 7.4　MC33989 的保护

7.2.1 MC33989 结构说明

MC33989 为 28 引脚芯片，如图 7.5 所示，各个引脚的说明见表 7.3。

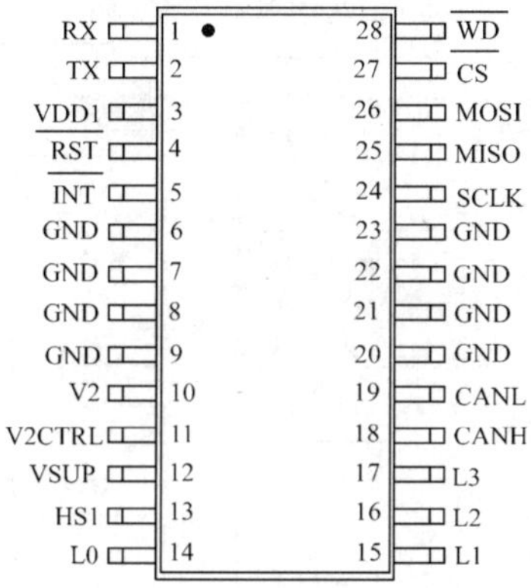

```
                    ┌─────────────┐
        RX  ⊏━ 1  •          28 ━⊐ WD
        TX  ⊏━ 2             27 ━⊐ CS
      VDD1  ⊏━ 3             26 ━⊐ MOSI
       RST  ⊏━ 4             25 ━⊐ MISO
       INT  ⊏━ 5             24 ━⊐ SCLK
       GND  ⊏━ 6             23 ━⊐ GND
       GND  ⊏━ 7             22 ━⊐ GND
       GND  ⊏━ 8             21 ━⊐ GND
       GND  ⊏━ 9             20 ━⊐ GND
        V2  ⊏━ 10            19 ━⊐ CANL
     V2CTRL ⊏━ 11            18 ━⊐ CANH
      VSUP  ⊏━ 12            17 ━⊐ L3
       HS1  ⊏━ 13            16 ━⊐ L2
        L0  ⊏━ 14            15 ━⊐ L1
                    └─────────────┘
```

图 7.5 MC33989 引脚图

表 7.3 MC33989 引脚说明

引脚标号	引脚名称	引脚功能	功能名称	说　明
1	RX	输出	数据接收	向 MCU 输出的 CAN 总线数据接收引脚
2	TX	输入	数据发送	从 MCU 输入的 CAN 总线数据发送引脚
3	VDD1	电源输出	数字电压源 1	5.0 V 调节器输出引脚，为 MCU 供电
4	RST	输出	复位	设备复位输出引脚，用于向 MCU 发送复位信号，此引脚内部上拉到电压源 VDD
5	INT	输出	中断	若使能的中断条件触发，此引脚将为低电平，其输出是一个推挽结构
6～9 20～23	GND	地	地	芯片地内部连接，提供 MC33989 对 PCB 的散热路径
10	V2	输入	电压源 2	使用了外部串行通过晶体管的 V2 调节器的感应输入。V2 也是 CAN 收发器的内部电源供给
11	V2CTRL	电源输出	电压控制	连接到外部串行通过晶体管的外部驱动源，为 V2 调节器提供驱动
12	VSUP	电源	电压供给	33989 的电压输入
13	HS1	输出	高端 1	内部高端开关输出，内部的输出电流被限制在 150 mA
14～17	L0:L3	输入	层次 0:3	来自外部开关或逻辑电路的输入
18	CANH	输出	CAN 高	CAN 高输出引脚
19	CANL	输出	CAN 低	CAN 低输出引脚
24	SCLK	输入	系统时钟	SPI 接口的时钟输入
25	MISO	输出	主入/从出	从 MC33989 到 MCU 的 SPI 数据输出，当 CS 引脚为高电平时，此引脚为高阻态
26	MOSI	输入	主出/从入	由 MC33989 接收的 SPI 数据输入
27	CS	输入	片选	用于 SPI 总线上对于 MC33989 的片选
28	WD	输出	看门狗	若软件看门狗没有正确触发，WD 输出引脚将拉低

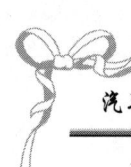

MC33989 的内部模块如图 7.6 所示。

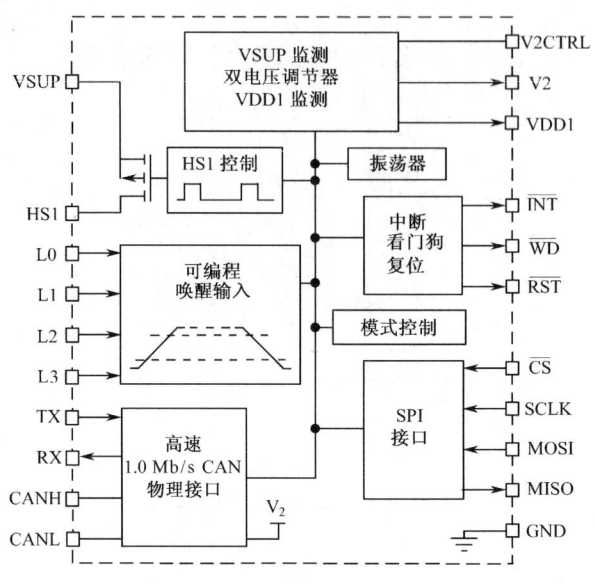

图 7.6　MC33989 内部模块图

图 7.7 为 MC33989 的典型应用电路简图。

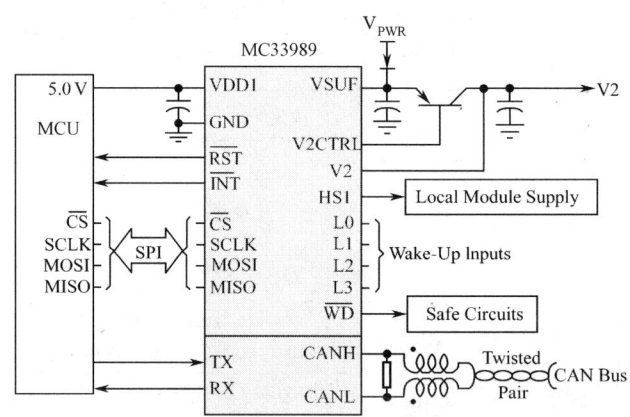

图 7.7　MC33989 应用简图

下面对各个引脚的功能加以介绍。

Pin1～Pin2（RX～TX）：RX 和 TX 引脚是互不相干的数据接收/发送引脚，它们连接到微控制器的 CAN 控制器上。TXD 是输入引脚，它控制 CANH 和 CANL 线的状态（TXD 为低电平则总线为显性，TXD 为高电平则总线为隐性）。RXD 是一个输出引脚，它指示了总线的状态（RXD 为低电平则总线为显性，RXD 为高电平则总线为隐性）。

Pin3（VDD1）：数字电压源 1，VDD1 是 5.0 V 内部调节器的输出引脚，它可提供 200 mA 电流。若过流或温度过高，输出能被自动保护。它包含一个温度过高报警标志，当内部调节器的温度超过 130℃时此标志被置位。当温度超过过温关闭温度 170℃时，调节器关闭。VDD1 包含了一个低压复位电路，当 VDD1 低于低压复位阈值时它能将 RST 引脚置低电平。

　　Pin4（RST）：复位引脚是一个输出引脚，当设备处于复位模式时，此引脚输出低电平。设备不处于复位模式时，此引脚被置高电平。RST 引脚包含一个内部上拉的电流源。当 RST 引脚为低电平时，电流吸收能力被限制，这使得 RST 引脚能被短路到 5.0 V 以满足软件调试和下载的需要。

　　Pin5（INT）：中断引脚是一个输出引脚，当中断发生时，此引脚置低电平。INT 引脚是通过中断寄存器 INTR 使能的。当中断触发时，INT 引脚持续保持低电平直到中断源清除它。

　　当设备处于停止模式时 INT 输出引脚同样输出一个典型宽度为 10 μs 的唤醒事件。

　　Pin6～Pin9，Pin20～Pin23（GND）：MC33989 的接地引脚。

　　Pin10（V2）：电压源 2 是 V2 调节器的输入感应引脚，它连接到外部的串联通过晶体管。V2 同样是一个 5.0 V 的内部 CAN 接口电源供给。当没有使用外部串联通过晶体管时可以将 V2 连接到外部的 5.0 V 调节器或者 VDD1 的输出引脚上。在此情况下，V2CTRL 引脚必须开路。

　　Pin11（V2CTRL）：电压源 2 控制引脚是连接到外部串行通过晶体管的外部驱动源，为 V2 调节器提供驱动。

　　Pin12（VSUP）：此设备的电源供给引脚。

　　Pin13（HS1）：高端 1 引脚是内部高端驱动输出引脚，它内置针对过流和过温的保护。

　　Pin14～Pin17（L0:L3）：L0:L3 引脚可以连接到外部开关或其他集成芯片的输出引脚上以获取外部输入。输入的状态可以被 SPI 接口读取。当芯片处于睡眠或停止模式时，这些输入可以被用来作为 SBC 的唤醒事件。

　　Pin18～Pin19（CANH～CANL）：CANH 和 CANL 是与 CAN 总线的接口，它们被 TX 输入电平控制，同时 CAN 总线的状态又反映在 RX 引脚上。在 CANH 和 CANL 之间连接着 60 Ω 的终端电阻。

　　Pin24（SCLK）：系统时钟引脚是串行外围器件接口的系统时钟输入。

　　Pin25（MISO）：此对应 SPI 接口的主入从出引脚。数据通过 MISO 引脚从 SBC 到达微控制器。

　　Pin26（MOSI）：此对应 SPI 接口的主出从入引脚。控制数据从微控制器通过此引脚接收。

　　Pin27（CS）：CS 是 SPI 接口的片选信号，当此引脚为低电平时，选中了设备的 SPI 接口。

　　Pin28（WD）：若软件看门狗没有正确触发，WD 输出引脚将拉低。

 ## 7.2.2　MC33989 功能描述

1. 设备电源供给

　　此设备由 VSUP 引脚供给电源。需要一个外部的二极管以防止反向电压或是电源反接，它能在 4.5～27 V 直流环境下工作。此引脚能承受高达 40 V 的瞬态电压。当 VSUP 低于典型值 3.0 V 时 MC33989 检测到此情况并将 SPI 寄存器中一个 BATFAIL 的位置 1。

此检测功能在所有的操作模式下都可使用。

设备还集成了一个电源提前报警功能,它是一个可屏蔽的中断,当 VSUP 低于典型值 6.0 V 时响应中断,包含了滞后现象。此功能仅在正常和待命模式下有效。VSUP 引脚电压过低反映在输入/输出寄存器(IOR)中。

2. VDD1 电压调节器

VDD1 是一个 5.0 V 电压输出调节器,能提供 200 mA 电流输出,它包含一个能提供复位功能的电压监测电路。VDD1 调节器内部有安全保护,以防止过流和短路。它还集成过温检测功能,并将相应的标志置位(MCR 寄存器中的 V_{DDTEMP} 位),同时过温关闭功能是有滞后的。

3. V2 调节器

V2 调节电路是设计用于驱动外部晶体管以增加电流输出的能力。有两个引脚用于此目的:V2 和 V2 控制引脚。输出电压为 5.0 V,它是由带有追踪功能的 VDD1 调节器实现的。推荐的整流管是 MJD32C,其他的晶体管也可以被使用;然而,基于 PNP 的增益可以连接外部的电阻-电容网络。V2 是内部 CAN 接口的电源输入引脚,V2 的状态在 IOR 寄存器中显示(若 V2 低于典型值 4.5 V 时 V2LOW 位置 1)。

4. HS1 VBAT 开关输出

HS1 输出是一个引自 VSUP 的典型值 2.0 Ω 的开关,它支持外部开关供给和相应的上拉或下拉电路,例如和具有唤醒功能的引脚配合使用。输出电流被限制在 200 mA,并且 HS1 被保护以防止短路,同时它有过温关闭功能(IOR 寄存器中的 HS1OT 位和 INT 寄存器中的 HS1OT-V2LOW 位)。HS1 输出由内部寄存器和 SPI 共同控制。由于内部的定时器,它可以在睡眠或停止模式中激活并以一定的频率运行。它也可以在正常和代码模式中永久打开并驱动负载或供给外部元器件。需要一个外部的保护电路以防止感性负载带来的损坏。

5. 电源过低的提前报警

参见前述的"设备电源供给"。

6. 内部时钟

设备有个内置的时钟用来生成所有的时序(如复位、看门狗、循环唤醒、时间滤波等),实现了两个振荡器:一个高精度的(±12%),用于正常请求,正常和待命模式;一个低精度的(±30%),用于睡眠和停止模式。

7.2.3 MC33989 操作模式

设备有四个主要的操作模式:

- 待命模式;
- 正常模式;
- 停止模式;
- 睡眠模式。

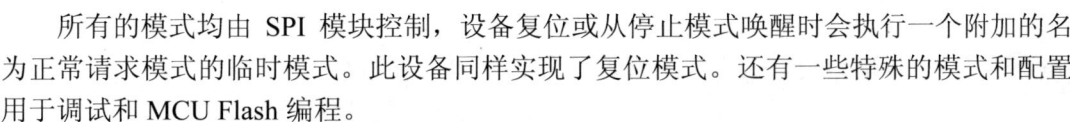

所有的模式均由 SPI 模块控制，设备复位或从停止模式唤醒时会执行一个附加的名为正常请求模式的临时模式。此设备同样实现了复位模式。还有一些特殊的模式和配置用于调试和 MCU Flash 编程。

（1）待命模式

只有当调节器 1 打开，通过禁止 V2 的控制引脚将调节器 2 关闭时有效。CAN 接口的功能只有唤醒有效。其他可用的功能通过 SPI 和 HS1 的唤醒输入读取。此模式下，看门狗功能有效。

（2）正常模式

此模式下两个调节器功能都正常工作。它相当于正常应用模式。所有的功能在此模式下都可用（看门狗、通过 SPI 读取唤醒输入、HS1 激活和 CAN 通信）。软件看门狗此模式中也正常运行并且其标志需要通过 SPI 进行间歇性清除。

（3）停止模式

调节器 2 通过禁止 V2 控制引脚而关闭。调节器 1 在特殊低压工作模式下开启，允许器件消耗极小的电流，目的是保持应用中的已进入低功耗模式的 MCU 电源供给。在停止模式下设备从 VBAT 上消耗的电流非常的小。

当 MCU 和 SBC 都在停止模式时，可以通过 MCU 一方进行唤醒，比如唤醒按键；也可通过 SBC 唤醒，比如循环检测、强制唤醒、CAN 报文、唤醒输入和 VDD1 过流等。

停止模式总是被 SPI 选中的。在停止模式中软件看门狗可以运行或空闲，它根据 SPI 选择的状态决定（RCR 寄存器中的 WDSTOP 位）。SBC 必须被 CS 引脚唤醒以清除看门狗（SPI 唤醒）。在停止模式中，SBC 唤醒和睡眠模式相同。

（4）睡眠模式

调节器 1 和调节器 2 都关闭，从 VSUP 获取的电流被限制。在此模式下，设备可以由通过唤醒输入引脚和 HS1 输出的循环监测而被内部唤醒。当一个唤醒发生后 SBC 在进入正常请求模式前首先进入复位模式。

（5）复位模式

此模式下，复位引脚是低电平，定时器的时钟经过 RST_{DUR} 时间之后 SBC 进入正常请求模式。当一个复位条件触发时（VDD1 过低、看门狗超时或者看门狗触发）进入复位模式。

（6）正常请求模式

这是复位模式后（或者在由停止模式经过 SBC 唤醒后）由系统自动进入的临时模式。在从睡眠模式唤醒或设备上电后，SBC 在进入正常请求模式前先进入复位模式。从停止模式唤醒后，SBC 直接进入正常请求模式。

在正常请求模式下 VDD1 调节器打开，V2 关闭，复位引脚是高电平。当设备进入正常请求模式时内部的 350 ms 定时器启动。在这 350 ms 之内 MCU 必须通过 SPI 访问 SBC，配置看门狗寄存器。根据配置，350 ms 之后，SBC 进入正常模式或待命模式并对看门狗时钟进行设定。

MC33989 内部寄存器的定义请参见其芯片手册。

7.3　Philips 的 CAN 收发器 PCA82C250

7.3.1　PCA82C250 特性

- 完全符合 ISO11898 标准；
- 高速率（最高达 1 Mb/s）；
- 具有抗汽车环境中的瞬间干扰，保护总线能力；
- 斜率控制，降低射频干扰（RFI）；
- 差分接收器，抗宽范围的共模干扰，抗电磁干扰（EMI）；
- 热保护；
- 防止电池和地之间发生短路；
- 低电流待机模式；
- 未上电的节点对总线无影响；
- 可连接 110 个节点；
- 可适应−40℃～125℃的环境温度。

7.3.2　封装及引脚

PCA82C250 为 8 引脚芯片，如图 7.8 所示，各个引脚说明见表 7.4。

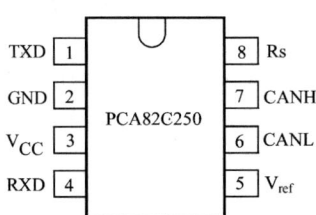

图 7.8　引脚及封装

表 7.4　引脚定义

符　号	引脚功能	描　　述
TXD	1	发送数据输入
GND	2	地
VCC	3	电源电压
RXD	4	接收数据输出
Vref	5	参考电压输出
CANL	6	CAN_L 输入/输出
CANH	7	CAN_H 输入/输出
Rs	8	斜率电阻输入

其内部功能模块如图 7.9 所示。

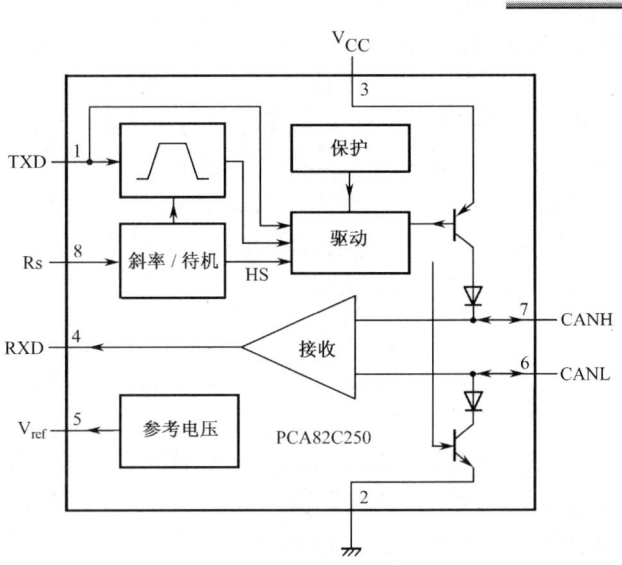

图 7.9　PCA82C250 内部功能模块

 ### 7.3.3　工作模式

PCA82C250 共有三种不同的工作模式模式控制通过 Rs 控制引脚提供：

● 高速模式，它支持最大的总线速度；

● 斜率控制模式，当使用非屏蔽的总线电缆时可以考虑使用这种模式，这种模式的
输出转换速度可被故意降低，以减少电磁辐射；

● 待机模式，这种模式在电池供电的应用、要求系统功率消耗非常低的应用中非常
有用，在待机模式中传输一个报文就可以将系统激活。

下面我们将更详细地讨论这三种操作模式。

1. 高速模式

在这个模式中，适合执行最大的位速率。高速模式通常用于普通的工业应用，这种
模式的总线输出信号用尽可能快的速度切换，因此一般使用屏蔽的总线电缆来防止可能
的扰动，例如汽车无线电装置对总线信号的扰动。

高速模式通过 VRs<0.3VCC 来选择。将 Rs 控制输入直接连接到微控制器的输出口或
者地电平或者一个高电平有效的复位信号就可以实现。

高速模式中，收发器有效的循环延迟时间可以低至最大 145 ns（当 T_{amb}>85℃时，是
155 ns）。根据 CAN 位定时的要求，有效的循环延迟是显性边沿循环延迟以及显性和隐
性边沿循环延迟的平均值之中的最大值，即

$$t_{loop.eff}=\max \{0.5\times(t_{onRXD}+t_{offRXD}),\ t_{onRXD}\}$$

2. 斜率控制模式

在一些应用中由于考虑到系统的成本等问题而使用非屏蔽的总线电缆，然而使用非
屏蔽电缆意味着收发器要满足额外的要求，例如电磁兼容性（EMC）问题。如果使用非
屏蔽总线电缆，PCA82C250 的总线信号转换速度应被特意降低。转换速度可以通过连接

在控制引脚 Rs 上的串连阻抗值 R_{ext} 来调整。根据 CAN 的位定时要求，转换速度下降将增加总线节点的循环延迟，因此在给定的位速率下，总线长度减少，或者说在给定的总线长度下，位速率降低。斜率控制模式中，总线输出的转换速度大致和流出引脚 Rs 的电流成比例，电流范围在 10 μA<–IRs<200 μA 中。如果 Rs 引脚的输出电流在这个范围中，引脚 Rs 将输出大约 $0.5V_{CC}$ 的电压。当在 Rs 引脚和地电平之间应用一个适当的电阻时，收发器被设置成斜率控制模式。单凭经验来说，这个电阻阻值要在范围 16.5 kΩ<R_{ext}<140 kΩ 之间，才符合上面所说的 Rs 输出电流范围。

3. 待机模式

这个模式是在需要将功率消耗（例如是暂时性的）减到最低时使用当 VRs>$0.75V_{CC}$ 时，进入待机模式。

系统的功耗在待机模式可被彻底减低。这个模式基本上用于电池供电的应用，例如汽车停车时要进入待机模式，收发器的控制输入 Rs 上要加一个逻辑高电平。这可以通过直接将一个输出端口引脚连接到 Rs 或通过任何合适的斜率控制电阻 R_{ext} 来实现。在待机模式中，发送器的功能和接收器的输入偏置网络都关断，以减少功率消耗。参考电压输出和基本的接收器功能仍然活动，但以非常低的功耗工作。如果在总线上传输一个报文，系统可被重新激活。在检测到 3 μs 长的显性总线电平后，收发器将通过 RXD 向协议控制器输出一个唤醒中断信号。在检测到 RXD 的下降沿后，控制器把 Rs 引脚置为逻辑低电平，这样收发器就可以切换到普通传输模式。由于在待机模式中工作速度缓慢，收发器要回到普通接收速度，则需要取决于逻辑的延迟时间（Rs 的下降沿）。在总线速度很高的情况下，收发器在待机模式（如因为 Rs 引脚仍然为高）中不可能正确地接收报文。

另外一个应用是将 Rs 输入连接到一个高电平有效的复位信号。举个例子，在收发器和协议控制器使用不同的电源供电，例如使用光耦时，如图 7.10 所示。

 ## 7.3.4　应用举例

PCA82C250 收发器的典型应用如图 7.10 所示。协议控制器通过串行数据输出线（TX）和串行数据输入线（RX）连接到收发器。收发器通过有差动发送和接收功能的两个总线终端 CANH 和 CANL 连接到总线电缆。输入 Rs 用于模式控制，参考电压输出 VREF 的输出电压是额定 V_{CC} 的 0.5 倍。其中收发器的额定电源电压是 5 V。

协议控制器输出一个串行的发送数据流到收发器的 TXD 引脚，内部的上拉功能将 TXD 输入设置成逻辑高电平，也就是说总线输出驱动器默认是被动的。在隐性状态中，CANH 和 CANL 输入通过典型内部阻抗是 17 kΩ 的接收器输入网络，偏置到 2.5 V 的额定电压。另外，如果 TXD 是逻辑低电平，总线的输出级将被激活，在总线电缆上产生一个显性的信号电平。输出驱动器由一个源输出级和一个下拉输出级组成。CANH 连接到源输出级，CANL 连接到下拉输出级。在显性状态中，CANH 的额定电压是 3.5 V，CANL 是 1.5 V。图 7.10 是收发器在待机模式和普通工作模式间切换的例子，图中

- Px,y=高；PCA82C250 切换到待机模式（VRs>$0.75V_{CC}$）；
- Px,y=低；PCA82C250 切换到普通工作模式普通工作模式可以是高速模式或低斜率模式由连接到 Rs 的电阻决定。

下面是合适的斜率控制电阻 R_{ext} 的阻值。

- $0<R_{ext}<1.8\ \text{k}\Omega$ 高速模式 $VRs<0.3V_{CC}$；
- $16.5\ \text{k}\Omega<R_{ext}<140\ \text{k}\Omega$ 斜率控制模式 $10\ \mu A<-IRs<200\ \mu A$。

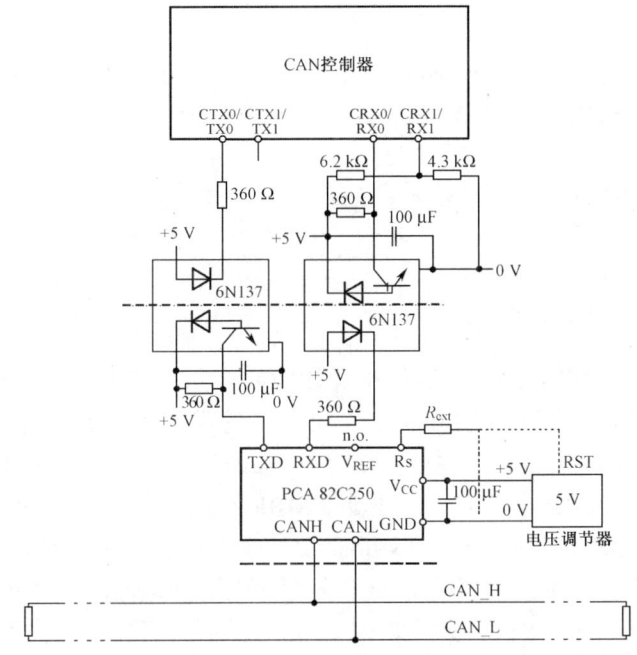

图 7.10　PCA82C250 收发器的应用举例

如果没有一个总线节点传输一个显性位，总线处于隐性状态，即网络中所有 TXD 输入是逻辑高电平。另外，如果一个或更多的总线节点传输一个显性位，即至少一个 TXD 输入是逻辑低电平，则总线从隐性状态进入显性状态（线与功能）。

接收器的比较器将差动的总线信号转换成逻辑信号电平，并在 RXD 输出。接收到的串行数据流传送到总线协议控制器译码。接收器的比较器总是活动的，也就是说当总线节点传输一个报文时，它同时也监控总线。这就要求有诸如安全性和支持非破坏性逐位竞争等 CAN 策略。一些控制器提供一个模拟的接收接口（RX0 和 RX1）。RX0 一般需要连接到 RXD 输出，RX1 需要偏置到一个相应的电压电平，这可以通过 VREF 输出或一个电阻电压分配器实现。

收发器直接连接到协议控制器及其应用电路。如果需要电流隔离，光耦可以如图 7.10 所示的那样放置在收发器和协议控制器之间。使用光耦时要注意选择正确的默认状态，特别是在隔开的协议控制器电路一边没有上电时，在这种情况下，连接到 TXD 的光耦应该是暗的，即 LED 关断。当光耦是断开/暗时，收发器的 TXD 输入是逻辑高电平，可以达到自动防故障的目的。使用光耦还要考虑到将 Rs 模式控制输入连接到高电平有效的复位信号，例如当本地收发器电源电压（在斜率上升和下降过程中）没有准备好的情况下禁止使能收发器。

第8章　CAN Bootloader 的实现与应用

本章介绍 CAN 总线应用中的 Bootloader，并基于飞思卡尔 16 位微控制器和 MSCAN 模块给出一个 S12 系列通用的 CAN Bootloader 制作和应用的实例。

8.1　CAN Bootloader 介绍

8.1.1　Bootloader

Bootloader 又称为引导加载程序，引导加载程序是系统上电后运行的第一段软件代码。回忆一下 PC 的体系结构我们可以知道，PC 中的引导加载程序由 BIOS（其本质就是一段固件程序）和位于硬盘 MBR 中的 OS Bootloader（如 LILO 和 GRUB 等）一起组成。BIOS 在完成硬件检测和资源分配后，将硬盘 MBR 中的 Bootloader 读到系统的 RAM 中，然后将控制权交给 OS Bootloader。Bootloader 的主要运行任务就是将内核映像从硬盘上读到 RAM 中，然后跳转到内核的入口点去运行，也即开始启动操作系统。

而在嵌入式系统中，通常并没有像 BIOS 那样的固件程序（有的嵌入式 CPU 也会内嵌一段短小的启动程序），因此整个系统的加载启动任务就完全由 Bootloader 来完成。

通常，Bootloader 是严重地依赖于硬件而实现的，特别是在嵌入式系统。因此，在嵌入式系统里建立一个通用的 Bootloader 几乎是不可能的。每种不同的 CPU 体系结构都有不同的 Bootloader，有些 Bootloader 也支持多种体系结构的 CPU，除了依赖于 CPU 的体系结构外，Bootloader 实际上也依赖于具体的嵌入式板级设备的配置。这也就是说，对于两块不同的嵌入式板而言，即使它们是基于同一种 CPU 而构建的，要想让运行在一块板子上的 Bootloader 程序也能运行在另一块板子上，通常也都需要修改 Bootloader 的源程序。

系统上电或复位后，所有的 CPU 通常都从某个由 CPU 制造商预先安排的地址上取指令。比如，飞思卡尔 16 位微控制器，上电后是从地址 0xFFFE 处取它的第一条指令。而基于 CPU 构建的嵌入式系统通常都有某种类型的固态存储设备（如 ROM、EEPROM 或 Flash 等）被映射到这个预先安排的地址上。因此在系统上电后，CPU 将首先执行 Bootloader 程序。

主机和目标机之间一般通过串口建立连接，Bootloader 软件在执行时通常会通过串口来进行 I/O，比如输出打印信息到串口，从串口读取用户控制字符等。

大多数 Bootloader 都包含两种不同的操作模式：启动加载模式和下载模式，这种区别仅对于开发人员才有意义。但从最终用户的角度看，Bootloader 的作用就是用来加载程序，而并不存在所谓的启动加载模式与下载工作模式的区别。

（1）启动加载模式

启动加载（Bootloading）模式也称为自主（Autonomous）模式，即 Bootloader 从目

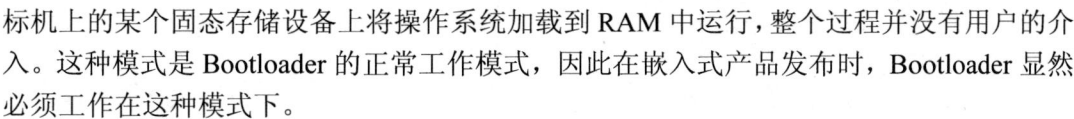

标机上的某个固态存储设备上将操作系统加载到 RAM 中运行，整个过程并没有用户的介入。这种模式是 Bootloader 的正常工作模式，因此在嵌入式产品发布时，Bootloader 显然必须工作在这种模式下。

（2）下载模式

在下载（Downloading）模式下，目标机上的 Bootloader 将通过串口连接或网络连接等通信手段从主机（Host）下载文件，如下载内核映像和根文件系统映像等。从主机下载的文件通常首先被 Bootloader 保存到目标机的 RAM 中，然后再被 Bootloader 写到目标机上的 Flash 类固态存储设备中。Bootloader 的这种模式通常在第一次安装内核与根文件系统时被使用；此外，以后的系统更新也会使用 Bootloader 的这种工作模式。工作于这种模式下的 Bootloader 通常都会向它的终端用户提供一个简单的命令行接口。

 ### 8.1.2 CAN Bootloader

对于开发者而言，他们最关心的是 Bootloader 下载模式的实现，通常的程序是通过 P&E 或 BDM 工具进行单线下载的，而对于没有调试接口的 ECU 而言，要实现 ECU 软件下载和升级最常用的方法是通过串行通信接口。传统的方法是使用微控制器的 UART 外设实现数据传输，但这种方法通信速度低，而且升级时需要连接每个 ECU 节点的 SCI 接口，效率也低。如今可供 Bootloader 使用的串行接口有 CAN、LIN、USB、UART 等，实际上是要具备了数据通信功能和自编程功能的 MCU 都可以在其上实现 Bootloader。本章介绍 CAN 总线的 Bootloader，它的数据通信功能通过 MSCAN 模块进行，而内部程序的更新则通过对片内 Flash 的操作来完成。

通过 CAN 网络实施程序下载需要考虑一系列因素，许多因素是以往通过 SCI 方式下载程序时所没有遇到过的，注意如下几点。

（1）针对单一节点和一系列节点下载程序

CAN 网络是多主节点的串行总线，一个 CAN 网络中可能存在许多固件类似的节点，由于 CAN 网络的特性，网络中有报文传输时这些节点都能同时接收到，若一次能同时对多个这样类似的节点下载程序，这对于效率的提高是非常有帮助的。然而，更多的情况是，CAN 网络中的节点彼此没有相似性，对于每个节点的程序下载，必须通过点对点的数据传输来完成，这也是传统情况下最为简单的 CAN 网络下载程序的应用。因此，在系统设计初期，需要充分考虑网络中节点的程序下载模式。

（2）节点的智能化设计

在 CAN 网络中实现程序的下载，其实重要的步骤只有两步：CAN 网络中的数据传输以及目标节点的 Flash 自更新。然而，单纯实现这两步，并不能算是个健壮的 Bootloader，因为传输过程中可能出现数据错误，因此目标节点需要内置校验程序，并向发送方返回校验后的结果，这就需要实现 CAN 网络中的两个节点相互通信，而不只是单方向的通信。

（3）进入 Bootloader 模式

启动加载模式的进入是由一些事件触发的，它可能是一个外部硬件事件，比如在设备复位后某个开关的状态发生变化，某个引脚的电平发生改变等；它也可能是一个网络上的事件，比如节点收到了特定的数据帧，让设备进入启动加载模式，通常情况下，这

243

个事件是一个 CAN 报文的特定 ID，此报文所携带的信息可能让一个或多个节点同时进入启动加载模式。

（4）对 CAN Bootloader 的要求

从实际研发和生产需要出发，要求 Bootloader 能够实现以下功能：ECU 软件下载和升级；标定数据的再编程；重要参数整定后的写入；操作者的身份验证；生产文件的格式变换和生成；生产文件的完整性和安全性的保障机制；界面友好、操作方便，工作速度能够符合生产节拍要求等。对于 CAN 的 Bootloader 的评价指标主要有

- Bootloader 代码所占的空间要尽量小；
- Flash 编程效率要尽量高；
- 具有自校验，自诊断功能。

基于飞思卡尔的 16 位微控制器实现 CAN Bootloader，需要对 MSCAN 和 Flash 这两个硬件模块进行操作，由于 MSCAN 的内容在前面章节中已经介绍过，下面着重介绍一下 S12 系列芯片的 Flash 结构。

8.2　S12 系列微控制器 Flash 介绍

8.2.1　存储介质

作为存储单元的非挥发性存储器主要包括电可改写可编程只读存储器 EEPROM、快闪存储器 Flash Memory 以及铁电存储器 FRAM。

EEPROM 是最典型的电可改写非挥发性存储器，是 20 世纪 80 年代以来发展起来的一种非挥发性半导体存储器，它具有电可编程、可擦/写、使用灵活等优点。EEPROM 的工艺基础是 CMOS 工艺，随着 CMOS 工艺向亚微米发展，EEPROM 的集成度在不断提高。

Flash Memory 和 FRAM 都属于新一代非挥发性存储器，Flash Memory 是 1987 年提出来的，它是 EEPROM 走向成熟和半导体技术发展到亚微米技术以及大容量电可擦写存储器需求的产物，而 FRAM 则是在 20 世纪 70 年代就有了关键技术的突破，直至 90 年代才迈入产业化阶段，它是将铁电薄膜用于记忆数据的电容存储器，由于在存储单元上采用了铁电薄膜，FRAM 具有高速、高频度的重写、低功耗以及非挥发性等优点，此外 FRAM 可以在低电压条件下完成读出/写入的动作，尤其适合用于要求低功耗的智能卡以及携带式设备。

Flash Memory 和 EEPROM 都是电可擦写可编程的存储器，它们的原理是将数据以电荷的形式储存在浮栅电极上。与 EEPROM 相比，Flash 在集成度方面有无可比拟的优越性。由于 Flash Memory 采用单管单元，可以做到很高的集成度，它的单元面积仅为常规 EEPROM 的 1/4。

Flash Memory 单元的编程方法主要有两种：沟道热电子注入（CHE）和隧道效应（Fowler-Nordheim）。沟道热电子注入是目前 Flash Memory 使用最为广泛的编程方式，沟道热电子注入的编程时间为微秒数量级，而隧道效应编程时间则通常为毫秒数量级，

EEPROM 的编程方式是隧道效应。因此，Flash Memory 编程时间要比 EEPROM 快。表 8.1 给出了 Flash Memory 和 EEPROM 的性能对比。

表 8.1　Flash Memory 和 EEPROM 的性能对比

	耐久性	密　度	单元中晶体管数	充电机理	放电机理	编程复杂度	擦　写
EEPROM	好	中	双	隧道效应	隧道效应	简单	写入时自动擦除
Flash	良好	高	单	电子效应	隧道效应	复杂	字组擦除

　　FRAM 存储单元的基本原理是铁电效应，是应用铁电薄膜的自发性极化形式储存的铁电存储器件，由于 FRAM 通过外部电场控制铁电电容器的自发性极化，与通过热电子注入或隧道效应而完成写入动作的 EEPROM 以及 Flash Memory 相比，FRAM 具有写入速度快（为 EEPROM、Flash 的 1 000 倍以上），因为它在擦写时不需要高压，因此写入时的功耗大为降低（为 EEPROM、Flash 的 1/1 000～1/100 000），尤其适合用于非接触卡或双界面卡等低功耗的应用场合。另外，由于不需要使用隧道氧化膜，其数据的重写次数，与 Flash Memory 和 EEPROM 相比也大大提高（EEPROM 或 Flash 为 10^5～10^6 次，FRAM 可以达到 10^{12} 次以上）。表 8.2 给出了 FRAM 和 Flash Memory、EEPROM 的性能对比。

表 8.2　FRAM 和 Flash Memory、EEPROM 的性能对比

技术类型	FRAM	EEPROM	Flash Memory
数据存储时间	10 年	10 年	10 年
单元结构	2T/2C、1T/1C	2T	1T
单元大小	中等	中等	小
写入电压	2～5 V	12～18 V	10～12 V
重写次数	10^{10}～10^{12}	10^5～10^6	10^5～10^6
平均功耗	低	中等	中等

　　Flash 技术发展之前，开发者们还在使用 EEPROM 存储程序代码，EEPROM 它的突出优点是在线擦除和改写，它既具有 ROM 的非易失性的优点，又能像 RAM 一样随机地读写。在单片机系统中，EEPROM 既可以扩展为片外 ROM，又可以扩展为片外 RAM。调试程序中用 EEPROM 代替仿真 RAM 既能方便地修改程序，又能保存调好的程序，但是与 RAM 相比，EEPROM 写操作的速度很慢，另外它的寿命也是有限的。

　　Flash 存储器在 EPROM 工艺的基础上，增加了芯片的电擦除和再编程功能且速度快，从而使它成为性价比和可靠性最高的可读写，与 EEPROM 相比，Flash 具有密度大、价格低、可靠性高的明显优势。相比之下，使用了 Flash 技术的芯片能轻易做到重复编程，现在的 S12 的 Flash 能擦除至少 10 万次以上，而且片内的容量扩大到了 512 KB，甚至 1 MB。闪存（Flash Memory）的存储特点如下：

- Flash 写：由 1 变为 0，变为 0 后，不能通过写再变为 1；
- Flash 擦除：由 0 变为 1，不能只某位单元进行擦除。

Flash 的擦除包括块擦除和芯片擦除。块擦除是把某一擦除块的内容都变为 1，芯片

擦除是把整个 Flash 的内容都变为 1。通常一个 Flash 存储器芯片，分为若干个擦除 Block，在进行 Flash 存储时，以擦除 Block 为单位。

当在一个 Block 中进行存储时，一旦对某一 Block 中的某一位写 0，再要改变成 1，则必须先对整个 Block 进行擦除，然后才能修改。通常，对于容量小的 Block 操作过程是：先把整个 Block 读到 RAM 中，在 RAM 中修改其内容，再擦除整个 Block，最后写入修改后的内容。

飞思卡尔的 16 位微控制器大多内置 Flash，从最小的 MC9S12C32（内置 32 KB Flash），到 MC9S12DP512（内置 512 KB Flash），到现在的 MC9S12XEP100（内置 1 MB Flash），Flash 的容量和性能均在逐年增加。基于 Flash 的 Bootloader 就是这样一个嵌入式软件组件，它在目标节点和主机（一般是 PC）之间建立起了一个串行的可供节点编程的传输通道，通过 CAN，开发者能方便地进行数据传输，它们能在很短的时间内清除节点先前的固件程序并下载最新版本的固件，这样的升级不需要将旧有的节点移除。开发者们甚至可以只擦除节点中的部分 Flash 内容。通过 PC 友好的用户界面，加上高效易用的 CAN 总线，使得运用了 Flash Bootloader 的产品能在更大程度上满足客户的需求。

8.2.2　Flash 的操作方式

MC9S12 系列微控制器拥有大量的 Flash 存储器，不同的型号容量也不同。例如 MC9S12DG128B 微控制器有 128 KB Flash，MC9S12DP256 有 256 KB Flash，对于 MC9S12DP256 的 Flash，它由 4 个 64 KB 的块（Block）组成，每块由 1 024 行（Row）组成，行大小是 64 B，而一个区（Sector）为 8 行，即 512 B。这些块电可擦除、可编程、不易失，主要用于存储数据和程序。

对 Flash 的操作主要是擦除、写操作和读操作。

（1）Flash 的读操作

只需要提供普通的工作电压（一般为+5 V），即可读出 Flash 的内容。读 Flash 的方式可以是读字节、对齐的字和非对齐的字。字节和对齐的字的读取在单周期内完成，非对齐的字的访问则需两个总线周期。

（2）Flash 的擦除和写操作

对 Flash 进行擦除或写操作时，须提供编程电压，一般地，这个电压由片内集成的电压泵自行产生。擦除操作是将存储单元的内容由二进制 0 变成 1，而写操作恰好相反。对 Flash 的擦除操作有节擦除和整体擦除两种。写入操作是以字（2 个字节）为基础的。

对于 MC9S12DP256 来说，256 KB 的 Flash 被分成四块，每一块都有相应的可被保护的区域。在用户模式下，如果试图对被保护的区域进行擦除或编程，会产生错误。16 B 的 Flash 保护设置寄存器处于 Block0 底部（即$C000～$FFFF 不分页的部分），占据$FF00～$FF0F 的空间。它们可以确定被保护区域的大小。表 8.3 给出了 MC9S12DP256 的 Flash 的保护/选项区域。

表 8.3   MC9S12DP256 的 Flash 的保护/选项区域

地　　址	大　小（B）	描　　述
$FF00～$FF07	8	开启受保护区域密钥
$FF08～$FF09	2	保留
$FF0A	1	Block3 的写保护字节
$FF0B	1	Block2 的写保护字节
$FF0C	1	Block1 的写保护字节
$FF0D	1	Block0 的写保护字节
$FF0E	1	保留
$FF0F	1	Flash 安全/选项字节

 ## 8.2.3   与 Flash 擦写相关的寄存器介绍

由于 S12 不同系列的芯片内置 Flash 大小不同，它们的寄存器设置选项会略有不同，对于特定的芯片型号，必须参阅特定的芯片手册，比如对于 MC9S12DG128B，它的 Flash 需要参阅文档"FTS128K Block User Guide"，对于 MC9S12DP256，需参阅"FTS256 KB Block User Guide"，相应的芯片手册可以在飞思卡尔官方网站下载。下面以 MC9S12DP256 为例对其 Flash 相关的寄存器进行介绍。表 8.4 是它的 Flash 模块内存映射图。我们仅介绍与其读写相关的寄存器：FCLKDIV、FSEC、FCNFG、FPROT、FSTAT、FCMD。

表 8.4   256 KB 规格的 Flash 模块内存映射图

地址映射	功　　能	访　　问
$_00	Flash 时钟分频寄存器（FCLKDIV）	读/写
$_01	Flash 加密寄存器（FSEC）	读
$_02	Flash 测试模式寄存器（FTSTMOD）[1]	读
$_03	Flash 配置寄存器（FCNFG）	读/写
$_04	Flash 保护寄存器（FPROT）	读/写
$_05	Flash 状态寄存器（FSTAT）	读/写
$_06	Flash 命令寄存器（FCMD）	读/写
$_07	保留[1]	读
$_08	16 位地址寄存器高字节（FADDRHI）[1]	读
$_09	16 位地址寄存器低字节（FADDRLO）[1]	读
$_0A	16 位数据寄存器高字节（FDATAHI）[1]	读
$_0B	16 位数据寄存器低字节（FDATALO）[1]	读

注：[1] 保留用于厂商测试

1. Flash 时钟分频寄存器（FCLKDIV）

Flash 时钟分频寄存器用来控制 Flash 编程和擦写操作的时序，定义如图 8.1 所示，该寄存器所有位可读，0～6 位只可写一次，第 7 位不可写。

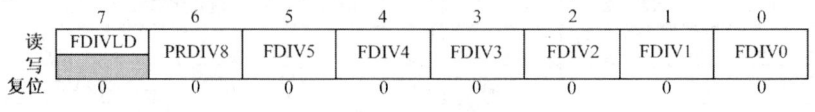

图 8.1　Flash 时钟分频寄存器（FCLKDIV）

- FDIVLD：加载时钟分频器。
  - ◇　1 表示从上次复位后，寄存器已被写过；
  - ◇　0 表示寄存器至今没有被写过。
- PRDIV8：使能 8 分频器。
  - ◇　1 表示使能 8 分频器，即在 Flash 模块输入晶振时钟进入 FCLKDIV 分频器前进行 8 分频；
  - ◇　0 表示输入晶振时钟直接进入 FCLKDIV 分频器。
- FDIV[5:0]：时钟分频位。
- PRDIV8 和 FDIV[5:0]共同把晶振时钟频率降低到 150～200 kHz，对于 16 MHz 的晶振，应写入$49，最大分频系数 512。

2. Flash 加密寄存器（FSEC）

Flash 加密寄存器包含了所有和安全性相关的位，定义如图 8.2 所示，该寄存器所有的位可读不可写。F 表示复位时 FSEC 从 Flash 写保护/选项区域字节$FF0F 处加载数据。

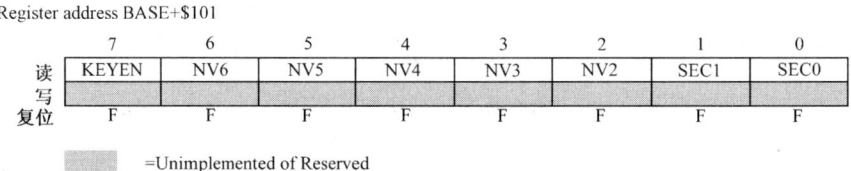

图 8.2　Flash 加密寄存器（FSEC）

- KEYEN：后门密钥安全使能位；
- NV[6:2]：非易失性标志位，此 5 位可以被用户用做非易失性标志；
- SEC[1:0]：Flash 安全位。

这两位决定了 MCU 的安全状态，见表 8.5。若通过密钥访问将 Flash 解密，这两位强制为 10。

表 8.5　Flash KEYEN 状态

SEC[1:0]	描　　述
00	后门访问 Flash 禁止
01	后门访问 Flash 禁止
10	后门访问 Flash 使能
11	后门访问 Flash 禁止

3. Flash 配置寄存器（FCNFG）

Flash 配置寄存器定义如图 8.3 所示，除了 2～4 位读返回 0 且不可写外，其余位可读可写。

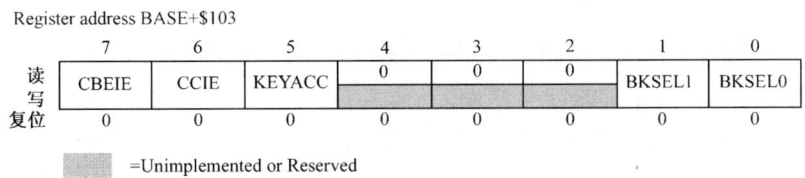

图 8.3　Flash 配置寄存器（FCNFG）

- CBEIE：命令缓冲器空中断使能位。
  - ◇　1 表示许命令缓冲器空时产生中断；
  - ◇　0 表示命令缓冲器空中断禁止。
- CCIE：命令完成中断使能位。
  - ◇　1 表示允许命令执行完中断；
  - ◇　0 表示命令完成中断禁止。
- KEYACC：使能写密钥。
  - ◇　1 表示写 Flash 被解释为通过后门处理加了密的 Flash，读 Flash 返回无效的数据；
  - ◇　0 表示写 Flash 被解释为编程或擦除序列的开始。
- BKSEL[1:0]：寄存器区块选择。
  - ◇　00 表示寄存器区在 Flash0；
  - ◇　01 表示寄存器区在 Flash1；
  - ◇　10 表示寄存器区在 Flash2；
  - ◇　11 表示寄存器区在 Flash3。

4. Flash 保护寄存器（FPROT）

Flash 保护寄存器决定 Flash 哪部分被写保护，在普通模式和特殊模式下可读，定义如图 8.4 所示，该寄存器第 6 位不可写，FPOPEN、FPHDIS 和 FPLDIS 位只能写 0。FPLS[1:0] 在 FLDIS 位清零之前的任意时刻可写，FPHDIS、FPHS[1:0]、FPLDIS 和 FPLS[1:0]的状态是不相关的。"F"表示复位过程中该寄存器从 Flash0 中加载数据，见表 8.6。

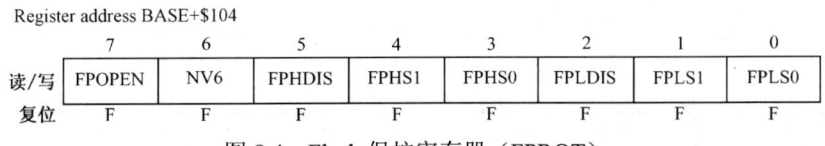

图 8.4　Flash 保护寄存器（FPROT）

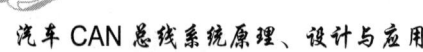

表8.6　从Flash中加载保护寄存器

Flash地址	保护字节
$FF0D	Flash0
$FF0C	Flash1
$FF0B	Flash2
$FF0A	Flash3

FPOPEN：开放Flash以编程和擦除。

- 1表示Flash不被写保护，使能编程或擦除；
- 0表示整个Flash写保护，在此情况下，写保护寄存器中的FPHDIS、FPHS[1:0]、FPLDIS和FPLS[1:0]位的操作会被忽略。

NV6：非易失性标志位。为了将来功能的增加，该位应该保持擦除状态"1"。

FPHDIS：Flash写保护高地址范围禁止位。该位决定Flash高地址空间是否有写保护区域。

- 1表示写保护禁止；
- 0表示写保护使能。

FPHS[1:0]：Flash写保护高地址大小。这两位决定写保护扇区的大小，见表8.7。

表8.7　Flash高地址范围写保护

FPHS	写保护区域大小
00	2 KB
01	4 KB
10	8 KB
11	16 KB

FPLDIS：Flash写保护低地址范围禁止位。该位决定Flash低地址空间是否有写保护的区域。

- 1表示写保护禁止；
- 0表示写保护使能。

FPLS[1:0]：Flash写保护低地址大小。这两位决定了写保护扇区的大小，具体见表8.8。

表8.8　Flash低地址范围写保护

FPLS	写保护区域大小
00	512 B
01	1 KB
10	2 KB
11	4 KB

5. Flash状态寄存器（FSTAT）

Flash状态寄存器定义如图8.5所示。

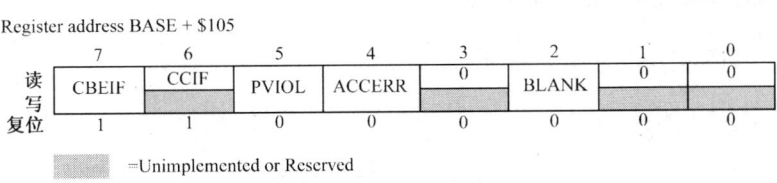

图 8.5　Flash 状态寄存器（FSTAT）

- CBEIF：命令缓冲区中断标志位。
  - ✧ 1 表示命令缓冲区可以使用；
  - ✧ 0 表示缓冲区满。
- CCIF：命令完成中断标志。
  - ✧ 1 表示命令执行完；
  - ✧ 0 表示命令执行中。
- PVIOL：写保护侵害。
  - ✧ 1 表示发生企图擦除或写入加了写保护的 Flash 操作；
  - ✧ 0 表示正常。
- ACCERR：Flash 访问错误。
  - ✧ 1 表示发生访问错误，向该位写 1 清零；
  - ✧ 0 表示正常。
- BLANK：擦除操作被验证过了。
  - ✧ 1 表示 Flash 擦除干净；
  - ✧ 0 表示擦除命令执行完，Flash 没有被擦除干净。

6. Flash 命令寄存器（FCMD）

Flash 命令寄存器定义 Flash 控制字，各位具体意义如图 8.6 所示。

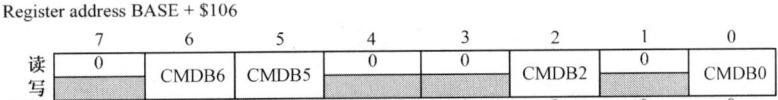

图 8.6　Flash 命令寄存器 FCMD

由该寄存器定义的有效命令字见表 8.9。

表 8.9　Flash 普通模式下的命令字

命　令　字	含　　义
$05	擦除后的校验
$20	字编程
$40	扇区擦除
$41	整体擦除

8.2.4　Flash 擦除与写入步骤

Flash 的擦除和写入操作应按下列步骤进行:

- 清除 Flash 状态寄存器 FSTAT 中的出错标志位 ACCERR 和 PVIOL,若以前 Flash 操作出错,上面提到的标志就会被锁存,这里是为了保证这些标志不置位。
- 写 Flash 配置寄存器 FCNFG 的第 0 位,选择微控制器的特定 Flash 区块。
- 写 PPAGE 寄存器。若要擦除或写入的 Flash 是存储空间窗口$8000~$BFFF 中的某一页,这一步是必须的,但对于$3E、$3F 这两页,这一步可以省去。
- 检查 Flash 状态寄存器 FSTAT 中的命令缓冲区的标志位 CBEIF 是否为 1,判断上一次 Flash 处理命令是否执行完毕,能不能写入新的命令,不为 1 则等待。
- 把要写入的数据字写到相应的地址中,注意,这里必须是以偶地址开始的一个字,对于擦除操作,被擦除的段任意地址都可以。
- 向 Flash 命令寄存器写命令字,进行擦除或编程操作。
- 向状态寄存器中的 CBEIF 写 1 将其清除,这时状态寄存器中的 CCIF 将置位,说明操作成功。

 8.3　下载文件格式介绍

一般情况下,工程经过编译链接后,会在"工程文件夹\bin\"下生成对应的二进制文件,可执行的文件后缀主要有.s19、.sx 和.abs。其中以.s19 和.sx 为后缀的文件是文本格式的,它们是飞思卡尔推荐使用的标准文件传送格式。S 文件格式将程序和数据用可打印的 ASCII 形式表示,包含了所需的基本协议,还包括出错校验功能,以保证传输的正确性。下面对 S 格式的文件进行简单的介绍。

 8.3.1　S 记录格式的结构与类型

S19 文件中的每一行被称为一条记录,记录总是以字母 S 开头,后面跟一位数字表示此记录的类型,数字若是 1 代表此记录包含了程序数据,若是 9 则表明此记录为整个文件的最末一条记录。S 记录的类型见表 8.10。

接下来一个字节表示了此记录所包含的字节数,有效数据字节由起始地址、数据字节和校验和组成。其中校验部分为一个字节,算法如下所示。

校验字节=0xFF−(除去"S1"和校验字节的所有字节的和)

每个记录的末尾一般是回车+换行符(CR+LF),但不一定是必须的。

表 8.10　S 记录类型

记　录	说　　　明	地址字节	数据字段
S0	S 格式文件的第一条记录,以 16 进制 ASCII 码形式记录本文件的文件名,首位包括记录长度和校验码	2	是
S1	地址为 2 字节的程序/数据记录	2	是
S2	地址为 3 字节的程序/数据记录	3	是

续表

记　录	说　　明	地址字节	数据字段
S3	地址为 4 字节的程序/数据记录	4	是
S5	标记本文件的 S1、S2 或 S3 记录的个数（不是必须的）	2	否
S7	S3 格式时，以 S7 记录结束	4	否
S8	S2 格式时，以 S8 记录结束	3	否
S9	S1 格式时，以 S9 记录结束	2	否

下面是 S19 文件的一条记录。

S10EF680FBE6845B30C71B853D0000E7

我们对此结构进行说明，细节如表 8.11 所示。

表 8.11　S 记录的结构

S	S 记录的标识
1	地址为 2 字节的程序/数据记录
0E	十六进制 0x0E=十进制 14，表示后面有 14 个数据字节
F680	表示后面的内容要存放在地址为 0xF680 开始的 Flash 里
FBE6845B30C71B853D0000	第一个字节 FB 放在地址 0xF680，第二个 BE 放在 0xF681，以此类推
E7	E7=FF−（0E+F6+80+FB+E6+84+5B+30+C7+1B+85+3D+00+00）

 ### 8.3.2　S 记录格式在程序下载中的应用

较之 P&E 和 BDM 工具所使用的 abs 烧写文件，S19 文件具有体积小、携带方便、格式易于分析的优点，因此在飞思卡尔绝大多数 Bootloader 相关的设计中都有着广泛的应用。

下面以一个简单的工程举例，让读者体验一下 S19 文件中机器码的运行。

我们新建一个 CodeWarrior 工程，名为 S19，使用芯片 MC9S12DP256B。新建过程中选择"最小启动代码"模式和"小内存模型"，Target 选择 P&E 烧写工具，创建好后立即编译，则在"工程路径\bin\"文件夹下我们可以找到名为 P&E_Multilink_CyclonePro.abs.s19 的 S19 文件，打开后可以看到其内容如下（本例使用的 CodeWarrior 版本号为 5.7.0 Build2211）：

```
    S0350000443A5C4C435F52616D6469736B5C5331395C62696E5C5026455F4D756C74696C696E
6B5F4379636C6F6E6550726F2E61627399
    S10DC000CF110006C00610EF20FE69
    S105FFFEC0003D
    S9030000FC
```

只有四行，除去不起作用的第一行和最后一行，带 S1 标识的只有中间两行，也就是说，真正下载到微控制器中运行的机器码只有区区两个记录，并且我们不难得知此两行的具体内容。先看第二个 S1 记录，它的地址是 0xFFFE，很明显，正好为复位向量所存

放的地址，其内容只有一个字，为 C000，我们可以知道，系统复位后就立即跳往 0xC000
处取它的第一条指令运行；再看第一个 S1 的记录，它的起始地址是 C000，此地址正是
复位向量 0xFFFE 处所储存的内容，我们大概可以猜出，这里面的内容应该包含了所有初
始化的代码加上 main 函数编译后的机器码。我们不仅产生疑问，工程中还有好多文件包
括 datapage.c 和 Libraries 里面的一大堆文件，它们都没有编译进去吗？事实正是如此，可
见 CodeWarrior 编译器生成的代码的高效和紧凑。

下面我们对此工程进行代码编写，在 main 函数中加入一个延时函数 delay，并在 main
函数中编写让 P 口电平翻转的程序，笔者的 MC9S12DP256 的 P 口接了 8 个 LED 小灯。
最终修改的代码如下所示。

```c
#include<hidef.h>              /* common defines and macros */
#include <mc9s12dp256.h>       /* derivative information */
#pragma LINK_INFO DERIVATIVE "mc9s12dp256b"

void delay(void){
  word i, j;
  for (i=0; i<65535; i++)
    for (j=0; j<5; j++);
}

void main(void) {
  PTP = 0x55;
  DDRP = 0xFF;
  for(;;){
    delay();              // 延时
    PTP = ~PTP;           // 让小灯闪烁
  }
}
```

我们希望此工程编译出来的代码，能被芯片动态载入运行。要做到这一点，就得将
其生成的 S19 文件的内容，交给另一段代码让其加载运行。由于 S19 文件使用的都是链
接后的绝对地址，比如上述的 main 函数，它就是由 start12.c 中的启动函数经过 jmp 代码
跳转得到运行的。到这里我们不禁产生一个想法，能否在"另一段代码"中开辟一段内
存区块，其所在地址正好覆盖了本工程的代码段？这样把本工程编译后的二进制文件加
载到"另一段代码"运行时的那块内存区域内，并安排其从内存区域的首地址开始运行，
不正实现了 S19 文件的加载和运行吗？实验证明这个想法是可行的，这也实现了一个最
简单的 Loader 功能。

我们修改本工程的链接参数文件 P&E_Multilink_CyclonePro_linker.prm，将代码段从
0xC000 移到原先内存所在的区块中，而原先的内存则减小一部分以免发生重叠，这样此

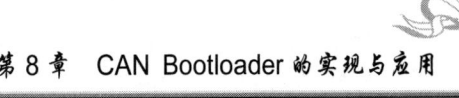

工程的代码段就能被"另一段代码"的内存区块所覆盖了，如图 8.7 所示。

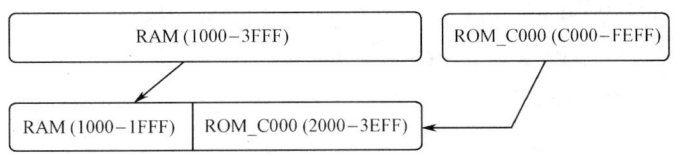

图 8.7　prm 文件中内存和 ROM_C000 的变更

根据图 8.7，将 prm 文件中原先的两行：

RAM	= READ_WRITE	0x1000 TO	0x3FFF;
...			
ROM_C000	= READ_ONLY	0xC000 TO	0xFEFF;

修改为

RAM	= READ_WRITE	0x1000 TO	0x1FFF;
...			
ROM_C000	= READ_ONLY	0x2000 TO	0x3EFF;

其余的内容不变，按下 F5 键编译运行后，可以看到，连着微控制器 P 端口的 8 个小灯间歇点亮。

我们接着到工程的 bin 目录下找到"P&E_Multilink_CyclonePro.abs.s19"文件，打开发现它的内容已被修改为如下：

```
S02A0000443A5C5331395C62696E5C5026455F4D756C74696C696E6B5F4379636C6F6E6550726F2E616273B9

S1232000CF110006201EC7873BCE0000088E000525FAEE80086E808EFFFF25ED3A3DCCFF43
S1112020557B02587A025A07DD71025820F9E6
S105FFFE2000DD
S9030000FC
```

撇开 S0 和 S9 的记录不管，我们发现 S1 记录增加到了 3 行，这是因为每条 S 记录有字节数限制，不能超过 0x32 个字节。查看复位向量，果然是从 0x2000 处开始的，前两条 S1 记录正包含了启动代码、delay 函数和 main 函数在内的所有程序。

接下来到了创建我们先前所提及的"另一段代码"工程了。新建一个 CodeWarrior工程取名为 Target，使用芯片 MC9S12DP256B。新建过程中选择标准启动代码模式和小内存模式，Target 选择 P&E 烧写工具。此处选择标准启动代码是因为需要让启动代码自动初始化全局变量。随后打开 main.c 文件，声明一个全局字节数组变量 RamCode，将上述的 S19 文件的前两条 S1 记录以字节的方式填入数组的初始化赋值代码中：

```
byte RamCode[] = {
    0xCF, 0x11, 0x00, 0x06, 0x20, 0x1E, 0xC7, 0x87, 0x3B, 0xCE,
```

```
0x00, 0x00, 0x08, 0x8E, 0x00, 0x05, 0x25, 0xFA, 0xEE, 0x80,
0x08, 0x6E, 0x80, 0x8E, 0xFF, 0xFF, 0x25, 0xED, 0x3A, 0x3D,
0xCC, 0xFF, 0x55, 0x7B, 0x02, 0x58, 0x7A, 0x02, 0x5A, 0x07,
0xDD, 0x71, 0x02, 0x58, 0x20, 0xF9
};
```

此数组包含了前一个工程的所有可执行代码，那么它在此处也一定是有办法执行的。我们希望工程启动后，让 PC 从上述数组的第一个元素 0xCF 处开始运行（数组的起始正对应着汇编语句 LDS，作用为初始化堆栈），接着修改 main 函数，如下所示。

```
void main(void) {
    unsigned char* startaddr;        // 定义字节指针
    EnableInterrupts;
    startaddr = &RamCode[0];          // 指针指向数组的第一个元素
    asm ldx startaddr;                // 汇编代码，将 X 寄存器赋上此指针值
    asm jmp 0, x;                     // 汇编代码，让 PC 跳到 X 处执行
}
```

系统的功能正是直接执行了前述工程中的代码，但是目前的工程并不能立即执行，因为我们并未将数组 RamCode 安排在 0x2000 开始的内存中，于是同样打开 P&E_Multilink_CyclonePro_linker.prm 文件，在其中增加一个内存区块，如图 8.8 所示。

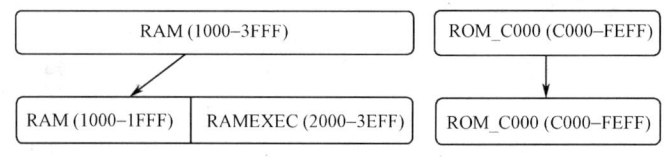

图 8.8　在 prm 文件中添加内存区块

将原先的代码

```
RAM           = READ_WRITE      0x1000 TO    0x3FFF;
```

修改为

```
RAM           = READ_WRITE      0x1000 TO    0x1FFF;
RAMEXEC       = READ_WRITE      0x2000 TO    0x3FFF;
```

并在下方 PLACEMENT 区段中的 DEFAULT_RAM　INTO　RAM;语句下方添加

```
EXEC              INTO   RAMEXEC;
```

EXEC 便是从 0x2000 地址开始的一段独立的内存区块，其后我们可以使用编译预处理指令#pragma 将数组变量 RamCode 至于此区块中了。

```
#pragma DATA_SEG EXEC
byte RamCode[] = {
    0xCF, 0x11, 0x00, 0x06, 0x20, 0x1E, 0xC7, 0x87, 0x3B, 0xCE,
    0x00, 0x00, 0x08, 0x8E, 0x00, 0x05, 0x25, 0xFA, 0xEE, 0x80,
    0x08, 0x6E, 0x80, 0x8E, 0xFF, 0xFF, 0x25, 0xED, 0x3A, 0x3D,
    0xCC, 0xFF, 0x55, 0x7B, 0x02, 0x58, 0x7A, 0x02, 0x5A, 0x07,
    0xDD, 0x71, 0x02, 0x58, 0x20, 0xF9
};
#pragma DATA_SEG DEFAULT
```

至此，工程编写完毕，按下 F5 键编译、烧写并运行，可以看到 P 口的小灯仍在间歇点亮。在运行过程中按下 F6 键中断，发现左侧的源码窗口已经不能指示所处的源代码了，因为指令在内存的一个数组中，而右侧的汇编窗口则可进行单步跟踪，如图 8.9 所示。其中位于 0x2000 处的汇编代码 LDS #4352 对应于第一个工程 start12.c 文件中的初始化堆栈语句：

```
INIT_SP_FROM_STARTUP_DESC();
```

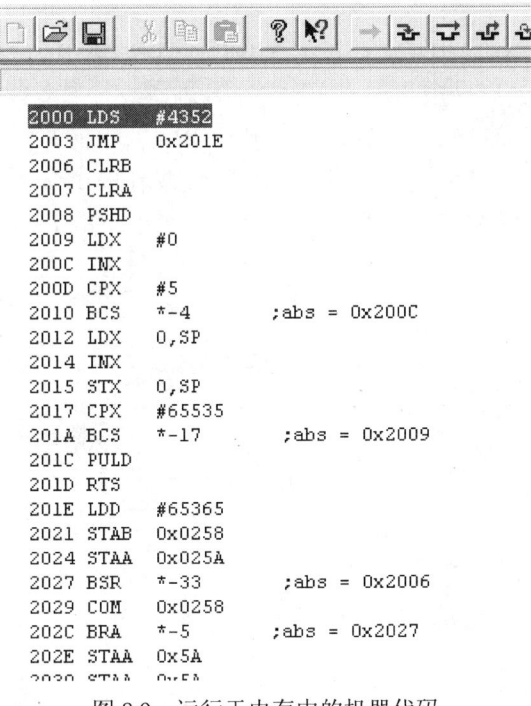

图 8.9　运行于内存中的机器代码

若没有硬件，也可以将第二个工程切换为仿真调试模式。运行后，添加可视化组件，并选择 bar，在其 Port to Display 属性中填入 Port P 的地址 0x0258（参阅芯片手册或头文件 MC9S12DP256.h），反复按 F5 键和 F6 键，即可观察 P 口的电平变化。

257

上述例子介绍了 S19 文件的格式和使用，我们将在 8.4 节分析一个 S12 系列芯片通用的 CAN Bootloader。

8.4 S12 系列微控制器通用 CAN Bootloader 的编写

本节参考了飞思卡尔的 Application Note AN3275——12 All-Access Bootloader for the HCS12 Microcontroller Family，实现了一个基于 MSCAN 的 HCS12 系列微控制器的全访问引导加载程序。AN3275 和配套代码可以从飞思卡尔官方网站含上获得。打开 www.freescale.com，在 Enter Keyword 搜索框中填入 AN3275 即可下载到 PDF 文档，其代码在搜索结果左侧的 Documents 链接处获得。由于 AN3275 是基于 SCI 的 Bootloader，故只需修改其通信部分的代码，便可扩展到实际的 CAN 总线运用上来。可以通过分析和使用官方的范例代码而循序渐进，这不失为一种学习捷径。通用 Bootloader 完成后，能适应带 CAN 模块的绝大多数 S12 系列芯片。本例以其中的 MC9S12DP256 为载体对所制作的 Bootloader 进行实际的分析和测试。

8.4.1 CAN Bootloader 功能描述

1. 硬件配置

复位后开始 S12 全访问引导程序的开始程序。在该程序中读取特定引脚上的状态。如果其值为逻辑 1，开始启动用户程序，如果是 0 则启动引导程序。这在 start12.c 文件中完成，但是用户也可以通过修改代码来选择其他引脚。如果选择了不同的代码，将会执行引导程序启动程序。在该引脚上放置开关、跳线或者按钮来选择进入启动程序还是用户程序。该引导程序使用 MCU 引脚上的内部上拉功能，如图 8.10 所示。

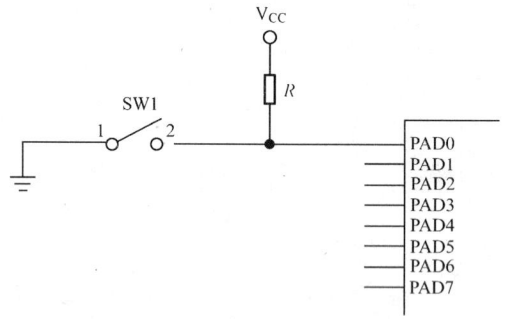

图 8.10 用来选择用户程序或是启动程序的电路连接图

2. MSCAN 通信

本例中使用固定 CAN 波特率 500 kb/s 进行数据通信，对于 S12 系列的芯片，它们片上的 MSCAN 数量各有差别，但若含有 MSCAN 模块，则必有一个位于地址 0x0140 的 CAN0 模块，有的可能还有 CAN1、CAN2、CAN3 等。本例中使用 CAN0 模块，其初始化参数如下：

- 使用外部 16 MHz 晶振；
- 滤波器设置为接收任意类型的帧；
- 波特率 500 kb/s，其中波特率寄存器的设置为 CANBTR0=0x81、CANBTR1=0x58；
- 正常模式；
- 查询方式检测 CAN 前台缓冲区。

3. Flash 对晶振的要求

这里使用的晶振必须大于 2 MHz 来保证能够对 Flash 进行编写和擦除。因为时钟同步对功能定时精度的影响，如果外部始终参考运行在小于 2 MHz 时就无法对 Flash 进行编程和擦除。晶振的频率要合适，不能太高也不能太低。主要原因如下：

- 如果 Flash 时钟频率小于 150 kHz，Flash 会由于过载而毁坏；
- 如果 Flash 时钟频率大于 200 kHz，会导致不完全的编程和擦除。

注意：总线频率是外部参考频率的一半。

4. 看门狗模块 COP

由于引导程序中使用的程序，COP 在其程序整个执行过程中是关闭的。COP 保持关闭如果开始执行用户代码（见硬件配置）。如果用户代码需要看门狗，必须通过对寄存器 COPCTL 写入代码来设置其所需的超时值。

5. 内存的配置

由于 Bootloader 需要知道 RAM 地址，所以需要将内存重新映射，使得启动程序对于不同的 S12 设备都可用，所以需要考虑到 S12 设备有很多大小不同的 RAM。

我们将微控器的寄存器设置为默认的从 0x0000 开始。在引导程序启动过程中，MCU 将 EEPROM 重定位于 0x2000，RAM 重新定位于 0x5000。这样一来，引导程序就能总是知道 EEPROM 和 RAM 的基础地址在那里了，如图 8.11 所示。无论 RAM 的大小如何或是使用何种 S12 设备，引导程序总能访问到它们。可以访问 RAM 意味着：

- 在 RAM 中运行程序，可以对整个 Flash 地址进行编程和擦除；
- 在用户代码中，寄存器、RAM 的起始地址可以被重新映射。

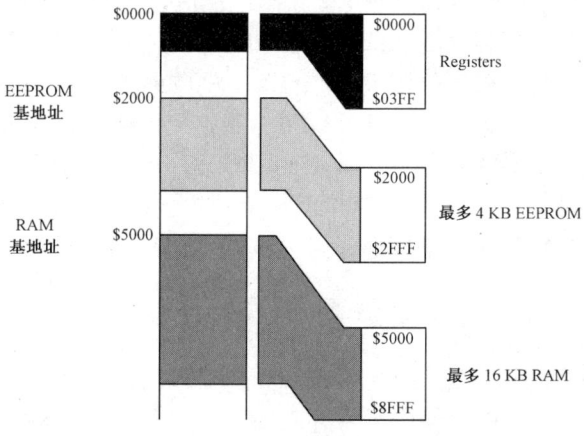

图 8.11　引导程序内存映射情况

RAM 会被使用在假设中的最坏情况下。在所有 S12 设备中最小的 RAM 是 1 KB。在将 RAM 重新映射后，引导程序将会使用其后 1 024 B 作为缓存、变量和堆栈。

6. 中断使用

S12 全访问引导程序允许用户正常使用所有的中断向量，除了系统复位向量。系统复位向量相对于典型应用会有好几个周期的延迟，这段时间内是 MCU 用来判断是进入引导程序还是进入用户程序。

需要注意的是中断向量处于内存的最高页，所以为了改变它们引导程序程序必须将内存最后页擦除重写。这就有个问题，如果在重写过程中产生任何错误使得中断向量到引导程序没有正确保存，那么必须使用特定的编程硬件才能将其恢复。所以，用户必须保持 MCU 供电电压稳定，防止对电路板的 ESD 静电干扰，中断向量的安排见图 8.12。

图 8.12　中断向量的安排

7. 关于 Flash

HCS12 系列使用高级的第三代非易失性 Flash EEPROM 内存来存储应用程序代码和常数数据，其 Flash 内存可以多次擦除重写，非常用于适合产品的开发阶段，也同样适用生产阶段，因为在类似产品上使用相同微控器也可以节省产品清单。任何软件上的改变、更新或修正都可以在生产过程中立即进行应用，而不会由于重新 ROM 掩码造成延迟和额外花费。另外，在线产品也可以重新编程而不需要更换控制器。从整个产品生命来看 Flash 在成本节约方面比 ROM 更有潜力。

8. Flash 保护

本例的 Bootloader 不选择任何硬件 Flash 保护以保证可以对中断向量的重新编程，也没有提供后门钥匙的编辑和引导程序的自更新功能，此功能在原 AN3275 中有实现，请参看相应的代码。由于引导程序处于 Flash 的 0xF000 起始的空间中，因此在引导程序中需要有特殊的软件配置：如果用户的代码试图写数据到 0xF000 到 0xFF00 区段内，引导程序会显示出现错误表明有代码试图写数据到引导程序的区段中去，并且返回写入失败。除了复位外的所有中断向量会被写入到其正常位置中去。复位向量会被写入到 0xEFFE 因为引导程序必须拥有复位向量来判断是进入用户代码还是引导程序。

8.4.2　Flash Bootloader 注意事项

由于引导程序的原理决定它与用户的应用程序没有关联，所以会造成一些限制，这点必须引起注意。另外引导程序使用了内存映射，用户无法在引导程序中使用 Flash 编程和擦除的例程。同时也不能在复位后改变任何 I/O 的状态。通过对一个引脚的输入电平的读取来判断是用户代码还是要执行引导程序，然后用户才能将该引脚用做普通输出。引导程序没有使用 COP 看门狗定时器，因此无法实现看门狗功能。如果用户想使用该功能，必须在用户应用代码中将其使能。

　　此 Bootloader 不支持将用户代码植入到引导程序空间中去，且用户应用代码一般无法覆盖引导程序所在区块。将应用程序植入 Flash 内存中时最怕出现外部的干扰。一旦发生就无法从中恢复。审慎并减少该情况发生的可能，其中最容易出问题的是对下列项目进行修改时：

- MCU 复位向量：在它被擦除时，复位无法重启引导程序。遇到这种情况，Bootloader 的功能失效。
- 用户复位向量：用户的复位向量是放在地址 0xEFFE 处的，在获取 S19 文件时，有必要将先获得的用户复位向量值暂存，并放到最后在写入 Flash 的 0xEFFE 处，以减小事先写入此地址后发生意外导致芯片复位从而运行未下载完成代码的可能性。
- 引导程序代码：如果给予某些理由必须从 Flash 中擦除引导程序代码，提前复位或者 Flash 的编程问题都会造成引导程序无法重启。

在以上任何一种情况中，可以通过 P&E 或 BDM 接口的简单访问方式进行恢复。

　　在 Flash 编程过程中出现意外情况，可能对 Flash 造成永久损坏，因此用户需要格外小心，并尽量减小编程时芯片所受的干扰。一种更灵活的方法是使用内存加载并运行的 Bootloader（称为一级引导加载程序，也称为 LRAE，Load RAM And Execute），此种形式的 Bootloader 将下载到的可执行文件直接放在内存中运行，并减少了由于意外复位而引起的 Flash 损坏的概率。若需要将代码下载到 Flash 中时，可先向此 Bootloader 传送另一个能写 Flash 的 Bootloader（称为二级引导加载程序，也称为 LFAE，Load Flash And Execute），并在内存中运行此 Bootloader，此时最初的 Bootloader 已不再起作用，接着向其传送需要下载到 Flash 中的可执行文件以完成 Flash 的编程。系统复位后，二级引导加载程序从内存中卸载，Flash 中只留下一级引导加载程序和已完成写入的可执行文件。关于 LRAE 和 LFAE，大家可以参考飞思卡尔相关的 Application Notes。

> AN1828——Flash Programming via CAN
>
> AN2546——HCS12 Load RAM and Execute Bootloader User Guide
>
> AN3391——LFAE Bootloader Example and Interface for use with AN2546

8.4.3　CAN Bootloader 流程

在 prm 文件中定义 Bootloader 存放在 Flash 的 Page 3F 的如下区段中：

> ROM_C000 =READ_ONLY　0xF0C0 TO 0xFE50;

则系统的复位向量 0xFFFE～0xFFFF 处内容为 0xF0C0，此地址处将写入本 CAN Bootloader 的所有代码。系统复位后，首先在 Start12.c 中判断 PAD0 引脚的电平，若为高电平，则默认跳转到 0xEFFE～0xEFFF 处的用户向量中执行；若为低电平，则进入了启动加载模式，Bootloader 首先关闭看门狗，并配置内存映射寄存器 INITRM，将 RAM 的起始地址设置为从 0x5000 开始。接着初始化堆栈，根据 prm 文件的定义，设置栈顶地址为 0x54FF，随后 Bootloader 进入了标准初始化例程，将程序中声明的全局变量赋上初始值，最后通过 jmp 语句跳转到 main 函数中。此处使用 jmp 语句，而不是用直接调用，好处是省去了压栈的操作，节省了堆栈的空间。

在 main 函数中，完成了 Flash、MSCAN 这两个模块的初始化例程，接着进入了一个死循环，循环中不断地监听 CAN 网络中是否有 ID 为 0x13F 的帧（约定使用 ID 为 0x13F 的 CAN 帧来传送 Bootloader 数据）。在接收到字符 S 开头的信息后，开始向缓冲区记录其后的数据，并一直等待到此记录接收完毕，若记录为 S1 或 S2 类型，则立即根据记录中的地址对 Flash 进行编程，编程完毕后继续等待下一条记录的到来。在编程过程中若检测出地址为 0xFFFE 的记录，说明其后的数据为复位向量，将其保存，直至整个文件传输完毕后再将其写入地址 0xEFFE 中。CAN Bootloader 的简要流程如图 8.13 所示。

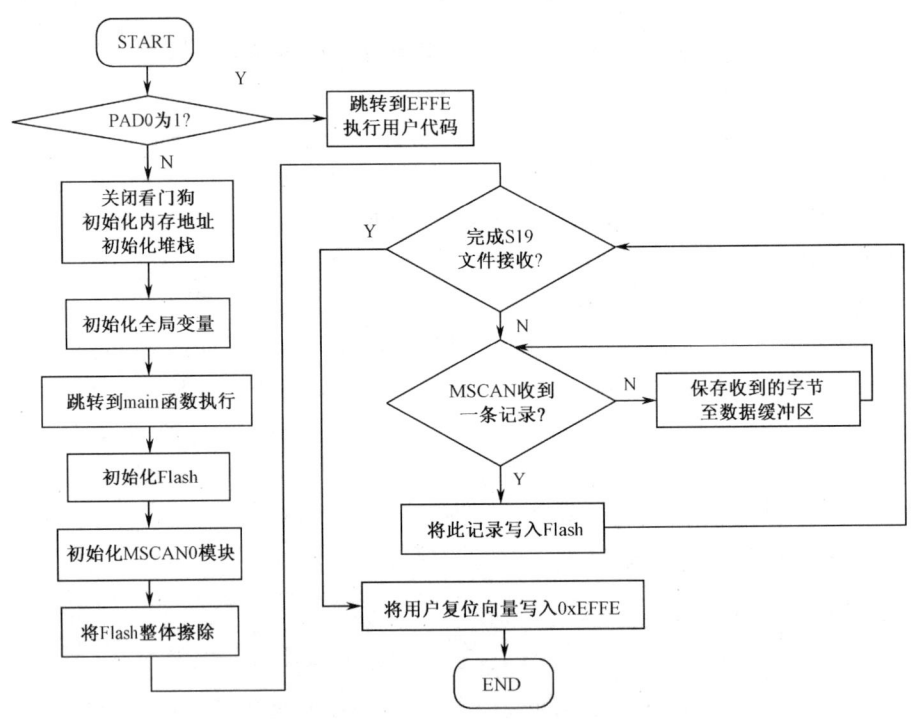

图 8.13　CAN Bootloader 流程

 ### 8.4.4　CAN Bootloader 程序分析

为了使制作的 CAN Bootloader 具有一定的通用性，以 MC9S12DP256 为蓝本，将 S12 系列的寄存器重新定义于文件 S12Derivative.h 中，代替了原先新建工程时默认生成的 MC9S12DP256.h（若新建工程所选择的芯片型号为 MC9S12DP256），并加入工程虚拟目录下的 Libraries 中，表 8.12 列出了工程所使用的主要文件和说明。

表 8.12　工程主要文件说明

文 件 名	说　明
main.c	主文件，包含 main 函数和 Bootloader 主要流程
Start12.c	启动代码，在其中判断是否进入启动加载模式
P&E_Multilink_CyclonePro_linker.prm	链接参数文件，在其中定义各种区段和复位向量
S12Flash.c	包含 Flash 初始化和 Flash 编程等函数
S12Flash.h	S12Flash.c 的头文件
S19Driver.c	包含对 S19 文件的解析和文件传输状态的判断
S19Driver.h	S19Driver.c 的头文件
S12MSCAN.c	包含 MSCAN 初始化代码和 CAN 帧接收代码
S12MSCAN.h	S12MSCAN.c 所引用的头文件，在 CodeWarrior 安装目录\Stationery\HCS12\HCS12_Stationery\Support_Files\definitions 下可找到
MOTTYPES.h	类型定义文件，在 CodeWarrior 安装目录\Stationery\HCS12\HCS12_ Stationery\Support_Files\definitions 下可找到
S12Derivative.c	基于 MC9S12DP256 的寄存器变量定义
S12Derivative.h	基于 MC9S12DP256 的寄存器简洁声明，具有一定的通用性

下面对工程中所使用的主要函数进行说明。

（1）MSCAN 模块初始化函数 InitCAN（具体代码见程序清单 S12MSCAN.c）

此函数使用一个 tMSCAN 结构体指针 CAN_Ptr 初始化相应的 MSCAN 模块。tMSCAN 结构体在 S12MSCAN.h 中有定义。由于 S12 系列芯片的 MSCAN 模块数量不一，且实际应用中的 CAN 接口也未必是工程中所定义的，因此 CAN_Ptr 指针需要被初始化为用户指定的 MSCAN 模块首地址。下面给出了 CAN0～CAN3 模块可能的地址定义。

```
#define CAN0Module    0x0140
#define CAN1Module    0x0180
#define CAN2Module    0x01C0
#define CAN3Module    0x0200
// MSCAN 指针，初始值为 CAN0 所在地址
tMSCAN* CAN_Ptr = (tMSCAN*)CAN0Module;
```

（2）MSCAN 模块接收函数 CANRECV（具体代码见程序清单 S12MSCAN.c）

函数使用标志查询方式接收 CAN 帧，参见"查询方式接收 CAN 帧例程"部分。若接收缓冲区已满，接着判断接收到的帧 ID 是否为 0x13F，约定 ID 为 0x13F 的帧用于 Bootloader 数据的传输。在满足上述条件后，将接收的 CAN 帧数据段内容存入 CAN 接收缓冲区中。

（3）Flash 初始化函数 vfnFlashInit（具体代码见程序清单 S12Flash.c）

Flash 初始化函数要求硬件的外接晶振频率大于 1 MHz，否则无法将 Flash 的时钟频率设置为 150～200 kHz 之间。

（4）Flash 编程函数 vfnFlash_Cmd（具体代码见程序清单 S12Flash.c）

由于 Flash 写入时 CPU 无法从 Flash 中读出下一条指令，故这段代码必须放在内存中运行。要做到这点，首先在 prm 文件中声明一个内存块。

```
FLASHROUTINES = READ_WRITE 0x5323 TO 0x53F8;
...
ROUTINESINRAM INTO FLASHROUTINES;
```

并将 Flash 编程函数置于其中。

```
#pragma CODE_SEG ROUTINESINRAM // Flash 写代码在内存中运行
uint8 near vfnFlash_Cmd(uint8 cmd)
{
// 函数体
}
#pragma CODE_SEG DEFAULT
```

函数体中涉及 Flash 的写操作，参见"S12 Flash 擦除与写入步骤"部分。

这里需要注意的是，由于 Bootloader 流程是收到一条 S19 记录后才进行 Flash 编程，这条记录的编程需要花费一定的时间，若编程过程中有新的 CAN 数据到来，则可能导致数据丢失，所以必须在编程的过程中检测 CAN 网络上的数据，若发现新的帧到达，及时将其至于 gi8aS19Buffer 缓冲区中。此处的 CAN 帧检测函数同样不可调用 S12MSCAN.c 文件中的 CANRECV，因为它处于 Flash 之中。

（5）S19 文件接收函数 S19Driver_CAN（具体代码见程序清单 S19Driver.c）

为 main.c 文件中不断调用的 S19 文件接收函数，函数首先调用 S12MSCAN.c 文件中的 CANRECV 并判断是否有数据，若 MSCAN 前台缓冲区的数据长度不为 0，则将 CAN 接收缓冲区的数据复制到 S19 文件记录缓冲区 gi8aS19Buffer[]中。由于 CAN 网络中传输的 S19 文件为文本格式，故需对 S0、S1 这样的文本进行识别，丢弃 S0 数据，并判断有效记录和结尾。若完整接收一条记录，则调用函数 ui8fnS19CheckRxFrame 将整个记录转换为 16 进制的机器数。注意，此处对记录末尾的判断使用了 S19 记录末尾的回车符 0x0D。

（6）S19 文件转换函数 ui8fnS19CheckRxFrame（具体代码见程序清单 S19Driver.c）

当完整接收一个记录，此函数被 S19 文件接收函数 S19Driver_CAN 调用。函数将缓冲区内 ASCII 文本格式转换成 16 进制的机器数，并且两个 ASCII 字符等效为一个字节。最后根据记录格式是"S1"还是"S2"计算指向 S19 文件的地址区块指针和数据区块指针。

（7）main 函数（具体代码见程序清单 main.c）

函数包含 Bootloader 的主要流程，它首先初始化 Flash，随后擦除 Flash 中除了 Bootloader 和复位向量外的其他 Flash 单元，操作的过程中使用 P 口连接的 8 个小灯指示程序状态，最后进入循环检测 CAN 网络的 S19 文件下载和写 Flash 的例程中。

（8）Flash 擦除函数 vfnFlashMassEraseCmd（具体代码见程序清单 main.c）

由于 Flash 的写操作是将 1 变 0，而不能由 0 变 1，因此对 Flash 编程前需要先进行擦除操作，将其中的单元都变为 0xFF。此函数首先块擦除了片上 Block0 之外的所有 Block 单元，而对于 Block0 单元，则需分页和分区段（Sector）擦除，因为系统的复位向量和本 Bootloader 程序位于 Block0 中的$3F 页面中。对 Block0 进行擦除时，首先按区段擦除$3F 页面中 0xC000 到 0xEF00 中的数据，此为直接页数据，不必选择 PPAGE 寄存器即可直接擦除；接着针对 Block0 中的分页区域进行分页擦除，此操作要先配置寄存器 PPAGE，随后只要操作 0x8000-0xBFFF 之间的地址空间即可。函数执行完毕后，芯片中除了复位向量和 Bootloader 的所有 Flash 均已擦除干净。

（9）基于 CAN 下载 Flash 编程函数 FlashProgramCmd_CAN

此函数被 main 中的 for 循环反复调用（具体代码见程序清单 main.c）：

```
for(;;){
    FlashProgramCmd_CAN(); // CAN Bootloader
}
```

其流程可参见图 8.13 的右半部分，函数依据对当前传输标志的判断进行各种 Flash 的写操作，同时还判断接收数据中是否含有复位向量 0xFFFE～0xFFFF 或是和自己所在地址重叠的区段。成功接收一个 S19 记录后，函数立即将其写入 Flash 中，当传输到达文件末尾时，函数最后将用户的复位向量写入地址 0xEFFE～0xEFFF 中以便下次启动时跳到此地址执行。

8.4.5　S12 CAN Bootloader 程序清单

1. main.c

```
#include <hidef.h>
#include "S12Derivative.h"
#include "S12Flash.h"
#include "S19Driver.h"
#include "S12MSCAN.h"


#pragma CODE_SEG DEFAULT
void near vfnFlashMassEraseCmd(void);
void near FlashProgramCmd_CAN(void);
void main(void)
{
    DDRP = 255;                          // P 口小灯用于指示状态
    (void)vfnFlashInit(16000);           // Flash 初始化 16 000 kHz 晶振

    InitCAN();                           // MSCAN0 初始化
```

```
        PTP = 0xF0;
        vfnFlashMassEraseCmd();                    // Flash 整体擦除
        PTP = 0xFF; // 擦除后小灯全灭


        for(;;){
            FlashProgramCmd_CAN();                 // CAN Bootloader
        }
    }

    void near vfnFlashMassEraseCmd(void)           // Flash 擦除函数
    {
    /*
     * 总的 Flash 页数参看 MEMSIZ1 寄存器
     * MEMSIZ1 (1:0) = 0:0     128 KB = 8Pages (0<<3)
     * MEMSIZ1 (1:0) = 0:1     256 KB = 16Pages (1<<3)
     * MEMSIZ1 (1:0) = 1:0     512 KB = 32Pages (2<<3)
     * MEMSIZ1 (1:0) = 1:1     1 024 KB = 64Pages (3<<3)
     */
        uint16 li16BlockZeroStart,li16BootAddressPointer,li16PageAddressPointer;
        uint8 li8FlashPagesPerBlock = ui8fnFindFlashPagesPerBlock();
        uint8 li8Page = 0x3f – li8FlashPagesPerBlock;
        uint8 li8BlockSearch = 8<<(MEMSIZ1 & 3);
        li8BlockSearch = (uint8) (li8BlockSearch/li8FlashPagesPerBlock);   //Block 的数量

        li16BlockZeroStart = 0x3f – li8FlashPagesPerBlock;                 // 零页的起始地址
                    // 擦除 Block 1 到 Block N, 擦除 Block 0 时必须分页擦除
        while (--li8BlockSearch){
            gi32FlashAddressH = ((uint16) (0x3f – (li8FlashPagesPerBlock * li8BlockSearch)));
            gi32FlashAddressL = 0x8000;
            gi8FlashBlock = li8BlockSearch;                                // 擦除除了 Block 0 的 Flash
            gi16FlashDataCounter = 1;
            if (vfnFlash_Cmd(MassErase)){                                 // 若擦除过程中出现错误
                PTP = 0x55;
                return;
            }
        }
        gi8FlashBlock = 0;       // 选择 Block 0 中未分页区域, 每 Sector 512 B, 擦除 0xC000～0xEF00
        for(gi32FlashAddress=0xEF00;gi32FlashAddressL>=0xC000;gi32FlashAddressL-=0x200){
```

```
      gi16FlashDataCounter = 1;
      if (vfnFlash_Cmd(FErase)){
        PTP = 0x55;
        return;
      }
    }
    PPAGE=0x3E;                                         // 选择 Block 0 中的分页区域
    li16PageAddressPointer=0xBFFF;
    li16BootAddressPointer = 0xFFFF;                    // 复位向量所在地址
    while(PPAGE>li8Page){
      if(*(uint8 *)(li16BootAddressPointer) != *(uint8 *)(li16PageAddressPointer))
      {         // 分页擦除
        gi32FlashAddressH = PPAGE;
        for(gi32FlashAddressL=0xBF00;gi32FlashAddressL>=0x8000;gi32FlashAddressL-=0x200){
          gi16FlashDataCounter = 1;
          if (vfnFlash_Cmd(FErase)){
            PTP = 0x55;
            return;
          }
        }
        PPAGE--;
        li16PageAddressPointer = 0xC000;
        li16BootAddressPointer = 0x0000;
      }
      li16BootAddressPointer--;
      li16PageAddressPointer--;
      if(li16BootAddressPointer<0xF000){
        PPAGE = 0x36;
      }
    }
}


void near FlashProgramCmd_CAN(void)
{

  uint8 li8Error = 0;
  uint8 li8LineCounter = 0x20;
  // 清除所有标志除了 UpdatingLoader
```

267

```
gi8S19Status&=~((1<<S19RxInProgress)|(1<<S19RxOk)|(1<<S19ChecksumError)|(1<<S19RxComplete)|(1<
<S19EndOfFileReceived));


        while (!(S19EndOfFile)){
        S19Driver_CAN();                                // 判断记录的起始和结束
        if (S19LineReceived){                           // 成功接收一条记录
        uint8 li8FlashPagesPerBlock = ui8fnFindFlashPagesPerBlock();    // 4 pages per Block
        uint8 li8FlashBlock = ((uint8)(gi32S19RxAddress >>16));         // 308000→get "30"


            gi8FlashBlock = 0;                          // 默认为 Block 0
            if ((uint16)(gi32S19RxAddress>>16))         // 是否为 S2 记录
            {        // 判断是 Block0～Block3 中的哪一个
            gi8FlashBlock = (uint8)(((uint16)0x3f - (uint16)(li8FlashBlock)) / li8FlashPagesPerBlock);
// 0x308000 in Block 3
            }

            gi32FlashAddress = gi32S19RxAddress;                // Flash 写的地址
            gi16pFlashDataPtr = (uint16)(gi16pS19Data);         // Flash 数据地址
            gi16FlashDataCounter = (uint16)(gi8aS19Buffer[DataSizePos]);
            gi16FlashDataCounter-=2;                            // 有效的数据长度

            if ((gi32FlashAddressL > 0xefff) && (gi32FlashAddressL < 0xff00))    //Loader Sector
            {        // 不允许覆盖自身所在的 Flash 空间
                li8Error = ERROR;
            }

            if (gi32FlashAddressL < 0x8000 && !(gi32FlashAddressH))
            {        // Block 0 中的 3E 页
                gi32FlashAddressH = 0x003E;
                gi32FlashAddressL += 0x4000;
            }

            if((gi32FlashAddressL > 0xFFFD))                    //是复位向量→0xFFFE - 0xFFFF
            {
            // 保存此向量,暂不对其编程
            gi16FlashDataCounter--;
            gi16FlashDataCounter--;
```

```
            ResetVector = *(uint16 *)(&gi8aS19Buffer[gi16FlashDataCounter+4]);
        }
        // 数据字节转换为字
        gi16FlashDataCounter >>= 1;
        li8Error = vfnFlash_Cmd(Program);
        gi8S19Status &= ~((1<<S19RxComplete)|(1<<S19RxOk));
      }
    }
    if (li8Error) {                          // 若出错则点亮半边的 LED
      PTP = 0xF0;
    }else{
      PTP = ~PTP;
    }
    for (li8Error=0; li8Error<255; li8Error++);
    // 最后编程复位向量
    gi8FlashBlock = 0;                        // 选择 Block 0, 总在 Block 0 中
    gi16FlashDataCounter=1;
    gi32FlashAddress = 0xEFFE;
    gi16pFlashDataPtr = (uint16)&ResetVector;
    if (ERROR == vfnFlash_Cmd(Program))
      PTP = 0xAA;
}
```

2. S12Flash.c

```
#include "S12Flash.h"
#include "S19Driver.h"
#include "S12Derivative.h"
#include "S12MSCAN.h"

extern tMSCAN* CAN_Ptr;
extern unsigned char S19Data;


_MyAddressUnion_ gu32FlashAddress;
volatile uint16 gi16pFlashDataPtr;
uint16 gi16FlashDataCounter;
uint8 gi8FlashBlock;
_MyBuffersUnion_ Buffers;
extern unsigned char CANBuffer[8];
```

269

```
extern unsigned char candlc;

uint8 near vfnFlashInit(uint16 li16ClockFreq)
{
    uint8 lbFlashMask = 0;
    FCNFG = 0x00;
    if (li16ClockFreq > 1000)                    //要求晶振大于 1 MHz
    {
        if (!(FCLKDIV&(0x80)))
        { // Flash Clock 必须在 150～200 kHz 之间
            // 若 XTAL 大于 12.8 MHz，FDIV8 必须置位
            if (li16ClockFreq > 12000)
            {
                li16ClockFreq >>= 3;             //除以 8
                lbFlashMask = 0x40;
            }
            // 计算分频数
            FCLKDIV = (((uint8)(li16ClockFreq /200)) – 1) | lbFlashMask;
        }

        if (FSTAT&0x30)                          //若 FACCERR 或 PVIOL 被置位
        {
            FSTAT |= 0x30;                       //写 1 到 FACCERR 和 PVIOL 以清除标志
        }
        return(OK);
    }
    return(ERROR);
}

uint8 near ui8fnFindFlashPagesPerBlock(void)     //求出 Block 中 Flash 的页数
{
    uint8 li8BlockSearch = 0x08;
    uint8 li8FlashPagesPerBlock = 0x08;

    //pag_sw1:pag_sw0 Off-Chip Space On-Chip Space
    //      00          876 KB          128 KB
    //      01          768 KB          256 KB      <-(dp256)
    //      10          512 KB          512 KB
```

```
//    11          0 KB          1 KB


// Register name       Value (dp256)
// MEMSIZ0             $25
// MEMSIZ1             $81          <-


// The MEMSIZ1 register reflects the state of the Flash EEPROM or ROM physical Memory space and
//paging switches at the Core boundary which are configured at systemintegration. This register
  allows read
//visibility to the state of these switches.
li8FlashPagesPerBlock <<= (MEMSIZ1 & 0x03);              // 0x08<<1 == 0x10 in dp256
while (--li8BlockSearch)
{ //    7      6      5    4 3 2    1          0
   // CBEIE CCIE KEYACC 0 0 0 BKSEL1 BKSEL0
   // BKSEL[1:0]      Selected Register Bank
   // 00              Flash 0
   // 01              Flash 1
   // 10              Flash 2
   // 11              Flash 3
   FCNFG = li8BlockSearch; // li8BlockSearch = 3
   if (FCNFG == li8BlockSearch)
   {
      break;
   }
}
// li8FlashPagesPerBlock == 16 / 4 = 4
li8FlashPagesPerBlock = (uint8)(li8FlashPagesPerBlock / (li8BlockSearch + 1));
   return (li8FlashPagesPerBlock);
}

#pragma CODE_SEG ROUTINESINRAM                          // Flash 写代码在内存中运行
uint8 near vfnFlash_Cmd(uint8 cmd)
{
   uint8 i;
   volatile uint8 uint8PPageBackup = PPAGE;             // 暂存 PPAGE 寄存器
   FSTAT = FSTAT | 0x30;                                // 清除 FACCERR


   if (gi16FlashDataCounter){
```

```
volatile uint16 li16FlashAddress = (gi32FlashAddressL);
FCNFG = gi8FlashBlock;
PPAGE = (uint8)(gi32FlashAddressH);
do{
    //第一步: 向 Flash 地址空间中写一个字
    //编程: 地址和数据寄存器都有效
    //擦除: 地址有效,数据无效
    //块擦除: 地址无效
    //分区擦除: 低字节地址无效
    *((uint16*)li16FlashAddress) = *((uint16*)gi16pFlashDataPtr);
    //第二步: 向命令缓冲区中写控制字
    FCMD = cmd;
    //第三步: 清标志
    FSTAT = 0x80;        //Put FCBEF at 1.
    //编程一个字后,增加地址指针
    gi16pFlashDataPtr+=2;
    li16FlashAddress+=2;

    if (FSTAT&0x30) // 若出错,FACCERR 或 FVIOL 置位
    {
        PPAGE = uint8PPageBackup;
        return(ERROR);
    }
while(!(FSTAT&0x80));
//若 Flash 写的过程中收到了新的 CAN 帧，则将其内容保存
//此处不可调用 S12MSCAN.c 中的接收函数，因为它在 Flash 中
if (CAN_Ptr->canrflg.bit.rxf == 1){
    if ((CAN_Ptr->rxbuf.id.w[0] >> 5) == 0x13F){
        candlc = CAN_Ptr->rxbuf.dlr;
        for (i=0; i<candlc; i++){
            CANBuffer[i] = CAN_Ptr->rxbuf.dsr[i];
        }
        CAN_Ptr->canrflg.bit.rxf = 1;
    }
}
for (i=0; i<candlc; i++){
    S19Data = CANBuffer[i];
    gi8aS19Buffer[gi8RxCounter++] = S19Data;
```

```
            }
        candlc = 0;
    }while (--gi16FlashDataCounter);
    }
    while ((FSTAT&0x40)==0);        // 等待命令完成

    PPAGE = uint8PPageBackup;       // 恢复 PPAGE 寄存器
    return(OK);
}
#pragma CODE_SEG DEFAULT
```

3. S19Driver.c

```
#include "S19Driver.h"
#include "S12Flash.h"
#include "S12MSCAN.h"

extern unsigned char S19Data;
extern unsigned char CANBuffer[8];
extern unsigned char candlc;
uint32 gi32S19RxAddress;
uint16* gi16pS19Data;
uint8 gi8S19Status;
uint8 gi8RxCounter = 0;

uint8 near ui8fnASCIIToHex(uint8 li8ASCII)
{ // ASCII 转 HEX
    if (li8ASCII >= '0' && li8ASCII <= '9')
    {
        return (li8ASCII - '0');
    }
    else if (li8ASCII >= 'A' && li8ASCII <= 'F')
    {
        return (li8ASCII - 'A' + 10);
    }
    return 0xff;
}

void near S19Driver_CAN(void)
```

```c
{
    uint8 i;
    CANRECV();                                          // 接收 CAN 帧
    for (i=0; i<candlc; i++){
        S19Data = CANBuffer[i];                          // 取出收到的数据
        gi8aS19Buffer[gi8RxCounter++] = S19Data;         // 将其存放在 S19 数据缓冲区中
        if (S19Data == S19EndOfLineCmd)                  // 若此数据是行结束标志
        {
            gi8S19Status &= ~((1<<S19RxOk)|(1<<S19RxComplete));
            gi8aS19Buffer[CommandPos] -= '0';            // 还原 S0,S1...
            if (gi8aS19Buffer[0] == S19StartOfFrame)
            {
                if (gi8aS19Buffer[CommandPos]){          // 丢弃 S0 记录
                    gi8S19Status |= (1<<S19RxOk)|(1<<S19RxComplete);   // 设置标志为接收完一行
                    gi8RxCounter -= 3;                   // 有效数据字节为总字节数-3
                    (void)ui8fnS19CheckRxFrame();
                    gi8RxCounter = 0;                    // 复位接收计数器
                }
            }
            candlc = 0;                                  // 清除收到的数据长度
            return;
        } else if (S19Data == S19StartOfFrame) {         // 记录以"S"开头
            gi8aS19Buffer[0] = S19StartOfFrame;          // 从 Buffer[0]开始接收
            gi8RxCounter = 1;                            // 置接收计数器为 1
        }
    }
    candlc = 0;                                          // 清除收到的数据长度
}

uint8 near ui8fnS19CheckRxFrame(void)
{
    uint8 li8BufferIndex = DataSizePos;                  // 数据字节从 S19 记录的第二个开始
    uint8 li8HexIndex = DataSizePos;
    uint8 li8HexConversion;

    while (li8BufferIndex < gi8RxCounter)                // 将数据字节由 ASCII 转换为 HEX
    { // 两个 ASCII 合并为一个 HEX,例如"2" + "C" -> 0x2C
        li8HexConversion=(ui8fnASCIIToHex(gi8aS19Buffer[li8BufferIndex++])<<4)|(ui8fnASCIIToHex
```

```
(gi8aS19Buffer[li8BufferIndex++]));
            gi8aS19Buffer[li8HexIndex++] = li8HexConversion;
        }
        // 取出 16 位的地址
        gi32S19RxAddress = (uint16)(*((uint16*)((&gi8aS19Buffer[AddressPos-1]))));
        // 设定 16 位的数据指针
        gi16pS19Data = (uint16*)(&gi8aS19Buffer[AddressPos + 1]);
        // 若是"S2"类型的记录,说明地址为 24 位,则重新计算地址和数据指针
        if (gi8aS19Buffer[CommandPos] == 2){
            gi32S19RxAddress = ((uint32)(*((uint32*)(&gi8aS19Buffer[AddressPos-1])))) >> 8;
            gi16pS19Data = (uint16*)(&gi8aS19Buffer[AddressPos + 2]);
            gi8aS19Buffer[DataSizePos]--;
        }else if (S19CmdEndOfFileReceived){          // 检测是否是 S9 记录
            gi8S19Status &= ~((1<<S19RxOk)|(1<<S19RxComplete));
            gi8S19Status |= (1<<S19EndOfFileReceived);
        }
        return OK;
}
```

4. S12MSCAN.c

```
#include "S12Derivative.h"
#include "S12MSCAN.h"

unsigned char S19Data;
#define CAN0Module    0x0140
#define CAN1Module    0x0180
#define CAN2Module    0x01C0
#define CAN3Module    0x0200

// MSCAN 指针,初始值为 CAN0 所在地址
tMSCAN* CAN_Ptr = (tMSCAN*)CAN0Module;
unsigned char CANBuffer[8];
unsigned char candlc;

void near InitCAN(void)
{
    // 进入 MSCAN 初始化模式
    CAN_Ptr->canctl0.byte = 1;
```

```
        // 等待初始化确认
        while (CAN_Ptr->canctl1.bit.initak == 0);
        // 使能 MSCAN 模块
        CAN_Ptr->canctl1.byte = CANE;
        // 滤波器配置为接收所有帧
        CAN_Ptr->canidac.bit.idam0 = 0;
        CAN_Ptr->canidac.bit.idam1 = 0;
        CAN_Ptr->canid[0].canidmr.l = 0xFFFFFFFFL;
        CAN_Ptr->canid[0].canidar.l = 0xFFFFFFFFL;
        // 波特率为 500 kb/s
        CAN_Ptr->canbtr0.byte = 0x81;
        CAN_Ptr->canbtr1.byte = 0x58;
        // 离开初始化模式
        CAN_Ptr->canctl0.byte = 0;
        // 等待进入正常模式
        while (CAN_Ptr->canctl1.bit.initak == 1);
        CAN_Ptr->canctl0.bit.time = 1;
        CAN_Ptr->cantbsel.byte = 0x01;
}


void near CANRECV(void)
{
    unsigned char i;
    if (CAN_Ptr->canrflg.bit.rxf == 1){
        if ((CAN_Ptr->rxbuf.id.w[0] >> 5) == 0x13F){        // 判断帧 ID 是否为 0x13F
            candlc = CAN_Ptr->rxbuf.dlr;
            for (i=0; i<candlc; i++){
                CANBuffer[i] = CAN_Ptr->rxbuf.dsr[i];
            }
            CAN_Ptr->canrflg.bit.rxf = 1;                   // 释放前台缓冲区
        }
    }
}
```

5. Start12.c

```
#define _NO_FLAGS_OFFSET
#define _NO_MAIN_OFFSET
#define _NO_STACKOFFSET_OFFSET
```

```c
#include "hidef.h"
#include "start12.h"
#include "S12Derivative.h"

#define BootBlkSize 0x1000

extern void near main(void); /* prototype of main function */

#ifndef _ONLY_INIT_SP
#pragma DATA_SEG _NEAR_SEG STARTUP_DATA

struct _tagStartup _startupData;        /* read-only: */
                                        /* _startupData is allocated in ROM and */
                                        /* initialized by the linker */
/*lint +e1065 */
#pragma DATA_SEG DEFAULT
#endif /* _ONLY_INIT_SP */

#include "non_bank.sgm"

#pragma MESSAGE DISABLE C12053   /* Stack-pointer change not in debugging-information */
#pragma NO_FRAME
#pragma NO_ENTRY

#if defined(_SET_RESET_VECTOR_)
void _interrupt 0 _Startup(void) {
#else
void _Startup(void) {
#endif

  if(PORTAD0_BIT0)
  {
    asm JMP       [0xEFFE, pcr];
  }
  else
  {
    _DISABLE_COP();
    /* My Working RAM is from 0x5000 to 0x57FF */
```

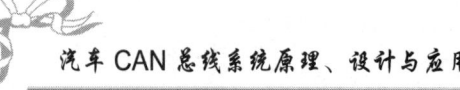

```
        INITRM = 0x50;
        INITEE = 0x21;     /* EEPROM if available is located from 0x2000 */
    /* initialize the stack pointer */
        INIT_SP_FROM_STARTUP_DESC();   /*lint !e522 asm code */ /* HLI macro definition in hidef.h */


        _asm {
ZeroOut:
            LDX     _startupData.pZeroOut      ; *pZeroOut
            LDY     _startupData.nofZeroOuts   ; nofZeroOuts
            BEQ     CopyDown                   ; if nothing to zero out


NextZeroOut: PSHY                             ; save nofZeroOuts
            LDY     2,X+                      ; start address and advance *pZeroOut (X=X+4)

            LDD     2,X+                      ; byte count
NextWord:   CLR     1,Y+                      ; clear Memory byte
            DBNE    D, NextWord              ; dec byte count

            PULY                             ; restore nofZeroOuts
            DEY                              ; dec nofZeroOuts
            BNE     NextZeroOut
CopyDown:

            LDX     _startupData.toCopyDownBeg ; load address of copy down desc.


NextBlock:
            LDD     2,X+                      ; size of init-data -> D
            BEQ     funcInits                ; end of copy down desc.


            LDY     2,X+                      ; load destination address

Copy:       MOVB    1,X+,1,Y+                ; move a byte from ROM to the data area
            DBNE    D,Copy                   ; copy-byte loop


            BRA     NextBlock
funcInits:                                   ; call of global construtors is only in c++ necessary
        }
```

```
        asm JMP main;
    }
}
```

6. P&E_Multilink_CyclonePro_linker.prm

```
NAMES END

SEGMENTS
    RAM = READ_WRITE 0x5000 TO 0x5322;
    FLASHROUTINES = READ_WRITE 0x5323 TO 0x53F8;
    ROM_C000 = READ_ONLY    0xF0C0 TO 0xFE50;
END


PLACEMENT
    _PRESTART,                      /* Used in HIWARE format: jump to _Startup at the code start */
    STARTUP,                        /* startup data structures */
    ROM_VAR,                        /* constant variables */
    STRINGS,                        /* string literals */
    VIRTUAL_TABLE_SEGMENT,          /* C++ virtual table segment */
    NON_BANKED,                     /* runtime routines which must not be banked */
    DEFAULT_ROM,
    COPY,                           /* copy down information: how to initialize variables */
        /* in case you want to use ROM_4000 here as well, make sure that all files (incl. library files) are
compiled with the option: -OnB=b */
                                    INTO   ROM_C000/*, ROM_4000*/;
    DEFAULT_RAM                 INTO    RAM;
    ROUTINESINRAM                INTO FLASHROUTINES;
END


ENTRIES


END


STACKTOP 0x54FF


VECTOR 0 _Startup    /* reset vector: this is the default entry point for a C/C++ application. */
//VECTOR 0 Entry     /* reset vector: this is the default entry point for a Assembly application. */
//INIT Entry         /* for assembly applications: that this is as well the initialisation entry point
```

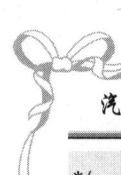

*/

 ## 8.5　CAN Bootloader 的使用

使用前，确定工程中所使用的 MSCAN 模块和外部电平检测引脚，接着通过 P&E 或 BDM 编程工具将此 Bootloader 烧录到 S12 系列微控制器芯片中。随后移除调试器，将外部开关置为启动加载模式，并上电，Bootloader 自动擦除了 Flash 并等待 CAN 网络上的 ID 为 0x13F 的帧。

我们编写一个简单的程序并通过 CAN Bootloader 进行下载。新建一个 MC9S12DP256 工程，往 main.c 中写入如下代码后进行编译。

```c
#include <hidef.h>              /* common defines and macros */
#include <mc9s12dp256.h>        /* derivative information */
#pragma LINK_INFO DERIVATIVE "mc9s12dp256b"


void delay(void)
{
  word i;
  for (i=0; i<65535; i++);
}


void main(void){
  byte i = 0;
  EnableInterrupts;
  DDRP = 0xFF;
  PTP = 0xFE;
  for(;;){
    delay();
    if (i == 8){
      i = 0;
      PTP = 0xFE;
    }else{
      i++;
      PTP <<= 1;
    }
  }
}
```

随后到了此工程对应的 S19 文件。我们可以通过 USB CAN 设备将 PC 与 CAN 网络

280

连接，并通过 USBCAN 的上位机界面向 CAN 网络中传送已编译的 S19 文件。

如图 8.14 所示，选择 CAN 帧类型为标准帧，ID 为 0x13F，数据长度为 8（可以为 1～8 之间的任意一个数），选择 S19 每个记录发送间隔为 1 ms。单击 Transmit 按钮即可将 S19 文件发送出去。图 8.15 为 S19 文件的发送过程。

文件发送完成后，Bootloader 也完成了程序的下载，随后切换外部开关为启动用户程序模式，复位芯片或将硬件重新上电，即可看到 8 个小灯在不断刷新。

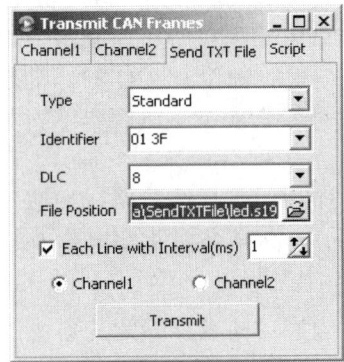　　　　　　　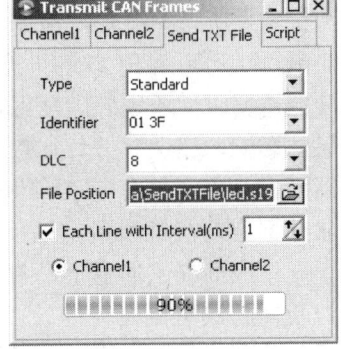

图 8.14　通过 USBCAN 向 CAN 网络发送 S19 文件　　　图 8.15　S19 文件的下载过程

单的 Bootloader 仅实现了 CAN 总线上文件的传输和 Flash 的编程功能，并未采用已存在而且成熟的 CAN 网络的高层协议，比如扩展 CAN 标定协议（CCP）、CANOpen 等。目前的通信方式是通过 CAN 网络直接传输文本格式的 S19 文件，将解码的工作留给 Bootloader 执行，也可改为由上位机解码并向 Bootloader 直接传送机器码来实现。同时，用户可参考飞思卡尔的 LRAE 和 LFAE 对 Bootloader 进行进一步的配置。

第 9 章 基于 CAN 总线的标定协议

在当今的汽车及工业领域中，电子控制单元（Electric Control Unit，ECU）得到了广泛的应用。为了保证电子控制单元的品质，必须在研发及生产阶段对电子控制单元进行测试和标定。所谓测试，是指在 ECU 运行期间通过外围监测设备对控制器中的某些参数进行监测，以此判断 ECU 的工作情况，并对控制策略进行评价。ECU 的标定是指在离线或在线的情况下，通过外围标定设备修改 ECU 中某些参数的值，以观察不同参数值对运行结果的影响，以调整并优化控制参数。

然而在过去，每个 ECU 制造商均自行制定自己的 ECU 标定与测试规范，并开发自己独立的标定与测试设备。这使得在汽车的整个研发与制造阶段大量的经费与时间被耗费在不同供应商提供的电子设备的接口匹配与交互通信上。

解决问题的关键是为电子设备制定并提供通用的接口标准，因此几家德国汽车制造商联手一些著名的汽车电子设备制造商于 1991 年成立了 ASAP 标准组织，ASAP 的英文全称是 the working group for the standardization of application systems（应用系统标准化工作小组），它的目标是使在汽车电子设备研发过程中相关的测试、标定、诊断方法及工具能够兼容并互换。

9.1 ASAP 标准及 ASAM 标准组织介绍

9.1.1 ASAP 标准概述

ASAP 标准由三个部分组成，分别是 ASAP1、ASAP2 和 ASAP3，如图 9.1 所示。

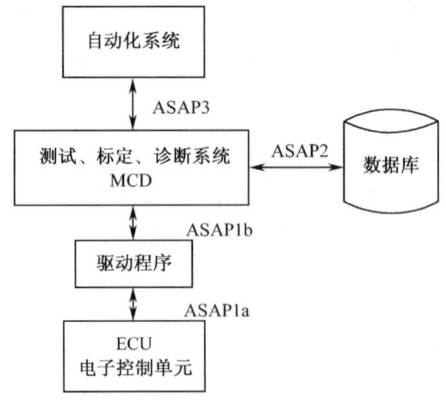

图 9.1 ASAP 标准

图 9.1 中 ASAP3 是应用系统，即测试、标定、诊断系统（Calibration，Diagnosis System，

MCD-Measurement）到自动化系统的接口规范。这里的自动化系统可以是一个测量仪器的指示装置或汽车的燃油测量装置等。

ASAP2 又称为 ASAP 描述文件，是电子控制单元内部数据描述文件的规范。ASAP2 文件用来具体描述电子控制单元（ECU）内部的数据信息，包括数据存储的规范，数字量到物理量的转换规范等。

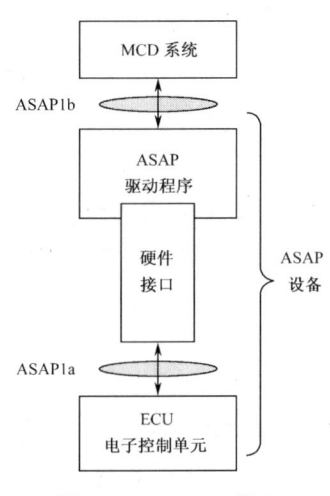

图 9.2 ASAP1b 设备

ASAP1 是电子控制单元（ECU）到 MCD 系统的接口规范，ASAP1 规范又可细分为 ASAP1b 与 ASAP1a。ASAP1b 接口包括一个符合 ASAP 标准的驱动程序、硬件接口及电子控制单元（见图 9.2），因此 ASAP1b 接口规范保证了 MCD 与 ECU 之间的通信，不受所选通信媒介及不同 ECU 供应商的限制。ASAP1a 是到 ECU 端的数据通信的物理及逻辑接口规范，包括通过 CAN 总线对 ECU 进行标定的协议规范。

为了便于读者更好地理解 ASAP 三个标准之间的关系，图 9.3 列举了一个 ASAP 标准的应用实例。该例中，自动化系统通过 ASAP3 接口向 MCD 系统请求发动机转速信号，MCD 系统借助 ASAP2 描述文件与 ASAP1 接口与 ECU 进行通信，取得自动化系统请求的数据。由于 ASAP1 接口规范将底层电子控制单元、硬件接口及软件驱动封装在一起，因此 MCD 系统可通过 ASAP1 接口直接与电子控制单元间进行通信，而不会受到通信媒介（如 CAN 总线、ABUS 总线等）及不同厂商供应的 ECU 的限制。MCD 在 ASAP2 文件的支持下，找到发送机转速信号在 ECU 中的具体存储地址，并按 ASAP2 文件中定义的转换格式，将 ECU 中的数字量转换为物理量返回给自动化系统。

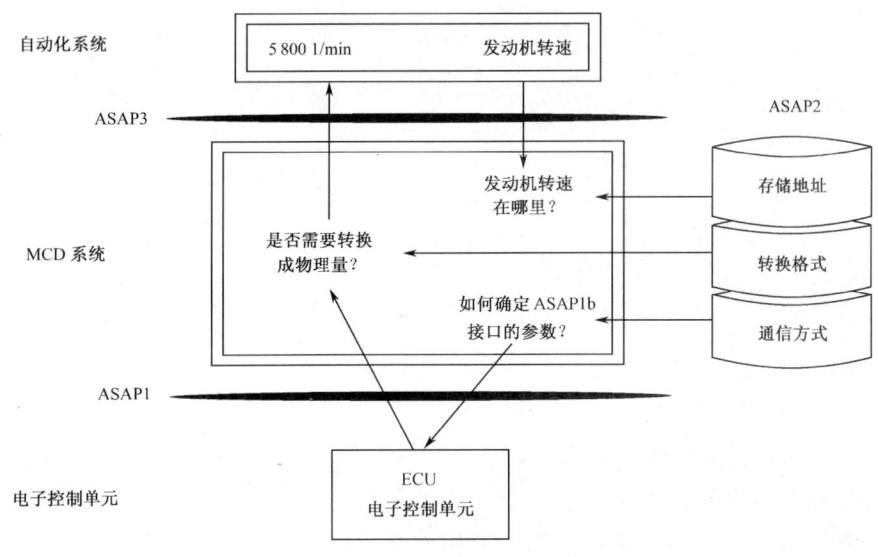

图 9.3 ASAP 标准实例说明

9.1.2 ASAM 标准组织及其规范

1998 年 ASAM 小组成立，其英文全称是 Association for Standardization of Automation and Measuring System（自动化及测量系统标准化小组）。ASAM 标准是 ASAP 标准的扩展和衍生，在新的 ASAM 标准中，ASAP 标准变名为 ASAM MCD（ASAM Measurement, Calibration and Diagnosis），原来的 ASAP1、ASAP2、ASPA3 规范在新的标准下分别为 ASAM-MCD 1MC、ASAM-MCD 2MC 及 ASAM-MCD 3MC。

9.2 CCP 协议介绍

CCP 的全称是 CAN Calibration Protocol（CAN 标定协议），是 ASAP 标准的有机组成部分，属于 ASAP1a 规范标准，是基于 CAN 总线的 ECU 标定协议规范。CCP 协议遵从 CAN 2.0B 通信规范，支持 11 位标准与 29 位扩展标识符。

9.2.1 CCP 通信方式

CCP 协议采用主从通信方式，如图 9.4 所示，其中主设备是 ASAP 标准中的 MCD 系统，从设备是需要标定的 ECU。根据 CCP 协议，一个主设备可通过 CAN 总线与多个从设备相连，每个从设备均有其特定地址。主设备通过每个 ECU 的地址，与其建立一对一的关系。按 CCP 协议，在某一时刻只有一个从设备能与主设备建立连接并进行通信。如图 9.4 所示，当主设备需要与从设备 3 进行通信时，首先主设备按 ECU3 的地址与其建立一对一的逻辑连接，随后开始通信，此后主设备发出的每一条命令只有从设备 3 会响应。当主设备需要结束通信，或与下一个 ECU 进行通信时，必须首先断开与当前 ECU 的逻辑连接，然后与下一个从设备建立逻辑连接再开始通信。

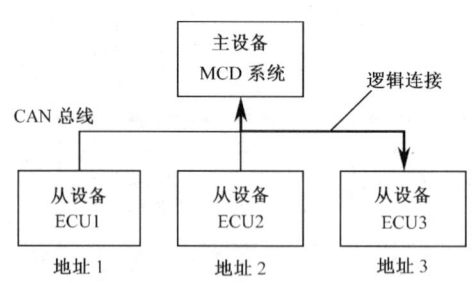

图 9.4 CCP 通信方式

CCP 协议中 MCD 与 ECU 的通信又可具体分为以下两种。

① Polling 模式：这种模式可通俗地理解为一问一答的通信模式，即通过主设备先问，从设备回答，两者之间不断交互来实现主、从设备间的通信和数据交换。在这种模式下，当主设备与某个从设备建立逻辑连接后，主设备与从设备的每次通信都是通过主设备首先发送一条请求命令，请求从设备执行某项操作，或请求其内部数据。从设备收到命令后，执行相应操作，通过返回一帧消息，提供主设备请求的数据及命令执行情况代码。

这种通信方式实现起来比较简单，占用 ECU 内存资源少，但效率较低。

② DAQ 模式：与 Polling 模式相对应的是 DAQ 模式，其英文全称为 Data Acquisition Mode。不同于 Polling 模式一问一答的通信机制，DAQ 模式下从设备可以脱开主设备的控制，按一定的通信周期自主向主设备上传数据。这种方式数据上传效率高，但实现起来复杂，尤其当所需上传数据量较大时，会占用 ECU 较多 RAM 空间。DAQ 模式会在后续章节进一步详细介绍。

9.2.2　CCP 消息格式

由于 CCP 协议遵从 CAN 通信规范，因此基于 CCP 的通信都是以 CAN 报文的形式来实现。为了规范，CCP 消息统一采用 8 个字节的数据场，所有命令参数及数据都被打包在 8 个字节数据场中。CCP 支持 11 位标准或 29 位扩展标识符。

CCP 协议的实现只依赖两则 CAN 消息：命令接收对象（Command Receive Object，CRO）和数据传输对象（Data Transmission Object，DTO），如图 9.5 所示。

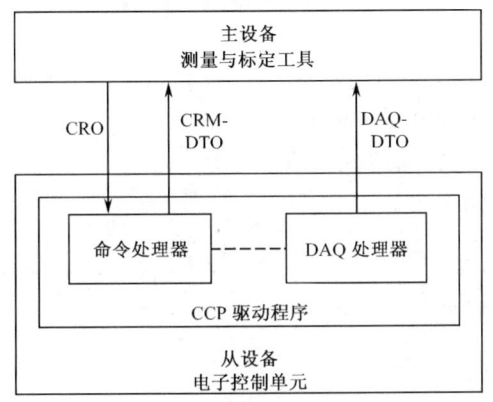

图 9.5　CCP 消息对象

① 命令接收对象（CRO）是主设备向 ECU 发送的消息对象，包括命令代码及命令参数，以下为 CRO 消息对象的结构。

字节	0	1	2	3	4	5	6	7
	CMD	CTR						
	命令参数

数据场每个字节定义如下所示。

位　置	类　型	描　　述
0	字节	命令代码 = CMD（Command Code）
1	字节	命令序号 = CTR（Command Counter）
2～7	字节	命令参数域

按照 CCP 协议，CRO 消息的数据场长度固定为 8 个字节。第 0 字节为命令代码（Command Code，CMD），CCP 协议共规定了 28 条命令。从设备接收到 CRO 后，通过

相应 CMD 代码解释收到的命令并执行。第 2～7 个字节中包含了与命令相关的命令参数。

命令序号（Command Counter，CTR）是 CRO 命令发送的序号，按发送的先后顺序，每条由主设备发出的 CRO 命令被分配给命令序号，如第一条发送的 CRO 其 CTR 为 01，第二条为 02，依次类推。

CTR 序号的实现是 CCP 协议的一种通信保护机制，在 Polling 模式中，每条 CRO 消息与其对应的反馈 DTO 消息，两者的 CTR 序号相同，保证主，从设备一问一答的对应关系。

② 数据传输对象（DTO）是从设备反馈给主设备的消息。按 DTO 的不同用途，DTO 又分为三类：

- 命令返回消息 CRM-DTO（Command Return Message）；
- 事件消息（Event Message-DTO）；
- DAQ-DTO（Data Acquisition-DTO）。

其中，CRM-DTO 发生在 Polling 通信模式下，是针对主设备发送的 CRO 的反馈消息。当从设备收到主设备发送的一则 CRO 后，按照 CCP 规定，必须反馈一则 DTO，这则 DTO 就称为 CRM-DTO。

事件消息（Event Message-DTO）是当 ECU 内部发生错误时，由 ECU 自主发送。这类 DTO 不需要事先收到主设备的 CRO，一旦 ECU 发生内部错误，会自动向主设备发送一则事件消息，报告内部发生的情况，请求主设备暂停当前工作并进行处理。CRM-DTO 与事件消息 DTO 的结构相同。

字节	0	1	2	3	4	5	6	7
	PID	ERR	CTR	命令参数				

数据场每个字节含义如下所示。

位　置	类　型	描　述
0	字节	标识符 = PID（Packet ID）
1	字节	错误代码 = ERR（Error Code）
2	字节	命令序号 = CTR（Command Counter）
3～7	字节	参数数据域

第 0 字节的 PID 用来标识 DTO 的类型，对于 CRM-DTO 及事件消息 ERR 代码具有不同含义。对于 CRM，ERR 代码反映的是 CRO 所请求命令的执行情况，如返回 ERR 为 0x00，表明 CRO 命令正确执行。对于事件消息，ERR 代码的数值表示 ECU 内部发生了哪种错误。PID 定义如下所示。

PID	定　义
0xFE	DTO 是 CRM-DTO
0xFF	DTO 是事件消息
$0 \leqslant n \leqslant 0xFD$	DTO 是 DAQ-DTO

当 PID 取值范围在 0~0xFD 之间，表明该类 DTO 是 DAQ~DTO。这类 DTO 只用于 DAQ 通信模型，其数据结构略有不同，如下所示。

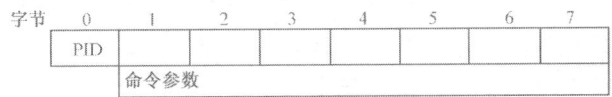

DAQ~DTO 的 PID 定义将在 9.2.3 节中详细介绍。

 ## 9.2.3　DAQ 模式下的数据通信

DAQ 是一种高效的数据上传模式，它可以使从设备脱离主设备，自主地按一定周期向主设备上传数据。DAQ 通信的实现需要借助 DAQ 列表，ODT 列表及 DAQ~DTO。首先按不同的上传周期，ECU 内部需要实现多个 DAQ 列表，DAQ 列表的各数是由上传周期决定的。比如在同一个 ECU 内，部分数据需要以 10 ms 定期上传，部分数据需要以 20 ms 定期上传，另一些数据则需要以 25 ms 定期上传。这样就需要实现 3 个 DAQ 列表，同一个上传周期下的数据变量归在同一个 DAQ 列表下，如图 9.6 所示。

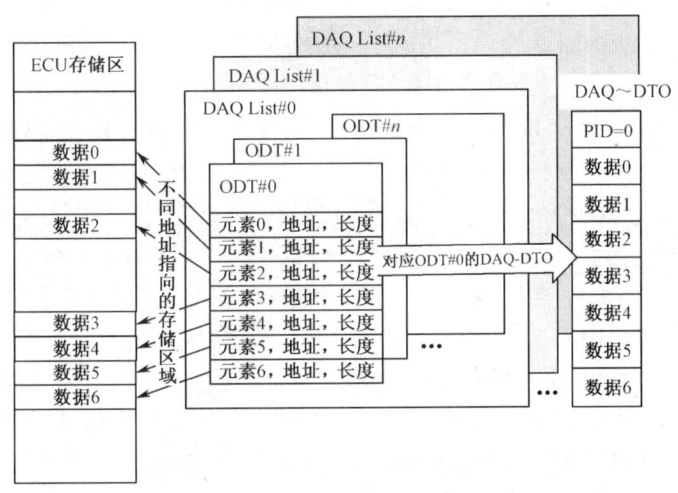

图 9.6　CCP 协议 DAQ 与 ODT 列表结构

一个 DAQ 列表下又可包含多个 ODT 列表，ODT 列表中存放具体需要上传的数据变量的信息，包括数据变量的存放地址，数据长度及其偏移地址。每个 ODT 的最大元素数目为 7，可存放 7 个单字节数据变量的信息。

ODT 列表需要转换成 DAQ~DTO 的形式才能向主设备发送，如图 9.6 所示，每个 ODT 都有一个唯一的绝对编号，对应一个 DAQ~DTO，通过 PID 号标识。同时每个 ODT 还有一个相对编号，表征了该 ODT 在所在 DAQ 列表中的位置，排在最前的 ODT 相对编号为 0，总的 ODT 数目不能超过 254。

在 CCP 协议中，ODT 列表的编号规则是每个 ODT 列表都有一个绝对编号，即与其对应的 DAQ-DTO 的 PID，同时每个 ODT 列表有一个相对编号。如上例，10 ms 间隔的 DAQ 列表编号为 DAQ#0，20 ms 间隔的为 DAQ#1，25 ms 的为 DAQ#2。DAQ#0 下有 3

个 ODT 列表，它们的相对编号为#0、#1、#2，绝对编号也为#0、#1、#2。DAQ#1 下有 2 个 ODT 列表，其相对编号为#0、#1，但其绝对编号会依据前面的 ODT 列表继续编号，因此 DAQ#1 下的两个 ODT 列表的绝对标号为#3、#4，依次类推，DAQ#3 下的 3 个 ODT 列表的绝对编号分别为#5、#6、#7。CCP 协议规定一个 ECU 内部最多只能有 254 个 ODT 列表，因此 DAQ-DTO 的 PID 取值范围是 0～0xFD。

在使用 DAQ 模式进行通信前，主设备需要对 DAQ 列表及 ODT 列表进行配置，具体的步骤如下：

- 获取 ECU 内所实现的 DAQ 列表数目及 ODT 数目，DAQ 列表数目由数据上传的周期决定，ODT 列表数由每个周期下所需上传的数据个数及长度决定；
- 向相应的 ODT 元素中填入内容，即数据的存储地址和数据长度（数据长度一般为 1 个字节）。数据将根据其类型及上传周期，被写在不同 DAQ 列表的不同 ODT 元素中。见下例所示。
- 根据上传数据的上传周期，针对不同的 DAQ 列表赋以事件通道（Event Channel）和预分频值（Prescaler）。事件通道与上传周期是一一对应的，同一个 DAQ 列表中的不同 ODT 享有同一个事件通道和预分频值，即同一个 DAQ 列表中的所有数据的上传周期相同。通过预分频值可将数据的上传周期成倍扩大，见下例所示。
- 启动 DAQ 模式，进行数据采集。

例如，若用户指定要上传五个数据：data1_byte、data2_word、data3_long、data4_long、data5_long。data1_byte 类型为 Byte 型，占一个字节；data2_word 类型为 Word 型，占两个字节；data3_long、data4_long、data5_long 类型为 Long 型，占四个字节。要求 data1_byte、data2_word、data3_long 三个数据每 10 ms 上传数据；data4_long、data5_long 两个数据每 20ms 上传数据。根据上传周期 ECU 程序中实现两个 DAQ 列表，并且实现 Event Channel 为 1 的事件通道，每 10 ms 发布事件。根据上传数据类型（长度）和上传周期进行如下配置，见图 9.7 所示：data1_byte、data2_word、data3_long 上传周期相同，为 10 ms，且总数据长度为 7 字节（1 字节＋2 字节＋4 字节），因此将这三个数据地址放入同一 ODT 中，即 DAQ 列表#0 中的 ODT#0 中。data4_long 和 data5_long 的上传周期相同，为 20 ms，但与上面 3 个数据上传周期不同，所以不能放入 DAQ 列表#0 中的 ODT 中，放入 DAQ 列表#1 中的 ODT 中。它们长度都为 4 字节，总字节长度 8 字节（4 字节＋4 字节），超过每个 ODT 最大元素数目 7，为了保证数据的完整性与一致性，将这两个数据地址放入 DAQ 列表#1 的不同 ODT 中，即 DAQ 列表#1 中的 ODT#2 和 ODT#3 中。因为 Event Channel 为 1 的事件通道每 10 ms 发布事件，因此，将 DAQ 列表#0 的 Event Channel 设为 1，Prescaler 设为 1，满足 data1_byte、data2_word、data3_long 上传周期 10 ms 要求；DAQ 列表#2 的 EventChannel 设为 1，Prescaler 设为 2，满足 data4_long、data5_long 上传周期 20ms 的要求。当起动数据采集后，ECU 就按所规定周期自行上传 DAQ-DTO 消息。如前所述，DAQ-DTO 消息的数据场由 8 字节构成，第一个字节的内容为 PID，标识了这帧消息所对应的 ODT，而后 7 字节即对应于该 ODT 七个元素规定地址上一个字节长度的数据内容，从而就完成了数据内容的上传，如图 9.7 所示。

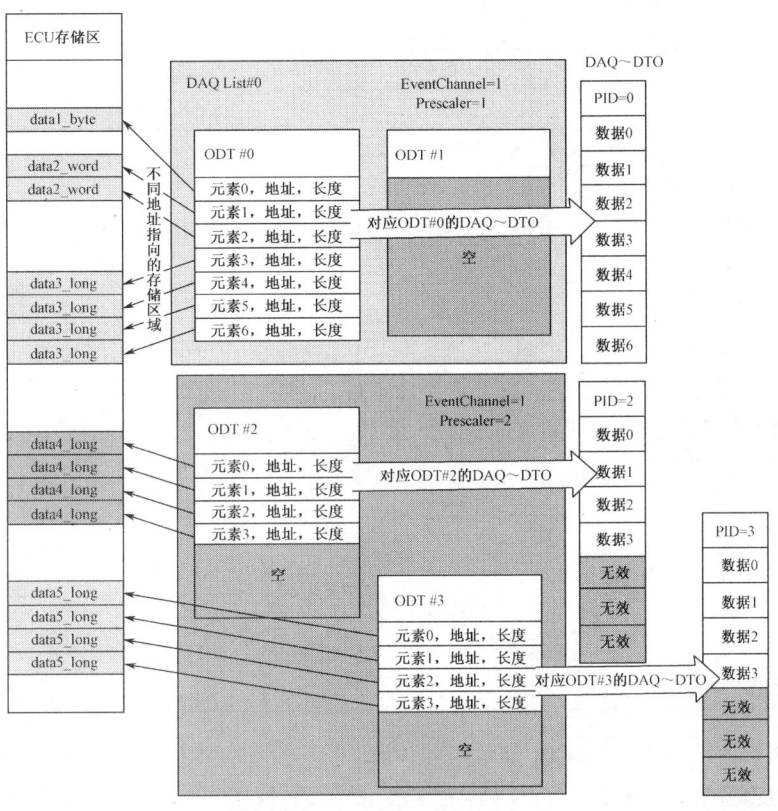

图 9.7　DAQ 通信模式示例

 ## 9.2.4　CCP 命令代码简介

　　CCP 协议共规定了 28 条命令，其中 11 条为必选命令，17 条为可选命令。由于 CCP 是开放协议，因此用户可只选其中一部分命令予以实现。每条命令在 CCP 协议中均有自己独立的 CMD 代码，从设备即通过 CRO 中的 CMD 代码来对收到的 CCP 命令进行解释并执行。表 9.1 所示为 28 条命令的命令代码。

表 9.1　CCP 命令代码列表

命　　令	CMD 代码	ACK 应答时间（ms）	备　　注
CONNECT	0x01	25	
GET_CCP_VERSION	0x1B	25	
EXCHANGE_ID	0x17	25	
GET_SEED	0x12	25	可选
UNLOCK	0x13	25	可选
SET_MTA	0x02	25	
DNLOAD	0x03	25	
DNLOAD_6	0x23	25	可选
UPLOAD	0x04	25	
SHORT_UP	0x0F	25	可选
SELECT_CAL_PAGE	0x11	25	可选
GET_DAQ_SIZE	0x14	25	

汽车 CAN 总线系统原理、设计与应用

续表

命　令	CMD 代码	ACK 应答时间（ms）	备　注
SET_DAQ_PTR	0x15	25	
WRITE_DAQ	0x16	25	
START_STOP	0x06	25	
DISCONNECT	0x07	25	
SET_S_STATUS	0x0C	25	可选
GET_S_STATUS	0x0D	25	可选
BUILD_CHECKSUM	0x0E	30 000	可选
CLEAR_MEMORY	0x10	30 000	可选
PROGRAM	0x18	100	可选
PROGRAM_6	0x22	100	可选
MOVE	0x19	30 000	可选
TEST	0x05	25	可选
GET_ACTIVE_CAL_PAGE	0x09	25	可选
START_STOP_ALL	0x08	25	可选
DIAG_SERVICE	0x20	500	可选
ACTION_SERVICE	0x21	5 000	可选

如果 ECU 内部不支持 DAQ 通信模式，则以下指令也是可选命令：GET_DAQ_SIZE、SET_DAQ_SIZE、WRITE_DAQ、START_STOP。如果使用了 SELECT_CAL_PAGE 指令，则 GET_ACTIVE_CAL_PAGE 指令也是必须的。

 9.2.5　ERR 代码列表

CRM-DTO 的 ERR 代码指示了 CRO 命令的执行情况，事件消息中的 ERR 代码表示 ECU 内部发生的错误类型，CCP 协议对 ERR 代码的定义见表 9.2。

表 9.2　ERR 代码列表

代　码	描　述	错误等级	备　注
0x00	确认 / 无错误	—	
0x01	DAQ 处理器超载	C0	无（等待直到 ACK 或时间溢出）
0x10	指令处理器忙	C1	无（等待直到 ACK 或时间溢出）
0x11	DAQ 处理器忙	C1	无（等待直到 ACK 或时间溢出）
0x12	内部超时	C1	无（等待直到 ACK 或时间溢出）
0x18	请求密钥	C1	无（等待直到 ACK 或时间溢出）
0x19	阶段状态请求	C1	无（等待直到 ACK 或时间溢出）
0x20	冷启动请求	C2	冷启动
0x21	标定数据初始化请求	C2	标定数据初始化
0x22	DAQ 列表初始化请求	C2	DAQ 列表初始化
0x23	更新代码请求	C2	（冷启动）
0x30	未知指令	C3	（错误）

续表

代 码	描 述	错误等级	备 注
0x31	指令句法错误	C3	错误
0x32	参数超出许可范围	C3	错误
0x33	访问被拒绝	C3	错误
0x34	超载	C3	错误
0x35	访问锁止保护	C3	错误
0x36	资源／功能暂不可用	C3	错误

对于 CRM-DTO，当 ERR 代码为 0x00 时表示对 CRO 命令的确认及命令的正确执行，如返回其他值，则表明上述表中的各项不同含义。如果 ECU 在没有收到 CRO 命令的情况下发生内部错误，会直接以事件消息（Packet ID＝0xFE）发送错误代码来请求进行相应的错误处理。CCP 协议对错误等级及应对措施做出的规定如表 9.3 所示。

表 9.3　错误等级分类及措施

级 别	描 述	措 施	重试次数
超时	无握手信号	重试	2
C0	警告	—	—
C1	伪错误（comm 错误，忙…）	等待（ACK 或超时）	2
C2	可修复的（温度，掉电…）	初始化	1
C3	不可修复的（重启，超载…）	终止	—

 ### 9.2.6　预期运行性能

CCP 协议的运行性能在很大程度上取决于 ECU 的响应延迟时间、总线波特率、总线负载情况及 CCP 消息对象（CRO 与 DTO）在总线上的优先级。由于在某一时间段内能够传输的内存区域有限，因此当需要进行大量数据传输时，网络内节点的响应延迟时间是最主要的影响因素。

假设波特率为 500 kb/s，总线上为一般负载率情况下，下表列出了在两种通信模式下 CCP 协议数据通信的运行情况。

类 型	数据传输速率（约值）	说 明
Polling 模式	4～6 kb/s	
DAQ 模式	20 kb/s	平均采样时间

 ## 9.3　CCP 命令

下面对 CCP 的每条命令及其使用逐一进行介绍。

 ### 9.3.1　连接命令（CONNECT）

按照 CCP 协议，主设备必须先与总线上的某个从设备建立逻辑连接，才能与其开始

通信。CONNECT 命令就是主设备用来与从设备建立逻辑连接的, 其中包括了从设备 ECU 的站地址。在该命令之后送出的所有命令都是针对被选中的从设备节点发送的, 直到有另一个新的 ECU 被选中。

如果主设备使用 CONNECT 命令连接一个新的 ECU, 则与当前 ECU 的连接会暂时断开。如果使用 CONNECT 命令连接一个已处于连接状态的 ECU, 则该 ECU 返回一个确认信息。只有当某个 ECU 被正确连接后, 该 ECU 才会对主设备发出的 CRO 命令做出响应。CCP 协议支持 Motorola 或 Intel 的数据格式, 但 CONNECT 命令中的 ECU 站地址必须采用 Intel 格式 (低字节在前)。

以下为 CONNECT 命令的 CRO 数据场结构。

位　置	类　型	描　　述
0	字节	命令代码 = 0x01 (CONNECT)
1	字节	命令序号 = CTR
2	字	ECU 地址 (Intel 格式, 低字节在前)
4~7	字节	无效

针对 CONNECT 命令反馈 DTO 数据场结构, 如下所示。

位　置	类　型	描　　述
0	字节	Packet ID: 0xFF
1	字节	命令返回代码 = ERR
2	字节	命令序号 = CTR
3~7	字节	无效

例如, 主设备需要与某个从设备建立逻辑连接, 向其发送一条 CONNECT 命令, 该 ECU 的站地址为 0x0200。当前指令序号的值为 0x45, 则 CRO 结构为

byte	0	1	2	3	4	5	6	7
	0x01	0x45	0x00	0x02	—	—	—	—

从设备对该条指令返回一个 DTO, 其中包括确认代码 ERR (0x00) 及 CTR (0x45)。

byte	0	1	2	3	4	5	6	7
	0xFF	0x00	0x45	—	—	—	—	—

9.3.2　交换站标识符 (EXCHANGE_ID)

在 ASAP 标准中, MCD 系统与 ECU 的通信需要 ASAP2 描述文件的支持, 通过该条命令, 自动化系统可由 DTO 返回的 ID 标识符自动为 ECU 分配一个 ASAP 描述文件。EXCHANGE_ID 命令的 CRO 数据场结构, 如下所示。

位　置	类　型	描　　述
0	字节	命令代码 = 0x17 (EXCHANGE_ID)
1	字节	命令序号 = CTR
2	字节	CCP 主设备 ID 信息 (可选, 根据实际应用情况而定)

针对 EXCHANGE_ID 命令反馈的 DTO 数据场结构如下所示。

位　置	类　型	描　　述
0	字节	Packet ID：0xFF
1	字节	命令返回代码 = ERR
2	字节	命令序号 = CTR
3	字节	从设备 ID 标识符的长度（字节数）
4	字节	从设备 ID 数据类型（可选字节，视实际应用而定）
5	字节	资源可用状态字节
6	字节	资源保护状态字节
7	字节	无效

从设备收到该命令后，会自动将地址指针定义到存放 ID 标识符的起始地址，主设备随后就以该起始地址使用 UPLOAD 指令上传 ID 信息（另见 SET_MTA 及 UPLOAD 命令）。

CCP 协议在基本通信的基础上定义了一些其他功能，如非易失性内存烧写等。为了防止可能对 ECU 进行的误操作，在 ECU 程序实现时，可以对某些功能通过密钥进行保护（见 GET_SEED 及 UNLOCK 命令）。资源可用状态及资源保护状态两个字节反映了这些特殊功能当前是否处于保护状态，两字节的结构定义如下所示。

Bit	7	6	5	4	3	2	1	0
	x	PGM	x	x	X	X	DAQ	CAL

字节定义如下所示。

CAL	标　定
DAQ	DAQ通信模式
PGM	非易失性内存烧写
X	暂时无效，日后扩展

对于资源可用状态字节，如某位值为"真"，则表明当前该项功能未受保护，可以启用；对于资源保护状态字节，如某位值为"真"，则表明该项功能当前受密钥保护，需要权限才能对其进行访问（具体见 GET_SEED 及 UNLOCK 指令）。

例如，主设备向从设备发送 EXCHANGE_ID 命令，当前 CTR 为 0x23，CRO 结构，如下所示。

byte	0	1	2	3	4	5	6	7
	0x17	0x23	—	—	—	—	—	—

从设备返回 DTO，其中包括确认代码 ERR（0x00）、CTR（0x23）、从设备 ID 号的长度及数据类型，如下所示。

byte	0	1	2	3	4	5	6	7
	0xFF	0x00	0x23	0x04	0x02	0x03	0x03	—

由返回 DTO 可知，从设备 ID 号长度为 4 个字节，数据类型编码为 2，资源可用状态

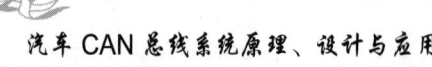

字节为 0x03，资源保护状态字节也是 0x03。

9.3.3 申请密钥（GET_SEED）

如果某项功能处于保护状态，主设备需要通过 GET_SEED 命令向 ECU 申请解开该项功能的密钥。GET_SEED 命令每次只能请求解开一项功能，如果请求开放的资源多于一项，需要多次重复并用 GET_SEED 与 UNLOCK 命令。

从设备通过 DTO 返回密钥数据，主设备由返回的密钥通过 seed&key 算法算出解开某个功能的钥匙，使用户（或主设备）有权限访问该项功能（见下 UNLOCK 命令）。GET_SEED 命令的 CRO 数据场结构，如下所示。

位 置	类 型	描 述
0	字节	命令代码 = 0x12（GET_SEED）
1	字节	命令序号 = CTR
2	字节	请求从设备开放的功能
3~7	字节	无效

针对 GET_SEED 命令返回 DTO 的数据场结构，如下所示。

位 置	类 型	描 述
0	字节	Packet ID：0xFF
1	字节	命令返回代码 = ERR
2	字节	命令序号 = CTR
3	字节	请求功能当前受保护状态（'真' 或 '假'）
4~7	字节	"密钥" 数据

备注：如返回 DTO 中，请求功能当前受保护状态字节值为"假"，表示当前该项功能可用，则不再需要使用 UNLOCK 指令来解开该项功能。

例如，主设备向从设备发送 GET_SEED 命令，当前指令 CTR 为 0x23，请求从设备开放 DAQ 通信模式，CRO 结构，如下所示。

byte	0	1	2	3	4	5	6	7
	0x12	0x23	0x02	—	—	—	—	—

从设备返回 DTO，其中包括确认代码 ERR（0x00）、CTR（0x23）、请求功能当前受保护状态及密钥数据，如下所示。

byte	0	1	2	3	4	5	6	7
	0xFF	0x00	0x23	0x01	0x14	0x15	0x16	0x17

由返回 DTO 可知，所请求功能当前受保护状态值为"真"（0x01），需要通过 UNLOCK 命令解开对该命令的保护。返回的密钥数据是 0x14、0x15、0x16、0x17。

9.3.4　解除保护（UNLOCK）

通过 GET_SEED 命令得到的"密钥"数据，由 seed&key 算法计算而得的"钥匙"，通过 UNLOCK 命令可解开从设备对某项功能的保护。UNLOCK 命令的 CRO 数据场结构，如下所示。

位　置	类　型	描　述
0	字节	命令代码＝0x13（UNLOCK）
1	字节	命令序号＝CTR
2～7	字节	钥匙

针对 UNLOKC 命令返回 DTO 的数据场结构，如下所示。

位　置	类　型	描　述
0	字节	Packet ID：0xFF
1	字节	命令返回代码 = ERR
2	字节	命令序号 = CTR
3	字节	各项功能当前状态
4～7	字节	无效

例如，主设备向从设备发送 UNLOCK 命令，当前 CTR 为 0x23，通过 GET_SEED 命令计算得的钥匙为 0x14 0x15 0x16 0x17，CRO 结构，如下所示。

byte	0	1	2	3	4	5	6	7
	0x13	0x23	0x14	0x15	0x16	0x17	—	—

从设备返回 DTO，包括确认代码 ERR (0x00)及 CTR（0x23），如下所示。

byte	0	1	2	3	4	5	6	7
	0xFF	0x00	0x23	0x02	—	—	—	—

由返回的 DTO，各功能当前状态位为 0x02，表示当前只有 DAQ 通信模式可用。

9.3.5　设置 MTA 地址（SET_MTA）

MTA 地址的英文全称是 Memory Transfer Address，相当于一个地址指针的概念。CCP 在执行许多命令前，都要为后续的内存读取或擦写设定一个起始地址。SET_MTA 命令就是用来设置一个初始地址（32 位基地址＋地址偏移），其后对内存的读取操作都会由该起始地址开始。地址偏移量取决于 ECU 本身的实现形式，可以指向内存中的一个页或其中某一块区域。

CCP 协议定义了两个 MTA 地址：MTA0 与 MTA1，分别针对不同的命令。DNLOAD、UPLOAD、DNLOAD_6、SELECT_CAL_PAGE、CLEAR_MEMORY、PROGRAM 及 PROGRAM_6 命令使用 MTA0，MOVE 命令使用 MTA1（见 MOVE 指令），SET_MTA 命令 CRO 的数据场结构，如下所示。

位　置	类　型	描　　　述
0	字节	命令代码 = 0x02（SET_MTA）
1	字节	命令序号 = CTR
2	字节	MTA 序号（0 或 1）
3	字节	地址偏移
4～7	无符号长整型	地址

针对 SET_MTA 命令返回 DTO 的数据场结构，如下所示。

位　置	类　型	描　　　述
0	字节	Packet ID：0xFF
1	字节	命令返回代码 = ERR
2	字节	命令序号 = CTR
3～7	字节	无效

例如，主设备向从设备发送 SET_MTA 命令，当前 CTR 为 0x23，MTA 序号为 0，地址偏移为 0x02，基地址为 0x34002000，如下所示。

byte	0	1	2	3	4	5	6	7
	0x02	0x23	0x00	0x02	0x34	0x00	0x20	0x00

从设备返回 DTO，包括确认代码 ERR（0x00），CTR（0x23），如下所示。

byte	0	1	2	3	4	5	6	7
	0xFF	0x00	0x23	—	—	—	—	—

9.3.6　数据下载（DNLOAD）

DNLOAD 指令负责将 CRO 中的数据下载到 ECU 中，起始地址为先前设定的 MTA0，下载完毕后 MTA0 指针自增，自增的字节数为下载数据的字节数。DNLOAD 命令的 CRO 数据场结构，如下所示。

位　置	类　型	描　　　述
0	字节	命令代码 = 0x03（DNLOAD）
1	字节	命令序号 = CTR
2	字节	下载数据大小（字节数）
3～7	字节	下载数据（最多为 5 个字节）

针对 DNLOAD 命令返回 DTO 的数据场结构，如下所示。

位　置	类　型	描　　　述
0	字节	Packet ID：0xFF
1	字节	命令返回代码 = ERR
2	字节	命令序号 = CTR
3	字节	MTA0 偏移量（自增后）
4～7	无符号长整型	MTA0 地址（自增后）

例如，主设备向从设备发送 DNLOAD 命令，当前 CTR 为 0x23，需下载的数据块大小为 5 个字节，所需下载的数据为 0x10，0x11，0x12，0x13，0x14，如下所示。

byte	0	1	2	3	4	5	6	7
	0x03	0x23	0x05	0x10	0x11	0x12	0x13	0x14

从设备返回 DTO，包括确认代码 ERR（0x00）、CTR（0x23）、MTA 的偏移（0x02）及自增后当前的 MTA0 地址，如下所示。

byte	0	1	2	3	4	5	6	7
	0xFF	0x00	0x23	0x02	0x34	0x00	0x20	0x05

由返回的 DTO，执行该命令前 MTA0 为 0x34002000，执行命令后 MTA0 自动增加了 5 个字节。

9.3.7　6 字节数据下载（DNLOAD_6）

该命令的功能与 DNLOAD 命令相同，区别在于 DNLOAD 命令一次下载数据可为 1~5 各字节不等，DNLOAD_6 下载固定为 6 字节大小的数据，起始地址为 MTA0，下载结束后 MTA0 指针会自增 6 个字节。DNLOAD_6 的 CRO 数据场结构如下所示。

位　置	类　型	描　　述
0	字节	命令代码 ＝ 0x23（DNLOAD_6）
1	字节	命令序号 ＝ CTR
2~7	字节	需要下载的数据（6 个字节）

针对 DNLOAD_6 命令返回 DTO 的数据场结构如下所示。

位　置	类　型	描　　述
0	字节	Packet ID：0xFF
1	字节	命令返回代码 ＝ERR
2	字节	命令序号 ＝CTR
3	字节	MTA0 偏移（自增后）
4~7	无符号长整型	MTA0 地址（自增后）

例如，主设备向从设备发送 DNLOAD_6 命令，当前 CTR 为 0x25，所需下载的数据为 0x10、0x11、0x12、0x13、0x14、0x15，如下所示。

byte	0	1	2	3	4	5	6	7
	0x23	0x25	0x10	0x11	0x12	0x13	0x14	0x15

从设备返回DTO，包括确认代码ERR（0x00）、CTR（0x25）、MTA的偏移（0x02）及自增后当前的MTA0，如下所示。

byte	0	1	2	3	4	5	6	7
	0xFF	0x00	0x25	0x02	0x34	0x00	0x20	0x06

由返回的 DTO，命令执行前 MTA0 地址为 0x34002000，执行后 MTA0 自动增加了 6

个字节。

9.3.8 数据上传（UPLOAD）

主设备通过 UPLOAD 命令，请求从设备以 MTA0 为起始地址，将命令中规定字节数的数据上传。随后 MTA0 指针自动增加相应的字节数（上传的字节数）。UPLOAD 命令的 CRO 数据场结构，如下所示。

位　置	类　型	描　述
0	字节	命令代码 = 0x04（UPLOAD）
1	字节	命令序号 = CTR
2	字节	请求上传的数据大小（字节数）
3…7	字节	无效

针对 UPLOAD 命令返回 DTO 的数据场结构，如下所示。

位　置	类　型	描　述
0	字节	Packet ID：0xFF
1	字节	命令返回代码 = ERR
2	字节	命令序号 = CTR
3…7	字节	所请求的数据

例如，主设备向从设备发送 UPLOAD 命令，当前 CTR 为 0x23，请求以 MTA0 为起始地址，上传 4 个字节的数据，如下所示。

byte	0	1	2	3	4	5	6	7
	0x04	0x23	0x04	—	—	—	—	—

从设备返回 DTO，包括确认代码 ERR (0x00)、CTR（0x23），如下所示。

byte	0	1	2	3	4	5	6	7
	0xFF	0x00	0x23	0x10	0x11	0x12	0x13	—

备注：该命令返回的 DTO 不向主设备汇报自增后的 MTA0 地址。

9.3.9 数据短上传（SHORT_UP）

该条命令的功能同 UPLOAD 命令，同样用于主设备要求从设备上传数据。区别在于 UPLOAD 命令中上传数据的起始地址是 MTA0，SHORT_UP 中的起始地址由命令本身指定，从设备按该起始地址上传数据。上传后 MTA0 指针保持不变。SHORT_UP 命令的 CRO 数据场结构如下所示。

位　置	类　型	描　述
0	字节	命令代码 = 0x0F（SHORT_UP）
1	字节	命令序号 = CTR
2	字节	请求上传的数据大小（字节数 1～5）
3	字节	地址偏移量
4	无符号长整型	地址

针对 SHORT_UP 命令返回 DTO 的数据场结构，如下所示。

位　置	类　型	描　　述
0	字节	Packet ID：0xFF
1	字节	命令返回代码 = ERR
2	字节	命令序号 = CTR
3～7	字节	所请求的数据

例如，主设备向从设备发送 SHORT_UP 命令，当前 CTR 为 0x23，所要上传数据长度为 4 个字节，起始地址为 0x12345678，如下所示。

byte	0	1	2	3	4	5	6	7
	0x0F	0x23	0x04	0x00	0x12	0x34	0x56	0x78

从设备返回 DTO，包括确认代码 ERR（0x00）、CTR（0x23）及所请求的数据，如下所示。

byte	0	1	2	3	4	5	6	7
	0xFF	0x00	0x23	0x10	0x11	0x12	0x13	—

9.3.10　选择标定数据页（SELECT_CAL_PAGE）

该条命令的功能取决于 ECU 的内部实现。执行该条命令后，先前设置的 MTA0 地址将会自动指向由该命令激活的标定页。SELECT_CAL_PAGE 命令的 CRO 数据场结构，如下所示。

位　置	类　型	描　　述
0	字节	命令代码 = 0x11（SELECT_CAL_PAGE）
1	字节	命令序号 = CTR
2～7	字节	无效

针对 SELECT_CAL_PAGE 命令返回 DTO 的数据场结构，如下所示。

位　置	类　型	描　　述
0	字节	Packet ID：0xFF
1	字节	命令返回代码 = ERR
2	字节	命令序号 = CTR
3～7	字节	无效

例如，主设备首先向从设备发送 SET_MTA 命令，再发送 SELECT_CAL_PAGE 命令，当前 CTR 为 0x23，如下所示。

byte	0	1	2	3	4	5	6	7
	0x11	0x23	—	—	—	—	—	—

从设备返回 DTO，包括确认代码 ERR(0x00)、CTR（0x23），如下所示。执行后该

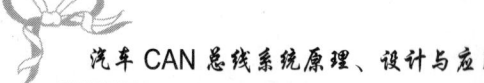

命令后，先前 SET_MTA 命令设置的 MTA0 地址自动指向当前被激活的标定页的首地址。

byte	0	1	2	3	4	5	6	7
	0xFF	0x00	0x23					—

 ### 9.3.11　获取 DAQ 列表大小（GET_DAQ_SIZE）

该条命令用来获取某个特定 DAQ 列表的大小，即其中 ODT 列表的个数，并清空当前 DAQ 列表内的数据，为下次 DAQ 通信做准备。如果 GET_DAQ_SIZE 命令选定的 DAQ 列表不存在或不可用，从设备返回的 ODT 列表个数为 0。同时该命令还对 DAQ 列表进行初始化并中止该 DAQ 列表当前的通信。

当要同时对多个 ECU 进行 DAQ 操作时，可在 GET_DAQ_SIZE 命令中加入该 DAQ 列表对应的 CAN ID 标识符（即该 DAQ 列表所在 ECU 的 DTO_ID）。该项为可选功能，如果所给出的 ID 号不可得，则返回一个错误代码。GET_DAQ_SIZE 命令的 CRO 数据场结构如下所示。

位　置	类　型	描　述
0	字节	命令代码 ＝ 0x14（GET_DAQ_SIZE）
1	字节	命令序号 ＝ CTR
2	字节	DAQ 列表序号（#0，#1…）
3	字节	无效
4～7	无符号长整型	该 DAQ 列表，其所对应的 DTO 的 CAN ID 标识符

针对 GET_DAQ_SIZE 命令返回 DTO 的数据场结构如下所示。

位　置	类　型	描　述
0	字节	Packet ID：0xFF
1	字节	命令返回代码 ＝ ERR
2	字节	命令序号 ＝ CTR
3	字节	DAQ 列表大小（ODT 列表数）
4	字节	DAQ 列表的第一个 PID 号
5～7	字节	无效

通过下式可计算出 DAQ 列表中某个 ODT 的 PID 号：

PID = First PID of DAQ list + ODT number（DAQ 列表中的第一个 PID 号＋ODT 数目）

例如，主设备先向从设备发送 GET_DAQ_SIZE 命令，当前 CTR 为 0x23，DAQ 列表的序号为 0x03，CAN ID 号为 0x01020304，如下所示。

byte	0	1	2	3	4	5	6	7
	0x14	0x23	0x03	—	0x01	0x02	0x03	0x04

从设备返回 DTO，包括确认代码 ERR (0x00)、CTR（0x23）、DAQ 列表的第一个 PID 号（0x08）以及列表的大小（总共有 10 个 ODT，每个 ODT 为 7 个字节），如下所示。

byte	0	1	2	3	4	5	6	7
	0xFF	0x00	0x23	0x10	0x08	—	—	—

9.3.12　设置 DAQ 列表指针（SET_DAQ_PTR）

在进行 DAQ 模式通信前，必须先对 DAQ 列表进行配置，将数据写入到相应 DAQ 列表的 ODT 元素中。SET_DAQ_PTR 命令用来为写入 DAQ 列表数据设置入口地址指针。SET_DAQ_PTR 命令的 CRO 数据场结构如下所示。

位　置	类　型	描　述
0	字节	命令代码 = 0x15（SET_DAQ_PTR）
1	字节	命令序号 = CTR
2	字节	DAQ 列表序号（0，1…）
3	字节	ODT 序号（0，1…）
4	字节	该 ODT 中的第几个元素（0，1…）
5～7	字节	无效

针对 SET_DAQ_PTR 命令返回 DTO 的数据场结构，如下所示。

位　置	类　型	描　述
0	字节	Packet ID：0xFF
1	字节	命令返回代码 = ERR
2	字节	命令序号 = CTR
3～7	字节	无效

例如，主设备先向从设备发送 SET_DAQ_PTR 命令，当前 CTR 为 0x23，DAQ 列表的序号为 0x03，ODT 序号为 0x05，将指针设置到该 ODT 中的第 2 个元素，如下所示。

byte	0	1	2	3	4	5	6	7
	0x15	0x23	0x03	0x05	0x02	—	—	—

从设备返回 DTO，包括确认代码 ERR（0x00）及 CTR（0x23），如下所示。

byte	0	1	2	3	4	5	6	7
	0xFF	0x00	0x23	—	—	—	—	—

在该命令执行后，可使用 WRITE_DAQ 指令将数据写入到选中的 ODT 中。

9.3.13　写入 DAQ 列表（WRITE_DAQ）

在 DAQ 通信前，需要对 DAQ 列表进行配置，将所需上传的数据事先写入 DAQ 列表的 ODT 列表中，该条命令的功能就是将数据写入 DAQ 列表，先前由 SET_DAQ_PTR 命令所定义的地址即为该条命令的数据写入地址。在 WRITE_DAQ 命令中，一次写入的数据称为一个 DAQ 元素。写入的 DAQ 元素大小可为：1 字节、2 字节（1 字）、4 字节（长整型 / 浮点型）。由于一个 ODT 列表最多只能存储 7 字节的数据，因此对于长整形或浮点数，ECU 必须保证上传时 DAQ 列表中数据的完整性与连贯性。WRITE_DAQ 命令的

CRO 数据场结构如下所示。

位　置	类　型	描　述
0	字节	命令代码 = 0x16（WRITE_DAQ）
1	字节	命令序号 = CTR
2	字节	DAQ 元素的大小（可为 1，2，4 字节）
3	字节	DAQ 元素的地址偏移
4～7	无符号长整型	DAQ 元素的地址

针对 WRITE_DAQ 命令返回 DTO 的数据场结构如下所示。

位　置	类　型	描　述
0	字节	Packet ID：0xFF
1	字节	命令返回代码 = ERR
2	字节	命令序号 = CTR
3～7	字节	无效

例如，主设备向从设备发送 WRITE_DAQ 命令，当前 CTR 为 0x23，写入 DAQ 元素的大小为 2 字节，写入元素的地址偏移为 0x01，地址为 0x02004200，如下所示。

byte	0	1	2	3	4	5	6	7
	0x16	0x23	0x02	0x01	0x02	0x00	0x42	0x00

从设备返回 DTO，其中包括确认代码 ERR（0x00）及 CTR（0x23），如下所示。

byte	0	1	2	3	4	5	6	7
	0xFF	0x00	0x23	—	—	—	—	—

9.3.14　开始/终止数据传输（START_STOP）

该条命令用于 DAQ 通信模式，其作用是开始或终止某个 DAQ 列表的数据上传。START_STOP 命令的 CRO 数据场结构如下所示。

位　置	类　型	描　述
0	字节	命令代码 = 0x06（START_STOP）
1	字节	命令序号 = CTR
2	字节	模式：开始/终止/准备数据传输
3	字节	DAQ 列表序号
4	字节	最后一个 ODT 序号
5	字节	事件通道号
6，7	字	传输速率预分频值

该条命令对于不同的模式有不同的含义，其中：

● 模式=0x00：终止某 DAQ 列表的数据传输；
● 模式=0x01：开始某 DAQ 列表的数据传输；
● 模式=0x02：为开始同步传输做准备。

302

　　该命令用于开始或终止某个特定 DAQ 列表的数据上传，由命令中的 DAQ 列表序号决定，同时该命令可以让该 DAQ 列表中的部分 ODT（第 0 个到命令中的最后一个 ODT）上传。命令中的事件通道号对应该 DAQ 列表上传的周期，通过预分频值可延长上传周期，预分频值必须大等于 1。

　　如命令中的模式为 0x02，则该条命令不是用来开始或终止某个特定 DAQ 列表的数据通信，而是对特定 DAQ 列表进行参数标识。当所有需要上传的列表都完成标识以后，主设备会利用 START_STOP_ALL 命令将所有进行过参数标识的 DAQ 列表同步上传（另见 START_STOP_ALL 命令）。

　　针对 START_STOP 命令返回 DTO 的数据场结构如下所示。

位　置	类　型	描　　述
0	字节	Packet ID: 0xFF
1	字节	命令返回代码 = ERR
2	字节	命令序号 = CTR
3～7	字节	无效

　　例如，主设备向从设备发送 START_STOP 命令，当前 CTR 为 0x23，命令模式为 0x01（开始上传 DAQ 列表数据），DAQ 列表序号为 0x03，最后一个 ODT 序号为 0x07，事件通道为 0x02，预分频值为 1（Motorola 格式），如下所示。

byte	0	1	2	3	4	5	6	7
	0x06	0x23	0x01	0x03	0x07	0x02	0x00	0x01

　　从设备返回 DTO，其中包括确认代码 ERR（0x00）及 CTR（0x23），从设备按主设备的请求开始上传 DAQ 列表#03 中从第 0 个 ODT 列表到第 7 个 ODT 列表内的数据，如下所示。

byte	0	1	2	3	4	5	6	7
	0xFF	0x00	0x23	—	—	—	—	—

 ## 9.3.15　断开（DISCONNECT）

　　当主设备需要结束与当前 ECU 的通信，或与下一个 ECU 通信时，用该条命令来断开与当前 ECU 的逻辑连接。这种断开可以暂时将从设备置为离线状态，也可以彻底终止与当前 ECU 的通信。

　　彻底断开会使先前对 ECU 状态的所有设置变成无效，并使 ECU 内部各项功能的保护状态回复到初始状态。

　　暂时断开不会终止与当前 ECU 的 DAQ 通信，也不会影响先前对 DAQ 列表、ECU 通信状态、各项功能的保护状态及 MTA 地址值的设置。

　　该命令中的 ECU 地址采用 Intel 格式，低位在前。DISCONNECT 命令的 CRO 数据场结构如下所示。

位　置	类　型	描　述
0	字节	命令代码 = 0x07（DISCONNECT）
1	字节	命令序号 = CTR
2	字节	命令参数：0x00：暂时断开，0x01：终止
3	字节	无效
4，5	字	ECU 地址（Intel 格式，低位在前）
6，7	字节	无效

针对 DISCONNECT 命令返回 DTO 的数据场结构，如下所示。

位　置	类　型	描　述
0	字节	Packet ID：0xFF
1	字节	命令返回代码 = ERR
2	字节	命令序号 = CTR
3～7	字节	无效

例如，主设备向从设备发送 DISCONNECT 命令，当前 CTR 为 0x23，命令参数为 0x00（暂时将 ECU 设为"离线"状态），ECU 地址为 0x0208，如下所示。

byte	0	1	2	3	4	5	6	7
	0x07	0x23	0x00	—	0x08	0x02	—	—

从设备返回 DTO，包括确认代码 ERR（0x00）及 CTR（0x23）。

byte	0	1	2	3	4	5	6	7
	0xFF	0x00	0x23	—	—	—	—	—

9.3.16　设置当前通信状态（SET_S_STATUS）

从设备通过该条命令设置当前主，从设备间的通信状态。SET_S_STATUS 命令的 CRO 数据场结构，如下所示。

位　置	类　型	描　述
0	字节	命令代码 = 0x0C（SET_S_STATUS）
1	字节	命令序号 = CTR
2	字节	状态字节（见下表）
3～7	字节	无效

从设备通过状态字节中各位的信息来设置当前通信所处的状态，具体定义如下所示。

byte	7	6	5	4	3	2	1	0
	RUN	STORE	res	res	res	RESUE	DAQ	CAL

状态字节中各位定义如下所示。

位　置	名　称	描　述
0	CAL	标定数据初始化完成
1	DAQ	DAQ 列表初始化完成
2	RESUME	请求 ECU 断电时自动保存 DAQ 列表设置，在下次启动时再自动启动 DAQ 列表
6	STORE	请求 ECU 断电时保存标定数据
7	RUN	正处于运行阶段
3～5 位	保留	保留

状态字节中如果某位的数值为 1，则该位的表达式为真。从设备可以对该字节中的数据进行读/写操作。上电、连接断开或发生错误时，状态字节中的数据会被清空。

针对 SET_S_STATUS 命令返回 DTO 的数据场结构如下所示。

位　置	类　型	描　述
0	字节	Packet ID：0xFF
1	字节	指令返回代码
2	字节	CTR
3～7	字节	不关心

例如，主设备先向从设备发送 SET_S_STATUS 命令，当前 CTR 为 0x23，状态字节的值为 10000001（CAL，RUN），如下所示。

byte	0	1	2	3	4	5	6	7
	0x0C	0x23	0x81	—	—	—	—	—

从设备返回 DTO，包括确认代码（0x00）及 CTR（0x23），如下所示。

byte	0	1	2	3	4	5	6	7
	0xFF	0x00	0x23	—	—	—	—	—

9.3.17　获取当前通信状态（GET_S_STATUS）

主设备通过该条命令请求从设备提供当前通信状态。GET_S_STATUS 命令的 CRO 数据场结构如下所示。

位　置	类　型	描　述
0	字节	命令代码 ＝ 0x0D（GET_S_STATUS）
1	字节	命令序号 ＝ CTR
2～7	字节	无效

针对 GET_S_STATUS 命令返回 DTO 的数据场结构如下所示。

位　置	类　型	描　述
0	字节	Packet ID：0xFF
1	字节	命令返回代码 ＝ERR
2	字节	命令序号 ＝CTR
3	字节	状态字节
4	字节	其他状态信息限定
5	字节	其他状态信息（可选）

备注：返回 DTO 中的其他状态信息为可选项，是否采用因制造商或具体应用而定，并不属于 CCP 协议范畴。如果 ECU 返回的 DTO 中不包括其他状态信息，其他状态信息限定必须为 0（FALSE），如该位值不为 FALSE，则由该位的值决定其他状态信息的类型。

例如，主设备先向从设备发送 GET_S_STATUS 命令，当前 CTR 为 0x23，如下所示。

byte	0	1	2	3	4	5	6	7
	0x0D	0x23	—	—	—	—	—	—

从设备返回 DTO，包括确认代码 ERR（0x00）、CTR（0x23）及状态字节。

byte	0	1	2	3	4	5	6	7
	0xFF	0x00	0x23	0x81	—	—	—	—

由 DTO 返回的状态字节，其中第 0 位（CAL）和第 7 位（RUN）分别为 1。

 ## 9.3.18　建立 checksum 表（BUILD_CHKSUM）

checksum 是 CCP 提供的一个可选功能。为了提高效率，在每次对 ECU 进行标定前，CCP 支持先对需要进行标定的内存区域进行 checksum 算法，如果 checksum 结果与下载数据不一致，表明内存中的数据与标定数据不同，主设备才开始下载标定数据。

主设备用该条命令请求从设备对指定内存区域（起始地址为 MTA0，大小由命令中的 Block 大小决定）进行 checksum 计算，并返回计算结果。checksum 算法由制造商和/或根据实际应用决定，不属于 CCP 协议范畴。BUILD_CHKSUM 命令的 CRO 数据场结构如下所示。

位　置	类　型	描　　述
0	字节	命令代码 = 0x0E（BUILD_CHKSUM）
1	字节	命令序号 = CTR
2～5	无符号长整型	Block 大小（以字节数表示）
6，7	字节	无效

针对 BUILD_CHKSUM 命令返回 DTO 的数据场结构如下所示。

位　置	类　型	描　　述
0	字节	Packet ID：0xFF
1	字节	命令返回代码 = ERR
2	字节	命令序号 = CTR
3	字节	checksum 数据长度
4～7	字节	checksum 数据（根据实际应用而定）

例如，主设备向从设备发送 BUILD_CHKSUM 命令，当前 CTR 为 0x23，内存块的大小为 32 KB（0x8000），起始地址为 MTA0 地址，如下所示。

byte	0	1	2	3	4	5	6	7
	0x0E	0x23	0x00	0x00	0x80	0x00	—	—

从设备返回 DTO，包括确认代码 ERR（0x00）、CTR（0x23）及通过计算得到的 checksum 数据（0x1234），如下所示。

byte	0	1	2	3	4	5	6	7
	0xFF	0x00	0x23	0x02	0x12	0x34	—	—

 ### 9.3.19　清空内存（CLEAR_MEMORY）

这条命令可被用来在标定前清空 FLASH、EEPROM 中的数据，被清空区域的起始地址即是 MTA0 地址。CLEAR_MEMORY 命令的 CRO 数据场结构如下所示。

位　置	类　型	描　　述
0	字节	命令代码 = 0x10（CLEAR_MEMORY）
1	字节	命令序号 = CTR
2~5	长整型	内存区域大小
3,67	字节	无效

针对 CLEAR_MEMORY 命令返回 DTO 的数据场结构，如下所示。

位　置	类　型	描　　述
0	字节	Packet ID：0xFF
1	字节	命令返回代码 = ERR
2	字节	命令序号 = CTR
3~7	字节	无效

例如，主设备向从设备发送 CLEAR_MEMORY 命令，当前 CTR 为 0x23，内存区域大小为 32 KB（0x8000），如下所示。

byte	0	1	2	3	4	5	6	7
	0x0E	0x23	0x00	0x00	0x80	0x00	—	—

从设备返回 DTO，包括确认代码 ERR（0x00）及 CTR（0x23），如下所示。

byte	0	1	2	3	4	5	6	7
	0xFF	0x00	0x23	—	—	—	—	—

 ### 9.3.20　编程（PROGRAM）

不同与 DNLOAD 与 DNLOAD_6 命令，PROGRAM 命令用以将一块大小确定的数据（由命令中的数据大小决定）烧写到 ECU 的非易失性内存（FLASH、EEPROM）中，起始地址为 MTA0。烧写结束后，MTA0 地址按烧写数据的字节数自增。PROGRAM 命令的 CRO 数据结构如下所示。

位　置	类　型	描　　述
0	字节	命令代码 = 0x18（PROGRAM）
1	字节	命令序号 = CTR
2	字节	数据大小（字节数）
3~7	字节	数据（最多为 5 个字节）

针对 PROGRAM 命令返回 DTO 的数据场结构如下所示。

位　置	类　型	描　　述
0	字节	Packet ID：0xFF
1	字节	命令返回代码 = ERR
2	字节	命令序号 = CTR
3	字节	MTA0 偏移（自增后）
4	无符号长整型	MTA0 地址（自增后）

例如，主设备向从设备发送 PROGRAM 命令，当前 CTR 为 0x23，要烧写数据为 3
个字节（0x03），分别为 0x10、0x11、0x12，如下所示。

byte	0	1	2	3	4	5	6	7
	0x18	0x23	0x03	0x10	0x11	0x12	—	—

从设备返回 DTO，包括确认代码 ERR（0x00）、CTR（0x23）、MTA0 偏移地址（0x02）
及自增后的 MTA0 地址，如下所示。

byte	0	1	2	3	4	5	6	7
	0xFF	0x00	0x23	0x02	0x34	0x00	0x20	0x03

由返回的 DTO，执行命令前 MTA0 的值为 0x34002000，执行命令后自增了 3 字节。

9.3.21　6 字节数据编程（PROGRAM_6）

该条命令的功能与 PROGRAM 命令相同，区别在于 PROGRAM 命令写入数据的长
度由 CRO 命令消息指定，而该条命令写入数据长度固定为 6 个字节。烧写结束后，MTA0
地址自增 6 个字节。PROGRAM_6 命令的 CRO 数据场结构如下所示。

位　置	类　型	描　　述
0	字节	命令代码 = 0x22（PROGRAM_6）
1	字节	命令序号 = CTR
2～7	字节	烧写数据（6 个字节）

针对 PROGRAM_6 命令返回 DTO 的数据场结构如下所示。

位　置	类　型	描　　述
0	字节	Packet ID：0xFF
1	字节	命令返回代码 = ERR
2	字节	命令序号 = CTR
3	字节	MTA0 偏移（自增后）
4	无符号长整型	MTA0 地址（自增后）

例如，主设备向从设备发送 PROGRAM_6 命令，当前 CTR 为 0x23，烧写数据大小
为 6 个字节，分别为 0x10、0x11、0x12、0x13、0x14、0x15，如下所示。

byte	0	1	2	3	4	5	6	7
	0x22	0x23	0x10	0x11	0x12	0x13	0x14	0x15

从设备返回 DTO，包括确认代码 ERR（0x00）、CTR（0x23）、MTA0 偏移地址（0x02）及自增后的 MTA0 地址，如下所示。

byte	0	1	2	3	4	5	6	7
	0xFF	0x00	0x23	0x02	0x34	0x00	0x20	0x06

由返回的 DTO，在执行命令前 MTA0 的值为 0x34002000，执行命令后自增了 6 个字节。

 ## 9.3.22　内存转移（MOVE）

MOVE 可将固定长度的一块内存区域中的内容由 MTA0 起始地址处转移到 MTA1 起始地址处。MOVE 命令的 CRO 数据场结构如下所示。

位　置	类　型	描　　述
0	字节	命令代码 = 0x19（MOVE）
1	字节	命令序号 = CTR
2～5	长整型	需要转移的内存区域的长度（字节数）
6，7	字节	无效

针对 MOVE 命令返回 DTO 的数据场结构如下所示。

位　置	类　型	描　　述
0	字节	Packet ID：0xFF
1	字节	指令返回代码
2	字节	CTR
3～7	字节	不关心

例如，主设备向从设备发送 MOVE 命令，当前 CTR 为 0x23，需转移内存区域大小为 32 KB（0x8000），如下所示。

byte	0	1	2	3	4	5	6	7
	0x19	0x23	0x00	0x00	0x80	0x00	—	—

从设备返回 DTO，包括确认代码 ERR（0x00）及 CTR（0x23），32 KB 大小的数据成功由起始地址 MTA0 处转移到 MTA1 处，如下所示。

byte	0	1	2	3	4	5	6	7
	0xFF	0x00	0x23	—	—	—	—	—

 ## 9.3.23　诊断服务（DIAG_SERVICE）

该条命令使从设备自动执行主设备请求的诊断服务，MTA0 会自动重新定位，主设备从新的 MTA0 起始地址处获取诊断服务的反馈信息。DIAG_SERVICE 的 CRO 数据场

结构如下所示。

位　置	类　型	描　述
0	字节	命令代码 = 0x20（DIAG_SERVICE）
1	字节	命令序号 = CTR
2，3	字	诊断服务号
4～7	字节	附加参数（如果有）

针对 DIAG_SERVICE 返回的 DTO 数据场结构如下所示。

位　置	类　型	描　述
0	字节	Packet ID：0xFF
1	字节	命令返回代码 = ERR
2	字节	命令序号 = CTR
3	字节	反馈信息长度（字节数）
4	字节	反馈信息数据类型限定
5～7	字节	无效

例如，主设备向从设备发送 DIAG_SERVICE 命令，当前 CTR 为 0x23，所请求的诊断服务号为 0x08，没有附加参数，如下所示。

byte	0	1	2	3	4	5	6	7
	0x20	0x23	0x08	—	—	—	—	—

从设备返回 DTO，包括确认代码 ERR（0x00）、CTR（0x23）、反馈信息的长度（0x02）及数据类型（0x00），如下所示。

Byte	0	1	2	3	4	5	6	7
	0xFF	0x00	0x23	0x20	0x00	—	—	—

随后就可通过 UPLOAD 指令从新的 MTA0 处取得诊断服务的反馈信息。

9.3.24　操作服务（ACTION_SERVICE）

同 DIAG_SERVICE 命令，主设备通过该条命令请求从设备自动执行某项操作，MTA0 将自动重新定位，主设备可从新的 MTA0 起始地址处获取所请求操作服务的反馈信息（如果该项服务有反馈信息）。ACTION_SERVICE 命令的 CRO 数据场结构如下所示。

位　置	类　型	描　述
0	字节	命令代码 = 0x21（ACTION_SERVICE）
1	字节	命令序号 = CTR
2，3	字	请求操作服务号
4～7	字节	附加参数（如果有）

针对 ACTION_SERVICE 命令返回 DTO 的数据场结构如下所示。

位　置	类　型	描　　述
0	字节	Packet ID：0xFF
1	字节	命令返回代码 = ERR
2	字节	命令序号 = CTR
3	字节	反馈信息长度（字节数）
4	字节	反馈信息数据类型限定
5～7	字节	无效

例如，主设备向从设备发送 ACTION_SERVICE 命令，当前 CTR 为 0x23，所请求的操作服务号为 0x08，附加参数为 0x05，如下所示。

byte	0	1	2	3	4	5	6	7
	0x20	0x23	0x09	0x05	—	—	—	—

从设备返回 DTO，包括确认代码 ERR（0x00）、CTR（0x23）、反馈信息长度（0x02）及数据类型（0x00），如下所示。

byte	0	1	2	3	4	5	6	7
	0xFF	0x00	0x23	0x20	0x00	—	—	—

随后，主设备可通过 UPLOAD 指令从新的 MTA0 处取得操作服务的反馈信息。

9.3.25 连接状态测试（TEST）

该条命令用来测试某个 ECU 当前是否与主设备处于连接状态。该命令并不在主设备与从设备间建立逻辑连接，也不请求从设备进行任何活动。命令消息中的 ECU 地址使用 Intel 格式（低字节在前）。TEST 命令的 CRO 数据场结构如下所示。

位　置	类　型	描　　述
0	字节	命令代码 = 0x05（TEST）
1	字节	命令序号 = CTR
2，3	字	ECU 地址（Intel 格式，低字节在前）
4～7	字节	无效

针对 TEST 命令返回 DTO 的数据场结构如下所示。

位　置	类　型	描　　述
0	字节	Packet ID：0xFF
1	字节	命令返回代码 = ERR
2	字节	命令序号 = CTR
3～7	字节	无效

9.3.26 开始/停止同步数据传输（START_STOP_ALL）

先前介绍的 START_STOP 命令，如果其中命令模式值为 0x02，则对 DAQ 列表进行标识，为同步数据传输做准备。该条命令的作用就是使所有先前经过标识的 DAQ 列表开

始或终止同步数据传输。START_STOP_ALL 命令的 CRO 数据场结构如下所示。

位 置	类 型	描 述
0	字节	命令代码 ＝ 0x08（START_STOP_ALL）
1	字节	命令序号 ＝ CTR
2	字节	0x00 停止数据传输；0x01 开始数据传输
3～7	字节	无效

针对 START_STOP_ALL 命令返回 DTO 的数据场结构如下所示。

位 置	类 型	描 述
0	字节	Packet ID：0xFF
1	字节	命令返回代码 ＝ERR
2	字节	命令序号 ＝CTR
3～7	字节	无效

9.3.27 获取处于激活状态下的标定页（GET_ACTIVE_CAL_PAGE）

该条命令的功能是返回当前处于激活状态下的标定页的首地址。GET_ACTIVE_CAL_PAGE 命令的 CRO 数据场结构如下所示。

位 置	类 型	描 述
0	字节	命令代码 ＝ 0x09（GET_ACTIVE_CAL_PAGE）
1	字节	命令序号 ＝ CTR
2～7	字节	无效

针对 GET_ACTIVE_CAL_PAGE 命令返回 DTO 的数据场结构如下所示。

位 置	类 型	描 述
0	字节	Packet ID：0xFF
1	字节	命令返回代码 ＝ERR
2	字节	命令序号 ＝CTR
3	字节	地址偏移
4～7	无符号长整型	首地址

9.3.28 获取 CCP 协议版本（GET_CCP_VERSION）

该条命令用于统一主、从设备所使用的CCP协议版本。该条命令应在EXCHANGE_ID命令之前执行，GET_CCP_VERSION 命令的 CRO 数据场结构如下所示。

位 置	类 型	描 述
0	字节	命令代码 ＝ 0x1B（GET_CCP_VERSION）
1	字节	命令序号 ＝ CTR
2	字节	协议主版本号（期望值）
3	字节	协议副版本号（期望值）
4～7	字节	无效

针对 GET_CCP_VERSION 命令返回 DTO 的数据场结构如下所示。

位　置	类　型	描　　述
0	字节	Packet ID: 0xFF
1	字节	命令返回代码 = ERR
2	字节	命令序号 = CTR
3	字节	从设备所使用的协议主版本号
4	字节	从设备所使用的协议副版本号
5~7	字节	无效

备注：这里的协议主版本号，副版本号，比如 CCP 协议 2.1，其中 2 为主版本号，1 为副版本号。

例如，主设备向从设备发送 GET_CCP_VERSION 命令，当前 CTR 为 0x27，希望的协议主版本号为 2，副版本号为 1，即所希望的协议版本为 2.1，如下所示。

byte	0	1	2	3	4	5	6	7
	0x1B	0x27	0x02	0x01	—	—	—	—

从设备返回 DTO，包括确认代码 ERR（0x00）、CTR（0x23）及从设备所使用的 CCP 协议版本（CCP 2.1），如下所示。

byte	0	1	2	3	4	5	6	7
	0xFF	0x00	0x27	0x02	0x01	—	—	—

9.4　CCP 协议应用实例

经过 9.3 节，读者会发现 CCP 的 28 条命令之间相互联系，往往实现一个 CCP 功能需要连续执行几条不同的命令。本节将针对一些常用功能，给出如何实现 CCP 协议的典型步骤，帮助读者更好地理解如何实现 CCP 协议。

以下所举实例仅针对 CCP 协议。状态字节各位的设置如下：（01xx xx1x）中 x 表示该位保持不变；0/1 表示将该位设置成 0/1。

1. 主/从设备建立逻辑连接

按照 CCP 协议，当主设备需要用某个 ECU 通信时，必须首先与 ECU 建立逻辑连接。CCP 实现的基本步骤见表 9.4。

表 9.4　主/从设备建立逻辑连接步骤

命　令	功能描述	说　明
CONNET	按地址与 ECU 建立逻辑连接	
CET_CCP_VERSION	统一从、从设备 CCP 协议版本	
EXCHANGE_ID	交换站标识符	可选用
GET_SEED	获取开启某项功能的密钥	如不实现 seed&key 算法，该步不执行
UNLOCK	使用密钥解除某项功能的保护状态	如不实现 seed&key 算法，该步不执行
SET_S_STATUS	设置当前通信状态字节（可设置一位或多位状态）	

主设备需要发送一系列命令与 ECU 建立逻辑连接，EXCHANGE_ID 与 seed&key 算法是可选步骤，根据实际应用而定。如需要解开多项功能的保护状态，需要反复执行 GET_SEED 与 UNLOCK 命令，直到所有功能的保护状态都被解开。最后主设备通过 SET_S_STATUS 设置 ECU 的状态字节，至此主设备与从设备成功建立逻辑连接。

2. 数据下载

当主设备需要对 ECU 中的某个变量进行标定时，需要进行数据下载，步骤见表9.5。

表 9.5　数据下载步骤

命　令	功能描述	说　明
CONNET	建立逻辑连接	如果已连接，该命令可跳过
SET_MTA	将 MTA0 地址设置到下载数据的起始地址	
DNLOAD	开始下载数据	

备注：这里的数据下载指的是驻留在 RAM 或 EEPROM 中的变量。根据下载数据的大小，可选用 DNLOAD 或 DNLOAD_6 命令。

3. 数据上传

测试时，主设备需要 ECU 上传数据，实现步骤见表9.6。

表 9.6　数据上传步骤

命　令	功能描述	说　明
CONNET	建立逻辑连接	如果已连接，该命令可跳过
SET_MTA	将 MTA0 地址设置到上传数据的起始地址	
UPLOAD	开始上传数据	

备注：根据上传数据的大小，可选用 UPLOAD 或 UPLOAD_6 命令。表 9.6 所示的步骤适用于 Polling 模式下的数据上传，即主设备发送一则命令消息，ECU 上传一次数据。

4. DAQ 列表初始化

主设备可要求 ECU 以 DAQ 模式上传数据，上传数据前必须首先对每个 DAQ 列表进行配置，实现步骤见表9.7。

表 9.7　DAQ 模式步骤

命　令	功能描述	说　明
CONNET	建立逻辑连接	如果已连接，该命令可跳过
SET_S_STATUS	设置状态字节 DAQ = 0（xxxx xx0x）	DAQ 初始化未完成
GET_DAQ_SIZE	获取 DAQ 列表大小	
loop	n	n 次循环
SET_DAQ_PTR	设置 DAQ 入口地址指针	
WRITE_DAQ	写入数据	
SET_S_STATUS	设置状态字节 DAQ = 1（xxxx xx1x）	DAQ 初始化已完成
START_STOP	开始以 DAQ 模式传输，并设置参数	

在对 DAQ 列表进行初始化前，需要将状态字节中的 DAQ 位设置为 0，表明 DAQ 列表还未完成初始化配置。随后主设备通过 GET_DAQ_SIZE 命令获取 DAQ 列表大小，即其中有多少个 ODT 列表，根据 ODT 列表数，主设备分 n 次将数据写入 DAQ 列表中的每个 ODT。完成 DAQ 列表的配置后，主设备将状态字节中的 DAQ 位改写为 1，表示 DAQ

列表完成初始化。最后通过 START_STOP 命令，开始 DAQ 通信。

如有多个 DAQ 列表需要通信，则需要多次重复 GET_DAQ_SIZE 到 WRITE_DAQ 的步骤。

5. 标定数据初始化

命 令	功能描述	说 明
CONNET	建立连接	如果已连接，该命令可跳过
SET_S_STATUS	设置阶段状态（xxxx xxx0）	CAL = off
loop	n	n 次循环
SET_MTA	将 MTA0 设置到目标内存区域的起始地址	
BUILD_CHKSUM	为某块内存区域建立 checksum	
DOWNLOAD	如果 checksum 结果不符，开始下载数据	
SELECT_CAL_PAGE	选择标定数据页	
SET_S_STATUS	设置阶段状态 CAL = 1（xxxx xxx1）	开始进行标定

6. 代码更新

命 令	功能描述	说 明
CONNET	建立连接	如果已连接，该命令可跳过
SET_MTA	将 MTA0 设置到起始地址	
CLEAR_MEMORY	清除从设备内存中的数据	
loop	n	n 次循环
PROGRAM	编程	
PROGRAM	Size = 0	结束下载

备注：PROGRAM 命令用来更新驻扎在非易失性内存（Flash、EEPROM）中的数据和变量，最后通过将 PROGRAM 命令中的 Size 位（标定数据长度）设置为 0 来结束数据更新。

9.5 CCP 协议在 ECU 端的实现

CCP 协议是基于 CAN 总线的 ECU 标定协议，在对 ECU 进行标定和测试前，必须先在 ECU 内部实现支持 CCP 协议的程序，使 ECU 能够接收并发送符合 CCP 规范的 CRO 与 DTO，并能够对收到的 CRO 命令进行解释并执行，这部分程序称为 CCP 驱动代码（CCP Driver）。为了节省开发时间，提高效率，Vector Informatik GmbH 公司提供了 ECU 侧实现的免费的 CCP 驱动代码，其 CCP 驱动代码包含两个处理模块。

① 命令处理模块：命令处理模块是 CCP 驱动代码的核心组成部分。根据 CCP 协议，MCD 与 ECU 之间的通信遵循严格的命令应答机制。当 ECU 接收到 MCD 的 CRO 命令后，由命令处理模块负责解释并执行收到的命令，并且组织 CRM-DTO 消息对 CRO 进行应答。

② DAQ 处理模块：该模块用于 DAQ 数据采集模式。该模式下 MCD 与 ECU 之间通信是单向的，即只有 ECU 发给 MCD 的 DAQ-DTO。当命令处理模块收到的请求 DAQ

通信的 CRO 后，就将 CRO 数据进一步转给 DAQ 处理模块。由 DAQ 处理模块对 DAQ 列表进行配置，组织 DAQ-DTO 向 MCD 上传。

在 ECU 端除了需要实现 CCP 驱动代码外，还需要实现 CCP 驱动代码与 CAN 驱动代码的接口程序，如图 9.8 所示。因为 CCP 驱动代码只负责解释并执行基于 CCP 规范的 CRO 命令，并组织返回的 DTO 消息。它需要 CAN 驱动代码的支持，来接收并发送基于 CAN 报文格式的 CRO 与 DTO。由于 CCP 驱动代码采用 Vector Informatik GmbH 公司提供的免费 CCP 驱动代码，因此该节后续的内容将重点介绍如何实现 CCP 驱动代码到 CAN 驱动代码的接口程序，以及 CCP 驱动代码与 ECU 其他应用程序的接口。

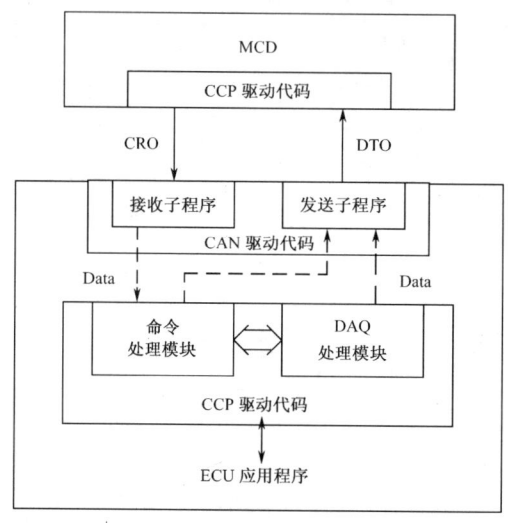

图 9.8 CCP 驱动代码结构

9.5.1 CCP 驱动代码介绍

CCP 驱动代码共由 3 个部分组成：

- ccp.h：该头文件中对 CCP 协议定义的 28 条命令进行了宏定义，同时对 CCP 驱动代码使用到的一些数组结构进行了定义。
- ccppar.h：该头文件是对用户开发的，用户可根据实际应用的需要对该头文件中的内容进行修改，具体见 9.5.2 节。
- ccp.c：该文件是 CCP 驱动代码的 C 代码文件，其中包括了命令处理模块及 DAQ 处理模块的程序源代码。

9.5.2 ccppar.h 头文件介绍

该头文件是开放的，其面向用户，由用户根据具体应用修改其中的内容，该头文件主要分为以下三部分。

① ECU 地址及 ID 号标识符：按 CCP 协议，主设备通过每个 ECU 的地址与其建立逻辑连接，同时每个 CRO 与 DTO 都有其规定的 ID 标识符，这一部分即是对这些信息进

行配置，具体源代码示例如下。

```
#define CCP_STATION_ADDR    0x0000        /*定义 ECU 地址，Intel 格式*/
#define CCP_STATION_ID      "Ccptest"     /*定义站 ID 标识符，即 ASAP 描述文件名 */
#define CCP_DTO_ID          0xA7FA0402    /*定义 DTO 的 CAN_ID 标识符*/
#define CCP_CRO_ID          0x87FA0202    /*定义 CRO 的 CAN_ID 标识符*/
```

② DAQ 通信模式配置信息：根据数据的上传周期、每个周期下上传数据的大小及个数，在 ECU 内部需要定义最大 DAQ 列表个数及最大 ODT 列表个数，这部分就是对这些信息进行配置，具体源代码示例如下。

```
#define CCP_DAQ                    /* 打开 DAQ 通信模式 */
#define CCP_MAX_ODT 3              /* 每个 DAQ 列表下的最大 ODT 个数 */
#define CCP_MAX_DAQ 2              /* DAQ 列表个数 */
```

③ 可选命令配置信息：CCP 协议共定义了 28 条命令，其中 11 条为必选命令，17 条为可选命令。这些可选命令支持一些特殊的功能，如 seed&key 算法、非易失性内存烧写等。需要使用这些附加功能，必须在 ECU 侧实现这些功能的接口，并在该头文件中将这些功能的宏定义打开。

```
/*#define CCP_SEED_KEY*/            /* 关闭 seed&key 算法 */
// #define CCP_PROGRAM              /* 禁用非易失性内存烧写 */
#define CCP_BOOTLOADER_DOWNLOAD     /* 打开 BOOTLOADER 功能 */
#define CCP_CHECKSUM                /* 打开 CHECKSUM 算法功能 */
#define CCP_CHECKSUM_TYPE WORD
```

 ## 9.5.3　ccp.c 源代码介绍

ccp.c 中包含了命令处理模块与 DAQ 处理模块的源代码，限于篇幅现介绍其中最主要的几个函数。

（1）ccpInit 函数

功　　能	CCP 驱动模块初始化
函数原型	void ccpInit(void)
描　　述	在 CAN 初始化之后，CCP 其他函数调用之前由应用程序主函数调用

备注：该函数在 CAN 模块初始化后，由 ECU 应用程序的主函数调用，功能是对 CCP 模块进行初始化，为下一次标定与测试做准备。

（2）ccpCommand 函数

功　　能	解释 CRO 命令消息，并执行 CRO 命令
函数原型	void ccpCommand(CCP_BYTE *cmd)
描　　述	每次收到 CRO 命令消息后由应用程序调用，执行 CRO 命令

备注：该函数是命令处理模块与 CAN 驱动代码的主要程序接口，负责解释收到的 CRO 命令，执行 CRO 命令，并组织返回的 DTO。在每次判断收到 CRO 命令后调用。

（3）ccpSendCallBack 函数

功　能	表示 ccpSend 可以被调用
函数原型	CCP_BYTE ccpSendCallBack(void)
描　述	当上一次的 DTO 消息发送成功后由应用程序调用，只有该函数被调用后，才能调用 ccpSend 发送下一个 DTO

备注：CCP 为了保持每条 DTO 都能正确被发送，在发送下一条 DTO 前必须先通过 ccpSendCallBack()函数确认前一条 DTO 是否已正确发送，否则下一条 DTO 将无法发送。

（4）ccpSend 函数

功　能	DTO 消息请求发送
函数原型	void ccpSend(CCP_BYTEPTR msg)
描　述	只有应用程序调用 ccpSendCallBack 后才能调用

备注：该函数在 CAN 驱动代码内实现，CCP 驱动代码通过调用该函数来发送 DTO。

（5）ccpDaq 函数

功　能	DAQ 模式下根据所给事件通道发送 DAQ-DTO 消息
函数原型	void ccpDaq(CCP_BYTE eventChannel)
描　述	由应用程序每隔一定时间调用，以此触发具有相应事件通道的 DAQ 列表中的数据发送。事件通道和发送间隔由 ECU 程序员在应用程序中定义，并且一一对应。MCD 标定工程师必须了解事件通道的含义即对应的发送间隔

备注：该函数在 ECU 的应用程序中每隔一定时间调用，即以一定的周期上传 DAQ 数据。函数中的 eventchannel（事件通道）对应数据的上传周期。

CCP 驱动的外部接口函数如图 9.9 所示。CAN 驱动模块收到 CRO 命令，通过调用 CCP 驱动的 ccpCommand()函数对 CRO 命令进行解释和执行。CCP 驱动调用 CAN 驱动中的 ccpSend()函数发送返回的 DTO。CAN 驱动在发送 DTO 前必须先调用 CCP 驱动的 ccpSendCallback()函数以确认上一条 DTO 已正确发送，否则将无法发送下一条 DTO。

ECU 应用程序在 CAN 模块初始化后调用 CCP 驱动的 ccpInit()函数对 CCP 驱动进行初始化。ECU 应用程序以一定时间间隔调用 CCP 驱动的 ccpDAQ()函数，触发相应 DAQ 列表的数据发送。ccpDAQ()函数中的事件通道对应数据的上传周期。

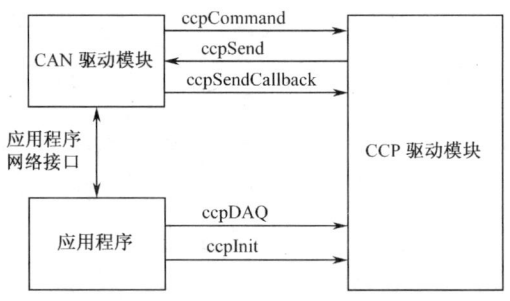

图 9.9　CCP 驱动外部接口函数

9.5.4　ECU 侧 CCP 实现程序流程及源代码示例

ECU 侧 CCP 实现的基本程序流程如图 9.10 所示。

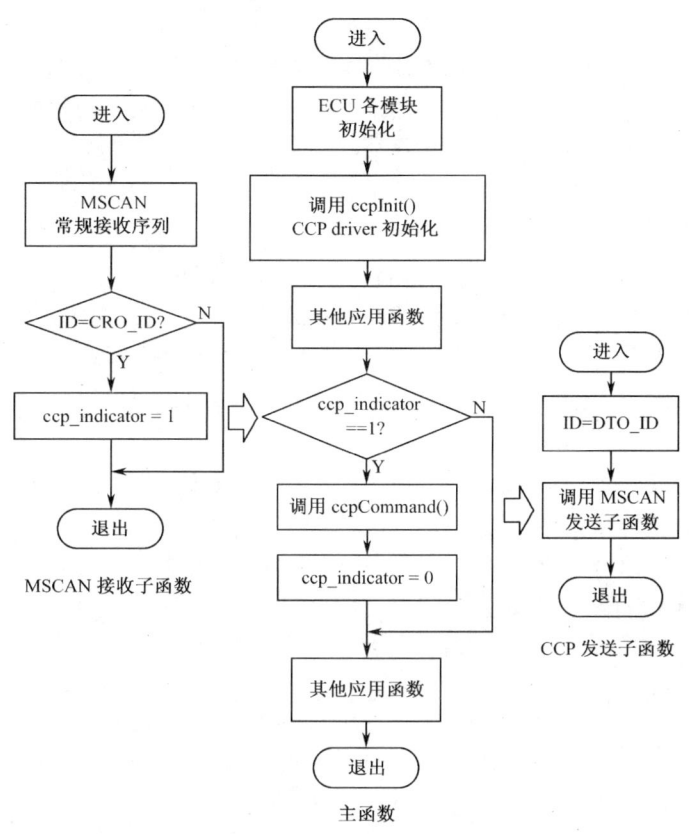

图 9.10　CCP 与 CAN 接口程序基本流程图

以 HCS12 系列单片机为例，ECU 接收到 CAN 总线上的报文后，转入 CAN 接收子函数。在常规接收流程后，对 CAN 消息的 ID 标识符进行判断，如果为 CRO_ID，则将 CCP 标志位（ccp_indicator）置位。图 9.10 中采用中断方式接收报文，为了避免占用过多中断时间而影响其他函数或中断级别较低的程序运行，在对 ID 标识符进行判断后，并不直接在 CAN 接收函数中调用 CCP 驱动的命令处理模块。命令处理模块的调用会在主函数中进行。

主函数通过判断标志位的状态，调用 CCP 驱动的 ccpCommand() 子函数，该函数是命令处理模块的主要组成部分，也是命令处理模块与 CAN 驱动的接口函数，它负责解释并执行收到的 CRO 命令，调用 CCP 驱动程序中的其他函数，进行数据处理并组织需要反馈的 DTO 数据。

ccpCommand() 函数通过调用 CAN 驱动中的 CCP 发送子函数 ccpSend() 来发送一帧 DTO。ccpSend() 须在 CAN 驱动中实现，由 CCP 驱动调用。可按实际情况，将 CAN 发送子函数直接以 ccpSend() 的形式实现或在保留原有发送子函数的基础上添加一个 ccpSend() 子函数，在其中调用 CAN 发送子函数，以完成 DTO 的发送。

319

CCP 协议为确保主设备与 ECU 之间正常通信，每次发送以后，程序必须通过调用 CCP 驱动中的 ccpSendCallback()子函数检查刚才的 DTO 是否已经发送，否则不能发送下一帧报文。针对不同的 CAN 驱动实现，该函数调用的位置不同。最后主函数将 CCP 标志位清空，等待下一条 CRO 命令。

一个完整的 CCP 驱动与 CAN 驱动的接口还包括 CCP 驱动与 ECU 其他应用程序的接口。每次单片机初始化后，主函数调用一次 CCP 驱动的 CCP 初始化子函数 ccpInit()，将上次标定残留在 ECU 内存中的数据清空，为下次标定与测试做准备。

CCP 协议共定义了 28 条命令，每条命令在 CCP 驱动中都对应一组相应的子函数，代表不同的功能，如 EEPROM 标定、DAQ 工作模式等。用户根据实际需要，选择实现其中部分或全部功能。每增加实现一个新的功能，须在底层程序中添加开放该项功能的程序接口。下面将分别对 EEPROM 标定及 DAQ 通信模式具体说明。

图 9.10 实现的通信流程只能对驻扎在 RAM 中的数据进行操作。存放在 EEPROM 及 Flash 中的数据，ECU 需要提供各自的 EEPROM 及 Flash 驱动才能对其中的变量参数进行标定。

对于 EEPROM 标定，首先 ECU 应用程序中应包含 EEPROM 模块驱动，包括 EEPROM 模块初始化函数、EEPROM 擦写函数、EEPROM 数据读取函数等。同时还需要实现命令处理模块与 EEPROM 驱动的调用接口，使 MCD 可以通过接口调用 EEPROM 驱动中的函数对 EEPROM 内的变量数据进行操作，图 9.11 为 CCP 驱动与 EEPROM 驱动的接口，EEPROM 驱动由 ECU 内部自行实现。

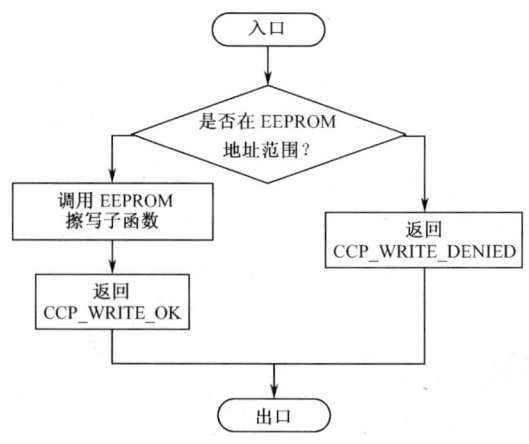

图 9.11　CCP 驱动与 EEPROM 驱动的接口

CCP 驱动的命令处理模块在收到 DNLOAD 或 DNLOAD_6 命令后，首先判断命令中的地址是否在 EEPROM 的地址范围内，如不是则表明变量数据在 RAM 中，返回 CCP_WRITE_DENIED，并直接修改 RAM 中的变量值（注：Flash 中的变量标定使用 PROGRAM 或 PROGRAM_6 命令）。如判断变量在 EEPROM 的地址范围内，则调用 EEPROM 驱动的擦写函数，对 EEPROM 中的变量进行修改，并返回 CCP_WRITE_OK。下面是以 HCS12 单片机为例实现 EEPROM 标定的源代码示例。

```
#ifdef CCP_WRITE_EEPROM
byte ccpCheckWriteEEPROM( BYTEPTR addr, BYTE size, BYTEPTR data )
{
    word address;
    address = (word)addr;

if (address<EEPROM_START || address>EEPROM_END) {
  return CCP_WRITE_DENIED;
  }

    EEPROMModify(addr,data,size);
    return CCP_WRITE_OK;


}
#endif
```

其中。ccpCheckWriteEEPROM()函数在 ECU 应用程序中实现，由 CCP 驱动在对 EEPROM 进行标定时调用。EEPROMModify()是 EEPROM 驱动的擦写函数。此外还必须将 ccppar.h 头文件中的 EEPROM 标定功能开放，代码如下所示。

```
/* Enable EEPROM Read/Write Access */
#define CCP_WRITE_EEPROM
#define CCP_READ_EEPROM
```

　　DAQ 通信模式在 ECU 侧的实现是通过定时中断函数完成的。由定时中断每隔一定间断调用 ccpDAQ（Event Channel）函数，以驱动 DAQ 列表按 Event Channel（事件通道）对应的周期上传数据。事件通道号与上传周期一一对应，定时中断的间隔即为数据的上传周期，具体实现流程见图 9.12。

　　在图 9.12 中，假设定时中断的间隔是每 10ms 一次，ECU 应用程序每隔 10 ms 调用一次 ccpDaq（1），对应事件通道为 1，即事件通道 1 对应上传周期 10 ms。在该定时中断中，还实现了一个 50 ms 的循环，通过判断 n 是否为 0，以 50 ms 间隔调用 ccqDaq（2），事件通道 2 即对应上传周期 50 ms。通过前面的章节，我们知道这里可以仍然使用事件通道 1，通过将预分频值设为 5，实现 50 ms 间隔上传。仍以 HCS12 系列单

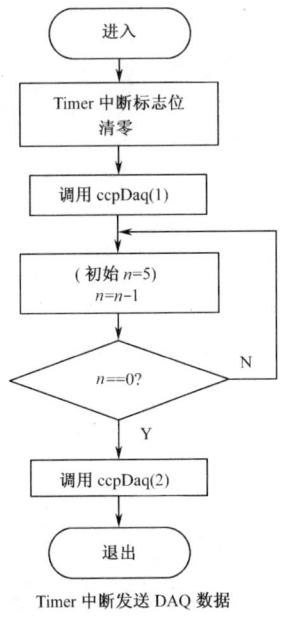

图 9.12　DAQ 通信模式 ECU 侧实现流程

片机为例，源代码示例如下所示。

```
void interrupt RTI_ISR(void){
CRGFLG = 0x80;
Ccpdaq(1);


if (n==0) {
    ccpDaq(2);
    n = 5;
} else
n = n−1;
}
```

同样，需要在 ccppar.h 中打开 DAQ 通信模式功能。

```
/* CCP Data Acuisition Parameters */
#define CCP_DAQ                 /* Enable synchronous data aquisition in ccpDaq() */
#define CCP_MAX_ODT 3           /* Number of ODTs in each DAQ lists */
#define CCP_MAX_DAQ 2           /* Number of DAQ lists */


/* Use the transmit queue in CCP.C */
/* Complete sampling is done in ccpDaq(x) and the messages are written into the queue */
#define CCP_SEND_QUEUE


/* Indicate queue overruns in the msb of pid */
/* Will be displayed in CANape's status bar if CANAPE.INI: [asap1a] check_overflow=1 */
#define CCP_SEND_QUEUE_OVERRUN_INDICATION
```

第10章　汽车车身 CAN 总线系统设计

在现代汽车系统中，CAN 总线一般用于动力系统子网和车身系统子网，其中车身系统子网属于低速网络，对控制的实时性要求相对较低。车身控制一般包括以下部件的控制：门锁、后视镜、玻璃升降器、灯、座椅、车内空调、雨刷等。整个车身网络包含的部件较多，本章将以中央控制器模块和四个门控制模块为例介绍采用分布式控制系统的汽车车身 CAN 总线系统的设计。

10.1　汽车网络 V 型开发流程

随着 CAN 总线技术在汽车中的广泛使用，CAN 总线开发流程及开发方法也日益成为关注的重点。目前，基于开发—验证思想的 V 型开发流程被广泛用于 CAN 总线的开发过程中，如图 10.1 所示。

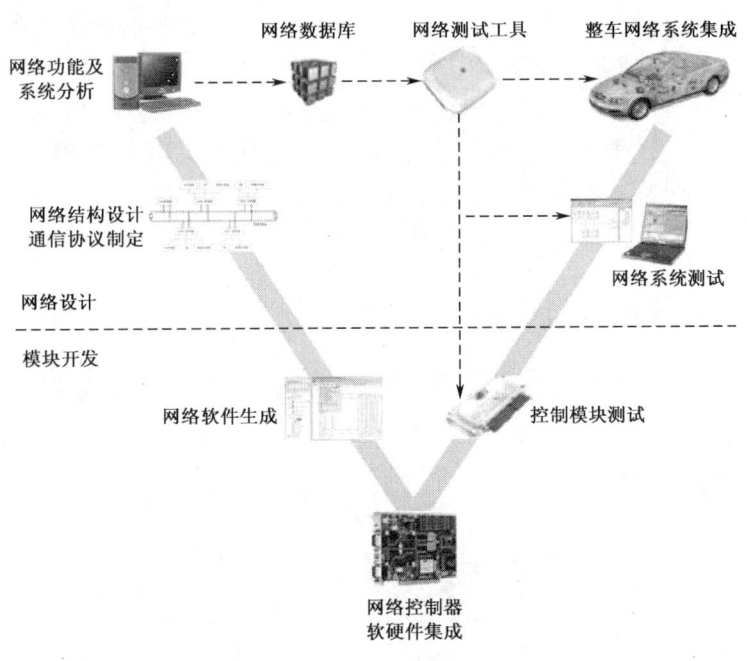

图 10.1　车载网络 V 型开发流程

汽车 CAN 网络的开发包括两个部分，一个是系统设计，另外一个是具体的实现。具体实现是指具体的软硬件的实现，相比具体实现而言，更重要的是网络系统的设计，整个设计的流程遵循 V 型的方式。根据这个流程，在进行系统设计时首先要分析 CAN 总线系统功能、定义系统需求，并进行系统构架设计及仿真，然后制定整车网络通信与控制协议。根据车载网络中各系统的特点，零部件供应商结合节点 ECU 的需求并进行节点设计，包括网络通信软件的设计、节点 ECU 硬件设计，最后进行软硬件系统集成，对 ECU 进行测试验证。供应商将所设计的节点 ECU 提供给 OEM 厂商，由 OEM 厂商在对 CAN 总线系统进行测试认证与集成后，才能形成最终的产品。在开发的过程中，电子网络是纲，节点 ECU 是目，纲举目张，网络的架构串联起各个模块的功能，构成整车的控制与通信功能；网络电气架构的合理与否也在一定程度上决定了零部件与整车网络系统的成本，同时也决定了整车网络开发的难易程度及时间周期，因此好的设计方法往往起到事半功倍的效果。

在 V 型开发流程中，测试始终是一个很重要的环节，这样可保证在开发过程中能随时发现设计问题。供应商在节点 ECU 开发的最后阶段，需要对所开发的 ECU 进行验证，检查所开发的产品是否符合所需的设计规范，即是否正确地做了产品，而 OEM 厂商在获得供应商提供的各个节点 ECU 后，进行系统集成，需要对 CAN 总线系统进行测试与确认，检查是否符合原始的需求，即"是否设计了正确的产品"。

10.2　车身 CAN 总线系统拓扑结构

车身控制模块功能包括中央控制模块和四个门模块。五个模块之间采用波特率为 62.5 kb/s 的低速 CAN 总线通信。另外可以通过独立的或集成在仪表模块中的网关，将车身控制模块系统连接到高速的动力传动总线，从而获得车速信号、发动机转速信号和安全气囊触发信号；或者直接从仪表模块获得车速信号、发动机转速信号，从碰撞传感器获得碰撞信号，从变速器获得挡位信号。使用总线连接可实现一些智能化的控制：当空调打开后或遥控闭锁后，车身控制系统自动将所有车窗升到顶；车速超过设定时速时，自动将车门锁定；一旦发生碰撞事故，在气囊打开的同时解锁所有车门，便于车内驾乘人员逃生。

车身 CAN 网络系统的拓扑结构如图 10.2 所示。

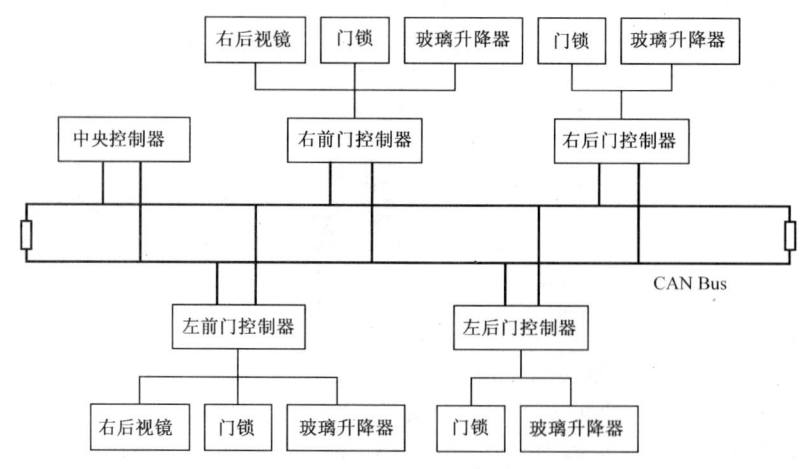

图 10.2　车身网络系统拓扑结构

10.3　网络节点控制功能分析

 10.3.1　中央控制器

1．操作位置（输入）

包括点火开关信号、车速信号、碰撞信号、变光信号、行李箱接触开关、行李箱锁遥控按钮、行李箱锁开关、CAN 总线。

2．控制区域（输出）

包括 CAN 总线、行李箱开锁器电动机。

3．控制功能描述

（1）发送系统状态

- 点火开关打开时刻向 CAN 总线上发送"点火开关接通"信号；
- 点火开关关闭时刻向 CAN 总线上发送"点火开关断开"信号；
- 定时向 CAN 总线上发送车速信号；
- 发生碰撞时向 CAN 总线上发送碰撞信号；
- 变光信号变化时向 CAN 总线上发送变光信号。

（2）行李箱锁控制

- 接收到 CAN 总线上询问门状态信号，检测行李箱接触开关的状态，将该状态发送到 CAN 总线上；
- 接收到行李箱锁遥控按钮或 CAN 总线上的开锁信号，执行行李箱锁开锁动作，若车速大于 15 km/h，则开锁动作不执行；
- 接收到行李箱锁遥控按钮或 CAN 总线上的"闭锁"信号，检测行李箱接触开关的状态，若行李箱接触开关未关闭，则闭锁动作不能执行；
- 若车速大于 15 km/h，未闭锁则执行闭锁动作，若此后车速小于 15 km/h 仍保持关闭状态，不开锁；
- 接收到行李箱锁开关的开锁信号，使行李箱锁执行开锁动作，同时向 CAN 总线上发送"集控门锁外部开锁"信号；
- 接收到行李箱锁开关的闭锁信号，检测行李箱接触开关的状态；若行李箱接触开关已关闭，则向 CAN 总线上发出询问门状态信号；若四扇门都已关闭，则使行李箱锁执行闭锁动作，同时向 CAN 总线上发送集控门锁外部闭锁信号。

（3）休眠控制

- 在点火开关断开且延时 10 min 后结束，控制器进入休眠状态；
- 在接收到点火信号、行李箱锁信号或 CAN 总线上相关信号后，控制器应在 100 ms 内退出休眠状态，恢复正常工作。

4．信号描述

（1）点火开关接通/断开信号

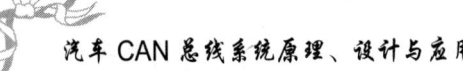

表示点火开关的状态，开关量。接通：12 V，电源电压；断开：悬空，内部电阻拉低。信号经硬件滤波（RC），由控制器发往总线，初始化取决于判断结果。

（2）车速信号

表示行车速度，与行李箱开锁/闭锁有关，数据量，调频方波。信号来自车速传感器，经控制器发往总线。

（3）碰撞信号

表示车辆发生碰撞的状态，方波。初始化值为未发生碰撞。

（4）变光信号

表示摇窗机开关中发光二极管的亮度，16 级数据量，PWM 波。

（5）行李箱门状态信号

表示行李箱门的状态，开关量。门开：0 V，接地；门关：悬空，内部电阻拉高。信号经硬件滤波（RC），由控制器发往总线，初始化值取决于判断结果。

（6）集控门锁外部开锁/闭锁

表示集控门锁外部控制命令，开关量。开锁：悬空，内部电阻拉高；闭锁：0 V，接地；信号经硬件滤波（RC），由控制器发往总线，该信号来自车内开关。

（7）遥控按钮

表示行李箱锁控制命令，开关量。开锁：悬空，内部电阻拉高；闭锁：0 V，接地；信号经硬件滤波（RC），该信号来自车内开关。

（8）灯控制开关

开灯：悬空，内部电阻拉高；熄灯：0 V，接地。

 ### 10.3.2　左前门控制器

1．操作位置（输入）

包括 CAN 总线、中央控制开关、分别用于控制四个车门的玻璃升降器（FL、FR、RL、RR）、车内集控开闭锁按钮、童锁按钮、左前门接触开关、左前门锁开关、后视镜选择信号、后视镜操作信号。

2．控制区域（输出）

包括 CAN 总线、左前升降器、左前门锁闭锁器、升降器开关变光 LED、左后视镜电动机、后视镜开关变光 LED。

3．控制功能描述

（1）接收系统状态

包括接收 CAN 总线上有关系统状态的信息，如变光信号、点火信号、碰撞信号等。

（2）升降器控制

① 点火开关接通期间的功能：

● 按动中央控制开关中左前升降器开关（FL）上升/下降键大于 300 ms，使升降器手动上升/下降；

● 左前升降器手动上升/下降时松开左前升降器开关（FL），使升降器停止上升/下降；

- 按动中央控制开关中左前升降器开关（FL）上升/下降键小于 300 ms，使升降器自动上升/下降；
- 左前升降器自动上升/下降时按动中央控制开关中左前升降器开关（FL）上升/下降键小于 300 ms，使升降器停止上升/下降；
- 左前升降器自动上升/下降时按动中央控制开关中左前升降器开关（FL）上升/下降键大于 300 ms，使升降器相应的变成手动上升/下降；
- 按动中央控制开关中升降器开关（FR、RL、RR）上升/下降按钮，向 CAN 总线上发送相应的按钮按下信号；
- 释放中央控制开关中升降器开关（FR、RL、RR）上升/下降按钮，向 CAN 总线上发送相应的按钮释放信号；
- 若童锁按钮的状态发生变化，则向 CAN 总线上发送该变化：禁止后门升降器开关起作用或允许后门升降器开关起作用；

② 点火开关断开后的功能：

- 开始 10 min 延时，任一前门打开则 10 min 延时提前结束；
- 无升降器开关控制的自动上升/下降功能；
- 接收到中央控制开关中左前门升降器开关（FL）"手动上升/下降"信号，使升降器手动上升/下降；延时结束后不再有此功能；
- 集控门锁外部闭锁命令使门锁锁紧后，使左前升降器自动上升到顶，同时向 CAN 总线上发送"集控门锁外部闭锁"信号；

接收到 CAN 总线上"集控门锁外部闭锁"信号，使左前升降器自动上升到顶。

（3）集控门锁控制

- 接收到"发生碰撞"信号且点火开关接通时，使集控门锁开锁；除非重新上电，闭锁器不能关闭（保持开状态）；
- 接收到集控门锁开关的"开锁"信号，使门锁执行开锁动作，同时向 CAN 总线上发送"集控门锁外部开锁"和"行李箱锁外部开锁"命令；
- 接收到集控门锁开关的"闭锁"信号，检测门接触开关的状态；若该门已关闭，则向 CAN 总线上发送"询问门状态"信号；若其余三扇门和行李箱都已关闭，则使门锁执行相应的闭锁动作，同时向 CAN 总线上发送"集控门锁外部闭锁"和"行李箱锁外部闭锁"命令；
- 接收到 CAN 总线上"集控门锁开锁"信号，使门锁执行开锁动作，同时允许集控门锁车内按钮起作用；
- 接收到 CAN 总线上"集控门锁闭锁"信号，使门锁执行闭锁动作，同时禁止集控门锁车内按钮起作用；
- 接收到 CAN 总线上"询问门状态"信号，检测门接触开关的状态，将该状态发送到 CAN 总线上；
- 若车内按钮被禁止，则不接收集控门锁车内按钮的信号；
- 接收到集控门锁车内按钮的"开锁"信号，使门锁执行开锁动作，同时向 CAN 总线上发送"集控门锁内部开锁"命令；

- 接收到集控门锁车内按钮的"闭锁"信号，检测门状态，若该门已关闭，则向 CAN 总线上发送"询问门状态"信号；若其余三扇门和行李箱都已关闭，则使门锁执行相应的闭锁动作，同时向 CAN 总线上发送"集控门锁外部闭锁"和"行李箱锁外部闭锁"命令。

（4）左后视镜控制

- 后视镜控制在点火开关接通时起作用；
- 后视镜选择开关处于 L 位时，可进行左后视镜控制；后视镜选择开关处于 R 位时，可进行右后视镜控制；
- 选择开关处于 L 位时，根据后视镜操作信号控制后视镜电动机相应的动作；后视镜信号停止后使后视镜电动机停止动作；同时向 CAN 总线上发送相应的信号；
- 选择开关处于 R 位时，根据后视镜操作信号向 CAN 总线上发送相应的信号；后视镜信号停止后向 CAN 总线上发送右后视镜电动机停止动作信号；

（5）变光控制

接收到 CAN 总线上变光开关的校准数据，根据该数据调节升降器开关中变光 LED 的亮度。

4．信号描述

（1）左前、右前、左后、右后升降器开关按下/释放信号

表示摇窗机开关动作状态，开关量。按下：12 V，电源电压；释放：0 V，接地。信号经硬件滤波和软件滤波，由控制器发往总线，初始化值为释放状态。

（2）童锁按钮按下/释放信号

表示童锁按钮状态，控制后门摇窗机开关是否起作用，开关量。按下：禁止后门摇窗机开关作用：0，接地；释放：允许后门摇窗机开关作用：悬空，内部电路拉高。信号经硬件滤波，由控制器发往总线。

（3）集控门锁外部闭锁/开锁

表示集控门锁外部控制指令，开关量。闭锁：0 V，接地；开锁：悬空，内部电路拉高。信号经硬件滤波，由控制器发往总线。该信号来自车外左前门锁锁芯。

（4）集控门锁内部闭锁/开锁

表示集控门锁内部控制指令，开关量。闭锁：0 V，接地；开锁：悬空，内部电路拉高。信号经硬件滤波，由控制器发往总线。该信号来自车外左前门组合开关。

（5）行李箱外部开锁/闭锁

表示行李箱门锁外部控制指令，开关量。闭锁：0 V，接地；开锁：悬空，内部电阻拉高。信号经硬件滤波，由控制器发往总线。该信号来自车外行李箱锁锁芯。

（6）左前门状态信号

表示左前门地开关状态，开关量。门开：0 V，接地；门关：悬空，内部电阻拉高。信号经硬件滤波，由控制器发往总线。初始化值取决于判断结果。

（7）选择左后视镜/右后视镜信号

表示选择左、右后视镜，数据量。选择左后视镜和右后视镜，该信号来自左前门组合开关。

（8）后视镜左转/右转/前转/后转/停止信号

表示后视镜控制命令，数据量，用电压高低表示，该信号来自左前门组合开关。

10.3.3　右前门控制器

1．操作位置（输入）

包括 CAN 总线、右前升降器开关、右前门接触开关、右前门锁开关。

2．控制区域（输出）

包括 CAN 总线、右前升降器、右前门锁闭锁器、变光 LED、右后视镜电动机。

3．控制功能描述

（1）接收系统状态

接收 CAN 总线上有关系统状态的信息，如变光信号、点火信号、碰撞信号等。

（2）升降器控制

① 点火开关接通期间的功能：

- 按动升降器开关上升/下降键大于 300 ms，使升降器手动上升/下降；
- 升降器手动上升/下降时松开升降器开关，使升降器停止上升/下降；
- 按动升降器开关上升/下降键小于 300 ms，使升降器自动上升/下降；
- 升降器自动上升/下降时按动升降器开关上升/下降键小于 300 ms，使升降器停止上升/下降；
- 升降器自动上升/下降时按动升降器开关上升/下降键大于 300 ms，使升降器相应的变成手动上升/下降；
- 接收到 CAN 总线上右前升降器开关按下/释放信号时，根据该信号的状态判断后动作；
- CAN 总线和右前升降器开关同时要求升降器动作时，下降动作优先。

② 点火开关断开后的功能：

- 开始 10 min 延时，任一前门打开则 10 min 的延时会提前结束；
- 无 CAN 总线控制的自动上升/下降功能；
- 接收到升降器开关的"手动上升 / 下降"信号，使升降器手动上升/下降；延时结束后不再有此功能；
- 接收到 CAN 总线上"升降器手动上升 / 下降"信号，使升降器手动上升/下降；延时结束后不再有此功能；
- 集控门锁外部闭锁命令使门锁锁紧后，使左前升降器自动上升到顶，同时向 CAN 总线上发送"集控门锁外部闭锁"信号；
- 接收到 CAN 总线上"集控门锁外部闭锁"信号，使左前升降器自动上升到顶。

（3）集控门锁控制

- 接收到"碰撞"信号且点火开关接通时，使集控门锁开锁；除非重新上电，闭锁器不能关闭（保持开状态）；
- 接收到集控门锁开关的"开锁"信号，使门锁执行开锁动作，同时向 CAN 总线

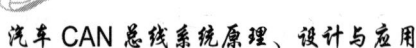

上发送"集控门锁外部开锁"和"行李箱锁外部开锁"命令；
- 接收到集控门锁开关的"闭锁"信号，检测门接触开关的状态；若该门已关闭，则向 CAN 总线上发送"询问门状态"信号；若其余三扇门和行李箱都已关闭，则使门锁执行相应的闭锁动作，同时向 CAN 总线上发送"集控门锁外部闭锁"和"行李箱锁外部闭锁"命令；
- 接收到 CAN 总线上"集控门锁开锁/闭锁"信号，使门锁执行相应的开锁/闭锁动作；
- 接收到 CAN 总线上"询问门状态"信号，检测门接触开关的状态，将该状态发送到 CAN 总线上。

（4）右后视镜控制
- 后视镜控制在点火开关接通时起作用；
- 接收 CAN 总线上后视镜控制信号，根据该信号控制右后视镜电动机相应的动作；接收到 CAN 总线上"右后视镜电动机停止动作"信号后使后视镜电动机停止动作。

（5）变光控制
接收到 CAN 总线上变光开关的校准数据，根据该数据调节升降器开关中变光 LED 的亮度。

4．信号描述

（1）集控门锁外部闭锁/开锁
表示集控门锁外部控制指令，开关量。闭锁：0 V，接地；开锁：悬空，内部电路拉高。信号经硬件滤波，由控制器发往总线。该信号来自车外右前门锁锁芯。

（2）右前门状态信号
表示右前门的开关状态，开关量。门开：0 V，接地；门关：悬空，内部电阻拉高。信号经硬件滤波，由控制器发往总线，初始化值取决于判断结果。

10.3.4　左后门控制器

1．操作位置（输入）
包括 CAN 总线、左后门接触开关、左后升降器开关。

2．控制区域（输出）
包括 CAN 总线、左后升降器、左后门锁闭锁器、变光 LED。

3．控制功能描述

（1）接收系统状态
- 接收 CAN 总线上有关系统状态的信息，如变光信号、点火信号、碰撞信号等；
- 接收 CAN 总线上"禁止或允许后门升降器开关起作用"的信号。

（2）升降器控制
点火开关接通期间的功能：
- 按动升降器开关，执行相应的手动上升/下降动作；若后门升降器开关被禁止则不执行；

- 接收到 CAN 总线上左后升降器开关按下/释放信号时，根据该信号的状态判断后动作；
- CAN 总线和左后升降器开关同时要求升降器动作时，下降动作优先。

点火开关断开后的功能：

- 开始 10 min 延时，任一前门打开则 10 min 的延时会提前结束；
- 接收到升降器开关的"手动上升/下降"信号，使升降器手动上升/下降；延时结束后不再有此功能；
- 接收到 CAN 总线上"升降器上升/下降"信号，使升降器手动上升/下降；延时结束后不再有此功能；
- 接收到 CAN 总线上"集控门锁外部闭锁"信号，使左前升降器自动上升到顶。

（3）集控门锁控制

- 接收到"发生碰撞"信号且点火开关接通时，使集控门锁开锁；除非重新上电，闭锁器不能关闭（保持开状态）；
- 接收到 CAN 总线上"集控门锁外部开锁/闭锁"信号，使门锁执行相应的开锁/闭锁动作；
- 接收到 CAN 总线上"集控门锁内部开锁/闭锁"信号，使门锁执行相应的开锁/闭锁动作；
- 接收到 CAN 总线上"询问门状态"信号，检测门接触开关的状态，将该状态发送到 CAN 总线上。

（4）变光控制

接收到 CAN 总线上变光开关的校准数据，根据该数据调节升降器开关中变光 LED 的亮度。

4．信号描述

左后门状态信号表示左后门的开关状态，开关量。门开：0 V，接地；门关：悬空，内部电阻拉高。信号经硬件滤波，由控制器发往总线。初始化值取决于判断结果。

 ### 10.3.5　右后门控制器

同左后门控制器。

10.4　车身网络系统通信协议

网络通信协议是对汽车各电子控制单元（ECU）之间构建数字信息交换的相关特性进行了详细的规定。通常情况下需要对网络系统的拓扑结构、网络控制器节点进行定义，同时定义硬件接口，连接器机械及电气特性等内容。在协议中要对传输的数据及信号进行详细的定义。

对于汽车而言，基于其安全性与可靠性的要求，除正常通信协议以外，还必须有故障诊断协议、网络管理协议，以及供零部件和整车网络系统调试用的网络系统标定协议

等内容，这样才能够较全面地实现整车的网络通信与控制功能。由于车身系统传输的信号多为状态信号，这里在满足系统功能的情况下，对五个控制器节点的通信内容进行了定义，以便读者大致了解协议的制定方法。

在汽车网络通行协议的制定中，我们需要注意的是：通常情况下，卡车及大客车等均使用 29 位标示符的帧格式，而轿车多采用 11 位标示符的帧格式。在这里我们采用 11 位标示符来定义通信报文，以十进制表示。而各控制节点的报文以 50 ms 的通信周期发送到总线上进行数据交换。

1. 中央控制器状态与命令帧

- 标识符：769；
- 波特率：62.5 kb/s；
- 帧长度：8 B；
- 传送时间间隔：50 ms。

起 始 位	长度（bit）	信 号 名 称	定 义
1.1	2	控制器故障	01：无 10：有
1.3	2	总线故障	01：无 10：有
1.5	2	睡眠请求	01：无 10：有
1.7	2	进入睡眠请求	01：无 10：有
2.1	3	中央集控状态	000：基本状态 010：已闭锁 101：已开锁
2.4	2	发生碰撞	01：未发生碰撞 10：发生碰撞
2.6	2	行李箱 状态信号	01：已闭锁 10：已开锁
3.1	2	开/闭门锁信号	01：闭锁 10：开锁
3.3	2	点火开关接通/断开信号	01：熄火 10：点火
3.5	2	车速≥15 km/h	01：不是 10：是
3.7	2	电动机堵转信号	01：正常工作 10：该功能激活
4.1	4	变光信号（PWM）	0000：最低亮度 … 1111：最高亮度

注：没有说明的位为保留位，置为 1，保留字节置为 FF。

2. 左前门控制器状态与命令帧

- 标识符：770；
- 波特率：62.5 kb/s；
- 帧长度：8 B；
- 传送时间间隔：50 ms。

起 始 位	长度（bit）	信 号 名 称	定 义
1.1	2	控制器故障	01：无 10：有
1.3	2	总线故障	01：无 10：有
1.5	2	睡眠请求	01：无 10：有
1.7	2	进入睡眠请求	01：无 10：有
2.1	3	中央集控状态	000：基本状态 010：闭锁器已锁上 011：点火后门开锁 100：点火后门闭锁 101：闭锁器已开锁
2.4	2	左前门状态信号	01：已关闭 10：已打开
2.6	3	电动摇窗机状态	000：运动中 001：静止 010：捕获区域 101：玻璃到顶
3.1	2	中央集控车内操作开关	00：未操作 01：开锁 10：闭锁
3.3	2	开/闭门锁信号	01：开锁 10：闭锁
3.5	2	电动机堵转保护	01：正常驱动 10：该功能激活
3.7	2	童锁按钮按下/释放信号	01：该功能关闭 10：该功能激活
4.1	2	右前玻璃自动下降	01：停止 10：自动下降
4.3	2	右前玻璃下降	01：停止 10：下降
4.5	2	右前玻璃自动上升	01：停止 10：自动上升
4.7	2	右前玻璃上升	01：停止 10：上升

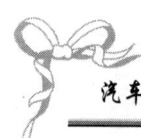

续表

起 始 位	长度（bit）	信 号 名 称	定 义
5.1	3	后视镜调节	000：未操作 001：+X 方向 010：−X 方向 011：+Y 方向 100：−Y 方向
5.4	3	后视镜选择	000：零位置 001：选择左后视镜 010：选择右后视镜
5.7	2	左后玻璃手动下降	01：停止 10：手动下降
6.1	2	左后玻璃手动上升	01：停止 10：手动上升
6.3	2	左后玻璃自动下降	01：停止 10：自动下降
6.5	2	左后玻璃自动上升	01：停止 10：自动上升
6.7	2	右后玻璃手动下降	01：停止 10：手动下降
7.1	2	右后玻璃手动上升	01：停止 10：手动上升
7.3	2	右后玻璃自动下降	01：停止 10：自动下降
7.5	2	右后玻璃自动上升	01：停止 10：自动上升

注：没有说明的位为保留位，置为 1，保留字节置为 FF。

3. 右前门控制器状态与命令帧

- 标识符：771；
- 波特率：62.5 kb/s；
- 帧长度：4 B；
- 传送时间间隔：50 ms。

起 始 位	长度（bit）	信 号 名 称	定 义
1.1	2	控制器故障	01：无 10：有
1.3	2	总线故障	01：无 10：有
1.5	2	睡眠请求	01：无 10：有
1.7	2	进入睡眠请求	01：无 10：有

起 始 位	长度（bit）	信 号 名 称	定 义
2.1	3	中央集控状态	000：基本状态 010：闭锁器已锁上 011：点火后门开锁 100：点火后门闭锁 101：闭锁器已开锁
2.4	2	右前门状态信号	01：已关闭 10：已打开
2.6	3	电动摇窗机状态	000：运动中 001：静止 010：捕获区域 101：玻璃到顶
3.1	2	开/闭门锁信号	01：开锁 10：闭锁
3.3	2	电动机堵转保护	01：正常驱动 10：该功能激活

注：没有说明的位为保留位，置为 1，保留字节置为 FF。

4. 左后门控制器状态与命令帧

- 标识符：772；
- 波特率：62.5 kb/s；
- 帧长度：4 B；
- 传送时间间隔：50 ms。

起 始 位	长度（bit）	信 号 名 称	定 义
1.1	2	控制器故障	01：无 10：有
1.3	2	总线故障	01：无 10：有
1.5	2	睡眠请求	01：无 10：有
1.7	2	进入睡眠请求	01：无 10：有
2.1	3	中央集控状态	000：基本状态 010：闭锁器已锁上 011：点火后门开锁 100：点火后门闭锁 101：闭锁器已开锁
2.4	2	左后门状态信号	01：已关闭 10：已打开

续表

起 始 位	长度（bit）	信 号 名 称	定 义
2.6	3	电动摇窗机状态	000：运动中 001：静止 010：捕获区域 101：玻璃到顶
3.1	2	电动机堵转保护	01：正常驱动 10：该功能激活

注：没有说明的位为保留位，置为 1，保留字节置为 FF。

5 右后门控制器命令状态参数组

- 标识符：773；
- 波特率：62.5 kb/s；
- 帧长度：4 B；
- 传送时间间隔：50 ms。

起 始 位	长度（bit）	信 号 名 称	定 义
1.1	2	控制器故障	01：无 10：有
1.3	2	总线故障	01：无 10：有
1.5	2	睡眠请求	01：无 10：有
1.7	2	进入睡眠请求	01：无 10：有
2.1	3	中央集控状态	000：基本状态 010：闭锁器已锁上 011：点火后门开锁 100：点火后门闭锁 101：闭锁器已开锁
2.4	2	右后门状态信号	01：已关闭 10：已打开
2.6	3	电动摇窗机状态	000：运动中 001：静止 010：捕获区域 101：玻璃到顶
3.1	2	电动机堵转保护	01：正常驱动 10：该功能激活

注：没有说明的位为保留位，置为 1，保留字节置为 FF。

10.5　车身控制系统硬件设计

本章中车身控制器局域网涉及的节点包括中央控制器节点和四个门节点。在这些节点中，四个门节点的功能类型基本相同，只是左前门节点的控制功能多一些；四个门节点的控制也是基本相同。鉴于此，本章主要介绍中央控制器、左前门节点的硬件设计。

 ### 10.5.1　中央控制器硬件设计

根据对中央控制器的控制任务描述，可将硬件划分为以下几个组成部分：微控制器模块、电源模块、输入信号调理模块、行李箱锁电动机控制模块和 CAN 通信模块及其抗干扰措施等。

1．微控制器模块

微控制器是一个系统中的最主要部件，该部件的选择对于整个硬件电路的设计起到关键作用。在车身局域网中可以采用两种设计方法：一种是使用无 CAN 接口的微控制器和独立 CAN 控制器结合使用；另一种方法是使用集成 CAN 控制器的微控制器。这里选择了飞思卡尔半导体公司生产的 08 系列微控制器 MC68HC908AZ60 作为主控制芯片，一方面它能够满足功能需求，另一方面能够降低产品成本。图 10.3 为 MC68HC908AZ60 的外部引脚。

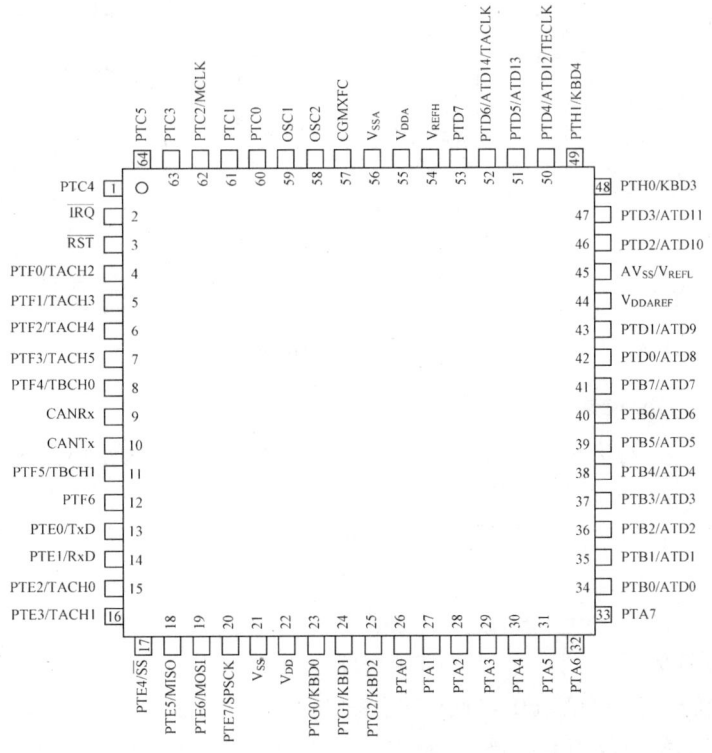

图 10.3　MC68HC908AZ60 的外部引脚

该微控制器专为汽车应用环境设计，具有一个通用定时器及两个 8 通道有输入捕捉、输出比较和 PWM 输出功能的定时器、15 通道 8 位 A/D 转换、MSCAN08 CAN 通信控制器、外部中断、SCI、SPI、内部锁相环、60 KB 带保护功能的 Flash、2 KB RAM、1 KB EEPROM 等，可将外部 32 kHz 的频率通过内部锁相环升至 8.4 MHz 总线频率，并提供 52 个通用可配置双向 IO 端口（共 64 个引脚）。由于 AZ60 微控制器具有 CAN 控制器模块，不仅不需要设计微控制器和 CAN 控制器之间的连线电路，而且提高了可靠性。

2. 电源模块

轿车通常使用 12 V 的电源系统，蓄电池的电压范围一般为 9～15 V，而一般微控制器的输入电压和各个引脚的最大输入电源为 5 V。因此，在中央控制器中需要一个电源系统满足电源电压的转换。这里采用电源芯片 TLE 4278，该芯片输入电压范围宽，输出电压精度高。此外还具有 Watchdog 功能和复位功能，可以用来监视微控制器的工作状况，如图 10.4 所示。

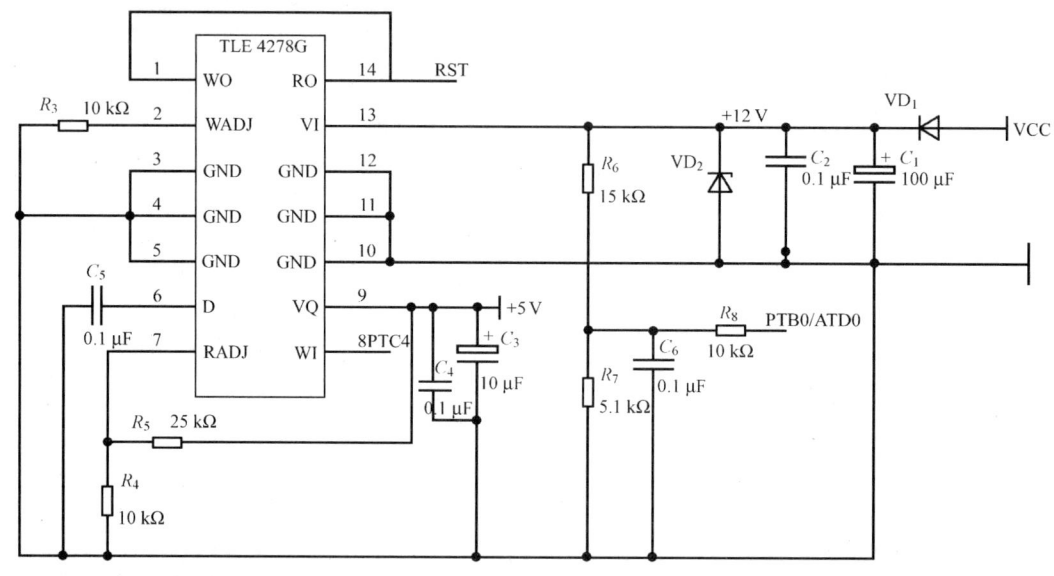

图 10.4 电源模块电路图

3. 输入信号调理模块

中央控制器的输入信号除了碰撞信号的电平为 5 V 外，其他均为 12 V。为了进行电平转换，采用了 3 片 HC4050 芯片，并在每个输入通道中加一个 RC 滤波环节。此外，由于点火开关和行李箱锁开关具有外部唤醒中央控制器并进而唤醒整个车身网络的功能，因此加了一个电平转脉冲电路，产生一个低电平脉冲送入 MC68HC908AZ60 的键盘中断引脚（注：键盘中断模块可以配置为电平触发和脉冲触发两种模式，但电平触发时若一个引脚的电平保持为低，则其他引脚即使有低电平信号也不会产生中断，脉冲触发则不存在该问题。MC68HC908AZ60 在执行 STOP 指令后，除了 IRQ、reset 引脚和键盘中断引脚外，其他引脚都不能将其唤醒。）输入信号调理电路比较简单，这里仅给出点火信号与行李锁开关信号的唤醒电路，如图 10.5 所示，须注意的是点火信号和行李箱锁信号除了唤醒功能外，还要将其转换为 5 V 输入微控制器，两信号在微控制器中均采用输入捕捉的功能进行检测，由中断来完成。这样一个信号在微控制器中会产生两个中断，在程序设计中进行了适当的处理后解决了相互间的影响问题。

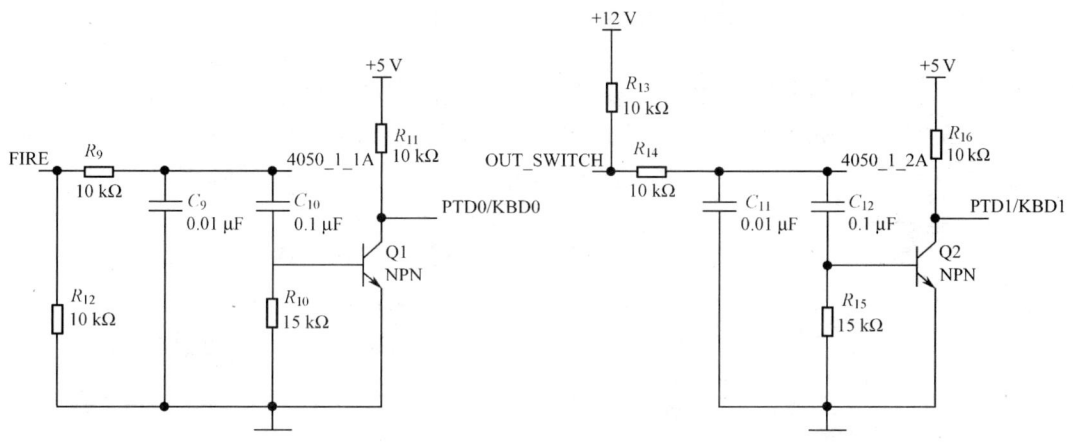

图 10.5　输入信号调理及唤醒电路

4．行李箱锁电动机控制模块

行李箱锁的开关需要电机正反转。门锁电动机的最大电流为 3 A 左右，可以使用 H 桥电路集成芯片 MC33186，该芯片的电流最大可达 6 A。为了防止电动机的反电动势干扰电源，故电动机的电源通过二极管直接至外部电源 V_{CC}。行李箱锁电动机控制电路如图 10.6 所示。

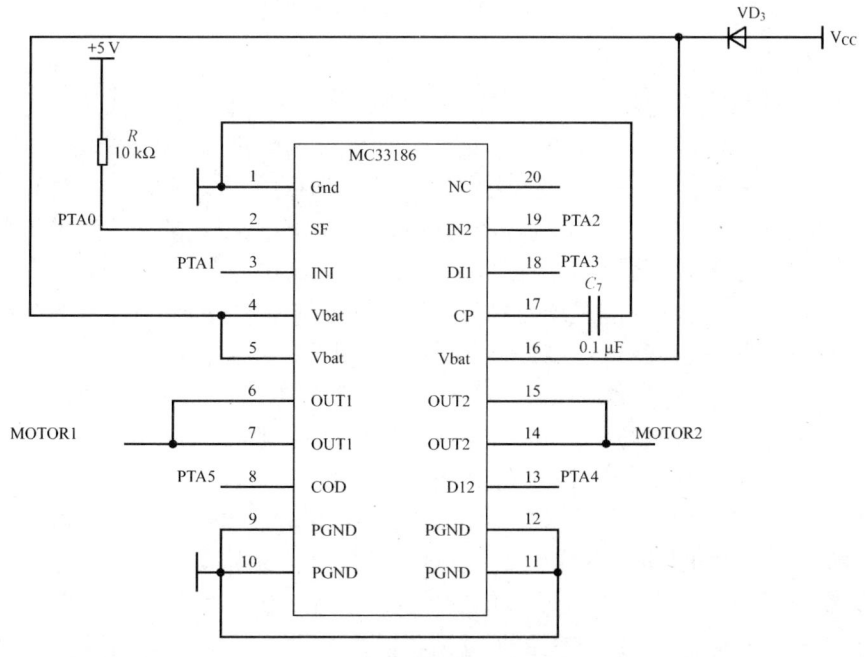

图 10.6　行李箱锁电动机控制电路

5. CAN 通信模块及其抗干扰措施

汽车的工作环境非常恶劣，除了高低温、灰尘和雨水等自然条件的影响外，车内外的电磁干扰是对汽车电子系统正常运行的极大威胁，对于车载网络通信系统而言，更要注意和防范电磁干扰所带来的严重后果。

随着 CAN 总线在汽车中的广泛应用，其应用领域已延伸到电动汽车中，而电动汽车的电磁环境较传统内燃机汽车更为恶劣，所以这里我们针对 CAN 通信模块的抗干扰措施特别需要加以注意。如图 10.7 所示，这里描述了 CAN 通信中可能用到的抗干扰措施，其中包括 DC/DC 隔离电源、隔离光耦、共模抑制器、瞬变电压抑制器等元器件的应用。

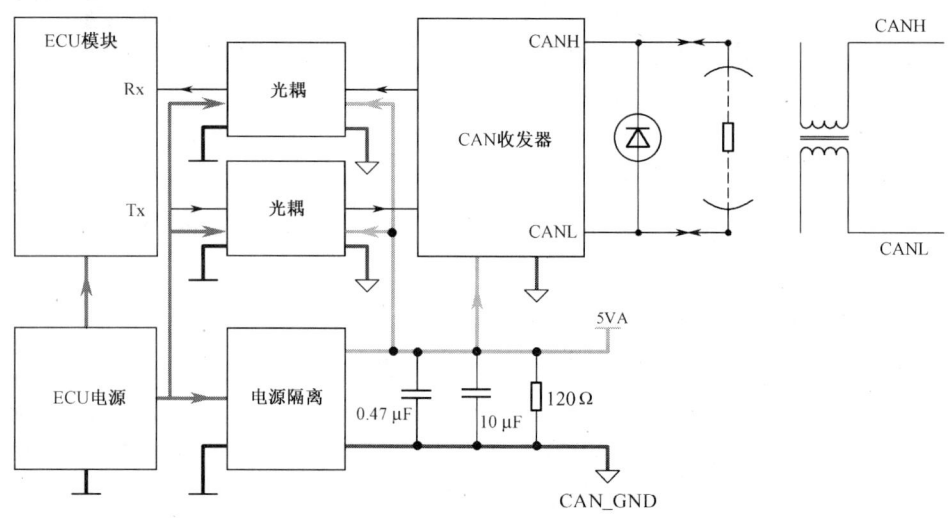

图 10.7　CAN 通信模块及其抗干扰措施

使用 DC/DC 的主要目的是将 CAN 的电源与系统的电源进行隔离。这样噪声与干扰不会通过电源线或地线相互影响。如 DCP010505B 为功率 1 W 的电源隔离芯片，其内部已经集成了过热保护、短路保护等电路，因此简化了外围电路设计也提高了工作稳定性。

CAN 控制器的信号与 CAN 收发器的信号采用光耦对输入、输出信号进行完全的电气隔离，避免干扰的引入。在光电耦合器的输入部分和输出部分必须分别采用独立的电源，若两端共用一个电源，则光电耦合器的隔离作用将失去意义。

为了提高其 EMC 性能在收发器与物理总线之间连接了共模抑制器，因为共模抑制器对普通模式的信号呈现出高阻抗，对差动信号为低阻抗，从而提高抗干扰性能，并减小辐射。在 CAN_H 和 CAN_L 之间搭接一个双向齐纳瞬态电压抑制器，它能保护对电压敏感的元件免受瞬态高压或高能量的影响，这里它可以保护收发器后续的电路避免受到来自总线上的瞬时冲击，以使内部系统保持稳定工作。

车身网络中 CAN 网络属于低速 CAN，位输率设为 62.5 kb/s，CAN 总线收发器采用了符合 ISO 11898 规范的 MC33388。该总线收发器支持休眠与唤醒功能，其 INH 引脚在正常工作情况下输出电压 12 V，而当 MC33388 处于休眠状态时 INH 引脚悬空，通过下拉电阻拉低。处于休眠状态时 MC33388 时刻监视总线的活动状况，当检测到 CAN 总线上有活动时，其 INH 引脚立即输出 12 V 电平。故可利用该引脚来实现 CAN 总线的唤醒

功能。具体做法是将该电平信号转换为 5 V 的低电平脉冲信号后再送入微控制器的外部中断或键盘中断引脚。

10.5.2　左前门控制器硬件设计

根据左前门控制器的任务描述可将硬件划分为以下几个组成部分：微控制器模块、电源模块、输入信号调理模块、输出驱动模块以及 CAN 通信模块，其中微控制器模块、电源模块、CAN 通信模块同中央控制器，只是与微控制器的引脚连接有些差异，这里不再介绍。输入信号调理模块模块中开关量信号的处理与中央控制器中的处理方式相同，都是先滤波后电平转换，之后送入微控制器。输出模块主要包括门锁电动机、后视镜电动机、玻璃升降器电动机以及发光二极管的控制。其中门锁电动机和后视镜电动机由于驱动电流不大，可以采用 MC33186 驱动。玻璃升降器电动机的正常工作电流一般在 10 A 左右，需要进行特别设计。鉴于此，本节仅给出后视镜输入和玻璃升降器输出控制电路。

1. 后视镜输入电路

后视镜输入电路主要有两个功能：一个是选择要操作的后视镜；另一个是选择后视镜的操作方式。输入信号用电压高低表示，在原理样机设计中，我们采用不同电阻分压来模拟，如图 10.8 所示。

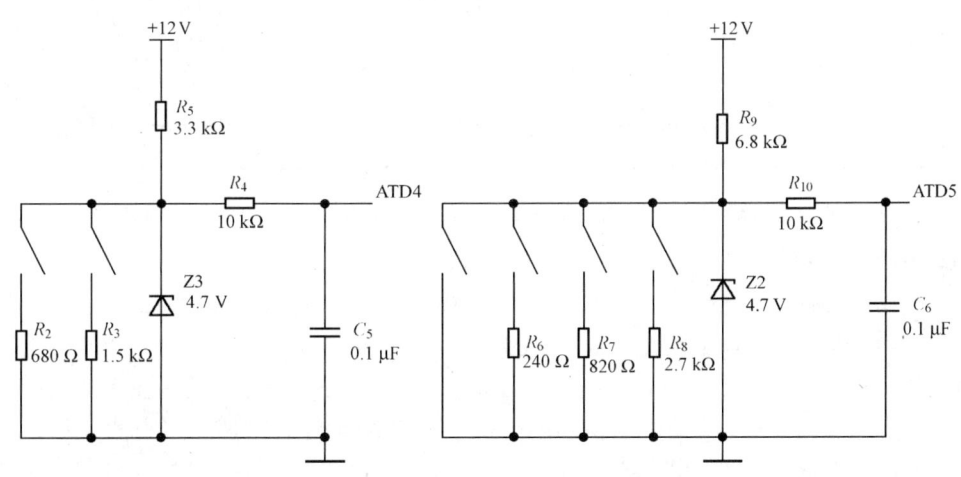

图 10.8　后视镜控制电路

对于后视镜的选择，如果后视镜选择开关接通的电阻为 680 Ω，那么即将对左后视镜进行操作；相反当开关连接到电阻为 1.5 kΩ 时，即将对右后视镜进行操作。操作中不能同时将两个开关闭合。由于汽车中蓄电池电压不是一个恒值，其范围为 9～15 V，选择 $R_5=3.3$ kΩ，于是左右后视镜的电压标示范围可计算如下：

对于左后视镜，有

$$9\times0.68/(3.3+0.68)=1.57 \text{ V}$$
$$12\times0.68/(3.3+0.68)=2.05 \text{ V}$$
$$15\times0.68/(3.3+0.68)=2.56 \text{ V}$$

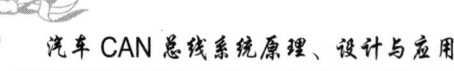

对于右后视镜，有

$$9 \times 1.5/(3.3+1.5)=2.83 \text{ V}$$
$$12 \times 1.5/(3.3+1.5)=3.75 \text{ V}$$
$$15 \times 1.5/(3.3+1.5)=4.69 \text{ V}$$

对于后视镜操作，左转的电阻值为 0 Ω、右转为 240 Ω、上转为 2.7 kΩ、下转为 820 Ω。为了正确操作，同样得计算各操作对应得电压范围，并在各范围间留出足够的电压间隔，电压计算如表 10.1 所示。

表 10.1 后视镜操作电压计算

后视镜的动作	电源电压（V）	R_9=6.8 kΩ 时输入电压（V）
上转	9	2.56
	12	3.41
	15	4.26
下转	9	0.97
	12	1.29
	15	1.61
右转	9	0.31
	12	0.41
	15	0.51
左转	9～15	0
停	9～15	4.7

A/D 转换参考电压设置如下：低电平参考电压为 0 V；高电平参考电电压为 5 V。

2. 玻璃升降器输出控制电路

由玻璃升降器控制功能描述可知，玻璃升降器主要的控制任务在于防夹，也就是玻璃升降器在自动上升过程中遇见一定的阻力后，玻璃升降器立刻停止上升并且向下运动一定的距离。玻璃升降器采用的电动机为直流电动机，防夹力度的大小最终可以反映到电动机的电流大小，故而检测电动机的电流可以间接检测玻璃遇到的阻力的大小。

图 10.9 为玻璃升降器的防夹区位置定义，为了检测玻璃整个行程的大小以及玻璃运动的当前位置，需要有一套机制。在本设计中采用了霍尔传感器的方式来解决该问题。电动机每转一周霍尔传感器产生 8 个方波脉冲，利用对脉冲的计数即可得知玻璃的位置与行程。为了提高可靠性，可利用霍尔传感器输出两路脉冲，脉冲相位相差 90°。在微控制器中可以自由对两路进行切换，从而提高了可靠性。此外，通过试验得知，霍尔传感器输出信号经过滤波后其波形的上升下降沿有一定的缓冲，直接输入到输入捕捉引脚上，由于方波信号较差可能会引起有的沿变化不能引起输入捕捉中断，从而导致玻璃升降器定位不准。因此，将该信号先输入到 4050 中通过整形后输入到微控制器的输入捕捉通道上。图 10.10 为整形前后的霍尔传感器方波信号。

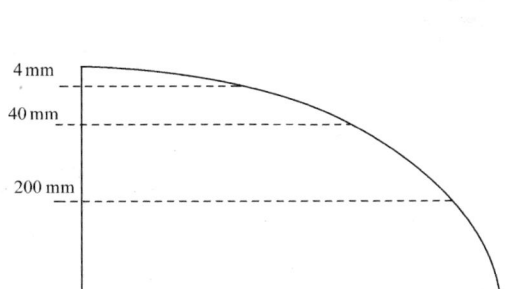

图 10.9　玻璃升降器防夹区定义

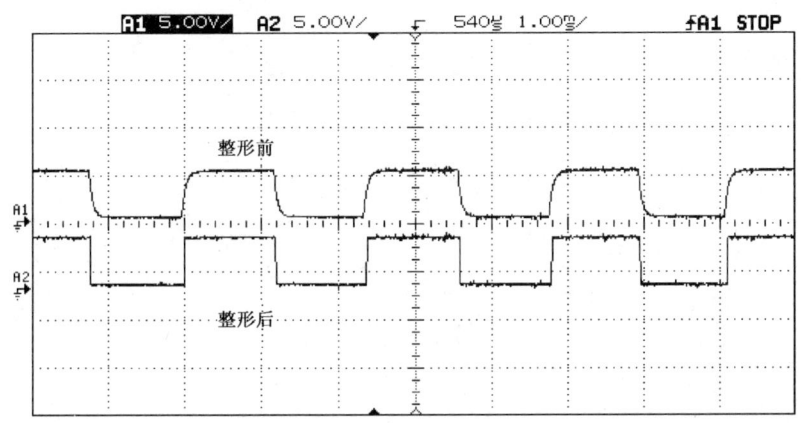

图 10.10　整形前后的霍尔传感器方波信号

　　玻璃升降器上升时电动机电流大约为 11 A，下降时电动机电流大约为 8 A，堵转电流大约 20 A（不同的门这些电流会有所不同）。因此，为了保证电动机电流采样的影都精度，同时又要尽量减小采样电阻对电动机电路的影响，在选择采样电阻时应当尽可能的小。在该电路中采用的采样电阻为 0.005 Ω，这样采样的电流值就较小，所以需要使用放大电路将该小信号放大至微控制器能够识别的信号。在汽车中没有负电源，所以使用单极放大器，选择 LM358。通过试验得知，该放大器的电源电压为 5 V 时其输出饱和电压为 4.2 V 左右，若取饱和电压为 4 V、堵转电流为 20 A、采样电阻为 0.005 Ω，这样放大器的放大倍数最大为 $4/(0.005×20)=40$(倍)。取输入电阻 3 kΩ，反馈电阻 100 kΩ，则实际放大倍数为 $1+100/3=34.3$ 倍。

　　由于电动机的驱动电流较大，设计中采用了继电器，为了防止继电器的触点粘住，电路中加了检测电路，通过 A/D 转换来检测。另外也可以通过将继电器输出电平转换成 5 V 后送至微控制器的普通引脚进行检测，此种方法简单，如图 10.11 所示。

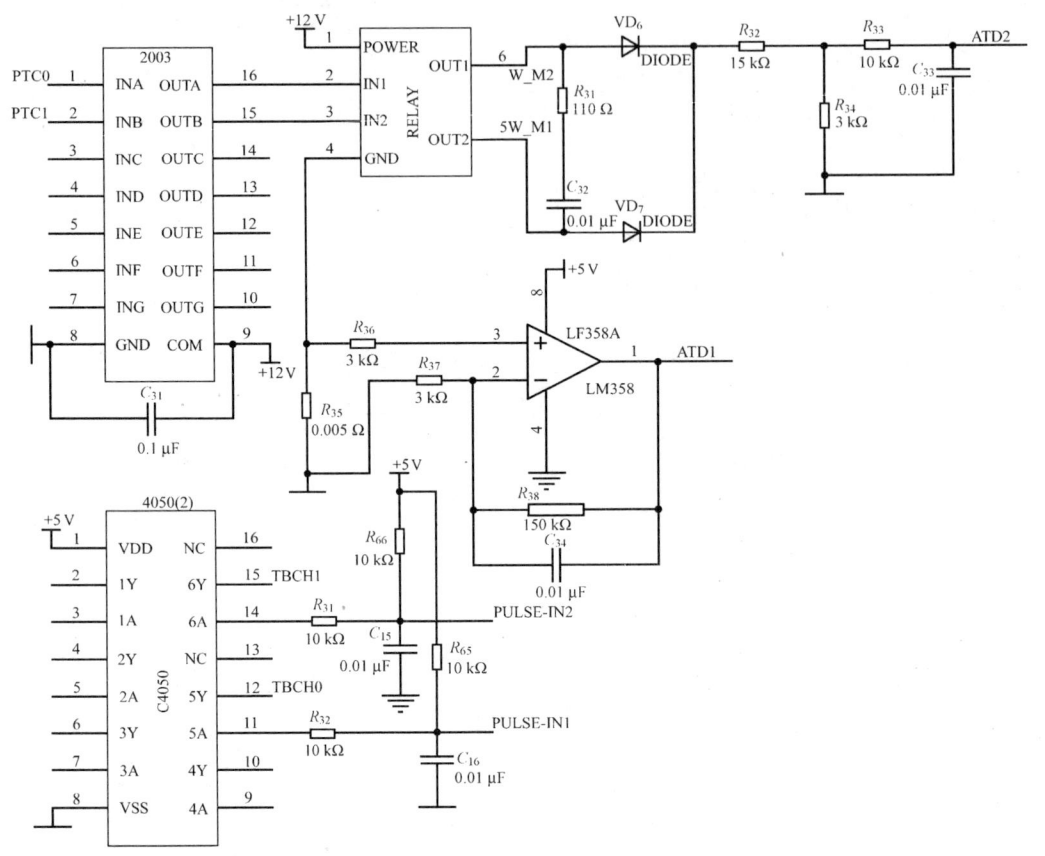

图 10.11　玻璃升降器控制电路

10.6　Mentor Graphics 的汽车网络设计与测试工具

目前在国际上，针对 CAN 总线系统设计与测试领域的知名工具供应商包括美国的明导公司（Mentor Graphics）、德国的 Vector Informatik 公司等。这里仅对 Mentor Graphics 的汽车 CAN 总线系统设计与测试工具进行介绍。

Mentor Graphics 是在电子设计自动化（EDA）方面的技术领先者，Mentor Graphics 的 Volcano 通信技术（VCT）是集汽车电子网络设计、实现和测试与一体的完整的工具链。它能给予设计车载网络系统的设计者提供强大的支持。在车载网络设计和测试方面，VCT 系统包含包括网络规划及优化设计工具 VNA（Volcano Network Architecture）、网络部件 (ECU) 通信功能实现工具 VTP（Vehicle Target Packet）、ECU 及汽车电子网络测试工具 Tellus。

Volcano 技术使得复杂的汽车网络设计变得容易且可预测。网络通信得到保证，极大地降低验证工作量，几乎根除了由于网络问题或失败导致的维护成本。

Volcano 的特点是完整的工具链，支持从网络系统设计到零部件实现、测试以及系统集成测试的全过程。其中涉及的各个角色的分工可以用下面的 V 型开发模式清晰表示。

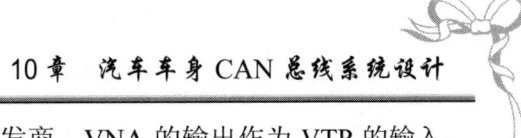

如图 10.13 所示，VNA 主要面向整车厂及系统开发商。VNA 的输出作为 VTP 的输入，因此零部件供应商应按照整车厂的设计要求实现零部件。零部件供应商可以使用 Tellus 对零部件的网络通信功能进行测试，整车厂则利用 Tellus 对整个网络系统进行测试和验证。

Volcano 产品是一个完整的系统。VNA 负责对整个网络进行优化设计，输出设计规范作为 VTP 和 Tellus 的输入。VTP 及嵌入式软件则根据 VNA 的设计结果进行电控单元实现；Tellus 则把 VNA 的输入作为测试规范，对网络和节点进行时间特性的自动验证和测试，如图 10.12 所示。

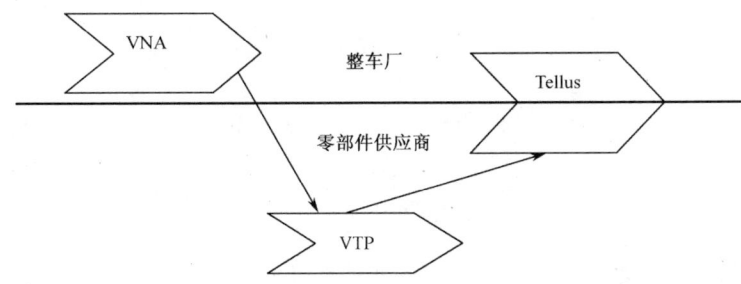

图 10.12　Volcano 工具及其使用者

因此 VTP 是必须与 VNA 一起使用的，因为 VNA 输入的是设计规范，VTP 根据规范自动实现通信功能。此外当系统发生变动时，也必须由 VNA 来实现重新设计，保证变动朝着正确的方向进行。

10.6.1　Volcano 车载网络设计与开发平台

Volcano 是一种全新的汽车电子网络设计技术，包括完整的工具链支持网络设计、实现和测试，它通过数学理论分析和设计保证设计规范是可靠的和最优的，因此也减少了后期仿真、测试的投入。Volcano 也是一种系统工程流程，设计工具输出规范，实现工具依据规范实现 ECU，测试工具则以此规范进行测试。在这个流程中，Volcano 充当中间角色，成功将整车厂和零部件供应商分割开来，减少整车厂对零部件供应商的依赖，保证了整车厂对整车规范的修改和配置的灵活性，并极大的缩短开发的周期和减小成本投入。Volcano 自足于建立网络开发平台，实现设计数据的重用和共享，实现真正的网络开发平台。

Volcano 搭建的更多的是一个开发平台。VNA 实现了大量的项目管理功能，对整车厂的网络设计实现平台化。

Volcano 将网络设计中涉及到的各种元素划分为两大类：全局数据和本地数据。全局数据是在不同车型中可以共享的设计数据，如信号、节点等的定义；本地数据是指与具体车型和配置有关的数据，如消息和配置等，如图 10.13 所示。

利用 Volcano 可以建立不同车型的设计数据，不同车型之间可以共享设计数据，如车型 1 可以选用 EMS 节点、发动机转速信号，车型 2 同样可以选择相同的数据。因此在设计新车型时，可以共享大多数数据，只需要添加新数据。

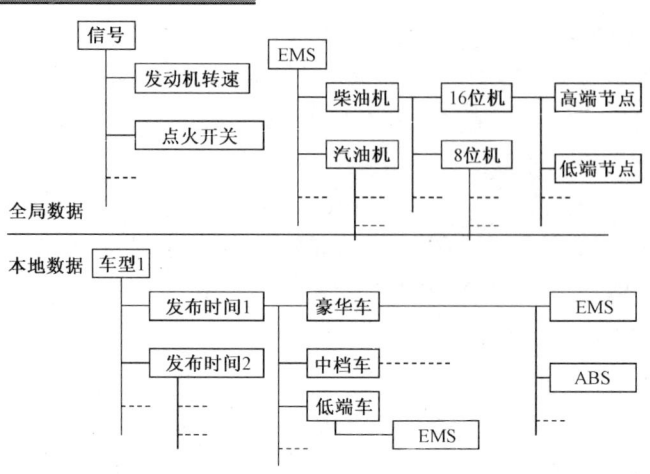

图 10.13　Volcano 的设计平台

对于节点，可以实现不同应用下的定义，如用于柴油机的节点定义，用于 16 位单片机的节点定义，甚至可以对不同实现的节点进行定义，如功能丰富的高端节点，以及功能简单的低端节点。

对于同一车型下，可以定义不同发布时间下的网络数据，如试制车、量产车。这样就可以允许不同阶段下的网络可以具有不同的设计，比如某个节点在试制的时候可以不用，与量产车相比，试制车配置就不同，少了一个节点。这个特性可以允许整车厂的工作和零部件供应商的开发可以同步进行，达到加快项目进程的目的。

Volcano 工具覆盖了网络协议设计、ECU 实现、网络测试的全流程，包括以下部分。

（1）网络协议自动化设计工具 VNA

VNA 是 Mentor Graphic 的 CAN 和 LIN 的通信系统的设计和分析工具。VNA 提供了设计、分析和管理功能，并且支持在已经存在的基于传统设计方法设计的带有固定消息的电控单元（ECU）上继续设计系统。VNA 是一款独立的工具，适用于整合基于传统开发模式设计的网络系统，以及设计易于系统级网络开发流程的网络设计。VNA 可以很容易地和其他网络工具（如多个厂家的通信数据库）联系起来。

根据信号发布者和信号使用者之间所允许的信号"最大寿命"，VNA 使用数学模型来分析信号处理要求。它自动打包帧并通过分析最坏情况和子系统间的通信情况来优化通信列表。这种算法把设计工作量从当前的会产生很高的维修率的后期开发为重心流程（设计定义、有限的模拟、整合及测试）转移到了能够提到产品质量和可靠性，降低维修和召回成本的前期开发为重心的决定性的流程中来（模型分析和决定，通过构造来修正错误，自信的整合并验证）。

VNA 是汽车电子网络通信规划及优化设计工具，它利用数学理论的方法对整个系统进行规划设计以及分析，保证设计出来的系统具有最佳的通信性能、确保系统的可靠性。它也是一款自动化设计工具，即使在用户缺乏网络设计的经验情况下，也只需要轻轻单击几下鼠标就可以实现网络系统的优化设计。

VNA 通过估算网络要求和可用的网络拓扑结构来计算要占用的网络带宽，并决定在网络中传输的所有信号是否可以预先安排——它们会在合适的时间内到达。报错提示可以帮助工程技术人员对网络设计做出调整来消除网络安排中出现的问题。反之，如果所有信号都是可安排的，工程师就可以通过设计备用方案或做一些改变（如说除去一个不必要的网关或电子控制单位，使用一个低速总线、更少的内存或更便宜的微处理器）进行实验来简化设计或降低成本而不需要牺牲网络带宽或系统的功能。从理论上来说，汽车工业里的几乎所有的影响产品性能或在网络设计中决定成本的因素，都可以通过 VNA 来进行分析和智能化的修正。Volcano 系统也可以生成报告和配置文件输出到其他的工具中。设计结果可以作为文档输出，用于 VTP 实现网络部件或用于 Tellus 测试 ECU 以及整个网络。VNA 主要用于 CAN 网络、LNA 用于 LIN 网络。

（2）高效嵌入式组件 VTP

Volcano 车内软件 VTP 是嵌入式的软件 IP，用于汽车电子系统 ECU 中，它通过基于信号的 API 提供全面的基于目标封装的嵌入式代码用于 CAN 及 LIN 总线通信，通过 API 提过通信程序和应用程序的接口简化了应用程序的开发，并可实现快速的通信配置改动，从而节省大量时间。

VTP/LTP 是汽车 ECU 通信功能实现软件，它基于 VNA/LNA 的设计结果，实现 ECU 的通信功能，保证 ECU 能够按照 VNA/LNA 的设计需要实现通信功能，从而保证整个系统的性能及可靠性。

VTP 包含了编辑器和开关设置，通过它可以定义目标码来激活某一个微控制器的网络通信。VTP 通过了 ISO9000 认证，证明它是一个高品质产品。其内存要求极低，可以进一步减少预算。VTP 支持所有汽车 CAN 和 LIN 总线使用的先进微控制器。VTP 使得由 VNA 优化的网络运行变得更加方便。同样，VTP 主要用于 CAN 网络、LTP 用于 LIN 网络。

（3）多功能网络测试仪 Tellus

Volcano 的整套解决方案还包含 Tellus 网络接口。Tellus 是来自 Mentor Graphics 的新一代汽车电子网络测试工具，它重新定义了网络系统的测试和验证工作。

Tellus 提供一个网络独立的接口，用于物理网络的测试和验证。接口包含了两个 CAN 接口，两个 LIN 接口和一个 MOST 接口。通过高度通用的硬件接口以及独特强大的软件特性，Tellus 创建的测试环境配备了验证网络系统行为亟需的各种功能。在最简单的模式下，Tellus 就是一个连接在网络上记录数据的固件可再配置的产品。比如说，它可以安装在测试车辆上，一边记录数据，一边对许多子系统进行测试。记录的数据可以进行分析用来检查冲突和错误的原因。Volcano 的 Tellus 接口可以用于更加复杂的基于在网络框架定义的要求的网络分析，检测错误帧并为设计者标识出这些错误帧。在最高级模式下，Tellus 接口可以模拟已知的良好网络。它提供了一种整合虚拟环境和物理原型方式，来适应在大多数汽车设计平台中原有的部件（每款车的设计中有相当高的比例的设计元素和部件源于一些早期版本的设计平台）。通过仿真，设计者可以观测在 VNA 中已经被虚拟原型化和验证的网络模型与不实际存在于 Volcano 环境中的可访问物理网络的属性的相

互作用。

Tellus 提供了全面和完整的解决方案,能够在复杂网关时间分析过程中识别网络通信故障点,能够开展数字-多工和多工-数字信号测量,能够验证基于节点的通信需求,其在满足网络系统测试和验证需求方面具有无法衡量的重要价值。多个总线接口和高效的解决方案使 Tellus 成为理想的网关行为分析工具。

10.6.2　VNA 在汽车 CAN 网络设计中的应用

VNA 主要是将汽车网络系统的功能需求转化成网路的具体信号、类型,对整个网络进行配置,对信号进行打包、自动或手动网关,自动化协议设计,最后生成网络配置文件。

VNA 是根据 V 型开发流程,按照"设计保证正确"的理念进行系统开发。它在设计的过程中,同时要对网络上的各个节点进行网络特性参数的验证,看能否满足整车网络通信的要求。它能精确地预算出网络上信号的通信时间,设计协议时保证每个节点的时间要求都得以满足,从而保证网络上每个信号可靠地收发而不遗漏。

图 10.14 简要概括了 VNA 与之配套开发工具的相互工作关系,并给出了个阶段开发时工具所要做的具体事宜。VNA 在完成好网路设计之后,最后会生成三个文件,后缀分别为:.fixed、.target、.networt,然后再发布给供应商做应用层及底层的软件开发。

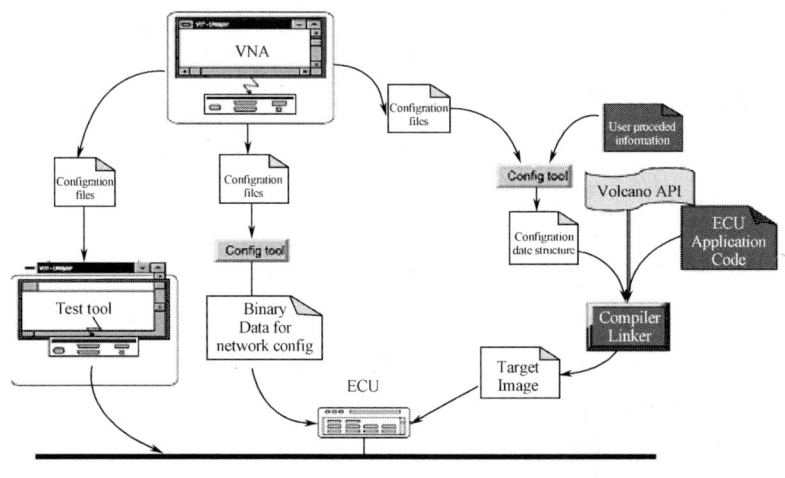

图 10.14　VNA 及其相关设计工具的关系

在具体设计网络结构中,操作 VNA 大致分以下步骤:首先是一些涉及全局的元素的定义,这里的全局含义是指今后它可以用在各类车型、车型的改版等不同网络配置中,这个也正是 VNA 的一个优点,即它的网路设计是基于 Interbase 的数据库,里面的数据完全可以在各个车型平台间共享,这也就是为什么它具有针对不同的市场需求,灵活的配置的原因。这些全局变量一般指:编码类型定义、信号定义、通信软件的定义以及节点/接口的定义,这些都是构成一个电子网络的基本元素。从最小的编码类型到功能单元,完整地构建出了一幅网络的最基本的骨架。图 10.15～图 10.17 就是定义这些全局变量的过程。

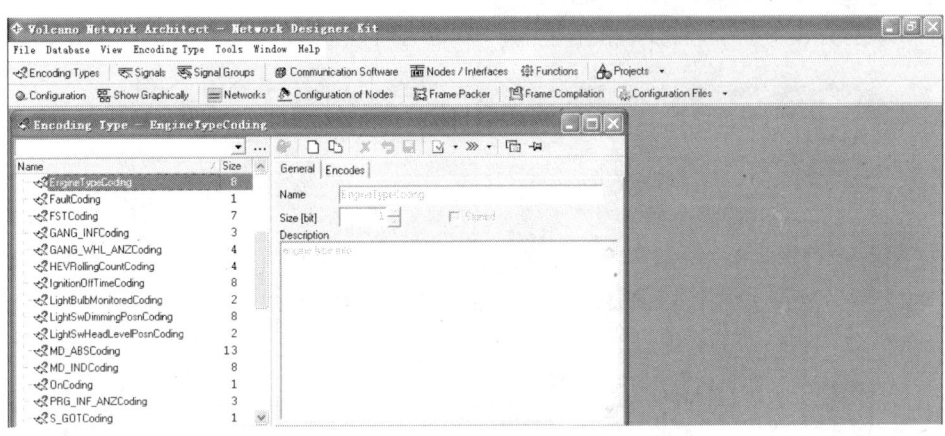

图 10.15　编码类型的定义

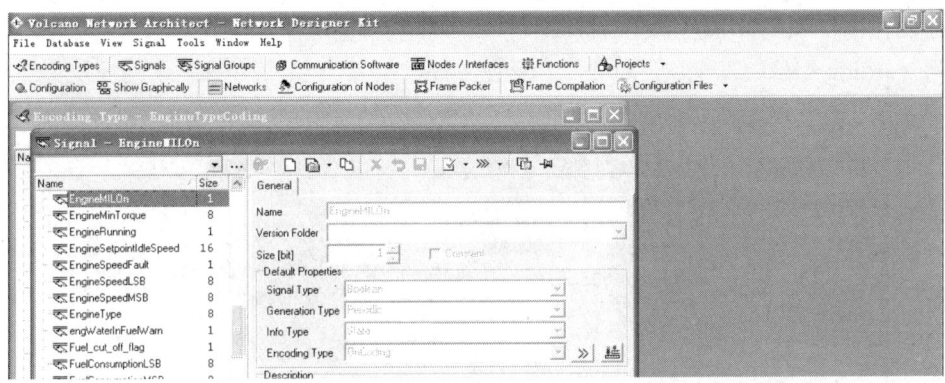

图 10.16　信号的定义

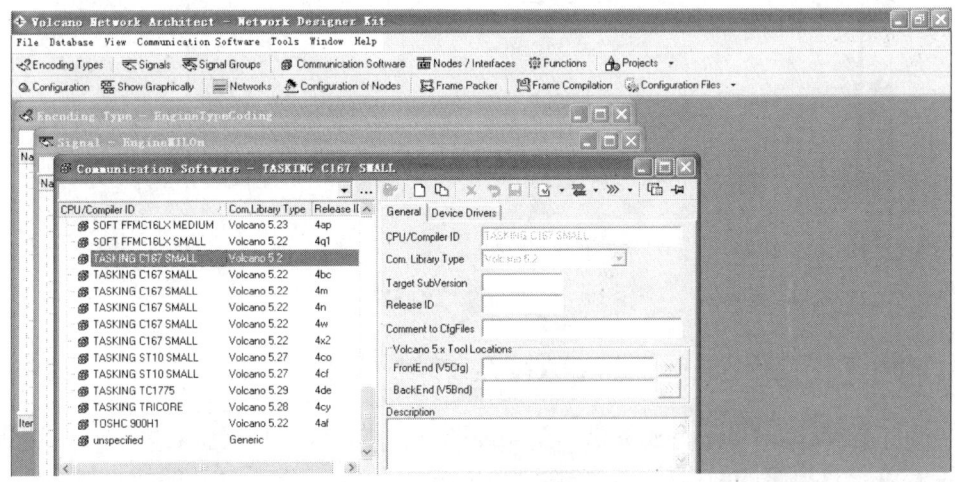

图 10.17　通信和编译软件的定义

　　在基本单元搭建好了之后，接着在此基础上，根据自身车型要求，生成了一个具体工程项目的配置目录。如果有什么新的车型推出，只需复制一下就可在已有的文件基础

上进行新车的开发了。图 10.18 给出了配置后的网络系统。

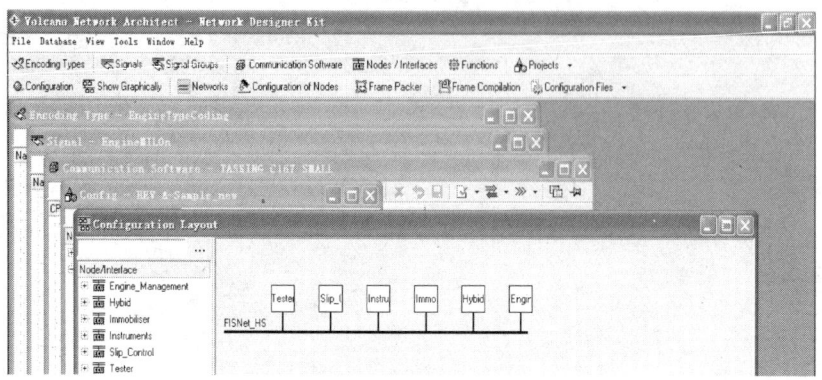

图 10.18　配置后生成的网络拓扑图

最后在前期所有步骤完成以后，通过 check 程序，显示没有严重错误报警之后（可以忽略 warning 信息），即可生成三个配置文件，发布给供应商，集成到模块 ECU 软件开发中。图 10.19 就是最终生成的文件之一，初步完成设计工作。

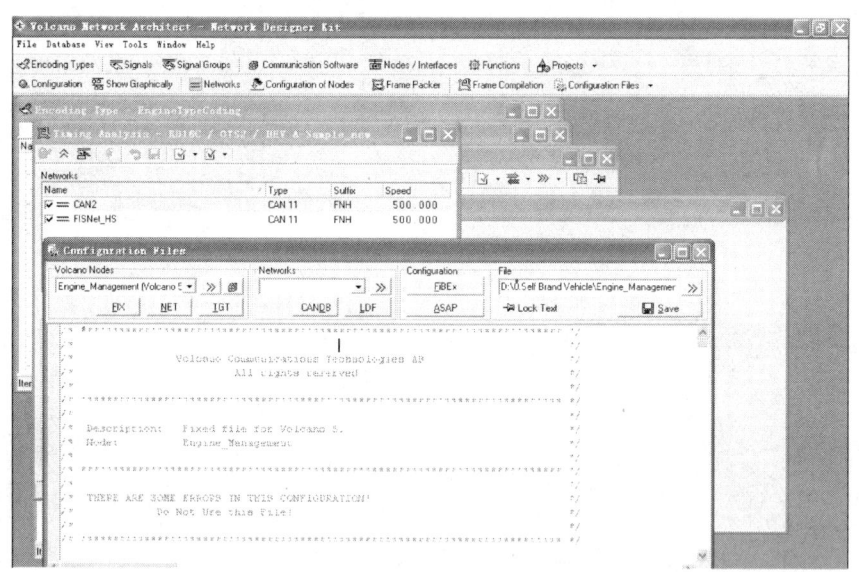

图 10.19　最终生成的配置文件

10.6.3　Tellus 在汽车 CAN 网络测试中的应用

Tellus 是 Mentor Graphics 提供的全功能型网络测试仪，集网络功能测试、性能测试于一身，并提供丰富的网络接口，包含 2 路 CAN 和 2 路 LIN。其功能特点如下：

- 网络功能分析测试如网络分析（总线负载实时监测、平均负载和峰值负载计算）、消息跟踪、特定数据跟踪等；
- 单击节点通信仿真，只需要鼠标操作，不需要编程就可以实现节点仿真；

- 整个通信系统的仿真能力；
- 增强软硬件能力，全力支持性能测试。测试和分析通过运行在独立硬件上软件实现，排除了上位机操作系统的影响；高精度定时，达到 1 μs；
- 网络定时测试和计算，精确测量消息及数据的传输延时；
- 提供 8 路数字 IO，支持网络时间特性的测试；
- 自适应 CAN 接口，可以接高速或者低速，不同网络连接的配置通过软件就可以完成；
- 集成数据记录仪功能，内存容量可配置，最高可达 8 GB。

由于在使用 Tellus 之前已经制订了整车的应用层协议，我们把已有的协议通过 Tellus 的软件创建新的网络配置文件，通过对网络配置文件中每个报文的信号进行定义，这样相当于把整个应用层协议输入到 Tellus。通过配置 Tellus 的 CAN 端口特性，使能所有报文输出可以模拟整个网络的负载情况。

模拟整车网络通信时，Tellus 的硬件特性可以保证时序的精确测量。首先，网络模拟功能都是运行在独立硬件上的软件完成的，与上位机没有任何关系；其次，定时精度达到 1 μs。模拟整车网络通信情况如图 10.20 所示。

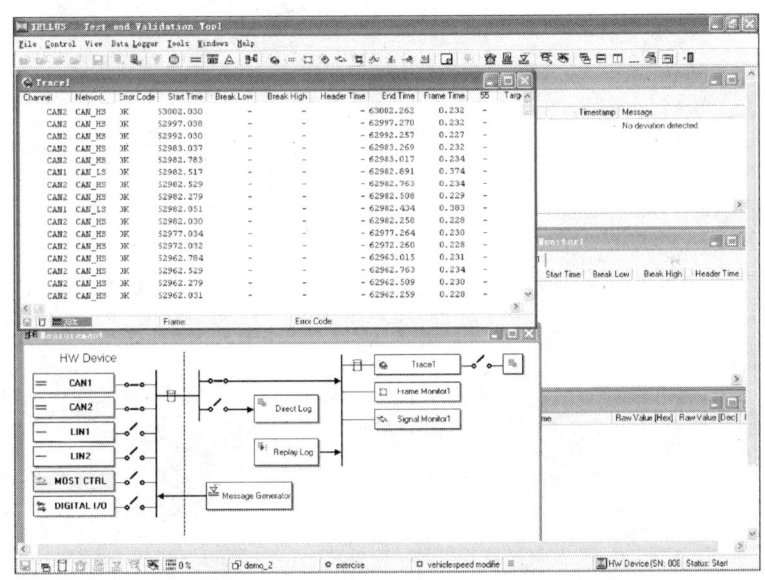

图 10.20　模拟整车网络通信情况

在实际的汽车整车开发过程中，各个电子模块的开发进度很可能不一致，并且经常对技术参数和要求进行更改。在整车测试过程中经常会遇到缺少某一个模块或几个模块，如果利用 Tellus 把缺少的模块的报文协议输入到 Tellus 软件，可以模拟出这个节点的所有报文，甚至还可以拿到现场进行运行，模拟这个节点所有 CAN 总线行为，这样可以提前和方便我们整车的测试。

节点或者整车网络模拟都十分方便，实现单击和无编码模拟的功能只需要鼠标在节点或者网络图标上单击一下就可以模拟单个节点或者整个网络，不需编任何代码。

 Tellus 可以设计报文的周期性特性，对报文的周期进行检测并且精确到 1 μs。在 CAN 总线协议设计过程中，经常会把一些报文定义成周期性发送报文。我们可以利用 Tellus 报文周期的测试功能来测报文的周期发送情况和数据丢包情况。Tellus 可以对报文的周期时间设定范围，超出范围时可以进行报警。这样就可以测试网关和数据传输进程中的延时情况，对我们的协议制定有指导意义。

 Tellus 自动根据定时参数要求，自动化验证设计结果是否符合标准，一旦发现有偏差即用消息提示，并指明错误类型。图 10.21 所示为报文时序自动化测试。

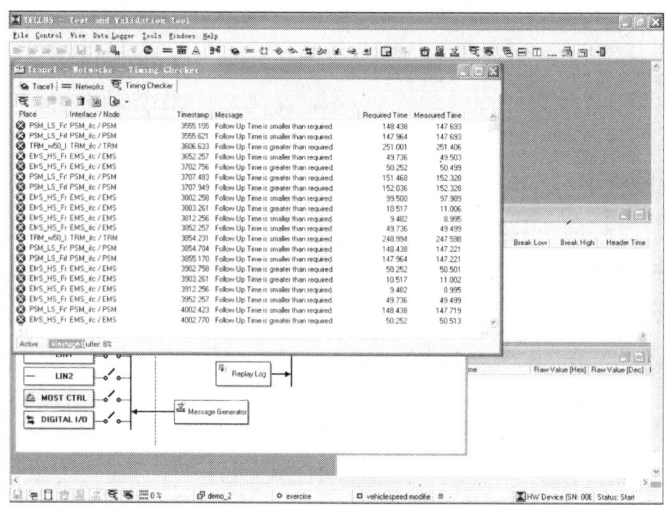

图 10.21　报文时序自动化测试

 如图 10.22 和图 10.23 所示，Tellus 具有总线分析功能，它可以统计总线负载和分析总线错误，实时监测和显示 CAN 总线特性。在汽车的实际运行过程中，各个模块间的相互干扰对 CAN 总线的影响很大。CAN 总线有没有问题，首先要看 CAN 总线有没有错误。利用 Tellus 可以实时监测和显示 CAN 总线的错误情况。

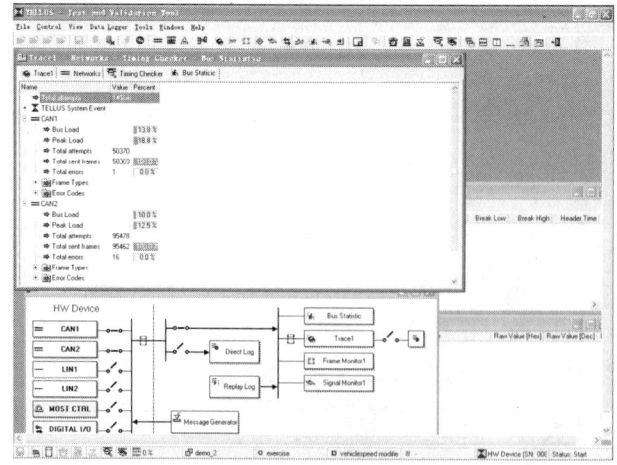

图 10.22　总线分析功能

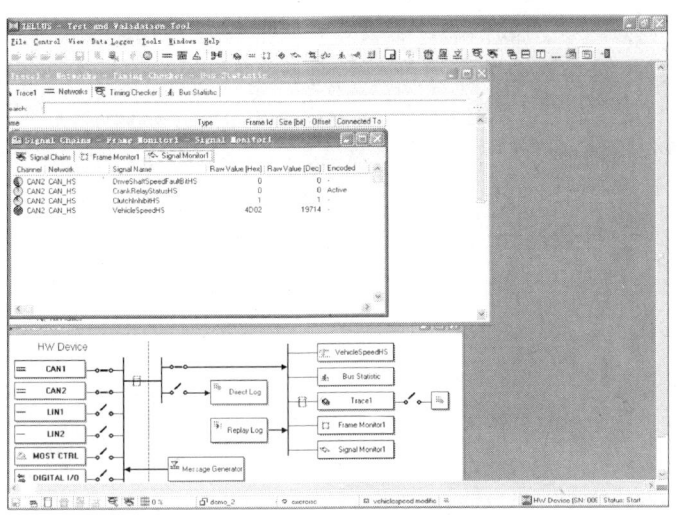

图 10.23　应用层数据分析

CAN 总线可以达到 1 Mb/s 的数据传输速率，可以传输很多我们需要的数据。如果我们能够实时监测这些应用层的数据，无论是对整车开发和各个电子模块的开发都是很有帮助的。通常我们会通过一些工具来监测 CAN 总线的报文，但这些工具没有对报文进行解释，所以看起来很不直观。早期我们的报文可能很少，后期随着我们的技术改进报文的增加，这种方法就可能效率很低了。Tellus 可以对每个报文的每个位进行信号定义，并且可以通过设置不同的 Windows 浮动窗口来进行实时监测和显示，对 CAN 总线的应用层数据分析很直观，如图 10.24 所示。通过存储这些设置还可以保存设定的窗口布置，方便我们测试应用层数据。

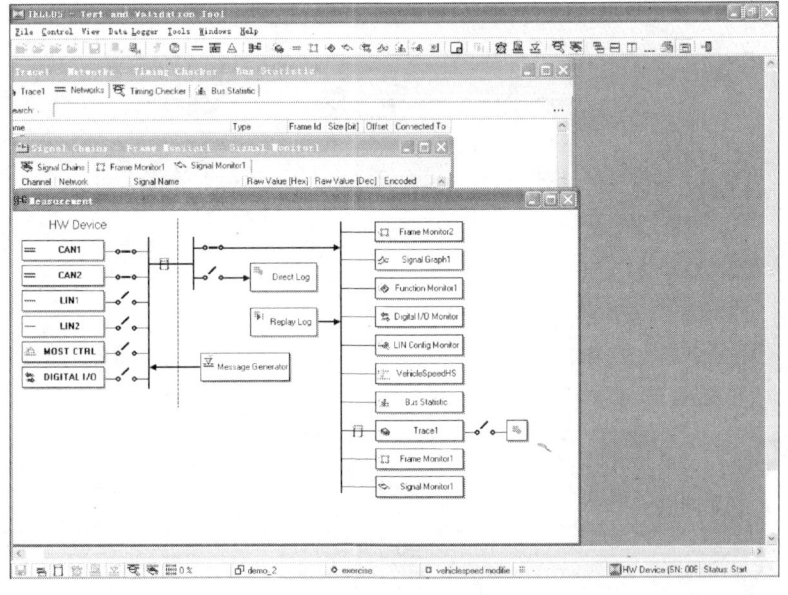

图 10.24　记录和重放功能

在整车开发中，实验中的数据非常重要，尤其是现场数据。配置了 CAN 总线的汽车可以通过 CAN 总线来捕获这些数据。Tellus 的数据实时记录功能可以用来实现这一功能。Tellus 最大可以具有 8 GB 的数据存储能力，可以在 6 小时内，在总线利用率 100% 的情况下，针对所有在用网络通道（2 个 CAN、2 个 LIN、1 个 MOST 控制通道）同时保存通信数据。如图 10.24 所示，利用 Tellus 强大的软件记录和回放功能、输入协议配置和应用层显示功能组合成实际现场数据回放功能，将对整车和电子模块调试很有帮助。

参 考 文 献

[1]   Wolfhard Lawrenz, CAN System Engineering: From Theory to Practical Applications, 2007.

[2]   Dominique Paret, Multiplexed Networks for Embedded Systems, 2005.

[3]   ISO 11898-1: Road vehicles - Controller area network (CAN) - Part 1: Data link layer and physical signaling, 2003.

[4]   ISO 11898-2: Road vehicles - Controller area network (CAN) - Part 2: High-speed medium access unit, 2003.

[5]   ISO 11898-3: Road vehicles - Controller area network (CAN) - Part 3: Low-speed, fault-tolerant, medium-dependent interface, 2006.

[6]   ISO 11898-4: Road vehicles - Controller area network (CAN) - Part 4: Time-triggered communication, 2004.

[7]   ISO 11898-5: Road vehicles - Controller area network (CAN) - Part 5: High-speed medium access unit with low-power mode, 2007.

[8]   SAE J1939: Recommended Practice for a Serial Control and Communications Vehicle Network, 2007.

[9]   SAE J1939-01: Recommended Practice for Control and Communications Network for On-Highway Equipment, 2000.

[10]   SAE J1939-11: Physical Layer – 250 kb/s, Twisted Shielded Pair, 2006.

[11]   SAE J1939-13: Off-Board Diagnostic Connector, 2004.

[12]   SAE J1939-15: Reduced Physical Layer, 250kb/s, Un-Shielded Twisted Pair (UTP), 2008.

[13]   SAE J1939-21: Data Link Layer, 2006.

[14]   SAE J1939-31: Network Layer, 2004.

[15]   SAE J1939-71: Vehicle Application Layer, 2007.

[16]   SAE J1939-73: Application Layer - Diagnostics, 2006.

[17]   SAE J1939-81: Network Management, 2003.

[18]   http://www.freescale.com.

[19]   MC9S08DZ60RM, Rev.4, Freescale semiconductor, 2008.

[20]   孙同景，陈桂友. Freescale 9S12 十六位单片机原理及嵌入式开发技术. 北京：机械工业出版社，2008.

[21]   MC9S12XEP100RMV1, Rev.1.18, Freescale semiconductor, 2008.

[22]   邵贝贝，宫辉. 嵌入式系统中的双核技术. 北京：北京航空航天大学出版社，2008.

[23]   S12MSCANV3 Rev.3.01, Freescale semiconductor, 2004.

[24]   MC9S08DZ60 中文数据手册（第三版）. 飞思卡尔半导体，2007.

[25]　MC9S12XEP100 reference manual, Freescale semiconductor, 2008.

[26]　Ross McLuckie, East Kilbride. AN1828 - Flash Programming via CAN[R]. Freescale semiconductor, 2002.

[27]　Martyn Gallop, Joanne McNamee. AN2546 - HCS12 Load RAM and Execute Bootloader User Guide[R]. Freescale semiconductor, 2004.

[28]　Daniel McKenna, MCD Applications. AN3391 - LFAE Bootloader Example and Interface for use with AN2546[R]. Freescale semiconductor, 2007.

[29]　Rebeca Delgado, Antonio Ramos, Luis Reynoso. AN3034 - Using MSCAN on the HCS12 Family[R]. Americas, Freescale semiconductor, 2005.

[30]　Rafael Peralez, Gabriel Sanchez. AN3275 - S12 All-Access Bootloader for the HCS12 Microcontroller Family[R]. Freescale semiconductor, 2006.

[31]　http://www.asam.net.

[32]　H Kleinknecht, CCP CAN Calibration Protocol V2.1, 1999.

[33]　http://www.mentor.com.

[34]　Niklas Amberntsson. Volcano Concept Overview. Sweden: Volcano Communication Technologier AB 2004.

[35]　Anders Kakkerdahl. VNA Exercise Description. Sweden: Volcano Communication Technologies AB 2004.

[36]　廖兵该，郝飞，张崇生，张海涛. VNA 在整车汽车网络设计中的应用，上汽汽车工程研究院，2006.

[37]　宋敬育. Volcano Tellus 在汽车 CAN 网络测试中的应用. 比亚迪股份有限公司电机及控制研究所，2006.